세상의
모든지식

세상의 모든 지식

초판 1쇄 발행 2007년 6월 25일
개정판 1쇄 발행 2015년 5월 10일 \ **개정판 5쇄 발행** 2016년 6월 1일
지은이 김흥식 \ **펴낸이** 이영선 \ **편집 이사** 강영선 \ **주간** 김선정 \ **편집장** 김문정
편집 임경훈 김종훈 하선정 김정희 유선 \ **디자인** 김회량 정경아
마케팅 김일신 이호석 김연수 \ **관리** 박정래 손미경 김동욱

펴낸곳 서해문집 \ **출판등록** 1989년 3월 16일(제406-2005-000047호)
주소 경기도 파주시 광인사길 217(파주출판도시) \ **전화** (031)955-7470 \ **팩스** (031)955-7469
홈페이지 www.booksea.co.kr \ **이메일** shmj21@hanmail.net

김흥식 ⓒ 2015
ISBN 978-89-7483-716-7 03030
값 11,900원

이 도서의 국립중앙도서관 출판시도서목록(CIP)은 e-CIP 홈페이지(http://www.nl.go.kr/ecip)에서
이용하실 수 있습니다.(CIP제어번호: CIP2015010605)

이 책은 2007년 6월 출간한 《세상의 모든 지식》 개정판입니다. 내용을 일부 정리하고 판형을 바꿔 만들었습니다.
이 책에 실린 도판 중에는 사용 허가를 받지 못한 것이 있습니다. 출간 뒤에라도 소장자와 연락이 닿는다면 사례하겠습니다.

세상의 모든 지식

김흥식 지음

서해문집

지식이란 본질은
변치 않는 것

어쭙잖게 오만방자한 제목을 단 채 《세상의 모든 지식》을 출간한 지 오랜 시간이 지났습니다.

그동안 세상에는 많은 변화가 있었습니다. 물론 지식 또한 끊임없이 쌓여 가고 있습니다. 그래서 어떤 면에서는 《세상의 모든 지식》이 더 두껍고 무거운 모습으로 태어나야 할지도 모르겠습니다. 그러나 지식이란 본질은 변치 않겠지요. 잡다한 지식의 편린이 아니라, 인간의 삶을 구명究明하는 데 필요한 지식의 본질은 시간이 흐르고 더 많은 내용이 첨가된다 해도 변치 않을 것입니다.

시간이 지나면서 저는 오히려 삶의 근원, 사회의 근본을 천착穿鑿하는 지식은 더 단순화해야 하는 게 아닐까 하고 고민하기도 합니다.

이번 개정판에서는 그런 고민의 일단一端을 반영했습니다.

그래서 개인적 호기심에 불과하던 내용은 과감히 삭제하고, 인류 문명의 근원을 통해 오늘을 사는 우리 삶의 본질에 가까이 갈 수 있는 내용에 힘을 기울였습니다. 초판에서 독자 여러분께 소홀했던 부분을 보완했습니다. 그 가운데는 꼭 한 번 감상했으면 하는 미술 작품이 많이 포함되어 있습니다.

　마지막으로 새로운 도서정가제의 시행으로 독자 여러분께서 혹시라도 짊어져야 할지도 모르는 경제적 부담을 최소화하기 위해 제 나름대로 최선을 다했습니다. 아직도 부족하겠지만 수천 년에 걸쳐 인류가 이루어 온 문명의 자취를 함께 걷기에는 충분하다고 이해해주길 바랍니다.

2015년
황홀함을 느끼기에는 너무 아픈 봄을 건너며

책 읽는
즐거움

세상에서 가장 즐거운 일은 인간으로 태어나는 것입니다. 그리고 인간으로서 가장 즐거운 일은 책다운 책을 읽는 것, 예술다운 예술을 즐기는 것입니다. 물론 요즘에는 인간으로서 가장 즐거운 일을 즐기지 않고도 살아가는 분들이 너무 많아 과연 인간으로 태어난 것이 가장 즐거운 일인지 의문이 가는 것도 사실입니다. 그러나 세태와 상관없이 제 생각을 이야기해 보겠습니다.

저는 수십 년 독서 경험에서 한 가지 사실을 깨달았습니다. 독서는 재미로 한다는 사실 말이지요. 그렇지 않아도 복잡한 세상에서 왜 재미없는 책을 읽겠습니까? 그런데 재미로 읽는 책이란 존재가 우리에게 놀라운 경험을 안겨 줍니다. 참된 재미는 놀이동산에서 놀이기구를 타거나 저녁마다 연속극 시청이 가져다주는 재미와는 차원이 다릅니다. 뭐라고 표현하기는 어렵지만 제 경우에는 우주선을 타고 새로운 은하계로 진입하는 순간의 기쁨이라고나 할까요.

책 읽는 즐거움은 '머리를 둘러싸고 있는 지식의 한계, 상상의 한계, 지성의 한계, 사고의 한계가 탁(!) 깨질 때' 극한까지 갑니다. 예를 들면 렘브란트의 〈야경夜警(밤을 지키는 순라꾼이죠)〉이란 작품이 사실은 대낮을 그린 작품임을 확인하면서 왜 터무니 없는 제목이 붙게 되었는지 알게 되었을 때, 베토벤이 자신의 일생을 걸고 작곡한 교향곡 9번에 왜 전례 없이 사람의 목소리를 넣었는지 깨달았을 때, 세상 모든 물질의 움직임과는 반대로 유독 물만이 고체로 변할 때 부피가 커진다는 사실과 함께 그 사실이 생명 탄생의 비밀임을 확인했을 때 저는 제가 책을 읽을 줄 아는 인간임이 고맙고 머리가 터져나가는 듯한 희열을 느낍니다.

독자 여러분도 눈치 채겠지만 이 책에는 세상의 모든 지식이 담겨 있지는 않습니다. 그런데도 이런 제목이 붙은 데에는 과장법 외에 또 다른 이유가 있습니다. 그것은 세상 모든 현상을 이해하고 해석하는 능력을 일정한 양의 지식을 통해 전달하려는 것이지요.

우리는 지식과 정보가 흘러넘치는 시대에 살고 있습니다. 세상 현상을 설명하는 온갖 이론과 경제적 성과에 기여하는 모든 해석이 지식과 정보일까요? 그건 아닐 겁니다. 지식과 정보가 그 가치를 지니기 위해서는 무엇보다 인류의 진보에 기여할 수 있는 것이어야 합니다. 더 나은 세상을 향해 나아가는 디딤돌이 되고 인간성을 고양시키는 데 이바지하는 사다리 같은 존재가 참된 지식과 정보일 것입니다. 반면에 인간의 목숨을 빼앗는 폭력에 대한 정보, 타인의 말살을 통해 나의 이익을 극대화하는 지식, 인간의 이기심을 당연한 것인 양 부추기는 이론, 타인의 사고를 인정하지 않는 독선적 이념은 그것이 지식이라는 탈을 썼다고 해도 지식이라고 할 수는 없을 것입니다.

이 책에는 어떤 고난과 역경이 닥쳐와도 인류의 진보를 믿으며 활동했던 참 인간, 눈앞에서는 손해가 올지 모르지만 결국에는 인류의 발전에 기여한 이론들 그리고 우리가 몰랐던 탁월한 지성의 역사가 실려 있습니다.

이 책은 결국 제가 해온 독서 편력이 남긴 결과입니다. 그래서 제가 책을 읽다가 궁금했거나 좋았던 부분, 그러니까 제 머리를 탁! 깨준 내용을 조금 다듬어 여러분과 함께 보려고 책으로 만들었습니다. 결국 이 책은 제 것이 아니라 저보다 앞서 수많은 인류 문명을 기록한 분들의 것이죠. 저는 다만 여러분과 그 기쁨을 함께하기 위해 정리했을 뿐입니다. 저보다 훨씬 뛰어난 분들이 기록한 놀라운 문명의 자취인 것이죠. 그래서 읽으면 읽을수록 즐겁고 재미있고 우리의 상상력과 창의력을 확대시켜 줍니다.

제가 쓰고 싶은 것의 극히 일부분만을 정리했는데도 엄청난 부피의 책이 되었습니다. 그러나 여기서 멈추고 싶은 생각은 없습니다. 우리 민족 고유의 문명에 대해서도 이 정도, 아니 이보다 더 풍부한 책 한 권으로 정리하고 있습니다. 물론 세계편도 기회가 닿으면 한 권 아니라 몇 권이라도 더 펴내고 싶습니다. 독서의 즐거움은 갈수록 깊어지니까요. 그리고 그런 즐거움을 여러분과 나누고 싶습니다.

한 가지, 여러분께 양해를 구하겠습니다.

과학적 지식을 비롯한 다양한 분야를 다루다 보니 제가 아무리 최선을 다해도 틀린 부분이나 분명치 않은 부분이 있을 수 있습니다. 제 능력 범위 내에서는 최선을 다했습니다만 지식이란 것이 워낙 방대하니까요. 그러니 이 책을 보시다 틀린 부분이 나오면 즉시 연락 주십시오. 제가 책을 꾸몄듯이 독자 여러분과 함께 꾸며나간다면 더욱 기쁜 작업이 될 테니까요.

2007년 6월

차례

고양이 상인 휘딩턴,
영원한 이름

르네상스는 예술가나 정치가가 아닌 장사치가 이룬 성과물
이라고 보는 편이 사실에 가까울 것이다. 이탈리아 도시의
상인이 동방의 여러 나라와 교역한 대가로 얻어진 부를 예
술, 건축, 문학, 정치 등 다양한 분야에 활용한 결과이기 때
문이다. 그런 만큼 르네상스가 시작될 무렵 상인의 삶은 오
늘날 장사꾼의 삶과는 질적으로 달랐다. 여기 르네상스를 이
룬 상인 가운데 대표적인 한 사람을 소개한다. 그는 이탈리
아인이 아니다. 그러나 그의 삶이 그 시대를 대표하고 오늘
날까지 영향력을 미친다는 점에서 소개할 가치가 충분하다.

1350년 영국의 글로체스터라는 작은 마을에서 딕 휘딩턴
Dick Whittington(1358~1423)이란 아이가 태어났다. 전하는 이
야기로는 그는 태어나자마자 이내 고아가 되었는데 원래 집
안이 무척 가난했다고도 하고, 부유한 집안이었지만 부모가

죽은 후 재산이 모두 맏형에게 돌아가 가난했다고도 한다. 여하튼 살붙일 곳이 없어진 그는 런던이란 대도시에는 황금이 넘쳐 난다는 소식을 듣고 길을 떠났다.

그러나 그곳에는 황금 대신 쥐새끼만이 넘쳐 났다. 런던에 와서 쫄쫄 굶던 그는 어느 집 앞에서 잠이 들었는데 마음씨 좋은 집주인이 그를 거둬 다락방을 내주었다. 그런데 운 좋게도 그 주인은 한창 주가를 올리고 있던 무역상 휴 피츠워렌Hugh FitzWarren이었다. 한편 그에게는 어여쁜 딸과 마음씨 고약한 요리사가 있었는데 두 사람 모두 휘딩턴에게 영향을 끼쳤다. 딸은 그가 좋아하는 대상이었고, 요리사는 그를 희생양으로 삼는 인물이었다.

여하튼 휘딩턴은 그 집에서 심부름을 하면서 상술商術을 익혔는데, 요리사 외에 그를 괴롭힌 것 한 가지가 더 있었으니 바로 쥐새끼였다. 다락방이 늘 쥐새끼들로 북새통을 이루는 바람에 잠도 제대로 자기 힘들었던 휘딩턴은 어느 날 구두닦이로 번 돈을 털어 고양이 한 마리를 샀다. 그리고 그날 이후 쥐새끼들은 자취를 감추었다.

그러던 어느 날, 그 시대 상인들이 그러하듯 피츠워렌은 또다시 무역선 한 척을 동방으로 띄우게 되었다. 그 무렵 무역선은 말 그대로 한탕주의에 물든 상태였다. 유럽의 상품을 싣고 동방으로 건너가 동방 물품과 교역한 후 무사히 돌아오면 큰 재산을 만질 수 있는 반면, 가다가 길을 잘못 들거나

태풍을 만나 조난당하면 엄청난 인적·물적 피해를 감수해야
만 했다.

한편 피츠워렌은 길에 버려진 휘딩턴을 거둘 만큼 자비로
운 인물이었다. 그는 아랫사람을 모두 부른 다음 막 동방으
로 출발할 자신의 무역선에 투자할 것을 권했다. 뱃삯은 받
지 않을 터이니 가지고 있는 물건 가운데 아무거나 투자하라
는 것이었다. 물론 그 상품으로 인해 생긴 수익은 모두 돌려
준다는 약속과 함께. 휘딩턴 또한 주인의 자비로움에 감사하
며 무언가를 투자하고 싶었으나 가진 것이라고는 고양이 한
마리뿐이었다. 결국 휘딩턴은 그동안 정든 고양이를 눈물로
작별을 고하며 동방행 배에 실어 보냈다.

그렇게 떠난 피츠워렌의 무역선은 그러나 앞날이 평탄치
않았다. 배는 거센 풍랑을 만나 죽을 고비를 넘긴 후 가까스
로 낯선 항구에 닻을 내렸다. 그런데 무역상을 자주 만나지
못했던 그곳 지배자는 오랜만에 찾아온 손님들을 후히 대접
하기로 했다. 그리고 이 낯선 상인들을 위해 모든 요리사를
동원해 산해진미를 준비했는데, 아뿔싸, 주연이 시작되기도
전에 요리는 쥐새끼들의 차지가 되고 말았다. 이에 지배자는
한숨만 내쉬면서 선원들에게 양해를 구했다. 그러자 선원들
이 물었다.

"왜 쥐를 그대로 두십니까?"

"내게는 쥐를 없앨 재주가 없다오."

휘딩턴과 그의 고양이를 다룬 공연 포스터

휘딩턴과 그의 고양이 이야기는 오늘날에도 영국에서 가장 인기 있는 소재다.
그런 까닭에 다양한 책과 공연이 끊이지 않는다.

깜짝 놀란 선원들이 대답했다.

"그렇다면 고양이를 기르십시오."

그러고는 즉시 배 안에 있는 고양이 한 마리를 궁으로 데려와 풀어놓았다. 오랜만에 육지에서 고기 냄새를 맡은 고양이는 즉시 쥐새끼 몇 마리를 잡아 숨통을 끊었다. 눈앞에서 펼쳐진 광경에 넋이 나간 지배자가 막대한 사례를 하고 고양이를 샀음은 물론이다.

이렇게 해서 휘딩턴은 우연찮게 일확천금을 할 수 있었고, 이후 피츠워렌의 딸과 혼인했다. 런던 시장을 네 차례나 지냈으며 영국 왕과도 친분을 쌓았음은 물론 그 과정에서 엄청난 재산을 모으기도 했다. 후에 리처드 휘딩턴으로 불린 그는 경(sir) 칭호를 받기도 했는데, 다행인지 불행인지 죽을 때까지 자식이 없었다.

그는 유언으로 자신의 전 재산을 사회에 환원하라는 내용을 남겼는데, 놀라지 말지어다. 오늘날에도 영국에는 그가 남긴 재산으로 세워진 병원, 구제원, 가난한 이들을 위한 거주지 등이 있어 아직도 맹렬히 활동 중이다. 600년 가까운 세월 동안 끊이지 않고.

공중목욕탕,
그 우여곡절의 역사

로마는 목욕탕 때문에 망했다는 말을 들어 본 적이 있는가? 도대체 로마의 목욕탕이 어떠했기에 이런 말까지 나오게 되었을까? 고대 로마의 목욕탕은 특별히 '공공욕장公共浴場(영어로는 'thermae')'으로 불렸다. 그 규모도 오늘날 우리가 사용하는 목욕탕과는 비교가 되지 않을 만큼 거대해서 수많은 방과 휴식 공간, 사교장을 갖추고 있었다.

기원후 60년 무렵 로마에서는 '목욕 제한령'이 공포되었다. 대목욕장이 시민의 간통, 난교亂交의 장소가 되어 매춘하는 여자 마사지사가 출현했고, 풍기문란이 도를 넘었기 때문이었다. 이로 인해 시민들은 1주일에 한 번만 목욕할 수 있었다. 그런데도 목욕탕을 향한 로마인의 욕구는 채워지지 않았으니, 황제들이 앞 다투어 대규모 공공욕장을 만들기 시작한 것이다. 그 결과 티투스 욕장이 80년 무렵, 도미티아누스 욕

로마의 공공욕장 상상도

로마 시대의 공공욕장을 상상으로 복원한 그림으로,
질 좋은 대리석 기둥과 아치가 웅장하다.
위베르 로베르, 〈로마시대 목욕장〉, 1796년

장이 95년 무렵, 트라야누스 욕장이 100년 무렵, 그리고 220년 무렵에는 카라칼라 황제의 대욕장이 완성되었다. 그 대욕장은 1600명을 수용할 만큼 큰 데다 오락실, 휴양실 등도 갖추고 있었다. 또한 300년 무렵에는 856군데나 되는 공공욕장이 로마 시내에서 성업 중이었으니 이 무렵에는 목욕 제한령이 철폐되었음이 분명하다.

로마의 목욕탕은 방들이 사방으로 늘어서 있는 정원의 한가운데 자리 잡고 있거나 정원의 뒤에 자리하는 게 일반적이었다. 물론 오늘날의 목욕탕보다 장식이 훨씬 고급이었는데, 카라칼라 대욕장에서는 라오콘 군상 같은 놀라운 조각품이 발견되기도 했다.

그렇다면 로마인은 목욕을 어떻게 했을까? 로마의 욕탕에서는 기본적으로 노예들이 시중을 들었다. 우선 옷을 벗고 목욕하기 전에 기름칠을 한 것으로 보인다. 그런 뒤 사방에 위치한 방에서 운동을 한 후 열탕을 거쳐 한증실로 들어가 스트리질이라는 금속 도구를 이용해 몸의 기름과 때를 긁어냈다. 이후 온탕을 들러 냉탕으로 들어가 수영을 하고, 마지막으로 다시 기름을 칠하면 목욕이 끝난다.

그러나 목욕은 로마 사람만 한 것은 아니었으니 서양인의 독특한 목욕 취미 몇 가지를 더 알아보자. 1100년대 로마 교회에서는 '목욕 세수 금지령'을 내렸다. 이는 세례 때 몸에 바른 성유聖油를 씻어내지 못하게 하기 위해서였는데, 이로 인해 수십 년 동안 목욕하지 않은 사람도 많았다고 한다.

1130년대에 들어서면서 이탈리아에서 신식 증기 목욕이 시작되었다. 뜨겁게 달군 벽돌을 금속 세면기에 넣고 물을 부으면 증기가 발생하는데, 이때 타월로 몸을 푹 싸고 세면기에 웅크리면 수증기를 이용한 한증막이 되었다. 1150년 무렵 영국에서는 풍기 문란을 단속하기 위해 '목욕탕 단속령'을 시행했으니 로마의 환락이 되살아난 듯하다. 단속령에는 '수녀나 부인은 들이지 말 것, 여자가 남자를 목욕탕에 끌고 들어가면 안 됨' 같은 내용이 포함되어 있어, 때 미는 장소로 목욕탕을 사용하는 우리에게는 격세지감이 든다.

1260년대에는 프랑스, 독일 등에 공중목욕탕이 속속 출현했다. 이슬람식 증기탕, 북유럽식 사우나 등이 대유행이었는데, 이 때문에 혼수 도구로 목욕 가운과 타월 등이 환영을 받았다.

1390년대에는 이탈리아에 온천 붐이 일어나 온천욕이 본격적으로 시작되었다. 하기야 세종대왕께서 수안보 온천으로 나들이하신 게 1400년대 초중반이니 그 이전에도 세계 곳곳에서 온천욕을 하고 있었을 것이다. 그 무렵 이탈리아인의 온천욕 시간은 몇날 며칠에 걸쳐 100시간이 넘을 때도 많았다. 그런 까닭에 목욕탕에서 잠이 들어 익사하는 사람도 흔했다.

1410년대에는 독일과 프랑스에서 남녀 혼욕 파티가 유행했다. 목욕탕에 남녀가 함께 들어가 널빤지 위에 맥주와 소시지 등을 올려놓고 먹고 마시며 목욕을 즐겼다. 1550년 무렵 네덜란드에서는 목욕탕에서 남녀 모두 팬티 또는 내의를 입도록 법률로 정했다. 목욕탕에서 이루어지는 문란한 행동 때문에 이런 법을 제정했을 텐데 그 효과는 별로 없었다나.

003

과거제도의 시작,
부정행위의 시작

시험을 통해 관리를 등용하는 방식이 요즘에는 너무나 당연해 보인다. "시험 없이 어떻게 뽑나요?" 오직 시험만이 인생의 전부처럼 느껴지는 요즘 사람에게는 당연한 질문이다. 그러나 중국과 우리나라에서는 예전에 시험 없이 관리를 등용했다. 언제까지? 중국에서는 587년 이전, 우리나라에서는 958년 이전까지.

그 이전 중국에서는 귀족의 자제나 나라에 공을 세운 사람과 그가 추천한 인물 또는 지방에서 관리나 백성이 천거한 인물 등을 관리로 등용했다. 그러나 남북조시대(중국에서 강남江南의 남조南朝와 화북華北의 북조北朝가 대치하던 5세기 초부터 6세기 말까지의 시기)의 혼란기를 거치면서 통일국가 수隋(581~618)를 건국한 문제文帝는 탄탄한 정치적 기반을 보유하지 못했다. 5호胡16국國, 즉 열여섯 나라(이 가운데 열세 나라는 오랑캐가, 세 나라는 한족漢族이 세운 나라였다) 가운데 하나인 북주北周 출신인 문제 양견楊堅(541~604, 재위 581~604)은 통일 후 자신의 정치적 입지를 확고히 하기 위해 새로운 관리 등용법을 고안했으니 이것이 바로 과거제도다.

자신이 믿고 의지할 만한 세력이 없었던 문제는 시험을 통해 관리를 등용한 후 그들에게 정치적 권한을 부여했고, 이 때부터 관리들이 귀족보다는 황제에게 충성을 서약하면서 중앙 정부의 권한이 강화되었다. 따라서 과거제도는 그 이전의 관리 등용법과는 달리 모든 선비에게 출세의 길을 열어 준 획기적인 제도였다. 이제 실력이 있는 자는 누구나 벼슬을 할 수 있었고, 가문이 훌륭하지 않은 자라고 해도 비관할

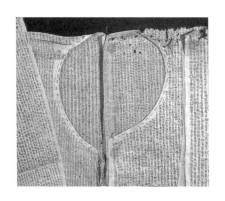

송나라 때 과거시험 응시자가 입었던 커닝용 속옷
사서와 오경 등을 붓으로 빽빽하게 적어 놓았는데,
현대판 첨단 커닝을 방불케 한다.

필요가 없었다. 물론 과거에 등용된 자들은 그 이전이라면 언감생심 바라볼 엄두도 내지 못할 벼슬을 내려준 황제에게 충성을 다할 것은 당연한 결과였다.

수나라는 40년도 채 못 되어 멸망했지만 문제가 만든 과거 제도는 이후 중국 관리 등용법의 대표적인 방식으로 자리 잡았고, 나아가 우리나라를 비롯한 주변 국가로도 파급되었다. 그러나 아무리 제도가 좋다 해도 그것을 운용하는 사람에 따라 성과가 전혀 다르게 나타나는 법. 이러한 현실은 그때나 지금이나 마찬가지다.

수많은 사람들이 과거장으로 몰려들었고, 그들은 어떻게 해서든 과거에 급제할 방법만을 찾아 헤맸다. 이른바 커닝을 위해 온갖 방법이 동원되었으니, 점심식사용으로 휴대한 만두 속에 커닝 페이퍼 넣기, 문제 빼내기, 대리시험 등 과감한 방법도 있었다.

004

그라쿠스 형제,
진보적 정치인의 최후

역사상 유명한 형제는 많다. 현대 정치사에서 가장 유명한 형제는 아마도 미국의 케네디 형제일 것이다. 미국 제35대 대통령으로 근무 중 암살당한 존 F. 케네디(1917~1963)와 형 밑에서 법무부 장관을 지낸 후 대통령 후보 지명을 위한 선거 유세 도중 암살당한 로버트 케네디(1925~1968), 그리고 여러 번 대통령 선거의 유력한 후보로 떠올랐으나 한 번은 자동차 사고를 당해 구사일생으로 살아난 후 대통령 선거에 나서지 않겠다고 선언했고, 또 한 번은 경선 도중 후보를 사퇴한 막내동생 에드워드 케네디(1932~2009)가 그들이다.

그런데 이들의 공통점은 바로 진보적 정책을 펼쳤다는 것이다. 진보적이란 말 그대로 '앞으로 나아가려는 의지의 활동'이니까 현재의 상황에 안주하지 않는다는 말과 같다. 그래서 역사의 희생자들은 대부분 진보주의자다. 현실을 그대로 인정하겠다는 보수주의자는, 역사란 유기체有機體 입장에서 보면 사실 아무런 활동도 하지 않는 것과 마찬가지다. 따라서 위험하지 않다. 아무런 활동을 하지 않는데 뭐가 위험하단 말인가? 그러나 진보주의자는 다르다. 그들은 지금의 현실이 바뀌어야 한다고 믿고 이를 바꾸기 위해 행동한다. 이는 현실이라는 상황에서 보면 위험하다. '바로 이 자리, 이 상황을 바꾼다고?'

기원전 130년대 로마의 지배 계층 역시 이 물음을 되뇌고 있었다. 티베리우스 그라쿠스Tiberius Gracchus(기원전 169(?)~133)라는 진보주의자 때문이었다. 기원전 137년 집정관 만키우스를 따라 스페인 원정길에 올랐던 그라쿠스는 그 과정에서 로마의 병폐를 낱낱이 확인하게 되었다. 그리고 이미 황혼길에 접어든 로마로 돌아온 그는 새로운 로마를 건설하기 위해서는 개혁만이 살길임을 뼈저리게 느끼고 있었다.

그라쿠스는 기원전 133년 호민관護民官에 입후보해 당선되자 곧 토지개혁법 입법에 착수했다. 광대한 토지를 소유한 몇몇 지주와 그 아래서 일하는 수많은 외국 출신 노예들이 로마의 중심을 이루는 한 자작농의 경제·군사적 활동으로 유지되던 로마의 미래는 암담했기 때문이었다. 그리고 그라쿠스는 우여곡절을 겪은 끝에 특유의 의지와 결단력과 사명감으로 이 법을 통과시켰고, 시민들은 환호했다.

그러나 그라쿠스는 자신의 의지를 관철한 대가를 톡톡히

치러야 했다. 이미 반대파의 강력한 위협에 직면한 그는 다시 호민관이 되어 이에 대처코자 했다. 그러나 호민관에 연거푸 입후보한 예는 없었다. 그렇지 않아도 눈엣가시던 그라쿠스의 이러한 행동은 반대파에게 좋은 빌미를 제공했다. 호민관 선출을 위한 민회民會가 우연히도 원로원 회의가 열리는 카피톨 언덕의 신전에서 열릴 무렵, 그라쿠스 반대파의 선봉이던 스키피오 나시카Scipio Nasica는 원로원 의원들과 함께 선거 중단을 요구했다. 그러나 그 무렵 집정관이던 스카이볼라Mucius Scaevola는 이를 거부했고, 선거는 치러져 그라쿠스의 당선이 확정적이었다. 이는 반대파로서는 더 이상 받아들일 수 없는 일이었다. 스키피오는 그의 무리와 함께 몽둥이와 돌 같은 원시적인 무기로 무장한 채 회의장으로 진입했고, 아무런 대비도 하지 않았던 그라쿠스와 그를 따르는 자들을 원시적인 방법으로 때려죽였다.

그로부터 6년이 흘러 용감한 아우가 나타났으니 티베리우스의 아우 가이우스 그라쿠스Gaius Gracchus(기원전 160 무렵~121)였다. 그는 형의 뜻을 이어받아 로마 부흥에 나설 것과 아울러 형을 죽음으로 본 자들을 응징하기로 결심했다. 그는 형의 뒤를 이어 호민관에 선출되었고, 형의 유산으로 시행되던 토지 개혁에 이어 사법 개혁에도 나섰다. 그 무렵 각 속주屬州의 총독들에 대한 재판은 원로원 의원이 배심원으로 참여했는데, 가이우스는 이를 에퀴테스라고 불리는 로마의 기사들에게 돌려주었다. 이들은 지주와 사업가 출신이었지만 원로원에는 참여할 수 없는 세력이었다. 그러자 총독과 유착 관계를 맺고 있던 원로원 의원들은 아연실색하지 않을 수 없었다. 게다가 가이우스는 시민들의 강력한 지지에 떠밀려 그의 형 덕분에 전례가 있는 호민관 재선에 도전했고, 당선되기에 이르렀다.

그 후 가이우스는 로마의 번영을 위해 합리적인 정책을 추진하는데, 늘 합리적인 정책이 말썽이라는 사실을 그는 몰랐다. 그는 모든 이탈리아인, 즉 라틴어를 사용하는 주민들에게 로마 시민권을 부여하자는 제안을 내놓았다. 그 무렵 이탈리아의 2/3를 차지하고 있던 이들은 로마군의 중추적인 역할도 담당하고 있었다. 그뿐인가? 언어와 풍습이 비슷한 이들은 로마 귀족층으로부터 철저히 외면당해 미래의 불씨로 남아 있었다. 따라서 이들을 로마로 편입시켜 시민권을 주고 자치단체화하는 것은 로마의 평화와 재정, 군사를 위해서도 바람직한 제도였다.

그러나 이미 자신들이 다른 모든 종족에 비해 우월하다고 여기던 로마 시민은(귀족뿐 아니라 평민까지) 갑자기 주위 모든 종족과 같은 수준으로 내려가라는 이 제안을 받아들일 수 없었다. 가이우스는 올바른 정책이 우둔한 시민들에게는 먹혀들지 않는다는 사실을 몰랐던 것이다. 결국 그는 모든 로마인한테 배척당했고, 기원전 121년 아벤티누스 언덕에 집

〈가이우스 그라쿠스의 죽음〉

프랑수아 토피노 르브룅 작, 1798년.

결해 있던 가이우스의 세력은 반대파의 강력한 공격을 받고 3000여 명의 희생자를 냈다. 반대파의 분노가 어느 정도였는지는 죽은 자의 재산을 모두 몰수하고, 남은 가족에게 상복 입는 것조차 금지한 것에서도 알 수 있다.

한편 겨우 그곳을 빠져나간 가이우스 그라쿠스는 도주 중에 자결했다. 그리고 그의 목을 베어간 자에게는 목의 무게와 같은 양의 금이 주어졌으니, 로마에 새로운 부자 한 명이 탄생한 셈이다. 이로써 로마의 개혁 운동은 좌절되었고, 시민의 사형에는 신중하던 로마 또한 그때부터 적극적으로 폭력을 통한 문제 해결에 나섰다. 이렇게 해서 용감한 형제 정치인의 효시嚆矢는 끝을 맺고 말았다.

참! 한 마디 덧붙일 말이 있다. 사람들은 말하곤 한다. "한 맺힌 놈들 때문에 선동적이고 혁명적인 일이 벌어진단 말이야." 그러나 이들은 역사 공부를 소홀히 한 무지의 산물이 틀림없다. 케네디 가문은 미국에서도 유명한 명문가였고, 그라쿠스 형제 또한 로마의 좋은 가문 출신이었다. 한 사람 더! 남미의 식민지를 누비다가 볼리비아에서 최후를 맞이한 체 게바라 역시 좋은 집안 출신으로 의사라는 직업을 가지고 있었다. 일제강점기에 독립운동에 목숨을 건 무수히 많은 분 또한 명문가 출신이 대부분이다. 그러니까 역사는 한 맺힌 자보다는 많이 공부하고 많이 고뇌한 이들을 혁명가로 만든다는 사실을 증언하는 셈이다.

005

금주법, 통제를 통해
세상을 바꾸겠다고?

요즘도 이슬람 국가에서는 금주禁酒가 생활화되어 있다. 역사적으로 보아도 고대 중국이나 일본, 그 밖에 여러 나라에서 금주가 시행되었다. 그런데도 금주법(The prohibition law) 하면 떠오르는 나라는 역시 미국이다. 그것도 1920년대 갱단이 지배하던 음습한 시대와 그 어둠을 틈타 술을 몰래 만들던 밀주 공장 그리고 그 안에서 벌어지는 보안관과 갱단 사이의 총싸움. 바로 이런 이미지가 우리가 생각하는 금주법이다.

　금주법은 1919년 미국에서 통과되어 이듬해부터 발효되었다. 이 법을 추진한 세력은 당연히 보수주의자였다. 초기에는 제1차 세계대전 중에 부족한 곡물의 전용轉用 방지를 명분으로 내세웠지만, 사회·문화적 움직임에 편승한 운동의 추진력은 이내 비합리적인 방향으로 나아갔다. 즉 급격한 도시화에 거부감을 가지고 있던 농민, 하느님 나라의 건국을

금주법 시대에 불법 주조된 술을 폐기처분하는 모습
캘리포니아 오렌지카운티, 1932년.

꿈꾼 기독교 근본주의자, 그리고 노동자의 음주와 이로 인한 생산성 저하에 반감을 가지고 있던 산업자본가까지 금주법에 환호했다.

더 나아가서는 반反이민주의자, 인종차별주의자까지 합세하는 형세로 확대되었다. 게다가 적대국 독일에 극도의 반감을 가지고 있던 이들은 독일인이 주도하던 맥주산업을 고사시키는 금주법에 절대적인 환영의 뜻을 표하기도 했다.

1919년 10월 28일 볼스테드 법으로 알려진 전국금주법(National Prohibition Act)이 제정되고 이듬해 발효되면서 미국 내에서 술은 자취를 감추었다. 물론 모든 주가 금주법을 통과시킨 것은 아니지만 대부분의 주에서 금주법이 발효되었고, 이때부터 미국인은 경건한 삶을 살아야 했다.

그런데 세상일이 그런 방식으로 통제될 수 있다면 무슨 사회 문제가 존재하겠는가? 술의 합법적 생산이 금지되면서 제한적으로 유통되는 술의 가격이 급등했고, 이는 당연히 서민에게 고통을 안겨 주었다. 그뿐만이 아니었다. 가짜 술을 만드는 불법이 확산되었고, 그 과정에서 저질 술(가짜 술이라고 해도 무방하다)을 마시다가 건강을 잃고 심지어 목숨을 잃는 사람까지 속출했다. 물론 모두 서민이었다. 반면에 금주법을 추진한 사회 지배층은 약간의 돈이 더 드는 불편을 겪었지만 술을 마시는 데는 썩 어려움이 없었다.

게다가 전혀 예상치 못한 일이 발생했으니 갱단이 밀주 제

조에 나서기 시작한 것이다. 알 카포네AI Capone(1899~1947)
라는 전설적인 이름이 두각을 나타낸 것도 이 무렵이었다.
스무 살에 불과한 카포네가 시카고 갱단의 중심 세력으로 자
리 잡고, 급기야 1925년에는 시카고 암흑가의 일인자가 되
었다. 그리고 매춘과 밀주, 도박장 등의 사업 다각화를 통해
1927년에는 1억 달러에 이르는 재산을 축적했다니, 합법적
주류 공장을 폐쇄하고 불법적 공장을 건립한 공로는 볼스테
드와 금주운동 단체에게 돌아가야 할 것이다.

한편 금주법의 통과와 시행으로 힘을 얻은 보수주의 집단
은 이후 이민법을 통과시켜 아시아계 이민의 완전 금지와 유
럽인 이민자의 제한 등을 추진했다. 우리에게 백인우월주의
자로 알려진 KKK단의 세력 또한 급속히 확대되었다. 그뿐
만이 아니었다. 기독교 근본주의자는 내친 김에 교육에까지
관여했으니, 1925년 테네시 주 의회는 공립학교에서 진화론
교육을 금지하는 법령을 채택했다.

이러한 움직임에 경악한 미국민권연합이란 단체에서는 테
네시 주에서 진화론을 가르치는 위법을 저지른 교사 지원을
약속했다. 이때 존 스콥스라는 젊은 교사가 위법 행위의 대
가로 체포되었다. 이후 이 재판은 전국적으로 관심을 끌었고
오늘날에는 상상도 할 수 없는 라디오 중계까지 되었다니 놀
라운 일이다. 결국 이 재판을 통해 시민들은 비합리적인 신
앙의 한계를 깨닫게 되었다. 이때부터 서서히 금주법을 비롯

한 보수주의 활동에 제동이 걸리기 시작했다.

결국 1929년 대공황을 겪으면서 미국 전역이 혼란에 빠져들었고, 이후 대통령에 출마한 루스벨트는 금주법의 폐지를 공약했다. 그리고 1932년 선거에서 승리한 그는 이듬해 이 법의 폐지안에 서명했다. 물론 이로써 미국 전역에서 금주법이 폐지된 것은 아니었다. 연방국가인만큼 각 주 정부의 결정이 남아 있었다. 그리하여 미국 전역에서 금주법이 철폐되는 데는 30년을 더 기다려야만 했다. 1966년 미시시피 주의 금주령 철폐가 마지막이었다.

006

기록, 인간을 인간으로 만든
성스러운 행동

인간이 습득한 지식이나 활동, 뜻과 이야기를 기록하기 시작한 것은 인류 발전에 획기적인 전기를 마련했다. 이러한 기록 활동이 없었다면 오늘날의 인류 문명은 존재하기 어려웠을 것이다. 그런 까닭에 기록이 시작된 때부터를 우리는 역사歷史시대, 기록으로 남기지 못한 시대를 선사先史시대라고 부른다. 선사시대는 다만 몇몇 유적과 유물로만 존재할 뿐이다. 따라서 그 시대 사람들의 삶과 그들이 추구하던 뜻이 무엇인지를 우리는 다만 추측할 뿐 알 수가 없다.

처음 이름을 남기기 시작한 인간, 즉 역사를 기록하기 시작한 것은 메소포타미아 지방에 살던 이들로 추정된다. 이때는 기원전 4000년~3500년 무렵이었는데, 그렇다면 이들은 어디에 기록을 남겼을까? 바로 점토판이다. 점토로 만든 규격화된 판에 점토가 굳기 전 자신들이 고안한 쐐기문자를 이용해 기록한 후 햇볕에 말리거나 구워 보존했다. 현재 수메르인을 포함한 메소포타미아 지역에 거주하던 여러 민족이 남긴 점토판이 수없이 발굴되고 있으며, 문자 해독 또한 학자들에 의해 드러나고 있다.

점토판 이후에 발명된 기록 도구는 파피루스였다. 이집트인이 발명한 파피루스가 처음 사용된 것이 기원전 3500년 무렵으로, 나일강 유역에서 재배하던 파피루스라는 식물을 이용해 만들었다. 《박물지》의 저자인 로마 출신 플리니우스 Plinius(23~79)가 남긴 파피루스 제조법은 다음과 같다. 파피루스 줄기 속의 섬유층을 제거하고 세로로 길게 잘라 가지런히 놓은 다음 가로로 줄기를 놓는다. 이렇게 두 겹으로 만든 줄기를 말려 압축시킨다. 한편 파피루스가 마르면서 배출되는 수액이 두 겹의 줄기를 접착시키게 되며 마지막으로 이를 망치로 두들겨 얇게 편 다음 햇볕에 말린다. 완성된 파피루스는 순백색을 띠며 반점이나 얼룩이 없어야 좋은 것이다. 한편 낱장으로 만들어진 시트를 풀로 붙여 두루마리로 만드는데, 약 20개 이내의 시트가 두루마리 하나다.

이집트인은 파피루스라는 놀라운 기록 도구를 발명했을 뿐 아니라 놀라운 기록도 남겼다. 기원전 1200년 무렵에 간행된 파피루스 가운데는 성性 교육서가 포함되어 있었는데, 여기에 성교의 다양한 체위가 기록되어 있으니 어찌 놀랍지 않을까. 이집트인은 이 파피루스를 기록 도구뿐 아니라 돛,

최초의 알파벳이 새겨진 점토판

22개의 자음으로 이루어진 페니키아 문자가 새겨져 있는데,
대부분의 유럽 문자 체계의 원형이 되었다.

파피루스

'사자의 서'의 일부분으로,
내세를 중시한 이집트인이 믿은 사후 심판이 적혀 있다.

천 등으로도 사용했다. 그리고 파피루스는 서양에서 다른 기록 도구가 만들어지기 시작한 10세기 이후에도 간간이 사용될 정도로 주요한 문방구였다.

이제 동양을 살펴볼 차례다. 동양에서 필기를 처음 시작한 곳은 당연히 4대 문명의 발상지 가운데 하나인 중국이다. 중국에서는 이집트의 파피루스가 발명될 무렵부터 거북 껍데기나 동물의 뼈, 돌 등에 그들이 고안한 상형문자를 새겨 오늘날까지 전하고 있다. 인류가 고안한 가장 오래된 문자 가운데 하나이자 현재도 사용되고 있는 한자를 처음 기록한 곳도 거북 껍데기인데, 그런 까닭에 이를 갑골문자甲骨文字라고 부른다. 그런데 먼저 알아두어야 할 것이, 갑골문자를 새길 때 그냥 새긴 것이 아니라는 점이다. 토끼털 등을 이용해 필기구를 만들어 갑골에 기록한 다음 이를 새겼다.

그 후 중국에서는 죽간竹簡과 목독木牘을 기록 도구로 사용했는데, 기원전 2000년 무렵으로 알려져 있다. 죽간 가운데 큰 것은 폭이 20센티미터, 길이가 60센티미터에 이르며, 작은 것은 약 1센티미터 너비에 길이가 12센티미터 정도였다. 죽간은 단순히 대나무를 자른 것이 아니라 대나무를 불에 구운 다음 잘게 나누어 사용했다. 이는 대나무에 들어 있는 기름 성분을 제거해 먹 글씨가 쉽게 스미도록 할 뿐만 아니라 병충해를 방지해 오랫동안 보존할 수 있기 때문이었다. 한편 같은 크기의 죽간을 세로로 나란히 세운 다음 가로 방향을 비단실로 묶어 책으로 만들었으니 오늘날 전하는 중국 고전은 모두 이러한 방식으로 전해졌다.

목독木牘은 나무 조각을 가리키는 데 대개 30센티미터 정도의 정방형이 많지만 다른 모양도 있었다. 이는 관청 문서뿐 아니라 일반인 사이에서도 폭넓게 사용되었다.

이 외에도 중국에서 기록 도구로 사용한 것이 비단이었다. 비단은 기록하기도 쉽고 읽기도 쉬울 뿐 아니라 많은 내용을 담을 수도 있어 편리했지만 비용이 워낙 비싸 극히 일부 계층에서만 사용했다. 비단에 기록된 것을 백서帛書라고 하고, 비단에 그려진 그림을 백화帛畫라고 부른다.

그 후인 기원전 2세기 무렵 고대 그리스에서는 양피지羊皮紙, 즉 양의 가죽을 이용해 만든 문방구를 발명했다. 그 이전부터 동물의 가죽을 기록용으로 사용한 것으로 추측하지만 가죽을 처리해 기록을 남기기에 완전한 형태로 만든 것이 이 무렵이었던 것 같다. 양피지 가운데 송아지나 염소 새끼의 가죽으로 만든 고급품을 특히 벨럼이라고 불렀는데, 워낙 부드러워 기록하고 책자로 만들기에 편리했다.

사실 양피지의 발전에는 이집트 왕의 역할이 컸다. 이집트 왕이 파피루스 수출을 금지시켰기 때문이다. 이에 자극받은 소아시아의 페르가뭄 왕은 파피루스를 대신할 기록 도구를 만들라고 명을 내렸고, 그리하여 양피지를 대량생산하기에 이르렀다. 한편 동양에서도 양을 많이 기르던 몽골 지방에서

양피지를 사용했다는 기록이 남아 있다.

　그렇다면 인간이 만든 가장 뛰어난 발명품 가운데 하나인 종이는 언제 세상에 모습을 드러냈을까? 105년 무렵 중국 후한後漢의 채륜蔡倫(50년 무렵~121)이 만든 것이 종이의 시초로 알려져 있다. 약 2000년 전의 일이다. 그런데 오늘날에도 종이 제조법은 채륜이 발명한 기법에서 크게 벗어나지 않았으니 그의 발명이 얼마나 놀랍고 뛰어난 것인지 알 수 있다.

　종이 제조법이 서양으로 건너온 것은 1000년 무렵의 일로, 이때부터 비로소 서양에서도 기록이 시민에게 쉽게 전파되기 시작했다. 이러한 움직임은 구텐베르크의 금속활자 인쇄술이 사용되면서 급속히 퍼졌다. 현재 세계를 움직이게 된 서양 문명은 이런 과정을 거쳐 세계 각지로 전파된 것이다. 안타까운 것은 세계 최초로 발명된 우리나라의 금속활자가 문명의 대중화에 활용되지 못했다는 점이다.

007

기베르티 대 브루넬레스키,
세기의 대결

1402년, 피렌체의 산타 마리아 델 피오레 성당에 속한 세례당의 나무문을 교체하는 작업이 시작되었다. 이 세례당의 입구는 셋인데, 그 당시 문은 70여 년 전 조각가 피사노가 성 요한의 일생을 금박 입힌 청동 부조로 새겨 넣은 것이었다.

그런 문을 새롭게 만들기로 결정한 세례당 관리 책임자들은 결국 현상공모를 하기로 결정했다. 물론 현상공모 내용은 문 자체가 아니라 문에 새겨 넣을 청동 부조상浮彫像이었다. 따라서 이에 응모하는 사람들은 목수가 아니라 조각가여야 했다.

그 무렵 흑사병을 피해 고향 피렌체를 떠나 있던 스물두 살의 견습 화가 로렌초 기베르티Lorenzo Ghiberti(1378~1455)는 그의 후원자한테서 고향에서 벌어지는 현상공모에 참여해도 좋다는 허락을 받았다. 한편 그보다 한 살 위인 금 세공사 브루넬레스키Filippo Brunelleschi(1377~1446)도 이 공모를 외면할 수 없었다. 결국 시에나의 유명한 조각가 야코포 델라 퀘르치아Jacopo della Quercia(1374~1438)와 앞서 언급한 두 사람, 그리고 다른 네 사람이 최종 후보자로 선발되었다. 이들은 청동 네 덩어리와 함께 아브라함이 이삭을 바친 구약성서의 내용을 4엽 장식으로 만들어 1년 안에 제출하라는 지시를 받았다. 지시에는 옷을 입은 인물과 벗은 인물, 동물과 식물, 배경이 되는 풍경이 함께 묘사되어야 한다는 복잡한 조건도 덧붙여졌다. 그러나 선정 작업은 여러 가지 문제로 2년 뒤로 연기되었고, 최종 승자는 기베르티라고 역사는 기록하고 있다.

기베르티와 브루넬레스키가 제출한 작품 외에 다른 사람의 것은 전해오지 않는다. 건축가 브루넬레스키의 작품은 아브라함과 이삭의 배치가 정적이며 천사의 모습 또한 배경 정도에 그치는 듯하다. 게다가 사람과 동물, 바위, 식물 들이 모두 같은 평면에 적당히 자리한 느낌을 지울 수가 없다. 반면에 기베르티의 작품은 어떤가? 얼핏 보면 복잡해 보이지만 대각선 배치를 활용해 활기찬 느낌을 주고 있으며, 전면의 등장인물은 도드라지는 반면 배경이 되는 형상들은 낮게 만들어 입체감이 느껴진다. 그뿐만이 아니다. 이삭은 나체로 묘사되어 있는데 이는 르네상스 최초의 남자 나체상이다.

한편 기베르티 작품이 선정된 실질적인 이유 가운데 하나는 그의 기법에 있었다. 그는 부조의 속을 밀랍으로 채웠다

녹여 없애는 할로우캐스트 기법을 사용하여 브루넬레스키의 작품보다 7킬로그램 가볍게 만들 수 있었다. 이는 입구 하나에 28개, 입구가 셋임을 감안하면 비용 면에서 무시할 수 없는 수준이었다.

현상공모에서 선정된 기베르티는 1403년, 세례당 동쪽 문에 부조 28점을 만드는 계약에 서명했다. 계약 기간은 9년이었다. 그러나 작품이 완성된 것은 1424년의 일로, 시작된 지 21년 만이었다. 그리고 모든 문의 제작은 1452년에야 비로소 완성할 수 있었다.

한편 첫 번째 문의 작업 성공에 힘입어 자율적인 권한을 갖게 된 기베르티는 4엽 장식 패널 28개가 아니라 큰 직사각형 패널 10개로 제작했다. 이런 과정을 거쳐 독창적인 문이 완성되자 세례당 관리를 맡고 있던 모직물 상인 길드인 칼리말라 회원들은 동쪽 문에 달았던 최초의 문을 북쪽으로 옮기고 새로 만든 문을 동쪽에 부착했다. 대성당과 마주보는 동쪽 문이 사람들 눈에 더 잘 뜨였기 때문이다.

기베르티의 출품작(위), 브루넬레스키의 출품작(아래)

당시의 공모전에서 선정된 것은 기베르티의 작품이다. 그러나 그 작품이 선정된 실질적인 이유로는 경제적인 요소도 크게 작용했다. 현대 학자들은 또 다른 측면에서 두 작가를 평가한다. 기베르티는 이삭의 묘사에 고전적인 방법을 사용했지만, 아브라함이 이삭을 죽이려는 긴박한 장면은 브루넬레스키의 표현이 더 현장감 있다고 한다. 이탈리아 피렌체의 바르젤로 국립박물관.

그런데 이러한 결정에는 대단한 결단이 필요했다. 그 무렵 세례당과 성당을 연결하는 통로, 즉 천국을 향한 문은《신약성서》의 내용으로 꾸미는 것이 관례였다. 그런데《신약성서》내용으로 꾸며진 동쪽 문이 북쪽으로 옮겨지고,《구약성서》내용으로 꾸며진 새 문이 천국을 향한 문으로 배치된 것이다. 이는 종교적 관점이 아니라 예술적 관점에서 건축물을 배치한 최초의 사례다.

미켈란젤로가 '너무 아름다워 천국 입구에 그저 서 있고 싶다'라고 표현한 것에서 '천국의 문'이란 별칭을 받은 이 문을 보기 위해 오늘도 수많은 관광객이 피렌체를 찾는다. 그런데 사실 그들이 보는 문은 기베르티가 제작한 것이 아니라 그 문을 본떠 만든 모조품이다. 진품이라면 벌써 사람들의 손길에 닳아, 아니 누군가에 의해 떼어져 없어졌을 테니까 당연한 조치이리라.

008

기원전과 기원후, 연도에 담긴
패권주의!

기원전을 뜻하는 BC와 기원후를 뜻하는 AD는 그 의미가 무엇이든 널리 쓰이고 있어서 대부분의 사람들이 알려고 하지도 않고 궁금해하지도 않는다. 그러나 일본이 아직도 메이지明治니 헤이세이平成니 같은 연호年號를 사용하여 연대 표시를 하고 있음을 기억한다면 그 옳고 그름을 떠나 연대 표시라는 것이 세상 모든 사람, 모든 나라에서 같은 것을 사용해야만 하는 것이 아님을 알 수 있다. 물론 우리나라도 1950년대까지는 단기檀紀(단군기원)를 사용했다.

특히 BC와 AD가 어떤 의미를 갖고 언제부터 사용되기 시작했는지 알고 나면 여러분의 생각에 꽤 큰 충격이 있을 것이다. 우선 우리말부터 살펴보자. 기원紀元이란 햇수를 세는 기준이 되는 해를 뜻한다. 그러니까 기원전이란 햇수를 세는 기준이 되는 이전이란 의미다. 사실 이 단어의 의미를 오래전부터 이해할 수 없었다. 선사시대가 역사의 기록을 남기기 이전 시대란 것은 그래도 이해가 간다. 기원전 수천 년 동안 인류는 대단한 문명의 발전을 이루었고, 인류의 기원, 문명의 기원, 다양한 종교의 기원, 철학의 기원이 될 만한 자취를 남긴 것도 사실이다. 그런데 갑자기 햇수를 세는 기준이 왜 그때부터 시작되어야 하는지 도무지 알 수가 없었다. 사실 지금도 기원전 시기가 햇수를 세는 기준도 못 되는 낙후된 시대라는 인식에 대해서는 동의하지 않는다. 그래서 서기 전西紀前, 그러니까 서양에서 사용하는 기원 이전이라는 명칭이 더 옳다고 생각한다.

그렇다면 기원전이란 명칭은 언제부터 사용되기 시작했을까? 기원전, 즉 BC는 기원후, 즉 AD와 떼어서는 생각할 수 없는 개념이다. BC는 잘 알려져 있다시피 'before Christ', 즉 '그리스도 이전'이란 의미다. 그러니까 결국 기원은 그리스도의 탄생을 뜻한다. 그리스도 탄생 이전은 햇수로서의 의미도 없다는 기독교적 사고의 산물인데, 이것도 사실은 17세기에 들어서야 사용하기 시작했다.

그 전에는 A.U.C.(ab urbe condita), 즉 '도시의 건립으로부터'라는 뜻의 용어를 사용했다. A.U.C.는 기원전 753년이 원년인 것으로 보이는데, 이때 도시란 곧 로마를 의미한다. 한편 A.M.(anno mundi)도 사용했는데, 이는 '세상의 해'라는 의미로 기원전 3761년에 세상이 창조되었다고 보는 유대교 책력에 따른 것이다.

AD는 'anno Domini', 즉 '주님의 해'란 뜻으로, 이를 처음 제정한 이는 로마의 수도원장 디오니시우스 엑시구스 Dionysius Exigus다. 500년 무렵 스키티아에서 태어난 그는 예수의 탄생 연도를 로마의 건국기원 753년으로 계산했는데, 실제로 예수는 그보다 약 4년 앞서 탄생한 것으로 보인다. 한편 그가 제정한 서력기원, 즉 서기는 유럽에선 11세기, 스페인에선 14세기, 그리스 문화권에서는 15세기가 되어서야 일반적으로 사용되기 시작했다.

하나 더! 디오니시우스는 0이란 숫자를 활용할 줄 몰랐다. 그런 까닭에 기원을 0년부터가 아닌 1년부터 시작했으며, 이 전통이 이어져 21세기 또한 2000년이 아닌 2001년에 시작되었다.

009

꿈의 비문, 모래바다에 잠긴 스핑크스

스핑크스에 관한 전설을 아는가? 옛날 보이오티아 테베의 날개 달린 스핑크스는 뮤즈가 가르쳐 준 수수께끼를 사람들에게 묻는다. "목소리는 같지만 발이 아침에는 네 개, 점심에는 두 개, 저녁에는 세 개인 것은 무엇인가?" 그러나 아무도 맞추지 못했고, 스핑크스는 그들을 모두 잡아먹었다. 모든 사람들이 공포에 떨 무렵 오이디푸스가 그의 앞에 나타났고, 그는 "그것은 사람이오. 사람은 어린 시절에는 네 발로 기어 다니고, 자라서는 두 발로 걸어 다니며, 늙어서는 지팡이에 의지하기 때문이오." 그러자 스핑크스는 크게 충격을 받고 그 자리에서 자결했다.

그러나 이는 그리스 전설에 나타나는 스핑크스요, 우리에게 유명한 이집트의 스핑크스는 온순한 성격에 인간의 지혜와 사자의 힘을 더한 존재로서 숭배의 대상이었을 것이다.

스핑크스라는 명칭은 그리스어 스핑게인sphingein에서 유래한 것으로 보이는데, 고대 이집트에서는 이를 루키Rookie(서쪽에 빛나는 존재) 또는 쉐세프 앙크Shesep ankh(영원한 생명을 나타낸 것)라고 불렀다. 스핑게인이란 명칭은 아마도 쉐세프 앙크가 그리스어로 전이轉移되면서 나타난 명칭으로 보인다.

현재 남아 있는 스핑크스 가운데 최초이자 가장 유명한 것은 이집트 기자에 있는 스핑크스로서, 카프라Khafra 왕(기원전 2575~2465 무렵)이 만들었다. 높이 20미터, 길이 57미터의 거대한 스핑크스는 카프라 왕의 모습을 본떠 만들었다는 소문이 전해져 오고 있다.

그렇다면 '꿈의 비문'은 스핑크스와 어떤 관련이 있을까? 석회암으로 된 작은 산을 깎아 만든 스핑크스는 그런 까닭에 주위에 비해 낮은 곳에 자리했다. 그런데 모래 폭풍이 불기 시작하면 사막의 모래가 밀려와 스핑크스 주변의 움푹 패인 곳을 메웠고, 스핑크스는 제 모습을 잃고야 말았다. 이와 관련해 전해 오는 이야기가 있으니 스핑크스 앞에 세워져 있는 '꿈의 비문'이다. 이 비석은 기원전 15세기 무렵 신왕국 시대의 투트모시스Tuthmosis 4세가 세운 것으로 보이는데, 그와 관련된 내용이 이 비석에 기록되어 있다.

투트모시스 4세의 왕자 시절 이야기다. 그는 어느 날 사막으로 사냥을 나갔다가 깜빡 잠이 들었다. 그때 꿈속에서 스핑크

기자의 대大스핑크스와 꿈의 비문

스핑크스의 거대한 앞발 사이에 서 있는 것이 '꿈의 비문'이다.
'꿈의 비문'은 투트모시스 4세가 정당한 왕위 계승자가 아니었다는 것을 시사해 준다.
정당한 계승자라면 스핑크스의 힘을 빌려 왕이 되었다는 점을
강조할 필요가 없기 때문이다.

스가 나타나서 이렇게 말했다. "나는 모래 속에 묻혀 있다. 괴로워 죽겠으니 모래를 파내고 나를 꺼내다오. 그렇게만 해 준다면 나는 너를 이집트의 왕으로 만들어 주겠다." 깜짝 놀라 잠에서 깬 왕자는 즉시 부하들을 불러 모래를 치우도록 명령했다. 그로부터 몇 년 후 스핑크스는 약속대로 투트모시스 4세를 왕으로 만들어 주었다.

그러나 스핑크스를 구한 것은 투트모시스 4세뿐만이 아니었다. 기원전 13세기에는 람세스Ramses 2세의 재상으로 있던 케무아세트Khaemuaset 왕자가 스핑크스를 모래바다에서 건져 주었다. 모래바람은 매년 불어오니까.

1798년 나폴레옹이 이집트 원정에 나설 무렵에도 발굴 기록에 따르면 스핑크스는 어깨까지 모래에 파묻혀 있고 겨우 머리만 땅 위에 모습을 드러낸 상태였다. 그로부터 90여 년 후 프랑스의 가스통 마스페로Gaston Maspero라는 이집트 전공 학자는 스핑크스를 다시 구해 주고자 결심했다. 그리고 그는 현대적인 방법으로 이에 필요한 자금을 구했다. 즉 신문을 이용한 것이다. '인류의 유산 스핑크스를 이대로 모래 속에 매장시킬 것인가? 이를 구해 내는 일이야말로 문화인인 우리의 사명이다.' 이 기사는 세계의 문명인을 자처하던 프랑스인을 자극했고, 발굴이 끝난 후에도 마스페로의 통장에는 충분한 자금이 남아 있었다.

나스카 지상화,
도대체 무엇이란 말인가?

지구상에는 놀라운 유적들이 산재해 있는데, 이는 인간의 상
상력과 능력, 창의력의 한계가 현대인이 생각하는 것보다 훨
씬 크고 넓다는 것을 나타내 주는 증거다. 그렇지만 현대인
은 이를 단순히 유적으로 바라보는 것만으로 만족하지 않
고 온갖 의문을 제기한다. 혹시 이것이 우주인과 관련된 것
은 아닐까? 아니, 과거에 존재하던 놀라운 문명을 증거하는
것은 아닐까? 또는 신이 정말 존재했던 것은 아닐까? 하기
야 현재 우리 상식으로 납득하기 어려운 것이 나타날 때마다
우리는 초월적인 존재의 힘으로 생각하고 싶어 한다. 그만큼
인간은 약하기 때문일 것이다.

나스카Nazca 평원에 펼쳐진 그림은 우리를 신비한 세계로
인도한다. 그리고 수많은 사람들이 또다시 신이나 외계인,
놀라운 문명인을 떠올린다. 그러나 우리는 그저 있는 그대로

를 보고자 한다. 나스카 지상화地上畵에는 거미, 고래, 원숭이, 개, 나무, 우주인으로 보이는 존재, 벌새, 펠리컨 등의 그림이 30점 이상, 소용돌이, 직선, 삼각형, 사다리꼴과 같은 곡선이나 기하학 무늬 들이 200점 이상 포함되어 있다. 그리고 그림 하나는 100미터에서 300미터에 달할 만큼 거대해서 하늘 위에서 바라보지 않으면 확인할 수 없을 정도다. 게다가 나스카 유적이 산재한 장소는 총 1000제곱킬로미터가 넘는다(서울특별시 면적이 600제곱킬로미터다). 아마 수백 년 전부터 전해 오던 이 유적이 1948년에야 미국의 농업경제학자인 폴 코스크Paul Kosok에 의해 발견된 것도 그러한 이유 때문일 것이다.

나스카란 페루 남부 해안 지방에 존재하던 문화였다. 그렇다고 해서 나스카 지상화가 반드시 나스카 문명 시대에 제작된 것이라고 단정 지을 수는 없다. 나스카 지상화가 발견된 후 수많은 학자가 첨단 과학을 이용해 생성 연대와 의미 등을 연구했지만 아직 분명히 밝혀진 것은 없기 때문이다.

그렇다면 사람들은 이 그림을 왜 그렸을까? 학자들은 이를 천문학적 역법과 관련된 상징이라고도 하고, 제례와 연관된 그림이라고도 한다. 또한 고대 페루인의 삶과 죽음에 관한 암호문이라고도 한다. 물론 이러한 의견이 전부는 아니다. 가족 집단 사이에 자기 지위를 과시하기 위해 만든 상징이라는 의견도 있는 반면 이곳에 착륙해서 한동안 머물던 외계인을 숭배한 표상이라는 의견도 있다. 외계인 관련 주장을 펼친 이는 스위스 출신 작가이자 호텔경영인이자 고고학자인 에리히 폰 데니켄Erich von Daniken(1935~)이다. 그는 이러한 주장을 담은 책《신들의 전차》를 출간했고, 이 책이 세계적인 베스트셀러가 되기도 했다.

물론 그의 의견에 많은 허점이 있어 정설로 받아들여지지는 못했지만, 우주 조종사 출신인 짐 우드맨은 그의 의견에 동의하며 비행이 가능한 생명체가 만든 것이 분명하다는 결론에 도달했다. 게다가 그의 의견을 뒷받침할 만한 유물이 발견되었다. 나스카 그림 부근 무덤에서 발견된 직물을 조사해 본 결과 오늘날의 낙하산보다 더 정교한 소재임이 밝혀진 것이다. 그뿐만이 아니라 비행 물체에 관한 여러 그림이 그릇 등에 그려져 있었고, 천에는 하늘을 나는 사람들의 그림이 여럿 있었다. 이러한 증거가 외계인의 착륙을 인정하는 것은 아니지만 여하튼 우리에게 신비로움을 전해주는 것은 사실이다.

그렇다면 땅 위에 새겨 놓은 이 그림이 오랫동안 사라지지 않고 오늘날까지 전해진 까닭은 무엇일까? 태평양과 안데스 산맥 사이에 위치한 나스카 평원은 매우 건조해 강우량이 1년에 10밀리미터에도 미치지 않는다. 게다가 나스카 평원의 흙은 점토인데 이 흙이 오랜 기간 공기 중에 노출되어 검은색으로 변했고, 이 위에 얕은 골을 내어 선을 그리기만 해도

나스카 지상화
원숭이의 꼬리를 나선 모양으로 그렸다.
전체 길이는 약 80미터.

선명한 선 그림이 완성되는 것이다. 건조한 기후와 선명한 그림을 가능케 한 토양. 이 두 가지 요소가 겹쳐져 놀라운 유적이 오늘날까지 전해진다.

011

낙하산, 우산에서 시작된
첨단기술

낙하산 하면 요즘은 '낙하산 인사'라고 하는 썩 좋지 않은 비유로 자주 쓰이고 있지만, 사실 낙하산의 역사는 우리가 생각하는 것보다 길다. 낙하산 또한 비행기와 마찬가지로 하늘을 날고자 하는 인간의 욕망에서 비롯되었다고 할 수 있다.

기록에 의하면 1300년 무렵 중국에서 낙하산을 처음 사용했는데, 정확한 내용이 전해지지 않아 사실 여부를 확인할 수 없다. 분명하게 낙하산이라는 개념을 머릿속에 떠올리고 이를 현실에 옮기려고 한 이는 레오나르도 다빈치Leonardo da Vinci(1452~1519)다. 자신이 고안한 낙하산을 그림으로 남겨 놓은 까닭에 오늘날 우리는 낙하산이라는 개념을 처음 도입한 인물로 다빈치를 생각하고 있다. 그러나 낙하하지 않은 낙하산은 그림의 떡일 뿐.

알려진 바에 따르면 1783년 프랑스의 르노르망Louis Lenor

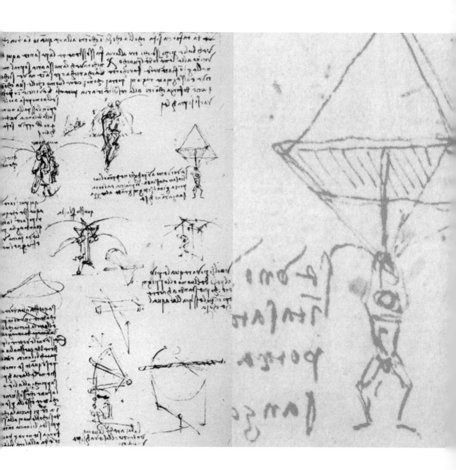

레오나르도 다빈치의 낙하산

다빈치는 낙하산을 고안하고 직접 이 그림을 그렸다.
500년이 지난 2000년 6월 20일, 남아프리카공화국에서 영국인
아드리안 니콜라스가 다빈치가 그린 그림대로 낙하산을 만들어
비행에 성공했다.

mand(1757~1839)이 우산 두 개를 들고 나무에서 뛰어내렸고, 이것이 낙하산을 이용한 낙하의 최초로 기록되어 있다. 그런데 우산을 들고 뛰어내린 것을 낙하산으로 본다면 낙하산의 역사는 수천 년 전으로 거슬러 올라가야 한다. 중국의 역사서 《사기》에 따르면, 중국 요순堯舜시대를 연 성군聖君 가운데 한 사람인 순임금이 젊은 시절, 우산을 이용해 지붕에서 뛰어내렸다는 기록이 전해오고 있으니 말이다.

우산 낙하산 외에 본격적인 낙하산을 처음 사용한 이는 프랑스의 가르느랭Andre-Jacques Garnerin(1769~1823)으로, 1802년 1000미터 높이의 기구에서 낙하했고 목숨을 건졌다. 따라서 그의 낙하산은 제대로 작동한 것이다. 요즘 우리가 상상하는 비행기에서 뛰어내리는 데 낙하산을 이용한 낙하는 1912년에야 비로소 성공했다. 그리고 제2차 세계대전이 발발한 후에야 비로소 낙하산을 전투 목적으로 이용하기 시작했다. 낙하산은 초기에는 범포帆布를, 나중에는 비단을 이용했다. 오늘날에는 나일론을 이용해 만드는데, 그 구조가 꽤 복잡하다.

한편 초음속 전투기의 조종사는 기체가 이상을 일으켰을 때 낙하산을 매고 뛰어내리는 것은 아니다. 비행기에 이상이 생기면 로켓 추진기가 조종사와 좌석과 낙하산을 동시에 비행기 밖으로 쏘아 보내며, 조종사가 좌석에서 벗어나면 낙하산은 자동으로 펼쳐진다.

012

노예무역, 고통 속에 피어난 달콤함

설탕은 달콤함을 상징하는 식품이다. 그리고 현대인이라면 단 하루도 설탕 없이 살아가긴 어렵다. 그런데 이런 설탕이 우리 입에 들어오기까지 거쳐야 하는 과정 또한 그렇게 달콤할까?

콜럼버스Christopher Columbus(1451~1506)가 처음 신대륙을 발견한 후 신대륙을 향한 유럽인의 욕망은 끝이 없었다. 처음 신대륙에 건너간 이들은 은광銀鑛 개발에 나섰다. 아메리카 원주민은 유럽인 입장에서 보면 너무나 순진했고 다루기 쉬운 대상이었다. 그들은 1500년 무렵부터 불과 150여 년 사이에 1만 6000톤이 넘게 은을 캐냈는데, 이 은을 대부분 중국 도자기와 비단, 인도 향료 등을 구입하는 데 썼다.

은광 개발에 몰두한 나머지 은광이 바닥을 드러낼 때쯤 되자 이들은 다시 담배와 커피, 사탕수수 등의 작물 재배에 눈을 돌렸다. 특히 유럽인의 혀를 자극한 설탕의 원료인 사탕수수 재배는 무역상에게 막대한 수익을 가져다주었다. 이러한 작물 재배에는 엄청난 인력이 필요했으니 처음에는 신대륙의 인디오가 노예로 동원되었다. 그러나 얼마 안 가 인간을 기계처럼 다루는 일이 쉽지 않은 것으로 드러났다. 수많은 사람들이 유럽산 전염병에 걸리거나 강제노역을 견디지 못하고 쓰러졌다. 상인들은 이제 다른 인간 부품을 필요로 했다. 이때 머릿속에 떠오른 것이 아프리카 흑인이었다.

처음 흑인 노예에 뛰어든 것은 포르투갈이었고, 그 뒤를 이어 영국, 네덜란드, 프랑스가 속속 대열에 참여했다. 이러한 노예무역을 가리켜 삼각무역이라고 불렀는데 여기에는 이유가 있다. 우선 노예 무역선은 유럽에서 가까운 서남아프리카의 황금해안이라 불리는 곳으로 향했다. 그곳에 도착한 노예선은 해안에서 가까운 부락의 추장에게 별 쓸모없는 물건들, 이를테면 총과 술, 보석 등을 건네고는 정박을 허가받았다. 정박이 시작되면 노예 사냥꾼들은 노예사냥에 나서는데 당연히 흑인들의 반항에 직면하게 되었다. 그러나 최신 무기로 무장한 그들에게 활과 창으로 대항하는 이들이 적수가 될 수는 없었다.

한 달에서 길게는 1년 정도 머무는 동안 노예선에는 끌어온 노예들이 쌓이기 시작했다. 우선 노예 사냥꾼과의 싸움에서 패해 사로잡힌 흑인 가운데 많은 이는 수치와 공포 때문에 배에 태워지기 전에 자살을 시도했다. 배 안의 노예들은 발가벗겨진 채 가슴에 낙인이 찍혔고, 두 명씩 짝으로 묶였다. 또한 작은 배에 되도록 많이 실리도록 일렬로 눕혀졌는데, 한 사람에게 주어진 너비는 고작 40센티미터 정도였다. 게다가 남자 노예에게는 폭동 방지를 위해 여러 명씩 짝을 지워 족쇄를 채웠다. 이렇게 실린 노예들은 몸을 돌릴 수조차 없었으니 그 가운데는 옆 사람에게 숨 쉴 공간을 주기 위해 스스로 목을 매다는 이들도 있었다. 그런 상황에서 짧게는 한 달 길게는 두세 달에 이르는 항해를 이겨내고 살아남는 것 자체가 기적이었다.

노예들은 하루에 두 번 쌀죽, 옥수수 가루, 감자 스튜 등을 먹었다. 악천후로 항해가 지연되면 배급량은 당연히 줄었다. 이로 인해 질병과 학대를 견디지 못한 자살, 폭동 등으로 전체 노예의 10퍼센트 넘게 중간에 죽었고, 이들은 대서양 바다에 버려졌다. 얼마나 많은 노예가 수시로 버려졌는지 머리 좋은 상어들은 노예선이 뜨기만 하면 그 뒤를 따랐다고 한다.

이런 열악한 환경에서 살아남은 노예들을 기다리는 것이 우리가 영화에서 접하는 노예로서의 삶이라고 생각하면 잘못이다. 더운 나라에서 온 그들은 추운 날씨와 온갖 전염병이 창궐하는 환경에 적응해야 했고, 사탕수수를 설탕으로 정제하는 공장에서 일해야 했다. 이러한 인간의 한계를 시험하는 가마솥 작업으로, 신대륙에 도착한 노예 가운데 다시 30

퍼센트 넘게는 수년 내에 죽었다.

그렇다면 노예무역에 종사한 자들은 어떠했을까? 아프리카에서 노예를 가득 싣고 아메리카 신대륙으로 향한 상인들은 이들을 그곳 농장주 등에게 넘기고 대신 설탕과 담배, 럼주 등을 가득 싣고 다시 유럽으로 돌아왔다. 이것이 그 유명한 삼각무역이다.

이렇게 인간의 양심을 팔아 버린 대가로 노예 상인들은 300퍼센트(다른 기록에 따르면 1000퍼센트에 달한다고도 한다)에 이르는 엄청난 수익을 올릴 수 있었다. 물론 험난한 대서양 항로를 오가다가 침몰하는 배도 많았다. 이때 피해를 보는 것은

16~18세기 노예무역이 성행한 지역

15세기 중반 이후 유럽 항해자들이 아프리카 대서양 연안을 개방하면서 노예무역이
급속히 늘었다. 17세기 말에는 한 해에 거래되는 노예의 수가 3만 명 정도였고,
18세기 말에는 8만 명에 이르렀다.

선주뿐 아니라 그 배에 실린 채 움직이지도 못하고 물귀신이
되고 만 수백 명의 노예도 마찬가지였다.

훗날 노예무역을 연구한 결과에 따르면, 1500만 명에서
최대 4000만 명에 이르는 아프리카인이 노예선을 통해 아메
리카 대륙으로 끌려갔다. 인류가 저지른 죄악 가운데 이보다
더 잔인한 일이 있는지 나는 잘 모르겠다.

013

대장정大長征, 의지의 끝은 어디인가!

1921년, 중국에서는 공산당이 창당되었다. 그리고 1919년 5.4운동의 역량을 결집해 새롭게 창당한 쑨원孫文(1866~1925)의 중국국민당은 1924년 공산당과 제1차 국공합작國共合作을 결성하고 북부의 군벌軍閥에 대항하며 노동자 농민을 위한 정책을 추진했다. 이 무렵에는 공산당원 또한 개인 자격으로 국민당에 입당해 지도층에 참여하기도 했으며, 국민당 측에서는 소련과의 연합도 시도하는 등 국민당과 공산당이 일치단결해 군벌과 자본가 계급에 맞섰다.

그러나 1925년 쑨원이 사망하자 상황은 급변했다. 쑨원의 개혁정책에 부정적이던 서구 열강과 자본가, 지주 계급은 장제스蔣介石(1887~1975)를 앞세워 공산당을 탄압하기 시작했다. 쿠데타를 통해 정권을 장악한 장제스는 통일정부인 우한武漢정부에 맞서 난징南京에 자신들만의 정부를 세웠다. 이때부터 국민당과 공산당은 대립의 길로 접어들게 된다.

한편 세력이 극도로 위축된 공산당은 그 와중에도 1931
년 장시江西에 중화소비에트 정부를 수립하는 등 활동을 멈
추지 않았다. 이에 장제스는 공산당 섬멸을 목표로 1930년
이후 공산당 근거지를 대대적으로 공격했다. 이러한 공세는
1934년까지 계속되었는데, 마오쩌둥毛澤東(1893~1976)의 군
사 전략을 이용한 공산당은 국민당의 공세를 성공적으로 막
아낼 수 있었다. 그러자 장제스는 70만 대군을 동원, 최후 공
략에 나선다. 이에 공산당 진영에서는 그때까지의 중심 전략
이던 마오쩌둥의 유격전 전략을 포기하고 정규전과 참호전

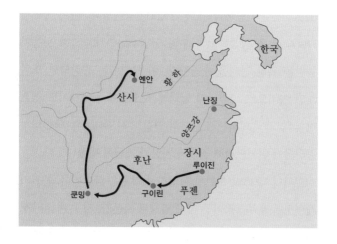

중국 공산당의 대장정

1934년 중국 공산당은 국민당의 토벌을 피하여 산시 성으로 탈출했다.
10만 명이 장정을 시작했으나 2년 뒤에는 2만 명만이 살아남았다.

을 선택했다. 이후 마오쩌둥을 백의종군시킨 공산당군은 새로운 전략으로 맞섰으나 실패로 돌아갔다. 수적·양적으로 압도적인 우위를 점하고 있던 국민당군에 패한 것이다. 공산당군은 1934년 10월 15일 생존 전투원 8만 5000명과 후방요원 1만 5000명을 이끌고 국민당군의 포위망 가운데 가장 허약한 부분을 뚫고 서쪽으로 후퇴했다. 그 유명한 대장정의 시작이다.

그로부터 3개월도 채 지나지 않아 장정에 나선 인력의 반 이상을 잃은 공산당군은 1935년 1월 쭌이遵義에서 마오쩌둥을 다시 지도자로 옹립했다. 지도권을 회복한 마오쩌둥은 서북 지방의 산시陝西 성을 향해 장정에 나섰고, 그로부터 10개월 후 산시 성의 옌안延安에 도착했는데, 이때 생존자는 겨우 8000명에 지나지 않았다. 생존율은 고작 10퍼센트, 함께 출발한 마오쩌둥의 두 아이와 동생도 생존자 명단에 없었다.

그렇다면 장정의 과정은 어떠했을까? 장정의 총 길이는 1만 5000여 킬로미터, 총 참여 인원은 10만 명 이상으로 장정 기간을 1년으로 환산하고 1명을 1미터로 계산하면 100킬로미터에 이르는 행렬이 하루에 40킬로미터 넘게 쉬지 않고 행군한 셈이다. 게다가 그들이 휴대한 무기와 식량 등을 감안한다면 이는 인류 역사에서 가장 웅대한 행군으로 기록될 만하다.

그뿐인가? 장정을 끝낸 그들은 전열을 재정비했고, 1년 후에는 3만 명 정도의 병력을 회복할 수 있었다. 이후 공산당은 옌안을 근거지로 항일전과 국공내전에서 승리했고, 결국 장제스 군을 대만으로 몰아내고 중국 본토를 통일하기에 이른다. 이 과정에서 우리가 기억해야 할 것은 민중의 지속적인 지지가 없었다면 달걀로 바위 깨기와 같은 이러한 전략이 성공할 수 없었을 것이라는 사실이다.

014

데카르트 좌표,
생각하기에…

'나는 생각한다. 그러므로 나는 존재한다.cogito ergo sum'로 유명한 프랑스의 철학자 데카르트Rene Descartes(1596~1650). 기독교에 바탕을 둔 스콜라 철학에서 비롯된 모든 것을 배제하고 철저히 자기 내부로 들어가 모든 지식을 의심하는 것에서부터 자신의 사고를 출발했다. 그리하여 세상이 완벽한 합리성으로 구성되어 있다고 주장한 아리스토텔레스의 세계에서 뛰쳐나와 새로운 철학 체계를 세웠으니, 근대 철학의 아버지로 불릴 만하다.

1596년에 태어난 데카르트의 삶은 온전히 근대 세계의 형성 과정에 걸맞은 철학적·종교적 태도를 형성하는 데 바쳐졌다고 해도 지나치지 않다. 그만큼 그는 르네상스에서 시작된 인간 존재의 해방에 철학적 기반을 마련했다고 볼 수 있다. 이러한 그의 태도는 도덕관에서도 엿볼 수 있다. 인간이 종교적으로 구원받기 위해서 신으로부터 은총을 반드시 받아야만 하는 것은 아니며 오히려 진리를 찾고 그에 따라 행동할 때 구원받을 수 있다는, 당시로서는 놀라운 주장을 펼치기도 했다.

사실 이러한 주장은 21세기 대한민국의 기독교계에서도 수용되기 어려운 주장이다. 그러니 그가 신실한 기독교 신자였다는 사실을 감안하면 얼마나 세상 모든 대상에 대해, 심지어 자신의 종교에 대해서까지 합리성을 추구했는지 알 수 있다.

그렇다면 그의 합리성은 어디서 유래한 것일까? 주어진 개념이나 대상을 의심 없이 수용하는 데서 편견과 불합리가 출발하는 것은 우리 모두 아는 사실이다. 따라서 앞서 말한 것처럼 모든 대상에 대해 의심을 품는 것에서 출발했다. 그러나 결코 의심할 수 없는 것이 있었으니 그것이 바로 사유思惟하는 자신이다. 그래서 '사유하는 한 나는 존재한다.'라는 말이 탄생했다. 그런데 이 말이 번역을 거치며 '나는 생각한

여왕을 가르치는 데카르트
데카르트는 1649년 스웨덴 여왕 크리스티나의 초청으로 여왕의 철학 교사가 되었다.
그러나 겨울 날씨에다 아침 일찍 일어나는 고역을 치른 탓인지 데카르트는
이듬해 2월 폐렴으로 세상을 떠났다.
피에르 루이 뒤메닐, 〈크리스티나 여왕과 대신들〉, 18세기.

다. 그러므로 나는 존재한다.'로 전해진 것이다.

데카르트가 이렇게 모든 지식에 의문을 품게 된 것은 그가 천재적인 수학자라는 사실과 무관하지 않다. 수학이 어떤 학문인가? 다른 어떤 학문보다도 분명한 논리를 갖는 것이 아닌가 말이다. 그런 까닭에 데카르트는 수학 분야에서 놀라운 성과를 거두었는데, 그 가운데서도 특히 데카르트의 좌표를 들 수 있다.

데카르트의 좌표에 의하면, 평면상의 모든 점은 x축과 y축에 관련된 두 개의 숫자를 병기하여 나타낼 수 있다. 예를 들면 $y = x^2 - 3$의 경우, x의 값에 따라 변화하는 y값을 평면상에 표시하면 2차 곡선인 포물선이 형성된다. 그는 함수의 개념도 가지고 있었다. 특정한 방정식은 특정한 곡선이 되며 그 역 또한 성립된다고 했다. 또한 3차원 공간을 언급했다. 이를 통해 대수학과 기하학을 결합시킴으로써 해석기하학이란 새로운 분야를 확립했고, 미적분학의 발전을 이끌어냈다.

데카르트의 자연관은 경험과 실험을 통한 귀납법에 바탕을 둔 베이컨Francis Bacon(1561~1626)의 방법을 보완하기 위해 수학적·기계적 방법에 역점을 두었으며, 이러한 관점에서 근대 과학의 기초를 닦았다고 할 수 있다.

하나 더! 앞서 데카르트가 신실한 기독교 신자라고 했는데 정말일까? 데카르트는 1649년 스웨덴 국왕 크리스티나 여왕의 초대를 받아 스톡홀름 궁으로 건너갔다. 이후 여왕의 개인교사로 날마다 오전 5시만 되면 철학을 강의하다가 추운 날씨 탓에 감기에 걸리고 폐렴으로 악화되기에 이르렀다. 결국 그는 이듬해 2월 숨을 거두었고, 클레르슬리에란 이는 데카르트를 성인聖人의 반열에 올리고자 노력했다. 물론 이는 데카르트의 신심이 객관적으로 검증되었음을 알려 주는 사건이기도 하다. 그러나 데카르트 사후 17년이 지나 그의 유골이 파리 소재 주느비에브 뒤몽 성당에 안치되던 날, 가톨릭교회는 그의 저서들을 금서 목록에 등재했다. 이로써 데카르트의 신심은 충분히 의심받게 되었다.

한편 데카르트가 생전에 주로 활동한 네덜란드의 개신교 목사들은 그를 예수회 회원이라 칭했다. 그런데 이는 무신론자라는 말과 썩 다르지 않았다. 신보다 교황을 떠받든 인물이란 의미였으니 말이다. 이 정도 되면 그의 종교적 태도가 혼란스러울 뿐 아니라, 종교를 바라보는 종교인의 시각 또한 혼란스럽기는 마찬가지다. 그러나 왕정주의자였다는 점에서 그를 가톨릭교도라고 보는 것이 타당하다는 것이 일반적 견해다.

015

도로, 목적지가 분명해야
뚫린다

도로는 우리 생활과 너무나 밀접한 관계를 맺고 있어 관심을 갖는 것조차 낯설게 느껴질 정도다. 누가 "저 도로란 것이 언제 어떻게 생겨났을까?" 하고 묻는다면 당신은 어떻게 생각할 것인가? "쳇, 당연히 있어야 할 것이 있는데 언제 생겨났다니!" 만일 그렇게 생각한다면 지금 당장 도로로 나가 걸어 보라. 아마 있어야 할 곳에 없는 도로와, 없어도 될 곳에 있는 도로, 아무 장애물 없이 갈 수 있는 도로와 가고 싶어도 갈 수 없는 도로, 잘 포장된 도로와 비포장 도로 등 헤아릴 수 없이 많은 도로가 존재한다는 사실을 깨닫게 될 것이다. 도로의 탄생 또한 그와 마찬가지로 단순하지 않다.

　도로는 언제 생겼을까? 도로가 생기기 위해서는 우선 가고자 하는 목적지가 분명해야 한다. 그뿐인가? 목적지를 향해 가려는 사람이 주위에 거주하는 사람의 대다수를 차지해야 한다. 목적지에 가려는 사람이 많아질수록 그곳에 닿는 도로를 만들려는 욕구는 강해지기 마련이니까. 이러한 욕구 가운데 가장 큰 것이 교역과 정복이라고 할 수 있다. 특히 교역과 정복을 위해서는 수많은 사람이 필요하다. 따라서 상업적 목적으로 놓인 교역로와 군사적 정복을 목적으로 하는 군사도로야말로 도로 탄생의 근거라고 볼 수 있다.

이러한 상황은 현대에도 마찬가지다. 오늘날에도 새로운 도로가 놓이는 것은 그곳까지 닿아야 하는 목적이 분명하고, 그곳에 가고자 하는 사람과 물자가 충분해질 때다. 단 한 사람만이 가고자 한다면 그 목적이 아무리 분명하다 해도 도로가 닦일 리 없다.

아피아 가도(Via Appia)

고대 로마의 도로망 중에서 가장 오래된 것이며, 가장 유명하다.

이탈리아의 로마 도로망

고대 로마의 도로망은 영국에서 티그리스·유프라테스 강까지,
도나우 강에서 스페인과 북아프리카에 이를 정도로 거대했다.

도로는 이러한 바탕 위에서 태어났다. 기원전 3000년 이전, 페르시아에는 페르시아 만의 수사에서 시작해 흑해, 터키, 카이로에 이르는 도로가 놓인 것으로 알려져 있다. 유럽에서도 기원전 1900년 무렵부터 북유럽의 광석인 호박琥珀을 지중해 지방으로 수송하기 위한 도로가 놓였는데, 이를 호박로라고 불렀다. 고대 중국에서도 수천 킬로미터에 이르는 도로가 수레의 이동에 주로 쓰였다. 동방의 비단을 서방 세계로 이동하는 데 이용하던 비단길 또한 고대 도로의 하나다.

고대 도로 가운데 가장 유명한 것 중 하나는 역시 로마의 도로였다. '모든 길은 로마로 통한다.'라는 유명한 말을 남길 정도로 로마의 도로는 탁월했다. 로마에 국도 1호선이 완성된 것은 기원전 312년 무렵으로, 로마에서 캄파니아의 파프아까지 이어졌다. 그 가운데서도 아피아 가도는 중앙에 2차선이 놓이고 좌우로 보조 도로가 놓였으며, 포장의 두께만도 1미터가 넘는 놀라운 형태였다. 이러한 로마 시대의 도로 규격은 그 후 서양 도로 규격의 표준이 되기에 이른다. 그렇다면 로마제국에 놓인 도로의 규모는 얼마나 되었을까? 로마 영토 내에는 총 8만 킬로미터가 넘는 도로가 놓였고, 군용도로만 해도 29개에 달했다.

그 외에도 남아메리카에 존재하던 잉카제국도 잘 발달된 도로망으로 유명하다. 하나는 에콰도르에서 페루의 쿠스코에 이르는 3000킬로미터가 넘는 해안 도로이고, 다른 하나는 안데스 산맥을 따라 뻗은 2500킬로미터가 넘는 도로였다.

근대에 들어서면서 프랑스와 영국을 중심으로 토목기술이 발달하기 시작했는데, 1775년 프랑스의 트레사게는 하층토에 돌을 깔고 그 위에 흙을 덮는 도로 포장법을 개발했다. 이러한 도로 포장법은 이후 급속히 발달해 1800년대 초 영국에는 총 20만 킬로미터의 도로망이 건설되었다. 그 가운데 3만 킬로미터 정도가 유료도로였다고 하니 길 가는 데 돈 내기 시작한 역사가 짧은 것은 아닌 듯하다. 한편 아스팔트가 도로에 처음 쓰인 것은 1854년 파리에서였으며, 1865년에는 스코틀랜드에서 시멘트 도로가 처음 선보였다.

016

디엔비엔푸 전투,
상상 이상을 상상하라!

디엔비엔푸는 북베트남의 수도인 하노이 서쪽 300킬로미터 지점에 위치한 작은 촌락으로, 불과 16킬로미터 떨어진 곳에는 라오스와의 접경이 있었다. 그러니까 프랑스와 베트남 사이의 전투가 없었다면 사람들의 기억 속에 자리 잡을 일이 전혀 없는 그런 곳이다. 그런데 이 작고 한가로운 마을이 세계 역사를 바꾸어 놓은 출발점이 되리라고 누가 상상이나 했을까?

제2차 세계대전 이후 유럽 각국이 식민지 지배가 시대착오적이며 비효율적인 지배 방식임을 깨달았는데도 프랑스는 여전히 인도차이나 반도에 식민지 지배를 유지하고자 했다. 물론 이들의 방식은 피지배 민족의 강력한 저항에 부딪혔다. 특히 베트남에는 호치민胡志明(1890~1969)이라는 놀라운 인물이 있었다. 호치민을 중심으로 똘똘 뭉친 베트남 민족은 이후 프랑스의 지배를 물리치고 나아가 프랑스의 뒤를 이어 진입한 미국마저 물리쳐, 미국에게 대외전쟁에서 건국 이래 최초의 패배라는 수모를 안겨주었다.

그런데 이러한 역사가 바로 디엔비엔푸 전투에서 비롯된 것이니 그 전투의 실상을 살펴볼 차례다. 1953년 5월 인도차이나 지역을 점령해 있던 프랑스군은 앙리 나바르Henri Navarre 장군을 이 지역 사령관으로 임명했다. 그 무렵 강력한 게릴라전을 전개하고 있던 베트남군은 프랑스군에게 심대한 타격을 가하고 있었다. 이러한 상황에서 사령관으로 부임한 나바르는 불리한 전황을 단숨에 타개할 전략을 구사하려고 했고, 그 결과 디엔비엔푸 전투를 준비했다.

나바르는 베트남 북부 산악 지대를 기반으로 활동하는 베트남 게릴라의 활동을 억제하기 위해 디엔비엔푸에 강력한 요새를 구축하기 시작했다. 이 요새는 게릴라의 거점을 압박함과 동시에 라오스로 연결되는 게릴라의 보급로를 봉쇄할 것이고, 나바르의 계산에 따르면 결국 게릴라들은 기반을 상실할 것이다.

나바르는 디엔비엔푸에 비행장을 건설하고 1만 5000명이 넘는 병력과 야포野砲, 전차, 비행중대 등을 배치시켰는데, 이 모든 것이 그가 부임한 지 불과 10개월 남짓 되었을 때의 일이다. 특히 디엔비엔푸 기지 외곽에는 49개에 이르는 거점과 몇 개의 거점을 연결한 방어 진지를 편성해 사방에서 적의 움직임을 샅샅이 파악할 수 있는 만반의 준비를 갖췄다.

그렇다면 이 시기 베트남군의 상태는 어떠했을까? 강력한 공군력과 화기로 무장한 프랑스군에 대항하는 베트남군은 오직 험준한 산악 지형에서 벌어지는 게릴라전에서 우위를 점할 뿐 평야 지대의 대규모 전투에서는 프랑스군에게 상대가 되지 못했다. 그런 상태에서 프랑스군이 디엔비엔푸에 강력한 요새를 구축하고 대부분의 병력을 이동시키자, 베트남군 지휘부는 역사적인 결단을 내리게 된다. 바로 디엔비엔푸를 공격하는 것이었다.

이는 군사적으로나 상식적으로 보면 무모하기 그지없는 반면 적국 프랑스로서는 바라던 결정이었다. 디엔비엔푸 주위에는 베트남군의 거점이 없었고, 특히 그곳을 공격하기 위해 필요한 병력과 물자를 수송할 변변한 도로도 없었다. 따라서 막강한 공군력을 보유한 프랑스군에게 모든 것이 노출되어 있던 베트남군이 그곳까지 수많은 병력과 물자를 이동시킬 수는 없었기 때문이다. 전투에서 이기는 것은 고사하고 전투를 유지할 물자와 병력도 움직이지 못할 처지였던 것이다.

그런데도 베트남군을 이끌고 있던 호치민과 보 구엔 지압Vo Nguyen Giap, 武元甲(1912~2013) 장군은 나라의 운명을 이 전투에 걸기로 결단을 내렸다. 어차피 이기기 힘든 대상인 프랑스군이 한 곳에 결집해 있다면 그곳에서 운명을 결판내겠다는 의도도 있었을 것이다. 디엔비엔푸 기지가 한창 건설

중인 1953년 겨울, 베트남군에게 이동 명령이 내려졌다. 이 때부터 베트남군의 이동이 시작되었는데, 이는 역사를 움직이는 동력이 강력한 군사력보다 더욱 위대한 인간의 힘이라는 것을 입증해 준다.

베트남군은 길도 없는 험준한 산악 지형을 이용해 이동했는데, 하루에 이동하는 거리만도 80킬로미터에 달했다. 주간에는 프랑스 공군기의 시야를 피하기 위해 30킬로미터를 이동한 반면 야간에는 그러한 위험 부담에서 자유로운 까닭에 50킬로미터를 이동했다. 마라톤 선수가 42킬로미터를 2시간여 만에 주파하는 것을 감안하면 완전군장을 한 병사들이 길도 없는 산악 지형을 하루에 80킬로미터를 이동한다는 것이 가능해 보이는가? 이런 까닭에 프랑스군 또한 베트남군의 공격이 가능할 것이라고는 예상하지 않았다.

그러나 프랑스군을 놀라게 한 건 그뿐만이 아니었다. 베트남군의 모든 군수물자, 즉 화포와 식량, 탄약을 운반하는 임무는 베트남 주민에게 맡겨졌다. 민간인이자 독립의 열망으로 가득 찬 이 투사들은 남녀노소를 가리지 않고 자신의 능력을 십분 발휘했다. 하노이에서 출발한 이들은 한 사람이 20킬로그램 내외의 식량을 운반했는데, 이들이 디엔비엔푸에 도착했을 때 그들의 봇짐에 남은 식량은 2킬로그램 내외였다. 나머지는 그들이 1000킬로미터 정도를 행군하는 도중 양식으로 썼으니 독립을 머리로 계산했다면 터무니없는 행

휘날리는 승리의 깃발

강력한 화력을 보유한 프랑스 군이 반격을 시도했지만,
목숨을 아끼지 않는 베트남군의 공격을 당해낼 수는 없었다.
1954년 3월 15일 아침, 베트남의 308여단 투 부 연대는 디엔비엔푸
'독립의 언덕'에 승리의 깃발을 높이 세웠다.

동이었다. 그러나 그들은 머리를 굴리지 않았고, 고작 한 병사의 3, 4일치 식량을 위해 자신의 목숨을 걸고 3000리 길을 걸었던 것이다.

그러나 식량을 메고 걸은 사람들은 나은 편이었다. 말과 소, 산악 지형에 어울리도록 변형된 자전거 등 움직일 수 있는 모든 운반도구가 군수물자 운반을 위해 동원되었는데, 물론 도로는 없었다. 따라서 이들이 가는 곳은 아무리 높다고 해도 도로가 개설되었고, 프랑스 공군의 눈에 띄지 않기 위해 모든 활동은 은폐되었다.

이런 무지막지한 준비 끝에 1954년 3월 13일 밤, 베트남군이 디엔비엔푸 기지를 공격하기 시작했으니 그들이 움직이기 시작한 지 3개월 20일 만이었다. 결과만 알아본다면 두 달여에 걸친 이 전투에서 베트남군 진영에서는 전사자가 8000명이 넘었고, 부상자도 1만 5000여 명에 달했다. 프랑스군의 피해는 이보다 적어 전사 2300여 명, 부상 5100여 명, 1만 명이 넘는 포로가 생겼다. 그러나 전투는 베트남군의 승리로 끝났고, 이들의 의지에 놀란 프랑스군은 베트남에서 철수하기로 결정했다.

베트남 민족의 불굴의 용기와 의지를 경험하지 못한 미국이 그 뒤를 이어 이곳에 도착했고, 20여 년 후 이들의 상상을 초월하는 독립 의지에 밀려 허둥지둥 철수를 결정하게 된다.

017

라스 카사스,
야만 속에 핀 양심

콜럼버스가 아메리카 대륙(자신은 인도라고 여겼지만)에 상륙한 이후 인류 역사상 놀라운 문명을 이루며 행복하게 살던 아메리카 지역의 원주민은 살육과 공포의 폭탄 세례를 받게 된다. 폭탄을 투하한 자들은 비록 그것이 천국으로 가는 신앙과 문명이라고 주장했지만 말이다.

그들이 어떤 세례를 받았는지는 그들에게 신앙과 문명을 전해 주러 갔던 자들이 남긴 문헌을 통해 확인할 수 있다. 그들 눈에 비친 원주민은 야만적이고 게으르고 열등하며 두개골의 크기 또한 예수님의 가르침을 받아들이기에는 너무나 작았다. 그뿐인가! 문명인을 자처하던 자들 가운데는 악습으로 피해를 보는 원주민에게 가장 좋은 치료법이 광산 노동이라고 주장하는 자부터 성적性的으로 문란한 원주민 남자들을 정리하기 위해 사나운 개를 풀어 물어뜯게 한 자에 이르기까지 실로 다양한 인물이 있었다.

　이러한 스페인 정복자의 잔학한 행동을 보다 못한 이가 있었으니 바로 라스 카사스Bartolom de Las Casas(1474~1566)다. 라스 카사스는 스페인 출신 신부로 알려져 있지만 사실 그 또한 일확천금을 노리고 신대륙으로 건너간 탐험가였고, 탐험의 대가代價로 노예가 딸린 영지를 하사받기도 했다. 이후 전도사에 임명된 그는 정복에 나선 스페인 군대를 따라 다니며 복음을 전파하기 시작했고, 사제 서품을 받게 되었으니 아메리카 대륙에 상륙한 정복자에서 최초의 선교사로 전환한 셈이다. 그러나 이후에도 그는 자신의 본분을 잊지 않았다. 쿠바 정복에 참여해 그곳에서 또 농장을 소유한 것이다.

　그런데 그 무렵 그의 심경에 변화가 일기 시작했다. 인디언의 열악한 처우에 분노한 그는 이를 더 묵과할 수 없다고 여겼고, 그때부터 인디언을 위한 처우 개선에 온 힘을 기울였다. 그러나 신대륙에서 기울인 노력이 효과를 거두지 못하자 그는 본국인 스페인으로 건너가 신대륙에서 일어나고 있는 처참한 현실을 고발했다. 이로써 유럽 대륙에 처음으로 신대륙의 현실이 전해지기 시작했고, 그의 고발은 서서히 위력을 발하기 시작했다.

　그렇게 노력한 결과 1521년 무렵에는 자신의 책임 하에 새로운 문명 공동체를 수립할 수 있는 권한을 부여받고 아메리카로 갔다. 그러나 그의 계획은 실패로 끝났고, 이때부터

라스 카사스
'16세기 유럽의 양심'이라는 평가를 받았다.
사실 라스 카사스는 인디오도 인간이므로 인권을 가지고 있다는
지극히 상식적인 주장을 실천에 옮겼을 뿐이다.

스페인 정복자의 원주민 학살

무기를 든 스페인 정복자가 무방비 상태의 원주민을
남녀노소를 불문하고 잔혹하게 살해하고 있다.
라스 카사스의 《신세계 지방에 관한 이야기》에 나오는 삽화.

그는 현실 속에서 자신의 뜻을 세우는 데 한계를 느꼈다. 그는 이내 도미니쿠스 수도회에 귀의했고, 그곳에서 유럽인이 자행한 인디언 살육과 정복 활동을 고발하는 책을 집필하기 시작했다.

그는 〈인디언 파괴에 대한 짧은 보고서〉라는 소책자를 통해 유럽에서 영향력 있고 유명한 인사가 되었다. 그 책에서 그는 "그리스도 교도들이 이 많은 영혼을 살해하고 파괴한 이유는 황금에 대한 탐욕과 단시간에 부자가 되려는 욕망에 있다."라고 갈파하며 정복자의 탐욕을 고발했다. 그러나 그가 역사를 고발하는 작업은 이 정도에서 그치지 않았다. 그는 자신의 사후에 발표하라는 부탁과 함께 《인디언의 역사》라는 책을 집필했는데, 이 책에는 '서인도 제도에서 자행한 학살 행위 때문에 스페인은 결국 멸망의 길로 접어들 것이다.'라는 놀랍지만 정확한 내용이 들어 있다.

그의 책에 기록되어 있는 스페인 사람의 만행은 이루 형언할 수 없는 정도였다. 다음 내용만 잠깐 보더라도 그 실상을 파악할 수 있을 것이다.

그들의 만행은 인디언을 살해하는 것에서 그치지 않았다. 그들은 죽은 사람의 배를 갈라 시신을 토막 내기 일쑤였다. 이러한 행동은 사람의 배를 단칼에 관통할 수 있는지 또는 단칼에 목이 잘리는지를 내기하는 과정에서 이루어졌다. 내가 머

물던 3개월여에 걸쳐 살해된 어린아이의 숫자만 해도 6000명
이상이었다.

한편 라스 카사스가 스페인에서 인디언의 권리 옹호를 위
해 동분서주할 무렵인 1550년, 스페인의 인문주의자인 후안
히네스 데 세풀베다Juan Gines de Sepulveda(1489~1573)와 유명
한 논쟁을 벌인 적이 있었다. 인디언을 무차별적으로 정복하
는 것이 정당한지를 놓고, 고위 성직자이자 상당한 재산가인
세풀베다는 다음과 같은 주장을 펼쳤다.

첫째, 원주민들은 인신공양人身供養은 물론 우상숭배의 죄를
저질렀다.
둘째, 선천적으로 야만적이고 미개한 그들 대부분은 태어날
때부터 노예의 성품을 갖는다는 아리스토텔레스의 견해에 부
합한다.
셋째, 이러한 종족에게는 오직 군사적 정복만이 효과적인 선
교책이 될 것이다.
넷째, 연약한 원주민을 잔악한 자들로부터 보호하기 위해서
는 군사적 정복이 반드시 필요하다.

이에 대해 라스 카사스는 다음과 같은 반론을 펼쳤다.

첫째, 우상을 숭배하고 인신공양을 드린 것이 아메리카 원주민만의 일이 아님은 역사가 인정하고 있다. 그리스·로마뿐 아니라 고대 스페인에서도 우상숭배는 있었으며, 인신공양 역시 인류 역사에 엄연히 존재한 바 있다.

둘째, 원주민의 예술과 학습 능력을 살펴보건대 그들이 우리에 비해 더 잔인하거나 무도하다고 할 수 없으며 나에게는 오히려 이성적인 존재로 여겨진다.

셋째, 다른 어떤 이교도도 억압과 강제 노동을 당하는 경우 저항할 권리가 있듯이, 그들 또한 불법적인 정복에 대해 저항할 수 있는 권리가 있다.

넷째, 인신공양을 비롯한 원주민의 야만적인 행동을 금지하기 위한 효과적인 방법은 무력이 아니라 지도와 설득이다.

이러한 라스 카사스의 노력이 결실을 맺어 원주민에 대한 스페인 정복자의 권리를 제한하는 법령이 제정되기에 이르렀다. 그러나 이미 야만적인 권력의 맛을 본 자들이 이러한 법을 실천에 옮길 리가 없었다. 실제로 원주민의 권리 회복은 이루어지지 않았다.

그러나 라스 카사스의 활동은 역사에 길이 남아 수백 년 뒤 라틴아메리카의 독립 운동이 벌어질 무렵 그의 이름은 라틴아메리카 사람의 정신 속에 자리하게 되었다.

018

라스코 대
알타미라

알타미라Altamira 동굴벽화와 라스코Lascaux 동굴벽화는 선사 시대를 공부할 때 빠지지 않고 등장하는 단골 항목이다. 도대체 무슨 그림인지도 분명치 않고 색도 바란 이 그림들을 배울 때마다 어린 학생들은 고민에 빠진다. "이걸 왜 배우는 거지?" 그러나 배워야 한다. 인류가 만든 최초의 예술은 아니지만 남아 있는 것 가운데는 가장 오래된 예술품이기 때문이다.

여하튼 두 곳의 동굴벽화는 모두 유럽에 있다. 먼저 발견된 알타미라 벽화는 스페인 북부, 후에 발견되었지만 예술성이 더 뛰어난 것으로 인정받는 라스코 벽화는 프랑스에 있다. 1868년 처음으로 이름 모를 사냥꾼에 의해 발견된 알타미라 동굴은 약 7년 뒤 사우투올라Sautuola 후작이 탐사에 나서 동물 뼈와 석기 몇 점을 찾아냈다. 그리고 4년 뒤인 1879

년 어린 딸을 대동하고 다시 탐사에 나섰다. 아버지가 화석과 석기를 탐사하는 동안 지루해하던 어린 딸은 혼자서 다른 쪽으로 발걸음을 옮겼고, 그곳에서 기묘한 황소 그림을 발견하고 소리치며 나온다. "아빠! 황소야." 물론 스페인어로 외쳤을 것이다.

이로써 아주 우연한 기회에 선사시대 인류의 초기 예술 작품이 처음 선보였다. 그러나 그들에게 월계관을 씌워 주기에는 시대가 너무 뒤떨어져 있었다. 후작의 보고를 받은 학계에서 탐사에 나섰으나 선사시대 인간이 그리기에는 너무나 선명하고 뛰어나다는 평과 함께 후작을 후안무치한 사기꾼으로 몰아세운 것이다. 마드리드의 무명 화가를 동원해 자신의 고고학적 발굴에 이용했다는 식으로.

물론 그렇게 몰아세우기에는 석연치 않은 점이 여럿 있었다. 바위 표면을 긁어서 만든 윤곽에 그려진 그림의 표면은 빨간색으로 칠해져 있었는데 이 재료는 철이 산화되어 만들어진 산화철이었다. 또한 그림의 청색은 망간의 산화물이었고, 황색 계통은 철의 탄화물이었는데 이러한 재료를 사용하는 현대 화가는 없었다. 그렇지만 어쩌겠는가? 후작은 수십 년 동안 협잡꾼의 오명을 벗지 못했으니. 1910년 들어 학계에서는 알타미라 동굴벽화가 진품임을 확인시켜 주었다. 그러나 후작의 오명을 온전히 벗겨준 것은 프랑스 출신 젊은이 넷이었다.

1940년 9월 프랑스 도르도뉴 지방의 한 계곡에 자리한 동굴 탐사에 나선 네 젊은이는 그 안에서 벽면에 새겨졌거나 그려진 여러 동물 그림을 발견했다. 이는 앞서 발견된 알타미라 벽화와 유사한 것으로, 그 수준은 알타미라의 그것을 능가한다. 베제르 계곡 절벽 위쪽에 자리하고 있는 라스코 동굴은 주 동굴 하나와 좁고 긴 방으로 이루어져 있다. 동굴 벽면은 그림을 그리기에 적당했으니, 사람들이 이곳에 들소, 황소, 말 등과 함께 뿔이 하나뿐인 동물까지 그려 넣었다. 그

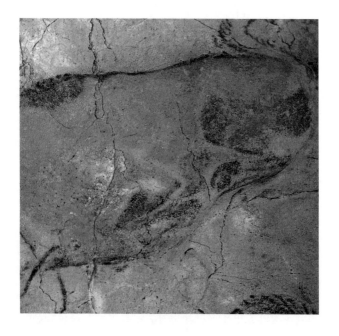

알타미라 동굴벽화

무렵 그림은 예술로서뿐 아니라 민족 신화를 묘사하거나 종교적 기원祈願의 역할도 했다고 할 수 있다.

한편 270미터 길이의 알타미라 동굴에서 벽화가 장식된 측실側室은 가로 18미터, 세로 9미터에 높이는 2미터 내외의 크기다. 그 천장에는 붉은색, 보라색, 검은색 등으로 그려진 생생한 들소 그림이 가득 차 있고, 멧돼지, 말, 사슴 등 다양한 동물 모습도 그려져 있다. 두 벽화는 모두 후기 구석기 시대의 성과물로서, 도구의 다양성과 전문화를 가져온 선사시대임을 알려 주고 있다.

그렇다면 이 시대 인류는 왜 이런 그림을 어렵게 그렸을까? 잘 알다시피 동굴벽화는 사람의 눈에 뜨이는 지역에 그려진 것은 하나도 없다. 모두 컴컴한 지하이니 그들이 작업할 때도 상당히 어려웠을 것이다. 그런데도 이들은 놀라운 그림을 각지에 남겨 놓았다. 짚으로 만든 작은 인물상을 바늘로 마구 찔러대는 모습을 사극에서 본 적이 있을 것이다. 이는 자신이 제압해야 할 대상을 주술적 방식으로 괴롭힘으로써 그에게 고통을 주거나 힘을 제거하는 역할을 한다고 믿었기 때문이다. 선사시대 인류가 동굴, 그것도 다른 이의 접근이 힘든 은밀한 곳에서 동물상을 그려 넣고 한 작업이 바로 이랬을 것이다. 그들은 사냥을 나가기 전에 이곳에서 사냥감이 되는 동물상에게 주술적 공격을 감행하여 실제 사냥에서 손쉽게 이들을 잡을 수 있을 거라고 믿은 것이 분명하다.

019

레벤후크, 별 볼일 없는 사람이 본
새로운 세상

네덜란드에서 태어난 레벤후크Anton van Leeuwenhoek(1632~ 1723)는 현미경 전문가였다. 그는 다른 과학자와는 달리 별 볼일 없는 가문에서 태어나 별 볼일 없는 직업을 가지고 있었다. 그는 포목상, 시청 수위 등을 거쳤으니까 현미경 입장에서는 그를 만난 것이 실로 행운이었다. 그는 대단히 뛰어난 현미경을 수십 개 만들었고, 렌즈 연마 기술도 탁월했다. 그렇지만 그는 과학을 공부한 적이 없었기 때문에 그렇게 만든 현미경을 어떻게 사용해야 할지 잘 몰랐다.

　그가 현미경을 가까이 한 것은 특별히 연구하기 위해서가 아니었다. 그냥 보고 싶어서였다. 그래서 그는 특정한 연구 대상을 현미경 렌즈 위에 올려놓은 것이 아니라, 말 그대로 아무거나 올려놓았다. 그가 현미경을 통해 본 것은 곤충을 비롯해 시궁창을 흐르는 구정물부터 머리카락, 손톱, 나아가 개의 정자에 이르기까지 수없이 많았다. 물론 사람의 정자도 관찰했다. 그런데 그는 참으로 소심했거나 매우 윤리적인 인물이었던 듯싶다. 오늘날 난자를 구하는 것만큼이나 정자의 출처에 그 무렵 사람들이 관심을 가졌는지 모르겠지만 여하튼 그는 친절하게 자기 부인과 사랑한 결실로 얻은 정자를 관찰했다고 발표했다.

한편 이러한 괴팍한 취미 덕분에 시청 수위이던 그는 왕립학회 회원으로 선발될 수 있었다. 물론 레벤후크가 집안에서 혼자 현미경을 바라보고 있었다면 이런 행운이 찾아오지 않았을 것이다. 마흔 살이 넘은 그는 집 근처 호수에서 물 한 바가지를 떠와 자신의 현미경 위에 올려놓았다. 그런데 이게 웬일인가! 그 물 안에는 수많은 생명체가 우글거리는 것이 아닌가? 깜짝 놀란 레벤후크는 이들에게 친절하게 극미동물極微動物이라는 이름까지 붙여준 후 그 결과를 왕립학회에 보냈다. 그리고 이때부터 호기심이 발동한 그는 앞서 열거한 수많은 것들을 관찰하기 시작한 것이다.

그가 왕립학회 회원으로 선발되는 데는 다른 사람의 칭찬에 매우 인색하던 잉글랜드 출신 물리학자 훅Robert Hook(1635~1703)의 인정이 크게 작용했다. 그 무렵 훅은 왕립학회 서기로 근무 중이었는데, 레벤후크가 보내온 관찰 결과들을 확인한 결과 거짓이 아님을 알게 되었고, 그 자신 또한 이러한 극미동물을 확인할 수 있었다.

레벤후크는 혹의 바람대로 다른 과학적 업적을 이루는 데는 관심을 기울이지 않고 90 평생 내내 오직 현미경만 바라보고 자신의 눈에 비친 온갖 것을 그리는 데 몰두했다. 그런데 이는 레벤후크를 위해서나 세계 과학계를 위해서나 안타까운 일이었다. 그는 자신의 렌즈 제작 기법을 누구에게도 전파하지 않았기 때문에 그가 죽고 나자 현미경을 이용한 연구가 오랜 기간 단절될 수밖에 없었으니까.

정자의 관찰
레벤후크는 400개가 넘는 현미경을 직접 제작했다.
그리고 자신의 정자를 현미경으로 관찰한 그림을 발표했다.
정액 속에 살아 있는 정충이 들어 있다는 것은
그 당시로서는 대단히 충격적인 뉴스였다.

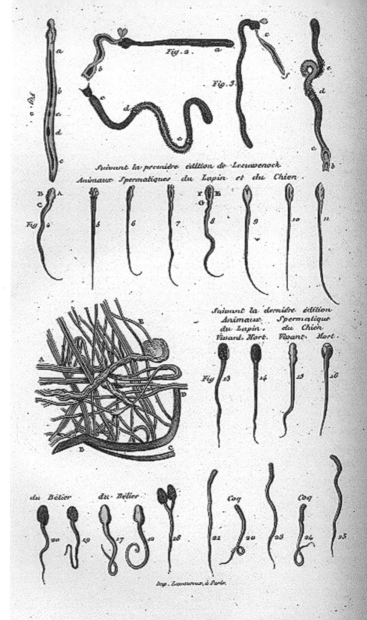

Suivant la première édition de Leeuwenoeck.
Animaux Spermatiques du Lapin et du Chien.

Suivant la dernière édition
Animaux Spermatique
du Lapin. du Chien.
Vivant. Mort. Vivant. Mort.

du Bélier   du Bélier   Coq   Coq

Imp. Lemercier, à Paris.

ANIMALCULES SPERMATIQUES FIGURÉS
PAR LÉEUWENHOEK.

Garnier frères, Éditeurs.

020

마그데부르크의 실험,
과학의 정치화

이탈리아의 과학자 토리첼리Torricelli(1608~1647)가 진공의 존 재를 확인하자, 진공을 이용한 다양한 과학적 성과물이 나타 나기 시작했다. 그리고 진공을 본격적으로 만들고 실험을 한 이는 독일인 게리케Otto von Guericke(1602~1686)였다.

라이프치히 대학교에서 수학한 후 예나 대학교에서는 법률, 레이덴 대학교에서는 수학과 기계공학을 공부한 게리케는 공병工兵으로 근무한 후 마그데부르크 시장으로 재직하고 있었다. 그런 만큼 게리케는 단순한 과학자가 아니었다. 오히려 과학에 능통한 시장이었다. 요즘 시대에는 보기 드문 인물임에는 틀림없었는데, 그의 행동은 요즘 시장과 별반 다르지 않았다.

1654년 마그데부르크 시장 게리케는 레겐스부르크 교외에서 헝가리와 베멘의 국왕인 페르디난도Ferdinando 3세를 초빙했다. 굉장한 공연을 예고하며.

　그는 지름 33.6센티미터의 두꺼운 구리로 만든 속이 빈 반구半球 두 개를 가져온 후 그것을 붙여 구 한 개로 만들었다. 그리고 그 속의 공기를 배기펌프를 이용하여 빼내 진공 상태로 만들었다. 그런 다음 구의 양쪽에 연결된 쇠고리에 단단한 밧줄을 이었고, 이 진공구를 양쪽에서 말을 이용해 잡아당기기 시작했다. 한쪽에서 네 마리의 말이 잡아당겼으나 진공구는 좀처럼 분리되지 않았고, 시간이 한참 흐르고서야 양쪽으로 분리되었다.

　이를 본 국왕을 비롯한 모든 관람객은 탄성을 질렀다. 그러나 이는 시작에 불과했다. 두 번째로 지름 49센티미터의 구로 실험을 시작했고, 이번에는 한 쪽에서 여섯 마리, 즉 열두 마리의 말이 서로 잡아 당겼으나 구는 분리되지 않았다. 게리케는 이미 한쪽에서 여덟 마리가 잡아당기지 않으면 구는 분리되지 않을 것을 알고 있다.

　게리케의 이 놀라운 행사는 국왕을 사로잡기에 충분했고, 그 때문인지는 몰라도 그는 후에 브란덴부르크의 행정장관 직에 오르게 된다. 한편 이때부터 정치인 게리케는 과학자 게리케로서 더 큰 명성을 얻게 되었고, 수많은 시장들이 현세의 성공에 만족하고 있을 때 그는 역사에 이름을 남기게 되었다. 그리고 그의 실험 공연은 전 유럽으로 확대되었다. 1657년에는 비엔나의 황궁에서, 1661년에는 독일의 프리드

마그데부르크의 실험

현역 시장이던 게리케가 행한 이 실험은 대단한 인기를 얻었다.
게리케는 과학과 정치라는 연관 없는 두 분야에서
성공을 거둔 보기 드문 인물이다.

리히 빌헬름 선제후選帝侯 앞에서도 공연했다. 과학 실험이 이만큼 일반인의 관심을 불러일으킨 것도 역사적으로 찾아보기 힘들 것이다.

한편 그 이전인 1650년 부분진공을 만드는 데 성공한 게리케는 이미 진공 속에서는 소리가 전달되지 않는다는 사실과 함께 촛불이 꺼진다는 사실도 확인한 상태였다. 물론 그 이론적 근거는 한참 후에 프랑스 출신 화학자 라부아지에Lavoisier(1743~1794)에 의해 확인된 바와 같이 산소 부족 때문이었지만.

또한 1663년에는 세계 최초의 정전기 발생장치를 만드는 데 성공했다. 이 장치는 회전하는 유황구에 마찰을 가함으로써 정전기를 얻을 수 있었다. 그 외에 천문학에도 관심을 가졌던 그는 혜성이 태양계 밖에서 안으로 정기적으로 움직인다는 사실도 예측했다.

021

마니교, 이기지 못한
평화의 종교

인류 역사에 출현했다 사라졌거나 오늘날까지 전해져 오는 종교를 찬찬히 들여다보면 동물의 세계뿐 아니라 종교의 세계 역시 승자만이 살아남는 것이 아닐까 하는 생각이 든다. 처음 출발점에 섰을 때부터 모든 인간에게 받아들여진 종교는 없었다. 그 대신 초기의 박해와 억압을 이겨내고 살아남은 종교는 정치를 뛰어넘는 보편적 진리로 숭배되는 반면 그 고통의 시간을 견디지 못하고 사라진 종교는 제한된 지역 종교, 이단, 사이비, 심지어 주술이나 무속 등의 이름으로 박제가 되어 백과사전의 한쪽도 차지하지 못하고 잊힌다. 사실그 초기 모습을 비교해 보면 오늘날 대단한 규모로 성장한 종교들과 별 차이도 없는데도 말이다.

마니교Manichaeism 또한 지금은 잊힌 종교지만 탄생 무렵에는 꽤 강력한 영향력을 행사한 것으로 보인다. 216년 무렵 마니Mani(216~274?)는 메소포타미아 문명의 발상지인 티그리스 강과 유프라테스 강 중간 지점에서 태어났다. 어머니의 이름은 '마리아'란 의미의 마리암, 그러니까 예수의 어머니와 같은 이름이다.

그가 젊은 시절을 보낼 무렵 페르시아 지방에서는 기독교와 유대교, 불교와 힌두교, 조로아스터교 등 세상 대부분의 종교가 교류하고 있었다. 특별히 그 지역 사람들이 종교적이라기보다는 지리적 특성 때문이었을 것이다. 절름발이로 내성적이고 예민한 성격의 마니는 우연히 이십대 중반에 하늘의 계시를 받는다. 그리고 기독교와 조로아스터교를 융합한 새로운 종교, 전쟁과 살육을 부정하는 평화의 종교 마니교를 창시한 그는 대중을 상대로 하늘의 계시를 설교하게 된다.

마니교의 확산(300년~500년)
마니교가 어떻게 확산되었는지를 보여주는 지도.

타림 분지에서 발견된 마니교 경전 조각
책상에서 무언가를 쓰고 있는 마니교 사제들과,
지금은 쓰이지 않는 소그드 문자로 쓴 문장이 보인다.
중세에 마니교가 소멸된 후 경전도 분실되었지만,
20세기에 들어와 타림 분지 근처와 이집트에서 일부가 발견되었다.

마니가 설교를 시작한 이래 마니교는 급속히 번져 나갔다. 이는 마니 자신이 자신의 교리가 왜곡되는 것을 방지하기 위해 스스로 교리를 기록했고, 이를 정경正經으로 삼은 후 여러 언어로 번역해 포교에 적극 활용한 것도 크게 작용했다. 마니교는 이후 서쪽으로 로마제국을 거쳐 에스파냐까지, 동쪽으로 중국에 이르는 광범위한 지역까지 세력을 넓혀 나갔다.

그러나 정작 마니 자신은 조로아스터교 신봉자인 페르시아의 왕 바흐람 1세에 의해 죽음을 당했는데, 왕은 "하늘의 계시가 왜 나에게 내리지 않고 너에게 내렸는가?"라며 불만을 토로한 바 있었다. 그 불만은 급기야 사형 선고로 이어졌고, 26일간에 걸친 악형 끝에 마니는 순교했다. 그러나 마니를 죽이는 것에 만족하지 않은 왕은 그의 시신을 찢고 거리에 팽개친 후 잘린 목을 성문에 걸었다. 당연히 교조敎祖의 죽음으로 신도들은 슬픔에 빠졌다. 하지만 "나는 아담과 노아, 아브라함과 부처, 조로아스터와 예수의 뒤를 잇는 최후의 예언자"라는 그의 말에 따라 신도들은 열심히 포교했고, 마니교는 그 무렵 세계 4대 종교의 반열에 오를 만큼 성장했다.

마니교는 영적인 지식(靈知, gnosis)을 통해 구원에 이른다는 이원론적 종교에 속한다. 힘들고 고통스러우며 악한 이 세상에서 구원 받는 길은 오직 지혜 또는 영을 통해서 가능하다는 것이 마니교의 핵심이다. 결론적으로 이 세상이 고통으로 가득 차 있다는 마니의 예언은 정확했다. 마니교는 이후 5세기 무렵 기독교로부터 이단 판정을 받아 박해를 받았고, 로마제국 또한 모든 힘을 동원해 박해를 가한 끝에 마니교는 완전히 소멸되기에 이르렀다. 정도의 차이는 있었지만 중국에서도 박해를 받아 14세기 무렵 이후에는 찾아보기 힘들게 되었으니 말이다.

아마도 마니교가 세속 권력과 조화를 이룰 수만 있었다면, 아니 강력한 힘을 가지고 중세를 지배했던 지역에서 탄생하기만 했다면 1000여 년에 걸친 그들의 역사가 이렇게 쉽게 스러지지는 않았을 것이다. 그러니 종교 역시 승자의 역사가 아닐까?

마추픽추, 새 삶의 길로 향하라!

해발 2280미터가 넘는 산 정상에 자리한 계단식 성곽 도시. 문자도, 철기도, 화약도, 수레바퀴도 없었지만 제국을 형성 한 위대한 잉카 민족의 비밀 도시. 1911년 7월 24일, 예일 대학교의 역사학자 하이럼 빙엄Hiram Bingham(1875~1956)이 발견하기 전까지, 그 누구에게도 존재를 알리지 않았던 잃어 버린 도시. 산 아래쪽에서는 보이지 않아 공중에서만 확인이 가능한 공중 도시.

이런 놀라운 모습의 마추픽추Machu Picchu는 잉카 제국이 멸망한 후 스페인 학살자에게 쫓긴 잉카인이 산속으로 숨어 들어 누구에게도 발견되지 않도록 세운 비밀 도시로 알려져 있다. 그러나 도시의 모습이 신비하고 놀라운 만큼 그 도시의 유래에 대해서도 여러 이론이 있다. 여성 신관神官을 양성하 던 종교 중심지란 이론부터 아마존과 잉카 제국을 연결하던 물류 중심지, 잉카 제국 왕의 별장이란 의견까지 다양하다.

잉카 원주민어로 '나이 든 봉우리'란 뜻의 마추픽추는 총 면적이 5제곱킬로미터에 달하는데도 도시 대부분이 산의 경사면에 건설되어 있어 외지인의 눈에 띄지 않을 수 있었다. 유적 주위는 높이 5미터, 너비 1.8미터의 견고한 성벽으로 둘러싸여 요새라는 이름이 걸맞은 도시다.

한편 마추픽추가 앞서 설명한 대로 1500년대 이후 스페인 학살자에게 쫓긴 잉카인이 세운 도시임에는 분명하지만 그 유적 전체가 그 시대에 세워진 것 같지는 않다. 오히려 유적의 일부는 오래전, 그러니까 2000여 년 전에 건설된 것으로 보는 견해도 있다. 따라서 잉카 문명 이전에 존재하던 유적을 기반으로 새로운 문명 도시를 건설했다고 보는 것이 타당할 것이다.

마추픽추의 특징 가운데 하나는 모든 건물이 단층으로 지어져 있다는 것인데, 중심부에 위치한 왕녀의 궁전만이 복층 건물이다. 또한 잘 알려져 있다시피 잉카 문명권에는 문자와 철, 화약, 바퀴가 없는데도 이 엄청난 양의 돌, 그것도 20톤이 넘는 돌들을 수십 킬로미터 밖에서 옮겨와 놀라운 도시를 건설했다. 그뿐만이 아니다. 이 돌들로 만들어진 모든 건물이 종이 한 장 들어가지 않을 만큼 정교하게 축조되었다. 신전은 물론 궁궐, 거주지가 모두 그러하다. 마추픽추는 거주지와 농경지로 나뉘어 있다. 계단식 밭인 농경지는 옥수수를

하이럼 빙엄이 1911년에 찍은 마추픽추

재배하여 1만여 명에 이르는 주민을 충분히 먹여 살렸다고 전해진다.

한편 지리적 여건으로 인해 잉카 제국이 스페인의 침략자 피사로의 구둣발에 짓밟힐 때도 살아남아 400여 년 동안 누구의 눈에도 띄지 않은 채 그 모습을 온전히 보존할 수 있었다. 그러나 마추픽추의 보전에도 불구하고 놀라운 잉카 문명의 흔적이 대부분 사라졌음은 우리에게 안타까움을 넘어 인류 문명의 상실이라는 값비싼 교훈을 전해 주고 있다.

오늘날 우리나라의 반대편에 자리한 마추픽추는 더 이상 접촉하기 힘든 꿈속의 장소가 아니다. 1년에 40만 명이 넘는 세계 각국의 사람들이 이곳을 찾아 세계적인 관광 명소가 되었다. 그런 까닭에 이제 마추픽추에 담긴 잉카 문명의 흔적이 알려지기를 기뻐하기보다는 이 유일한 잉카의 유적이 훼손되어 사라질 위기를 걱정할 처지에 놓이게 되었다.

모든 물체를 넣기만 하면 빙글 돌아 안쪽으로 떨어지게 되어 있으며 뱀처럼 생겼다고 해서 빙엄이 붙인 '독사의 통로', 신전 가운데 가장 뛰어난 '태양의 신전', '신성한 광장' 뒤에 자리한 왕가의 무덤 등도 언젠가는 우리의 발길 속에 사라질지 모를 일이다. 그러기 전에 가서 그 놀라운 모습을 가슴 속에 간직해 두어야 할 것인지, 아니면 나 하나라도 눈요기를 포기함으로써 소중한 유적의 보존에 한몫을 해야 할 것인지 스스로 판단할 일이다.

하나 더! 빙엄은 사람의 유골을 포함한 5000여 점의 유물을 1911년부터 세 차례에 걸친 발굴 작업 끝에 미국으로 반출했다. 그때 그는 아우구스토 레기아 페루 대통령에게 1년 기한으로 반출 허가를 받았고, 이후 18개월 동안 연장 허가를 받았다. 그렇지만 지금은 선진국(그런 일을 저지르던 시기에는 제국주의 국가)으로 행세하고 인정받는 여느 나라와 마찬가지로 미국과 빙엄은 이 약속을 지키지 않았고, 그 유물은 예일대 박물관에 잘 보관되어 있다. 이에 대해 페루 정부는 예일대를 상대로 유물 반환을 요구하고, 법적 조치까지 취할 태세를 갖추었다.

　　그러다 결국 2011년 2월 페루 정부와 예일대가 유물 반환 협정에 서명해 해묵은 유물 공방에 종지부를 찍었다.

023

막부幕府,
국가의 다른 이름

일본어로 '바쿠후'가 막부幕府다. 그런데 막부란 말은 익히 들어 알고 있지만 막부와 정부, 막부와 천황이 어떻게 다른 지는 잘 알지 못한다. 그래서 막부의 모든 것을 살펴본다.

막부는 '쇼군(이것도 한자로는 장군將軍이라고 쓰지만 일본의 장군에 대해서는 특별히 그들의 발음을 인정해 쇼군이라고 부른다. 쇼군은 우리가 일 반적으로 알고 있는 장군과 달리 일본을 통치하는 군사적 지도자를 일컫는 다)'이 세운 정부를 가리킨다. 물론 이들이 세운 정부는 공식 적인 천황의 정부와 다르다. 그 무렵 일본의 공식적 정부는 천황이 다스리는 기관으로, 군사력 또한 천황의 관할 아래 있었다.

그러나 일본의 원주민인 아이누 족 정벌에 나선 군사 지 휘관을 일컬어 세이이다이 쇼군(정이대장군征夷大將軍, 즉 오랑캐 를 정벌하는 대장군)이라고 부르면서 쇼군이란 군사적 지도자가 등장했다. 그리고 이들은 훗날 자신들의 군사력을 바탕으로, 상징적인 존재로 남게 되는 천황을 대신해 일본의 실질적인 통치자로 활동하기 시작했다.

1192년에는 미나모토 요리토모源賴朝란 자가 전국을 군사적으로 장악한 후 쇼군의 지위에 오르자 가마쿠라鎌倉에 막부, 즉 자신의 정부를 세웠다. 이를 가마쿠라 막부라 한다. 이때부터 막부에서 행정과 사법 등의 정부 역할을 맡게 되었고, 이로써 전국을 실질적으로 지배하는 조직이 탄생한 것이다.

가마쿠라 막부가 1333년 막을 내린 지 5년 후 아시카가 다카우지足利尊氏란 쇼군이 다시 나타나 교토에 막부를 세웠는데, 이를 무로마치室町(아시카가) 막부라고 한다. 이 무렵부터 막부의 장악력은 점차 약화되었다. 이는 쇼군의 부하로 지역을 분할하여 다스리며 다이묘大名라고 불리던 지방관의 세력이 강화되면서 나타난 현상이다. 1560년대에 들어서면서 등장한 오다 노부나가織田信長(1534~1582), 임진왜란의 주역인 도요토미 히데요시豊臣秀吉(1536~1598), 마지막 막부의 창시자인 도쿠가와 이에야스德川家康(1543~1616) 등이 모두 다이묘 출신이다.

결국 아시카가 막부는 1573년 막을 내리고 다이묘의 군웅할거 시대가 수십 년간 지속되었다. 이러한 혼란기는 임진왜란을 거치며 도쿠가와 이에야스가 일본을 통일하면서 종말을 고했다. 도쿠가와 이에야스가 에도江戶(현재의 도쿄)에 막부를 설치하면서 세 번째 막부, 즉 도쿠가와 막부(에도 막부라고 더 잘 알려져 있다)가 시작되었다. 도쿠가와 막부 산하에는 약 200여 명의 다이묘가 있었고, 이들은 자신의 영지에서 독자적인 권한을 행사했다.

도쿠가와 막부가 지배하던 시절, 일본은 화려한 시대를 풍미했다. 농업 생산력이 향상되고 상업이 발달하면서 얻은 풍요로움 때문이었다. 그러나 후대로 가면서 농업 생산력에 기반을 둔 대토지 소유자, 즉 다이묘의 경제적 어려움이 커지면서 근대적 상공업 사회로 변모했다. 이러한 사회 변화에 따라 막부에 대한 거부감이 생기면서 도쿠가와 막부는 15대 264년에 걸친 통치에 종말을 고한다. 그 후 메이지明治(1852~1912) 천황이 즉위하면서 일본은 천황 직접 통치 시대를 맞는다.

024

매춘賣春,
봄을 팝니다!

기원전 4500년 무렵 메소포타미아 각지에 흩어져 있는 신전에는 여행자와 순례객이 모여들기 시작했다. 먼 곳에서 찾아온 그들은 피곤했고, 마음과 육체의 평안을 제공해야 하는 신전에서는 그들을 위해 무언가를 해야 했다. 결국 신전의 여승려들이 이들을 접대하게 되었는데, 이들은 오랜 기간 억눌린 순례객의 육체적 회포까지 풀어 주어야 했다.

그러나 이러한 순수한 행동은 이내 엉뚱한 방향으로 발전했다. 신전 순례보다는 육체적 회포를 푸는 데 목적을 둔 여행자가 밀려오기 시작한 것이다. 결국 신전에서는 이들을 위한 접대부를 두어야 했고, 이것이 매춘의 시작이라고 알려져 있다. 물론 여행객은 회포를 푼 뒤 그 대가를 톡톡히 지불했고, 이는 신전을 유지하기 위한 불가결한 재원이 되었다.

기원전 900년 무렵 인도에는 매춘숙, 그러니까 오늘날의

고대 그리스의 성性

위쪽 접시에는 성인 남성이 소년과 동성애를 즐기는 모습이 그려져 있다.
그리스에서 사춘기의 미소년과 특별한 사이가 되는 것은 명예로운 일이었다.
아래쪽 컵에는 악기를 연주하는 남성 고객이 그려져 있다.
연회에서 악기를 연주하거나 춤추는 여인들은 매춘을 하기도 했다.

홍등가紅燈街와 같은 것이 생겨났다. 매춘부 역시 존재했다. 이곳에서도 메소포타미아와 유사하게 바라문교의 사원에서 어린 무녀들이 여행자를 상대로 정신적·육체적 피로를 풀어 주었고, 피로를 푼 여행자가 사원에 감사의 표시를 했음은 물론이다.

그렇다면 매춘부가 처음으로 자신의 이익을 위해 집단 항의에 나선 것은 언제였을까? 기원전 500년 무렵 그리스에서는 동성연애가 붐을 이루었고, 그 결과 미소년 노예 매매가 이루어지기 시작했다. 이는 당연히 매춘부의 영업에 큰 지장을 초래했고, 이에 매춘부들이 강력히 항의하고 나섰다.

그리스의 동성연애는 정말 대단했다. 그리스의 폴리스 가운데 테베에서는 동성애 병사로 이루어진 부대가 있었으니 이른바 신성대神聖隊였다. 이들은 사랑하는 두 사람씩 짝을 지워 훈련시키고 전투에 참여시켰는데, 사랑하는 사람과 함께 싸운 이들의 용맹성은 실로 대단하여 그 위용을 그리스 전역에 떨쳤다고 한다.

기원전 450년 무렵에는 접대부의 화대花代가 일반화되기 시작했다. 즉 정가제가 시행된 것이다. 물론 이들은 매춘부라기보다는 우리나라의 기생과 비슷해 연회석에 나와 일정시간 봉사한 후 봉사료를 받고 물러났다. 더구나 인기 있는 접대부라면 물시계를 설치해 놓고 시간이 만료되면 즉시 일어나 퇴실했다고 하니 직업의식이 꽤 투철했던 모양이다.

기원전 60년 무렵에는 로마에 매춘숙이 번창했다. 그 무렵 로마 인구가 100여만 명인 데 비해 매춘부는 3만 명에 달했다니 사회의 기간산업이라고 해도 지나치지 않을 것이다. 매춘숙에는 침대 대신 마루에 매트를 깔았으며, 위생을 위해 목욕과 세정을 강제로 시켰다고 한다. 물론 목욕을 하려면 물이 많이 필요했는데 물은 어떻게 끌어다 썼을까?

그 무렵 로마에는 엄청난 규모의 수도관이 완성된 상태였다. 수도관의 길이만도 2000킬로미터가 넘었으니 현대의 웬만한 거대 도시에 버금가는 규모다. 그런데 이 수돗물을 모두 돈 내고 사용한 것은 아니었다. 매춘숙이나 공장 등에서는 파이프 중간에 구멍을 뚫어 사설 수도를 설치하고 무료로 물을 끌어 썼다고 한다. 예나 이제나 '열 순경이 한 도둑 못 잡는다.'라는 속담이 유효한가 보다.

025

메디치 가문, 훌륭하거나
그저 그렇거나

이탈리아의 상업도시 피렌체, 인구 30여만 명에 불과한 이 도시(이탈리아의 수도도 아니다)만큼 세계적인 예술의 집합소이자 우아한 이미지를 갖고 있는 곳도 드물다. 이러한 이미지가 만들어진 데는 그럴 만한 이유가 있으니, 가장 크게는 메디치 가문 덕분일 것이다.

출신도 보잘것없는 한 가문이 이탈리아 역사에서 가장 영향력 있는 가문(물론 그 영향력은 이탈리아를 넘어 유럽 전역에 걸친 것이었다), 더 나아가 세계적인 가문으로 성장했다. 그것은 그 영향력이 상업과 정치라는 현세 분야뿐 아니라 종교 분야, 그리고 세계에서도 유례가 없을 만큼 뛰어난 안목을 바탕으로 예술가를 후원해서 급기야 르네상스에까지 미쳤다는 면에서 비롯되었다. 물론 이러한 메디치 가문의 존재로 인해 피렌체 또한 르네상스의 중심지로 부상할 수 있었고, 그로 인해 수백 년 후인 요즘도 조상의 후광에 힘입어 관광객을 대상으로 경제적 보상을 얻고 있기도 하다.

그렇다면 과거의 피렌체, 현재의 피렌체, 특별한 변화가 없는 한 미래의 피렌체에도 예술적 부유함을 안겨 줄 이 가문은 도대체 어떤 과정을 거쳐 이런 명성을 얻게 되었을까? 이미 얘기했듯이 메디치 가문은 썩 훌륭한 집안 출신은 아닌 것으로 알려져 있다. 물론 그들의 족보에 따르면 그리스 신화에 나오는 페르세우스가 조상이라고 하는데 믿는 사람은 그들 가문 출신 외에 없다. 토스카나 지방에서 농사를 짓던 선조 몇몇이 아무래도 성공하기 위해서는 농사보다는 그 시대에 막 발전하기 시작한 상업에 종사하는 편이 낫겠다는 판단 하에 가까운 상업도시 피렌체로 향한 것이 이 가문의 성공 신화 출발점이다. 그리고 이들은 스스로의 기대를 저버리지 않고 점차 사회의 위 단계로 올라갈 수 있었다.

약 300년간에 걸쳐 피렌체와 고향인 토스카나 지방을 다스렸고, 그동안 교황 셋을 배출했으며 프랑스 왕비 둘을 포함해 수많은 유럽 왕조와 혼인 관계를 맺었다. 게다가 전쟁을 일으키는 대신 문예부흥의 한복판에서 수많은 예술가를 후원하고 이를 통해 시대를 지배했으니 참으로 드문 지배자라 할 수 있지 않은가? 물론 이 가문의 뛰어난 인물들은 다른 지배자처럼 으스대며 예술가를 후원한 게 아니라 진정으로(속마음까지 그랬는지는 누구도 모른다) 예술을 이해하고 예술의

로렌초 데 메디치

바사리, 〈위대한 로렌초 데 메디치의 초상〉, 1534년,
이탈리아 피렌체 우피치미술관.

가치를 인정했다는 점에서 독특했으니 역사에 빛나는 한 장을 장식하기에 충분하다.

피렌체에서 명문가로 성장한 메디치 가문은 크게 키아리시모 2세 가문, 대코시모 가문, 토스카나 대공 가문의 세 집안으로 나눌 수 있다. 그 가운데서 초기 메디치 가문을 이끌던 키아리시모 가문은 역사에 이름을 남기거나 우리가 아는 메디치 가문의 명성에 걸맞은 인물을 배출하지 못했다. 그러나 그들은 출세 초기여서 그런지 어쭙잖은 정치적 행동(키아리시모 2세의 손자 살베스트로는 정치적 야망을 위해 서민들을 사주하여 권력을 쟁취했다. 그러나 귀족 계층의 반격으로 실각한 후 망명했다)으로 인해 역사의 무대에서 사라졌고 그 뒤로 가문의 영광을 이은 것이 대코시모 가문이다. 이 가문은 르네상스 전성기의 피렌체를 이끈 로렌초 데 메디치를 배출한 것으로 유명하다. 시를 쓰는 그는 '일 마그니피코il Magnifico(위대한 자)'라고 불리기까지 했으며, 메디치 가문이 전성기를 누리게 한 것으로 알려져 있다. 그가 남긴 시 한 편이다.

> 행복해지려는 자들이여, 행복을 즐겨라
> 내일이란 알 수 없는 것이니.

이 가문이 배출한 인물 가운데는 교황 레오 10세와 클레멘스 7세, 프랑스 왕비에 오른 카트린 등이 있었다.

한편 로렌초 데 메디치의 조카인 교황 클레멘스 7세는 알렉산드로란 인물을 피렌체의 세습공작에 임명했는데, 그가 바로 그의 아들(엄밀히 말하면 혼인할 수 없는 교황의 아들이니까 사생아)이었다. 그러나 알렉산드로는 그 출생이 불법인 것처럼 예술을 사랑하고 폭력을 증오하던 메디치 가문 출신과는 썩 달랐으니 매우 잔인하고 독재를 휘두른 인물이었다. 그리고 그 결과 친척이자 동료에게 암살당함으로써 대코시모 가문은 문을 닫게 되었다.

하지만 메디치 가문은 끝나지 않았다. 대코시모의 아우인 로렌초의 후손이 그 뒤를 이었고, 이어 로렌초의 먼 후손인 코시모 데 메디치가 토스카나 대공에 올랐다. 토스카나 대공 가문으로 부르게 되는 이 가문은 프랑스 왕비에 오른 마리 드 메디시스를 배출했으며, 18세기 전반까지 토스카나의 권력과 더불어 메디치 가문의 명성을 유지해 나갔다. 그러나 17세기 후반에 들면서 그 영향력은 줄어들었고, 결국 코시모 3세의 딸이자 팔츠 선제후 요한 빌헬름의 미망인인 안나 마리아 루이사가 죽은 뒤 가문은 단절되었다.

그렇다면 메디치 가문이 수백 년에 걸쳐 예술가를 후원한 결과 얻게 된 엄청난 양의 예술품은 어떻게 되었을까? 루이사는 메디치 가문의 모든 예술품을 토스카나 대공국과 피렌체에 기증하도록 유언을 남겼고, 그 결과 오늘날 피렌체는 세계의 관광객이 줄을 잇는 명소가 되었다.

026

무세이온,
박물관의 출발

박물관博物館은 영어로 뮤지엄museum이라고 한다. 한자로는 넓을 박博, 만물 물物. 그러니까 세상의 온갖 만물을 소장한 장소를 가리킨다. 그렇다면 박물관은 어떻게 시작되었을까? 사실 뮤지엄은 그리스어 무세이온Mouseion에서 비롯되었다. 무세이온은 고대 이집트의 알렉산드리아 시에 세워진 학술원이라고 할 수 있다.

이를 건립한 이는 마케도니아의 알렉산드로스 대왕 휘하에서 장군으로 활동하다가 훗날 이집트에 프톨레마이오스 왕조를 개창開創한 프톨레마이오스Ptolemaeos 1세(기원전 367 무렵~282 무렵, 재위 기원전 323~285)였다. 프톨레마이오스 1세 또한 단순한 무사가 아니라 알렉산드로스 대왕처럼 문화와 문명을 아는 인물이었는데, 알렉산드로스와 함께 철학자 아리스토텔레스한테서 학문을 배웠다. 한편 알렉산드로스가 죽자 그의 시신을 알렉산드리아에 안장한 프톨레마이오스는 자신의 문화적 호기심과 제국의 권위를 세우기 위해 세계 최고 수준의 학술원 건립을 결심했는데, 이것이 바로 무세이온이다.

그 무렵 아테네에는 플라톤이 세운 아카데미아와 아리스토텔레스가 연 리케이온 같은 학당이 있었다. 프톨레마이오스는 기존의 학당에 버금가는 수준으로는 만족할 수 없었다. 그리하여 이후 수백 년 동안은 누구도 필적할 수 없을 정도의 학술 연구기관을 건설했으니 그는 꿈을 이룬 셈이다. 그리고 그의 뜻을 받든 역대 왕들은 자신의 재산을 털어 세계적인 학자들을 초빙했고, 그들에게 수당은 물론 생활비까지 제공했다. 그런 만큼 무세이온 역시 강당과 도서관, 연구동, 동물 관찰을 위한 우리, 천문 설비 등과 함께 생활에 필요한 각종 편의시설도 완비되어 있었다.

이곳에 초빙되어 온 학자들은 문헌학은 물론 수학, 물리학, 천문학 등 말 그대로 박물학을 연구했다. 수학자 에우클레이데스(《기하학 원론》의 저자 유클리드), 아르키메데스, 헤론, 지동설을 최초로 주장한 아리스타르코스, 에라토스테네스 등이 모두 이곳 출신이다.

이렇게 세워진 무세이온은 이후 굴곡이 있었지만 5세기 무렵까지 그 역할을 다했다. 물론 도서관을 포함한 무세이온의 건물 대부분이 270년 팔미라의 제노비아 여왕에 의해 해

아홉 명의 무사이 여신

무세이온이라는 단어는
학문과 예술의 여신들
'무사이'의 이름에서
비롯되었다. 그림 중앙에 손을
잡고 있는 아홉 명의 무사이는
각각 역사, 천문학, 시 등 다른
분야를 관장하지만, 모든 학문과
예술은 하나라는 의미에서 손을
맞잡은 모습으로 자주 그려진다.
안드레아 만테냐, 〈파르나소스〉,
1497년, 파리 루브르박물관.

체된 것으로 추정되지만, 그 기능은 5세기까지 지속된 것으로 여겨진다. 역사상 가장 뛰어난 도서관으로 기억되고 있는 알렉산드리아 도서관마저도 무세이온의 일부였다.

한편 세계 최대의 왕립 학술원격인 무세이온의 건설이 가능했던 것은 그 무렵 프톨레마이오스 왕조가 가진 부 덕분이었다. 비옥한 이집트 땅을 소유함과 동시에 파피루스를 지중해 세계에 공급해 막대한 부를 갖게 된 프톨레마이오스 왕조는 세계 최대 갑부였다.

그렇다면 무세이온이란 어휘는 어디서 유래한 것일까? 무세이온이란 고대 그리스의 아홉 여신을 가리키는 '무사(뮤즈의 그리스어)'의 복수형인 '무사이'의 신전이란 의미다. 무사가 과학과 예술을 관장한 여신이니, 학술 기관에 무세이온이란 명칭을 붙인 것은 한편 타당해 보인다. 이런 학술 연구기관을 뜻하는 무세이온이 뮤지엄으로 바뀌어 어느 사이에 미술관이나 박물관을 뜻하게 되었으니 알 수 없는 일이다.

027

무자비無字碑, 새길 수 없을 만큼 공적이 크니!

중국 시안西安에서 60킬로미터 떨어진 건릉에 이르는 길가에는 120여 개의 석상石像이 줄지어 있다. 석상의 길이가 500미터에 이르는 이 능에는 당나라 고종高宗(628~683, 재위 649~683)과 그의 황후 측천무후則天武后(625~705)가 묻혀 있다. 한편 이 길 가장 안쪽에는 무자비無字碑, 즉 아무런 글자가 새겨져 있지 않은 비가 세워져 있는데, 그 까닭은 이렇다.

중국 최초의 여황제인 측천무후는 세상을 떠날 무렵 자신이 이룩한 업적이 너무나 많으므로 비석 하나에는 다 기록할 수 없을 테니 그저 아무것도 새기지 말고 비워 두라는 유언을 남겼다. 그리고 그 유언을 충실히 지킨 후대인은 이런 비석을 세워 그녀의 업적을 기렸다. 그렇다면 죽음에 직면해서도 야망을 감추지 않았던 측천무후는 과연 어떤 사람이었을까?

중국 역사를 보면 모든 황제는 남성이었는데 단 한 사람의 예외가 있었다. 당나라 고종의 후궁으로 들어와 나중에는 황후에 올랐으며, 결국에는 놀라운 야망을 이용해 중국에서 전무후무한 여황제에 오른 인물, 그가 바로 측천무후다. 사실 측천무후는 고종의 어머니뻘이었다. 열세 살에 고종의 아버지인 태종의 후궁으로 궁에 들어왔기 때문이다. 그의 부친 무사확은 당나라 시조인 고조 이연의 부하였는데, 아리따운 딸 무측천이 그런 연유로 이연의 아들 이세민, 즉 당 태종의 후궁이 된 것이다.

그런데 고작 11년 후, 그러니까 그녀의 나이 스물넷 되던 해 태종은 세상을 떠나고 고종이 뒤를 잇는다. 이에 무후는 그 시대의 관례에 따라 비구니가 되어 절에 은거하게 되었다. 그러나 태종 생전부터 고종과 관계를 맺고 있다는 소문이 있었던 만큼 고종이 절을 자주 찾은 것은 당연한 일이었다. 한편 다른 이야기도 전해 오는데, 슬하에 자식이 없는 고종의 황후 왕씨가 고종이 후궁 소숙비를 총애하자, 이를 견제하기 위해 무후를 궁으로 다시 끌어들였다고 한다.

여하튼 무후는 쫓겨났던 궁으로 귀환할 수 있었고, 이때부터 그녀의 놀라운 능력이 빛을 발하기 시작한다. 무후는 우선 궁중 내의 후궁들을 차례로 제거하고 결국에는 황후까지 폐위시킨 후 서른한 살이 되던 655년에는 황후의 자리에 올랐다. 알려진 바에 따르면 고종과 자신 사이에 낳은 자식을 죽인 후 이 사건이 황후의 짓이라고 세상에 알려 황후를 폐위시켰으니 그 사실 여부를 가릴 필요도 없이 그 시대에 무후가 어떤 인물로 알려져 있었는지를 상상할 수 있다.

황후에 오른 무후는 이번에는 중신들을 차례로 숙청했다. 원로인 장손무기와 저수량 등이 무후가 고관 가문 출신이 아니라는 이유와 함께 태종의 후궁임을 내세워 이는 인간의 도리가 아니라며 황후로 봉하는 것을 반대했기 때문이다.

한편 병약한 고종이 정사를 소홀히 하자 무후는 전권을 장악해 나가기 시작했고, 이러한 사태는 683년 고종이 세상을 떠날 때까지 계속되었다. 그러나 무후가 그동안 자신의 사리사욕만을 챙긴 것은 아니었다.

고종이 세상을 떠나자 뒤를 이어 태자 철이 즉위했으니 그가 중종(656~710, 재위 683~684, 705~710)이다. 그러자 중종의 황후인 위씨는 중종의 무능함을 이용해 자신 또한 무후와 같은 위치에 오르고자 노력했다. 이를 안 무후는 중종을 폐위시키고 둘째아들 단을 즉위시키니 그가 예종이다. 이로써 중종은 고작 54일 동안 제위에 머무를 수 있었다. 그러나 권력은 여전히 무후의 손아귀에 있었고, 예종은 명목상의 황제에 불과했다.

690년, 급기야 무후는 예종을 물러나게 하고 스스로 황제 자리에 올랐다. 그 해에 수많은 백성이 국호 변경을 청했고, 봉황과 공작 등의 상서로운 조짐들이 나라 곳곳에서 보고되

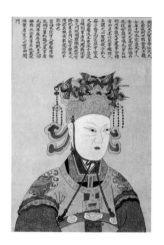

측천무후

무자비無字碑

측천무후는 시안에서 60킬로미터 떨어진 건릉에 고종과 합장되었다.
내부는 도굴되었지만, 500미터 길이의 참배로에는 고종의 장례에 참배했다는
외국 사절과 헌상된 동물을 본뜬 석상 120점이 줄지어 있다.
이 참배로 가장 안쪽에 무자비가 있다.

었다. 이 모든 것이 무후를 비호하는 세력의 공작이었다. 이에 힘입은 무후는 나라 이름을 주周라 개칭하고, 연호를 천수天授라고 했다. 그런 후 스스로 성신황제聖神皇帝라 칭했으니, 이를 역사에서는 무주혁명武周革命이라고 부른다. 이때 무후의 나이 65세였다.

그때부터 나라의 권력은 무씨 집안 출신들이 다른 관료들과 합의해 좌지우지했다. 무후의 국가는 한동안 평온을 유지했으나 시간이 지나면서 무후는 노쇠해졌고, 698년에는 측근의 간언을 받아들여 궐 밖으로 추방했던 중종을 불러 태자로 책봉했다. 705년에는 무후가 중병에 걸린 틈을 타 여러 대신들이 모반을 일으켜 무후에게 양위를 강요했고, 그 뒤를 이어 중종이 황제에 올랐다. 한편 궁을 옮겨 머물던 무후는 그해 12월, 세상을 떠났고 이로써 당나라 왕조는 재건되었다.

그러나 중종은 결국 제2의 무후가 되고자 했던 위황후에게 독살당했다. 그러자 예종의 셋째아들 이융기李隆基가 다시 군사를 일으켜 위후 일파를 제거하고 혼란을 마무리 지었다. 이융기는 훗날 '개원開元의 치治'라 불리는 당나라 제2의 전성기를 가져온 현종玄宗(685~762, 재위 712~756)이다.

028

미국의 영토 변화,
자본과 탐욕의 확장

미국이 영국으로부터 독립을 선언한 것은 1776년 7월 4일이었다. 그러나 실제로 미국이 영국에서 벗어나 독립한 때는 1783년 11월이다. 그리고 독립전쟁은 영국과 영국의 식민지인 아메리카 이주민 사이의 전쟁이 아니라 프랑스, 스페인, 네덜란드와 아울러 독일 용병까지 합세한 국제전이었다. 이 전쟁은 세계 제국을 꿈꾸던 영국의 발걸음에 불안해하던 다른 국가들이 식민지군을 지원하고, 이에 영국군은 4만 명이 넘는 정규군과 3만 명 정도의 독일 용병으로 맞서는 형태로 진행되었다.

초기에 독립전쟁은 영국의 우세로 이어졌으나 시간이 갈수록 식민지군의 반격이 거세져 급기야는 영국이 패배하고 말았다. 처음 독립 선언서에 서명한 13개 주는 지금도 미국 국기(성조기)에 50개 주들이 별로 표시된 것과는 달리 별 외에

13개의 줄로 남아 있다. 뉴햄프셔, 매사추세츠(메인), 로드아일랜드, 코네티컷, 뉴욕(버몬트), 뉴저지, 펜실베이니아, 델라웨어, 메릴랜드, 버지니아(켄터키, 웨스트버지니아), 노스캐롤라이나(테네시), 사우스캐롤라이나, 조지아 주가 그 명예로운 지역이다.

한편 1803년 나폴레옹 1세는 1500만 달러를 받고 루이지애나 주를 미국에 팔았다. 물론 최종적으로는 이자 지불 등을 통해 2700만 달러 이상이었지만 214만 제곱킬로미터가 넘는 땅의 가격 치고는 너무 쌌다. 한반도 면적이 22만 제곱킬로미터 정도니까 그 크기를 미루어 짐작할 수 있을 것이다. 물론 이러한 판매 과정에는 프랑스와 영국, 스페인, 미국의 이해관계가 얽혀 있었지만 나폴레옹으로서는 역사상 가장 놀라운 토지 매각을 결정했고, 이는 200년이 지난 지금까지 세계 역사를 전혀 새로운 방향으로 이끌고 있다.

그런데 더욱 놀라운 사실은 그 무렵 루이지애나를 손에 넣고 있던 나폴레옹에게 땅을 팔라고 요청한 미국 제3대 대통령 제퍼슨(재임 1801~1809)은 뉴올리언스만을 구입 대상으로 삼았다는 것이다. 지금의 루이지애나는 미국 남부의 한 주에 불과하지만 그 무렵의 루이지애나는 훗날 루이지애나·미주리·아칸소·아이오와·노스다코타·사우스다코타·네브래스카·오클라호마 주를 포함하고, 캔자스·콜로라도·와이오밍·몬태나·미네소타 주 등의 지역 대부분을 포함하는 상상할 수조차 없는 드넓은 땅이었다. 그런데 왜 나폴레옹은 작은 부분을 원하는 미국에게 그토록 큰 땅을 거저나 다름없는 가격으로 넘겼을까?

사실 나폴레옹은 그 무렵 사사건건 대립하고 있던 영국을 염두에 둔 결과, 싸움에서 영국을 이길 자신이 없었다. 그렇다면 이 땅을 영국에 빼앗기느니 싼 값에 팔아 이득도 챙기고 미국의 환심도 사는 편이 낫다고 판단하게 된 것이다. 이 소식을 들은 제퍼슨은 깜짝 놀라 주저하고 있었는데 여론이 전체 땅의 매입을 원하는 방향으로 흘러가자 돈이 없지만 모두 사기로 결정한 것이다. 하지만 그 땅에 살고 있던 인디언까지 산 것은 아니어서 미국인은 덤으로 딸려 온 인디언을 대부분 살육하고 만다.

한편 1819년에는 스페인과 대륙횡단조약을 맺으며 텍사스에 대한 주권을 스페인에 인정하는 대가로 플로리다를 넘겨받았다. 그러나 미국 대륙에서 가장 큰 주인 텍사스는 스페인 정착지로 시작해 미국인과 멕시코인의 이주지로 성장했는데, 멕시코 정부는 이를 식민도시로 지배하려고 했다. 그러나 미국인은 이를 거부했고, 놀란 멕시코 정부에서는 급기야 군대를 파견해 백인의 이주를 금지시켰으나 1835년 새뮤얼 휴스턴이란 백인이 멕시코 정부의 조치에 반대하며 텍사스 임시정부를 세웠다. 이후 텍사스 주민들은 독자적인 정부 수립을 추진했으나 결국 1845년 미국의 한 주로 귀속되고 말았다.

1846년에는 오리건 지역을 병합하면서 서북부로 영역을 넓혀 나갔다. 또한 1848년에는 1500만 달러를 주고 캘리포니아를 구입했으나 실제로는 멕시코한테서 드넓은 땅을 약탈해 귀속시킨 것이나 다름없었다. 텍사스 분쟁에서 알 수 있듯이 그 무렵 아메리카합중국은 온 땅을 자기 것으로 만들고자 하는 야망에 불타고 있었다.

그런 과정에 캘리포니아 지역에서 미국과 멕시코 사이에 국경 분쟁이 발생했다. 미국이 국경선을 리오그란데 강으로 주장한 데 비해 멕시코에서는 그 위쪽의 누에세스 강을 국경으로 주장한 것이다. 그렇지 않아도 미국의 텍사스 합병으로 화가 나 있는 멕시코로서는 미국의 부당한 요구를 묵과할 수 없었다. 그러자 미국에서는 외교 관계를 단절한 멕시코 정부에 비밀 사절을 보내 3000만 달러에 뉴멕시코와 캘리포니아를 구입하겠다는 의사를 타진했다. 물론 멕시코 정부는 비밀 사절을 만나지도 않고 돌려보냈다.

이 소식을 전해들은 미국의 11대 포크James Polk(재임 1845~49) 대통령은 국경 분쟁 지역을 점령하라고 명했다. 두 나라 사이에 벌어진 국경 분쟁은 간단히 해결되었다. 1846년 5월 시작된 멕시코 전쟁은 일사천리로 진행되어 파죽지세로 밀고 들어온 미국군이 이듬해 9월에는 멕시코의 수도까지 점령했고, 1848년 2월 두 나라 사이에 강화가 체결되었다. 두 나라 사이의 국경은 리오그란데 강, 캘리포니아 지역은 미국에 합병하는 내용이었다.

그 무렵의 캘리포니아 지역은 오늘날의 뉴멕시코 주, 유타 주, 네바다 주, 애리조나 주, 캘리포니아 주를 포함하는 것이니 참으로 어이가 없을 정도의 침략 행위다. 물론 미국은 매우 합리적인 국가인 까닭에 정복이라고 주장하지 않고, 거래라고 주장한다. 그 대가로 멕시코에 1500만 달러를 지불하고 멕시코 정부가 미국 시민에게 진 빚을 대신 갚아주기로 했으니까.

그러나 미국의 영토 확장은 여기서 끝나지 않는다. 1867년에는 러시아로부터 알래스카를 사들였는데, 이때 지불한 금액이 에이커 당 2센트로 총 720만 달러였다. 알래스카 전체 면적이 153만 700제곱킬로미터니까 남한 면적의 17배 정도에 달하는 드넓은 땅이다. 그런데도 이 땅 구입을 추진한 당시 국무장관 윌리엄 슈어드는 아이스박스 하나를 비싸게 샀다는 비판을 들었다니 고작 100여 년 전의 지구는 우스꽝스러워도 한참 우스꽝스러웠다는 생각을 지울 수 없다. 여하튼 미국인은 나라를 건국할 무렵부터 사업(장사란 말이 더 어울릴 듯한데)으로 시작했으니 오늘날 전 세계를 상대로 모든 문제를 장사로 귀결시키는 것이 이해되기도 한다.

아! 아직 마지막 주가 남아 있다. 하와이인데, 하와이는 사지 않았다. 하와이 원주민은 1800년대 초반부터 들어오기

	건국 당시		1818년 영국이 할양		1846년 합병
	1783년(건국시) 영국이 할양		1819년 스페인에게 구입		1848년 멕시코가 할양
	1803년 프랑스에게 구입		1845년 합병		1853년 멕시코에게 구입

미국의 영토 확장 과정

시작한 선교사를 통해 서구 문화를 받아들였는데, 이후 1851년 하와이의 카메하메하 3세 왕은 미국의 보호령이 되겠다고 선언했다. 참, 남들은 목숨을 걸고 독립하겠다고 나서는데 이들은 앞장서서 식민지가 되겠다니! 여하튼 이후에도 하와이인 대부분은 미국과 합병하기를 원했고, 1900년 급기야 미국 영토가 되었다.

그러나 미국인은 자신들의 시민이 되겠다고 나선 이 땅과 주민들을 제2차 세계대전 무렵에 해군 기지로 잘 이용하고도 미국의 주로 승격시키는 데는 인색했다. 50번째 주로 승격시킨 것이 1959년의 일이었으니 말이다. 그러니 현존하는 역사를 오래전부터 있어 왔던 기정사실로 받아들이는 독자들이 있다면 모든 역사에 대해서 한번쯤 의문을 품어 보는 계기로 삼는 것이 어떨까 싶다.

마지막으로 하나 더! 미국의 영토 확장열이 실패한 경우도 있다. 1848년 앞서 등장한 포크 대통령은 쿠바마저 1억 달러에 구입하고자 하였으나 곧 이어 발발한 남북전쟁으로 인해 중단할 수밖에 없었다.

029

미라, 죽어서도 차별은 존재한다

미라mirra는 고대 이집트의 전유물처럼 알려져 있는데, 사실은 인류 역사와 함께 성장해 온 문화 현상이라고 할 수 있다. 다만 시신 방부 처리법이 이집트에서 가장 먼저 시작된 까닭에 미라 하면 고대 이집트를 떠올리게 된 듯하다.

미라란 말은 포르투갈어로, 아랍어 '미야mmiyah(역청을 뜻한다)'에서 유래했는데, 이로부터 영어 '머미mummy'라는 표현도 나왔다. 하나 더! 우리말 '미이라'는 틀린 표현, 미라가 맞다.

시신 방부 처리법이 발전하기 위해서는 우선 지역적 특성이 적정해야 한다. 습도와 토양이 방부에 적정하지 않으면 방부 처리는 성공하기 어렵기 때문이다. 다행히도 이집트의 건조한 토양과 기후가 미라 제조기법의 발전을 가능케 했는데, 이는 영혼의 불사不死와 육체의 부활을 철석같이 믿은 이집트인에게 매우 중요한 일이었다. 한편으로는 우연히 알려진 시신 방부 기술, 즉 단순히 천에 싸 매장한 시신이 사막의 모래와 숯 사이에서 오랜 기간 보존되자 이로부터 육체가 부활할 수 있다는 종교적 믿음이 생겼다는 가설도 가능하다.

여하튼 종교가 먼저인지 기술이 먼저인지는 모르지만 이집트의 미라 제작 기법은 날이 갈수록 발전했다. 처음에는 동물의 가죽이나 거적 등으로 적당히 둘러 모래 속에 묻었는데, 우리나라처럼 길게 묻는 대신 양쪽 무릎이 이빨에 닿도록 굽힌 후 왼쪽을 밑으로 해서 눕혔다. 반대로 우리처럼 시신을 관에 넣으면 금세 부패되었는데 이는 공기와의 접촉 때문이다.

이후 신왕국 시대에 접어들면서 급속히 발달한 이집트 미라 제조법의 기본은 내장을 제거하고 시신에 송진을 발라 마포麻布로 싸는 방법이었다. 그 가운데서 가장 경건한, 그래서 왕이나 돈이 매우 많은 귀족들에게 적용된 방법은 이러했다. 우선 쇠갈고리를 비강鼻腔 속에 집어넣어 뇌의 일부를 긁어내고 나머지는 약물을 주입해 제거했다. 그런 다음 칼로 옆구리를 절개해 내장을 모두 꺼내고 복강腹腔을 깨끗이 하기 위해 야자유로 씻은 다음 향료로 다시 씻었다. 이 과정이 끝나면 몰약과 계수나무 껍질, 유향 등의 다양한 향료를 채운 후 봉합했다. 봉합된 시신은 70일 동안 초석硝石(질산칼륨)에 넣어 두었다가 씻어 전신을 아마포亞麻布로 만든 붕대로 감고 그 위에 고무를 바른 후 나무 용기에 넣고 밀봉했다. 이

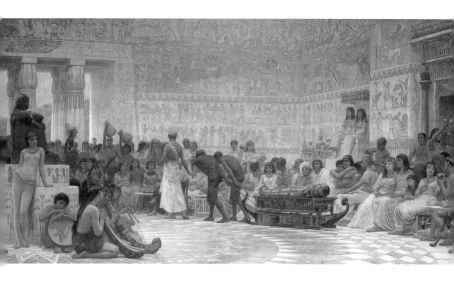

미라와 함께 하는 이집트 축제

고대 이집트에서는 축제를 벌이면서 죽은 사람의 미라를 꺼내 즐거움을 함께했다.
에드윈 롱, 〈이집트의 축일〉, 1877년, 영국 브래드퍼드 카트라이트홀 아트갤러리.

고대 이집트 파라오 세티 1세의 미라

'가장 잘생긴 미라'로 유명하다.

나무 용기는 사람 모양으로 만들어졌는데, 무덤 속의 벽에 똑바로 기대 세워 보관했다.

물론 이보다 값이 저렴한 방법도 있었다. 주입기를 이용해 삼목기름을 몸 안에 주입한다. 몸 안의 내장 등은 처리하지 않고 항문을 통해 삼목기름을 넣을 뿐이다. 그런 후 항문을 막는데, 이는 70일 동안 초석에 넣어두는 것과 마찬가지다. 이렇게 하면 살은 사라지고 가죽과 뼈만 남는데, 이대로 유족에게 건넨다. 더 저렴한 방법도 있다. 서민들이 사용한 방법으로, 설사약을 이용해 복부를 세척한 후 70일 동안 초석에 넣어 두는 것이다.

미라 만드는 이들은 신전 출입이 자유로운 것은 물론 정결한 인간으로 대우받는 등 사회적으로 매우 높은 지위를 인정받았다. 그러나 미라 제조자에 대한 좋지 않은 기록도 남아 있다. 시신을 욕보이는 일이 있었기 때문에 유명한 가문 여성의 시신은 곧바로 미라 제조자에게 인도되지 않았다.

한편 고대 바빌로니아와 수메르인, 그리스인도 미라 제조법을 알고 있었다. 또한 잉카 제국에서도 미라가 발견되었으며, 티베트에서는 지금도 미라를 만드는 풍습이 전해오고 있다. 우리나라와 중국 등지에서도 가끔 수백 또는 수천 년 전 미라가 발견되었다는 뉴스가 전해지는 것으로 미루어 고대인의 시신 방부 처리에 대한 염원은 동서를 막론하고 지대했던 것으로 보인다.

030

밀러, 도대체
생명은?

도대체 지구상의 생명체는 어떤 과정을 거쳐 발생했을까? 자신이 생명체라면 누구라도 궁금증을 품을 만한 이 의문이 그러나 아무도 관심을 갖지 않는 주제가 되어 버렸다. 왜? 우선 너무 어렵고 너무 오래전 일이라 관심 밖의 일이 될 수밖에 없었다. 그뿐이랴? 전문가를 선호하는 지금, 과학은 과학자의 손에 맡기는 시대가 되었기 때문이다.

'르네상스적 인간'이란 말을 들어보았는가? 정치, 경제, 예술, 문학 등 모든 학문 분야에 걸쳐 두루 관심과 재능을 갖춘 창조적 인간 말이다. 예전에는 이런 사람을 인간의 이상형으로 삼았다. 그러나 지금은 그렇지 않다. 이런 인간에게 돌아오는 말은 기껏 이 정도다. "네 할 일이나 잘해." 또는 "너 잘났다."

그러나 과연 그럴까? 당신이 진정 인간이라면 적어도 모든 분야는 아닐지라도 동물과 구분될 만큼의 지성과 교양을 갖추기에 필요한 지적 호기심은 갖고 있어야 한다. 그렇지 않다면 가장 뛰어난 전문가 집단에 속한 사람조차도 살길이 막막해질지 모른다. 창의력과 비판력을 갖추지 못한 변호사는 검색기능이 뛰어난 '전자법전'으로 대체될 것이고, 경제적 정의에 무관심한 회계사는 놀라운 성능의 회계 프로그램에 밀려날 것이다. 인간의 고통과 그 사람이 처한 아픈 현실을 외면하는 의사는 원거리 진단과 시술 프로그램에 밀려

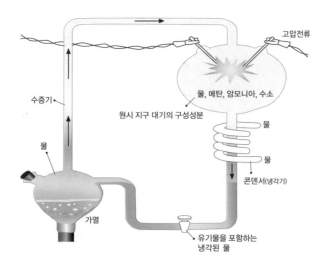

밀러의 실험

"눈이나 코 고쳐!" 하며 길거리를 떠돌아다녀야 할지도 모른다.

미국의 생화학자 스탠리 밀러Stanley Miller(1930~)는 동물과 구분되는 과학자였다. 그는 도대체 원시 지구에서 생명체가 생겨났다고 하는데 어떻게 생겨났는지 꼭 확인해 보고 싶었다. 그의 나이 스물세 살 무렵인 1953년의 일이다. 그리고 그는 실험 기구를 만들어 실험했다.

자, 그럼 그의 실험기구 속으로 여행을 떠나자. 플라스크 안에는 따뜻한 물이 담겨졌는데, 이는 태고의 바다를 뜻한다. 그 안에는 물과 함께 수소, 메탄, 암모니아, 수증기가 담겨져 지구 생성 초기의 대기를 재현했다. 플라스크에는 열이 가해졌고, 그로부터 발생한 수증기가 위로 올라가자 수증기를 향해 전기불꽃이 타올랐다. 이는 자연에서 발생한 번개를 대신한 것이다. 그리고 스파크실 아래에는 콘덴서라 불리는 유리관을 연결해 플라스크를 통해 내려오는 수증기를 냉각시켜 주었다. 이렇게 되면 수증기는 비가 되어 대기 중에 녹아 있던 분자들과 함께 바다로 떨어졌다. 이러한 과정을 거치면서 밀러는 플라스크 안에 있던 용액의 색상이 변하는 것을 발견했다.

실험이 시작된 지 1주일 후 용액을 분석해 본 결과 처음에는 찾아볼 수 없었던 유기화합물이 포함되어 있음을 밝혀냈다. 여기에는 아미노산도 포함되어 있었는데, 이는 생물의 단백질을 구성하는 성분임에 두말할 나위가 없었다.

밀러의 실험은 완성된 것이 아니었다. 그러나 생명체 탄생의 비밀을 푸는 실마리가 되었고, 이후 수많은 과학자가 더 다양한 실험을 통해 생물체의 필수 아미노산과 당, 지질, DNA, RNA 등을 구성하는 물질 등을 합성하는 데 성공했다.

최근 들어서는 밀러의 실험이 초기 생명체의 탄생 과정을 정확하게 밝히는 것이 아닐지도 모른다는 의심이 고조되고 있기도 하다. 그 대신 화산 폭발 과정에서 생명체 탄생이 시작되었을 거라고 믿는 과학자들이 늘고 있다.

그러나 그건 과학자의 몫이다. 우리는 동물과 같은 수준이 아니라 인간으로서 갖추어야 할 최소한의 지적 호기심을 작동시키며 살아가면 된다. 그 정도로 머리를 작동하는 것도 귀찮으면 무거운 머리를 떼어내면 편하지 않을까!

031

바스티유 감옥,
감옥이야 별장이야?

바스티유Bastille는 프랑스 혁명이 시작되던 1789년 7월 14일 무장 시위대에 의해 습격을 받고 그곳에 감금되어 있던 죄인들이 방면된 것으로 유명하다. 물론 시위대의 기대와는 달리 고작 죄인 일곱 명만이 그들을 기다리고 있었지만.

그렇다면 바스티유는 본래 감옥으로 축조된 것일까? 아니다. 감옥이 시위대에 의해 점령되기 약 450년 전인 1370년 '백년전쟁'의 와중에 프랑스 왕 샤를 5세는 영국의 공격으로부터 파리를 보호하기 위해 공고한 요새를 건립하기로 했다. 바스티유라는 명칭 또한 '작은 요새'를 뜻하는 '바스티드bastide'에서 비롯되었다. 그러나 바스티유가 완성되기까지는 오랜 세월이 필요했다. 방어 보루와 내부 등이 순차적으로 완성된 바스티유는 30미터 높이의 탑 8개가 같은 높이의 벽으로 이어져 있으며, 24미터 너비의 해자垓字가 둘레를 싸고 있다. 해자는 적의 공격을 막기 위해 성 둘레에 만든 인공 연못을 가리킨다.

한편 바스티유를 감옥으로 사용한 것은 루이 13세 아래서 총리를 지낸 리슐리외Richelieu(1585~1642) 추기경이었다. 그래도 요즘 감옥과는 달리 썩 많은 사람을 구금하지는 않았다. 리슐리외는 말이 추기경이지 프랑스의 국무장관과 총리를 지냈고, 절대 왕권의 확립을 위해 온몸을 바쳤으며 복잡한 역학 관계에 놓여 있던 근대 유럽에서 합스부르크 왕가의 주도권을 제압하는 동시에 프랑스를 유럽의 중심에 놓기 위해 노력한 외교관이기도 했다. 그는 가톨릭을 대표하는 추기경이었지만 자신이 목표한 것을 이루기 위해서는 가톨릭 편과 프로테스탄트 편을 넘나들었다. 그런 까닭에 그는 배신자라는 명칭을 여러 곳에서 들어야 했다.

이러한 그의 성향을 감안한다면 관용을 베풀어야 할 성직자가 바스티유를 감옥으로 처음 전용하여 구체제의 대명사로 일컬어지게 만든 과정을 이해할 만하다. 그리고 바스티유는 그 명성에 걸맞게 볼테르, 디드로 같은 저명인사들을 구금한 경험이 있는데, 이는 국사범國事犯을 주로 투옥시켰기 때문이다.

그런데 이 감옥은 우리가 생각하는 감옥과는 꽤 거리가 멀었던 듯하다. 자신이 사용하던 가구를 들여놓는 것은 물론

바스티유 감옥 습격
프랑스 혁명이 발발한 날, 무장한 파리 시민들은
프랑스 전제정치의 상징인 바스티유 감옥을 습격했다.
장 피에르 우엘, 〈바스티유의 습격〉, 1789년.

요리사를 고용해 풀코스 요리를 즐기기도 했다니 말이다. 게다가 시종을 부리기도 했다고. 그러다 보니 죄를 짓고 이곳으로 피신하는 경우도 없지 않았다. 감옥인지 별장인지 혼동할 만하다. 이러한 사정은 바스티유 감옥이 공격을 받던 날도 예외는 아니었다. 죄수 일곱 명 가운데 경제사범이 넷, 정신이상자가 둘, 나머지 한 사람은 성범죄자였다고 한다.

한편 금서禁書들도 이곳에 보관하고 있었지만, 이러한 역할만으로는 건축물을 유지하는 데 돈이 너무 많이 들었다. 따라서 1784년에는 건물을 폐쇄하자는 의견이 나오기도 했다. 그러나 5년 뒤인 1789년 바스티유는 군중의 공격을 받았고, 군중은 감옥 소장 베르나르 조르당에게 무기와 탄약의 반출을 요구했다. 두려움에 질린 소장이 몸을 피하자, 격분한 군중은 감옥을 점령했다. 이로써 프랑스를 지배하고 있던 앙시앵 레짐ancien regime, 즉 구체제는 종말을 고하게 되었고, 바스티유 또한 뒤를 이은 혁명정부에 의해 철거되기에 이른다.

그 후 프랑스에서는 1880년부터 해마다 7월 14일을 '바스티유의 날'로 지정해 국경일로 기념하고 있다.

032

바이올린,
사용하는 골동품

오늘날 현악기의 대명사로 불리는 바이올린은 언제 어떻게 탄생했을까? 아라비아의 현악기 라바브Rabbah는 약 1000년 전 기록에도 나타나고 있다. 두세 줄로 된 현을 뜯어 소리를 내는 라바브는 이후 중세 유럽으로 전해져 피들Fiddle이란 악기로 변모했고, 이 피들이 오늘날 바이올린의 조상으로 알려지고 있다. 그러니까 바이올린이 역사에 등장한 것은 썩 오래전의 일이 아니다. 아마도 1500년대 중반쯤에 여러 악기의 장점을 받아들여 이탈리아 크레모나 지방에서 바이올린이란 악기로 탄생한 것으로 여겨진다.

그렇다면 왜 하필이면 크레모나라는 작은 도시였을까? 그무렵 밀라노공국에 속하던 크레모나는 덥고 건조한 지방으로, 서방과 동방의 교역로에서 그리 멀지 않은 곳에 자리 잡고 있었다. 이러한 지역적 특징이 동·서양의 현악기 가운데 여러 장점을 취합해 새로운 현악기를 고안해내는 데 그 지역 장인들을 자극했는지도 모르겠다. 또한 바이올린을 만드는 데 적합한 목재, 이를테면 앞판에 주로 쓰이는 소나무와 전나무, 뒤판에 쓰이는 단풍나무를 구하는 데 이 교역로가 적절했는지도 모른다.

여하튼 1500년대 중반부터 이 지역에서 바이올린이란 악기를 만들기 시작했는데, 그 시조는 아마티Amati 가문으로 알려져 있다. 아마티는 닦은 목재와 니스 통으로 바이올린을 만든 최초의 가문으로, 자신들의 제품에 가게 상표를 붙였다. 아마티 가문에서는 그들 외에 스트라디바리Stradivari와 구아르네리Guarneri 집안 출신이 일하고 있었는데 이들은 오래지 않아 독립하게 된다. 그리고 이 두 집안은 오늘날까지 바이올린 시장을 주도하는 제품을 만들어 냈다.

그들은 도대체 어떤 비법을 사용했기에 21세기 첨단 과학의 시대에도 비밀을 풀 수 없고 흉내 낼 수 없는 뛰어난 소리를 내는 악기를 만들 수 있었을까? 구아르네리 가문의 시조는 안드레아Andrea(1626~1698)로, 아마티 가문에서 스트라디바리(1644~1737)와 함께 일했다. 이 가문 출신들은 자신들의 제품에 성 테레사란 서명을 새겼고 가게 앞에 테레사의 그림을 붙여 놓았으니 참으로 신앙심이 깊었던 듯하다. 안드레아의 아들 피에트로와 조반니도 바이올린 제작자로 유명한데 두 사람 다 사촌인 주세페 델 제수Giuseppe del

Gesu(1687~1745)에게는 못 미쳤다. 그의 작품에는 I.H.S.라는 글자가 새겨져 있어 다른 형제들의 제품과 쉽게 구분이 된다. 이 글자는 Iesus Hominum Salvator, 즉 '인류의 구세주 예수'란 뜻이다. 그는 우울증을 앓는 묘한 인물이었는데, 몸이 좋아지면 놀라운 악기를 만들어 냈다.

　그 무렵 사람들은 사실 그의 악기보다 스트라디바리나 아마티의 악기를 선호했다. 그러나 후에 '악마의 트릴'이란 곡의 작곡자이자 신기神技에 가까운 바이올린 연주로 이름이 높은 파가니니Paganini(1782~1840)가 그의 악기를 선호하면서 세간의 이목을 집중시켰다. 파가니니의 구아르네리는 소리가 워낙 크고 웅장해서 '대포'라는 이름이 붙었다고 한다. 훗날 파가니니는 자신의 악기를 제노바 시에 기증하라는 유언을 남기고 사망했는데, 엄청 비싼 이 악기를 아버지 유언에 따라 기증하는 데 발걸음이 떨어지지 않았던 그의 아들은 아버지가 죽은 지 10년이 지나서야 마지못해 유언을 집행했다. 그 후 그의 이름을 기려 창설된 파가니니 콩쿠르가 시작되면서 콩쿠르 우승 연주자는 파가니니가 남긴 이 악기로 연주하는 전통이 세워졌다.

　한편 스물세 살 되던 해 아마티의 곁을 떠나 독립한 스트라디바리는 그로부터 약 20년 후 기존의 바이올린보다 큰 제품을 만들기 시작했다. 물론 단순히 크기만 큰 것은 아니었고 니스의 성격, 악기의 세부 형태 등에 자신만의 비법을 활용했다. 이후에도 지속적으로 새로운 바이올린 제작에 힘을 기울인 그는 첼로와 비올라 등에서도 뛰어난 제품을 남겼다. 오늘날의 바이올린을 그가 표준화했다고 해도 지나친 말이 아닐 만큼 그는 바이올린의 형태와 구조를 놀랍게 개선했다. 그러나 아직도 그가 만든 바이올린에 감추어진 비밀은 모두 드러나지 않았으니 갈 길이 멀어 보인다. 그의 아들들도 구아르네리 가문처럼 바이올린 제작자였다.

그 무렵 밀라노에서는 과다니니Giovanni Guadagnini(1711~1786)란 인물이 또 다른 현악기 제조 장인으로 이름을 날리고 있었는데, 그는 같은 현악기 장인이던 아버지를 능가했다. 특히 그는 기존 첼로보다 작은 첼로를 만들어 명성을 얻었다.

한편 바이올린은 약 70여 개의 부품으로 구성되어 있다. 알려진 바에 따르면 공명통 구실을 하는 본체의 나무 두께, 니스 칠, 현을 지탱해 주는 브리지의 모양과 위치, 말총으로 만들어진 활, 양의 내장으로 만든 현 등의 요소에 의해 음색과 음질이 결정된다. 물론 이 모든 것에 정답은 나와 있지 않다. 따라서 오늘날에도 최고 품질의 바이올린은 당연히 수작업을 통해 제작되고 있다.

033

바흐 가문,
음악의 바다

중학교 다닐 무렵 바흐를 '음악의 아버지', 헨델을 '음악의 어머니'라고 배운 기억이 생생하다. 그런데 훗날 음악을 벗으로 삼으면서부터 이러한 어설픈 정의가 많은 학생에게 얼마나 잘못된 인식을 심어 주는지 알게 되었다. 결국 하고 싶은 말은 바흐와 헨델은 부부가 될 수 없는 위치라는 것이다. 물론 같은 해에 태어났기 때문에 부부가 될 수는 있겠지만 둘 사이에는 같은 시대에 활동했다는 것 말고는 공통점을 찾기가 힘들 만큼 서로 다르다. 그래서 그런 정의를 처음 내린 사람의 의도도 이해가 되지 않지만, 그런 정의를 계속 아이들에게 가르치는 음악 선생님들(음악을 전공하신 분들이 아닌가 말이다)은 더더욱 이해가 가지 않는다. 음악을 취미로 삼는 분들에게는 바흐와 헨델을 군신이나 부자도 아니고 부부 사이로 규정하는 것에 고개를 갸우뚱할 수밖에 없다. 그 정도로 두 사람이 음

<u>J. S. 바흐와 그의 세 아들</u>
1730년 무렵 바흐와 세 아들을 그린 것으로 추정한다.

악사에 끼친 영향은 비교할 수 없는 수준이다.

이쯤해서 고전 음악이라고 불리는 클래식 음악에 근대성을 부여한 위대한 음악가 바흐의 가문을 살펴보자. 사실 바흐의 가문은 세계사적으로도 보기 드물다. 약 200년에 걸쳐 50명이 넘는 음악가가 한 가문에서 나왔으니 말이다. 독일 베히마르 지방의 제분업자이던 파이트 바흐는 음악의 아버지 요한 제바스티안 바흐Johann Sebastian Bach(1685~1750)보다 약 200년 전 사람으로, 밀가루 찧는 방아 소리에 맞추어 현악기의 일종인 치터zither를 연주했다고 전해진다. 그러나 엄연히 그의 직업은 제분업자였으니 아직 음악가 집안이 출범한 것은 아니다.

파이트 바흐의 맏아들 요하네스 바흐(1580 무렵~1625)는 달랐다. 그는 베히마르 지방에서 꽤 이름을 날린 악사였다. 이 거리의 악사는 아버지가 물려준 음악적 소양을 자신 대에 멈추지 않고 후손에게 전하기 시작했다. 그의 맏아들인 요한 바흐(1604~1673)는 이 가문이 탄생시킨 최초의 작곡가로, 그가 남긴 작품 세 곡이 오늘날까지 전해오고 있다. 그의 아우인 크리스토프 바흐(1613~1661)는 '음악의 아버지'의 할아버지인데, 에르푸르트와 아른슈타트에서 악사로 활동했다. 또한 그의 동생이자 '음악의 아버지'의 작은할아버지인 하인리히 바흐(1615~1692)는 꽤 뛰어난 음악가로 한 곡의 칸타타를 오늘날까지 전하고 있다.

지금까지 출현한 인물들은 우리와 썩 가깝지 않다. 그런 까닭에 그저 바흐 가문의 음악적 전통을 이어 주는 인물 정도로 알고 있으면 된다. 그런데 이제부터는 다르다. 중요한 음악가들이 속속 등장할 뿐만 아니라 이름도 비슷한 경우가 많아서 자칫하면 잘못 기억할 수도 있기 때문이다.

이제부터 '음악의 아버지'를 요한 세바스티안 바흐Johann Sebastian Bach의 약자인 J.S. 바흐로 부르기로 한다. J.S. 바흐 이전에 활동한 인물 가운데 가장 유명한 사람이 작은할아버지 하인리히의 장남인 요한 크리스토프 바흐(1642~1703)다. 그는 아이제나흐의 교회 오르가니스트로 활약했는데, 1685년에 태어난 J.S. 바흐 역시 그의 연주를 들었을 것이다. 한편 그는 작곡가로서도 많은 작품을 남겼다. 그의 아우인 미하엘 바흐 또한 형에 버금가는 음악가였다.

J.S. 바흐의 할아버지인 크리스토프에게는 세 아들이 있었는데, 장남인 게오르크 크리스토프(1642~1697)는 바흐 가문 출신으로는 처음으로 칸토르cantor에 올랐다. 그 무렵 칸토르는 단순히 합창단을 지휘하는 역할을 넘어 성당의 음악 담당 관리였다. 교회 교구에 속하는 교회 학교의 성가대를 맡거나 성당의 오르간을 연주하기도 하는 등 매우 중요한 역할을 담당했다. J.S. 바흐 또한 훗날 라이프치히 토마스 학교의 칸토르로 활동하게 된다.

게오르크의 동생인 요한 크리스토프(1645~1693)와 요한 암브로지우스(1645~1695)는 일란성 쌍둥이로, 둘 다 음악가로 활동했다. 특히 암브로지우스는 아이제나흐 궁정과 지방 의회에 속한 현악기 연주자로 활동했다. 그는 음악가로서보다 훌륭한 자식을 둔 것으로 역사에 이름을 남겼다. J.S. 바흐가 암브로지우스의 막내아들로 태어난 것이다.

J.S. 바흐는 열 살 무렵 양친을 일찍 여의고 오르드루프의 오르간 연주자이던 맏형 요한 크리스토프(1671~1721) 밑에서 자랐다. 크리스토프는 우리에게도 낯익은 곡인 〈캐논〉의 작곡자 요한 파헬벨Johann Pachelbel(1653~1706)의 제자였는데, 동생에게 건반악기를 가르쳤다. J.S. 바흐는 음악적 정열 못지않게 부부애도 넘쳐 자녀를 스물이나 두었는데, 그 가운데 장남인 빌헬름 프리드만 바흐(1710~1784), 차남인 카를 필립 엠마뉴엘 바흐(1714~1788), 막내인 요한 크리스티안 바흐(1735~1782), 셋은 음악사에 큰 업적을 남겼다. 그 아버지에 그 아들이라고나 해야 할까.

034

발도파와 알비파,
비운의 신실함

일반적으로 역사는 객관적인 사실을 절대자가 기술한 것이 아니라 역사가 또는 지배층이 기술하고자 한 것만 기술된 것이다. 그래서 역사적 사실을 있는 그대로의 사실로 믿는 사람은 텔레비전 사극을 보면서 분개하거나 박수치는 이들뿐이다. 한 마디로 역사는 승자의 역사다. 그런 까닭에 역사에서 잊히거나 잘못 알려진 사건 또는 존재들을 캐내는 작업은 뜻도 있고 재미도 있다.

다음에 등장하는 사람들도 역사와는 썩 좋은 관계를 유지하지 못했다. 왜곡된 채 알려졌다는 의미라기보다는 제대로 알려질 기회를 갖지 못했다는 점에서 그러할 것이다. 프랑스 리옹에 살던 페트루스 발두스Baldus(발데스valdes라고도 하고 왈도waldo, 발도valdo라고도 하는데 분명치 않다)는 상인 출신으로, 성실하기 짝이 없는 경건한 신도였다. 그런데 이 사람은 자신이 정직한 만큼 다른 사람도 정직하다고 여겼고 나아가 모든 문장도 정직하게 쓰였다고 여겼다. 그래서 '낙타가 바늘귀로 들어가는 것이 부자가 하나님의 나라에 들어가는 것보다 쉬우니라.'(마태복음 19장 24절)라는 예수님 말씀을 곧이곧대로 받아들였다. 이 말을 배운 즉시 그는 자신의 모든 재산을 털어 가난한 이들에게 나누어 주고 당연히 사업을 접었다.

그뿐만이 아니었다. 신학자의 성서 해석은 너무 복잡했다. 말 그대로 해석하면 쉬울 것을. 그는 자기 돈으로 성서를 지역 언어로 번역한 후 프로방스 지방에 배포했다. 이때부터 '가난한 사람들(pauperes)'이라고 불리는 발두스의 추종 세력이 생겨나기 시작했다. 그들은 성서 말씀대로 살고자 했다. 청빈한 삶, 가난한 사람을 돕는 삶, 신자와 수도자 사이에 평등함을 유지하는 삶을 추구했고, 교황과 기존 교회는 이러한 삶에 크게 관심을 기울이지 않는다는 사실을 깨달았다.

라틴어 성서를 사용하지 않고 기존 교회에 비판을 아끼지 않는 이들을 그대로 둘 수는 없는 일. 중세 종교재판의 기초를 닦은 것으로 알려진 교황 루키우스Lucius 3세(재위 1181~85)가 활동을 금지시켰는데도 이들은 계속 청빈한 신앙생활을 계속했고, 오히려 스페인에서 독일, 이탈리아 남부와 헝가리에 이르는 드넓은 지역으로 이들의 운동이 확산되었다.

그럴 무렵 프로방스에 파견되어 권력을 행사하던 교황의 사절이 살해된 사건이 발생했고, 이는 그곳을 거점으로 활동하던 발도파(Waldenses)를 눈엣가시처럼 여기던 교황 인노켄티우스Innocentius 3세(재위 1198~1216)에게는 호기였다. 그는 그 무렵 발도파에 버금갈 만큼 기분을 상하게 하던 '선량한 사람들(bons hommes)'까지 한꺼번에 처리할 방도를 찾았다. '선량한 사람들'이란 이미 이단으로 판정받은 알비파(Albigenses)를 가리키는 말인데, 이들은 알비 시를 근거로 활동하면서 성서에 근거한 삶 외에는 아무것도 몰랐던 선량하고 순진한 사람이었다.

교황이 두 이단에 대해 공식적으로 십자군 파견을 선포하자 북부 프랑스와 영국, 오스트리아, 폴란드 등지의 범법자, 돈이 궁한 귀족 등이 선착순을 외치며 몰려들었다. 40일 동안 십자군으로 활동하는 자에게는 이자 빚이 탕감될 것이고, 과거와 미래의 죄가 사해질 뿐 아니라 일정 기간 동안 사법 대상에서도 벗어날 수 있다는 제안을 받았기 때문은 아니기를 바라지만.

그로부터 얼마 가지 않아 프로방스 지역과 인근의 발도파와 알비파 교인 들은 다양한 방식으로 죽음을 맞이했다. 이단이기 때문에 순교라는 명칭도 받지 못했다. 그렇다면 십자군은 이단자를 어떻게 구분했을까? 베지에 시를 점령한 군인들이 이단자를 가려내기 위해 우왕좌왕하자 그들을 따라온 교황청의 사절이 말했다. "아들들이여, 가서 모두 죽이시오. 주께선 당신 백성들을 알아보실 것이오."

한편 이 십자군 전쟁에서 탁월한 능력을 발휘한 인물이 있었으니, 시몽 드 몽포르Simon de Montfort(1208(?)~1265)다. 그는 본래 제4차 십자군 원정을 다녀온 적이 있는데, 베지에와 카르카손을 정복하는 데 혁혁한 공을 세워 그 지역을 부여받았다. 게다가 약속한 40일이 지나자 대부분의 전사들이 만족하고 돌아갔으나 그는 여전히 배가 고팠다. 그는 툴루즈 백작인 레몽 6세의 영토까지 차지했는데, 백작은 이단을 완전히 제거하는 데 실패해서 땅을 몰수당한 상태였다. 이제 몽포르는 자신을 툴루즈 백작 겸 베지에와 카르카손 자작임과 동시에 나르본 공작이라고 칭했다. 세 가지 작위를 가진 것은 아마 역사적으로도 유래가 드물 것이다. 그러나 그의 욕심이 화를 불렀으니 전열을 가다듬은 레몽 6세의 공격을 받고 살해당했다.

그렇다면 발도파와 알비파는 어떻게 되었을까? 많은 발도파 사람들은 자신의 신앙을 포기한 대가로 목숨을 건졌다. 그러나 신앙을 포기할 수 없었던 사람들은 공격의 손길이 닿기 힘든 피에몬테 계곡으로 숨어들었으며, 그곳에서 종교개혁 때까지 자신들만의 교회를 일구며 살았다. 그리고 지금도 이들의 신앙적 후손이 세계 곳곳에 존재하고 있는 것으로 알려져 있다. 반대로 알비파는 운이 나빴다. 숱한 이단 법정의 고문과 박해와 교수형을 당한 끝에 그들의 이름은 역사 속에서 사라지고 말았으니까.

035

100년전쟁,
길고도 지루한

요즘에 전쟁이 일어난다면 특별한 경우가 아니면 길어야 1, 2년 내에 결판날 것이라는 것이 대체적인 견해다. 첨단 전자 장비 앞에서는 그 어떤 것도 감출 수 없고, 그 누구도 피할 수 없다. 또한 아무리 깊숙한 곳에 위치한 기지라고 하더라도 폭격의 칼날을 피하기는 힘들 테니까.

그러나 오직 손에 든 칼과 창, 화살로 싸우던 예전에는 그렇지 않았다. 높고 견고하게 쌓은 성은 웬만한 장비로는 정복할 수 없었고, 전장을 벗어나면 숨어 있을 숲이 곳곳에 있었다. 그뿐인가? 적 하나를 죽이기 위해서는 엄청난 노력과 비용이 들었다. 따라서 전쟁이 벌어지면 승부를 가르는 데 꽤 오랜 세월이 필요했다. 그러나 그 어떤 전쟁보다도 더 오랜 세월을 필요로 했던 전쟁이 있으니 그 이름도 유명한 '백년전쟁'이다. 사실은 100년 이상이 걸렸지만 후손들이 기억하기 쉽게 이렇게 부른다.

전쟁은 이렇게 시작된다. 1328년 프랑스의 왕 샤를Charles 4세가 서거하자 프랑스 남서부의 기엔 공작을 겸하고 있던 잉글랜드 왕 에드워드Edward 3세는 자신이 프랑스 왕위의 계승자임을 자처한다. 자신이 프랑스 땅의 공작이기도 했을 뿐만 아니라 모친이 샤를 4세의 누이였기 때문이었다. 게다가 샤를 4세에게는 아들도 없었다. 지금의 시각에서 보면 터무니없는 노릇이지만 중세 유럽에는 그랬다. 한 왕이 자신의 나라 밖에서 작위를 받으면 다른 왕의 봉신封臣, 즉 봉토를 받는 신하가 될 수 있었으니까.

그러나 이를 방관할 프랑스인이 아니었다. 프랑스 왕을 지낸 필리프Philip 3세의 손자인 발루아Valois 백작은 자신에게 상속권이 있다고 주장했고, 프랑스 의회는 발루아 백작을 필리프 6세라고 칭하고 왕위 계승을 결정했다. 에드워드 3세 입장에서는 안타까운 일이었지만 할 수 없었다. 게다가 본래 없던 것이니 없던 걸로 해도 손해 볼 것은 하나도 없었으니까.

그런데 사실 필리프 6세도 마음이 편하지는 않았다. 자신의 즉위를 모든 프랑스인이 찬성한 것은 아니었기 때문이다. 필리프 6세가 즉위를 선언할 무렵 에드워드 3세에게 계승권이 있다고 주장하는 측에서는 그 무렵 임신 중이던 샤를 4세의 미망인이 출산할 때까지 기다릴 것을 강력히 주장했고,

다행히도 딸이 태어나자 겨우 즉위할 수 있었던 것이다.

이러니 왕위에 오른 필리프 6세의 앞날이 순탄할 리가 없었다. 결국 내부에서 일어난 갈등 끝에 1337년 에드워드 3세가 갖고 있던 프랑스 영지를 몰수하게 되었고, 이에 격분한 에드워드 3세도 이번에는 참을 수가 없었다. 그는 왕위를 요구함과 동시에 플랑드르 지방에 영국군을 파견했고, 이로써 100년이 넘는 전쟁의 막이 올랐다.

전쟁은 앞서 이야기한 대로 오랜 방어와 느린 공격, 휴전과 화해 등을 겪으며 백 년을 넘게 이어졌다. 물론 그동안 전쟁은 그 무렵 강력한 국가인 잉글랜드의 주도 아래 이어져 가고 있었다. 그러나 전쟁이 발발한 지 100년이 가까워진 176 / 177 1429년 잔다르크라는 영웅(이라기보다는 광신자에 가깝지만)이 프랑스 국민을 결집시키면서 갑자기 반전한다. 이를 계기로 프랑스인에게는 민족의식이 고조되기 시작했고, 이러한 낌새를 눈치 챈 필리프 공작(브르고뉴 공작 장John의 아들로, 그의 아버지가 내전에 휩싸여 암살당했다)은 잉글랜드와 맺은 동맹을 파기하고 프랑스 편으로 돌아섰다.

이때부터 전쟁의 주도권은 프랑스에게 넘어왔고, 잉글랜

백년전쟁 중 프랑스의 브레스트에서 벌어진 공성전攻城戰
잉글랜드 병사들이 사다리와 사석포(돌이나 쇠는 물론 불타는 물건 등을 대포알로 쏜다)를
이용해 성 안의 프랑스 병사를 공격하고 있다.

드 왕위를 둘러싸고 일어난 장미전쟁을 틈타 노르망디를 정복한 프랑스 왕 샤를 7세는 잉글랜드의 프랑스 내 봉토인 아키텐까지 정복했다. 그리고 바로 그 해인 1453년 백년전쟁은 역사 속에서 막을 내렸다. 그러나 이후에도 잉글랜드는 프랑스 내에 칼레를 거점으로 소유하고 있었는데, 이 땅은 1558년 마지막으로 프랑스 손에 넘어가게 된다.

백년전쟁을 기점으로 프랑스인은 유럽 대륙의 독자적 국가로서 인식을 확고히 하는 계기를 갖게 되는 반면 잉글랜드, 즉 영국인은 유럽 대륙의 정치에 관여하려는 사고에서 벗어나게 된다. 100년 넘게 치른 수많은 희생을 바탕으로 배운 교훈 치고는 좀 약한 듯하지만 말이다.

036

법륜法輪, 미신을 부수는 바퀴

법륜法輪이란 산스크리트어로 '달마챠크라'라고 하며, 부처의 발자국에 새겨져 있는 표상 가운데 하나로 알려져 있다. 그리고 부처가 설법한 내용을 윤보輪寶에 비유하기도 하는데, 그렇다면 윤보란 무엇일까?

고대 인도의 통치자들은 금으로 만든 바퀴인 금륜, 은으로 만든 은륜, 동으로 만든 동륜 등의 수레바퀴를 통해 세계 정복에 나섰다. 반면에 부처는 진리의 수레바퀴로 세상을 다스린다고 여겼고, 따라서 윤보란 세상을 다스리는 전륜성왕轉輪聖王의 보기寶器, 즉 보물을 뜻한다.

전륜성왕은 산스크리트어에서 유래한 말로서 '자신의 전차 바퀴를 어느 곳으로든 굴릴 수 있는', 즉 어디를 가건 어떤 방해도 받지 않는 통치자를 뜻한다. 그러니까 법륜이란 부처의 가르침이 세상 어느 곳에 존재하는 중생에게도 영향

부처의 발자국

간다라에서 출토된 부처의 발자국을 새긴 돌.
법륜이 선명하게 새겨져 있으며,
발가락에는 만卍자가 있다.

을 미치는 보물이란 의미를 가지고 있다. 부처는 이 바퀴를
굴리며 중생을 현혹하는 환상과 미신을 부수며 앞으로 나아
간다고 본 것이다.

　'법륜을 굴린다', 즉 '전법륜轉法輪'이라는 말이 있는데, 이
는 부처가 중생을 제도하기 위해 교법을 펴는 것을 가리킨
다. 그렇다면 부처의 가르침을 윤보에 비유하는 까닭은 무엇
일까?

첫째, 세상을 다스리는 전륜성왕의 보물이 세상 어떤 장애물도 깨뜨리듯이 불법 또한 중생의 번뇌와 죄업을 깨뜨려 사라지게 만들기 때문이다. 둘째, 윤보는 말 그대로 바퀴이기 때문에 결코 멈추지 않고 영원히 구르는 것처럼 불법 또한 어느 곳, 어느 누구한테도 머물지 않고 끊임없이 모든 중생에게 평등하게 돌아가기 때문이다. 셋째, 윤보의 생김새가 원만한 것처럼 불법 또한 어느 곳에 치우치지 않고 원만무결하기 때문이다. 이렇게 법륜은 불교를 의미하는 만卍자와 더불어 불법을 나타내거나 부처의 형상을 대신하는 상징으로 사용된다.

한편 티베트 불교에서는 인생의 수레바퀴를 상징으로 사용하고 있는데, 그 안에는 인간이 경험하게 되는 모든 것이 담겨 있다. 증오를 뜻하는 뱀, 욕망을 뜻하는 새, 무지를 가리키는 돼지가 수레바퀴 안에 있다. 여섯 부분으로 나뉜 중간은 여섯 종족을 가리키는 것으로 알려져 있다. 가장 바깥쪽 테두리는 인생의 수레바퀴를 가리키는 장면들로 꾸며져 있는데, 끌려가는 맹인부터 결혼, 탄생, 죽음 등을 의미하는 장면으로 꾸며져 있다.

037

베다, 아리아인의 기록이자
성전聖典

인도는 그 넓이와 다양한 인종과 다양한 종교만큼이나 역사 또한 복잡한 나라다. 오래전부터 이어져 온 외부로부터의 침략과 이리저리 쫓겨 이 땅으로 들어온 다양한 종족이 모여 구축한 사회가 바로 인도이기 때문이다. 그런 까닭에 오늘날 인도 땅에서는 백인종과 황인종, 흑인종 등 모든 인종을 찾아볼 수 있을 정도이며, 그들이 사용하는 언어 또한 복잡하다.

현재 인도 정부가 공식적으로 인정하는 지방 언어는 구자라트어, 네팔어, 도그리어, 마니푸르어, 마라티어, 마이틸리어, 말라얄람어, 벵골어, 보도어, 산스크리트어, 산탈리어, 신디어, 아삼어, 오리야어, 우르두어, 카슈미르어, 칸나다어, 콘칸어, 타밀어, 텔루구어, 펀자브어, 힌디어 이렇게 22개이나 실제로는 1000여 종이 넘는 언어가 사용되는 것으로 알려져 있다.

    초기 인도의 토착민이 어떤 인종이었는지를 알려주는 분명한 기록은 찾기 힘들다. 그러나 지금 인도의 주류를 이루는 인종은 아리아인이다. 아리아란 '고귀한 것'이란 뜻인데, 힘으로 원주민을 제압한 그들은 스스로를 고귀한 존재로 각인시켰다. 아리아인이 인도 땅으로 이주해 오기 시작한 것은 기원전 2000년 무렵부터로 알려져 있는데, 이들은 인도 북부에서 발달한 인더스 문명권의 쇠퇴기를 이용해 막강한 군사력을 바탕으로 급속히 그 세력을 넓혀 나갔다. 이로써 인도는 아리아인의 수중에 들어가게 된 것이다.

    한편 아리아인은 원주민들과 달리 자신의 문화를 기록으로 남겨놓았는데, 이것이 바로 《베다》다. 따라서 인도 역사는 베다의 출현과 더불어 시작되었다고 해도 지나친 말이 아니다. 물론 초기 《베다》에는 아리아인 이전에 인도에 거주하던 드라비다인의 언어나 다른 원주민의 말이 섞여 있는 것이 사실이다. 그러나 역시 《베다》는 아리아인이 작성한 성전聖典 또는 시라고 보아야 할 것이다.

    《베다》는 아리아인이 산스크리트어로 작성한 종교 문헌으로, 본래는 '지식'을 뜻한다. 이것은 종교적 지식이었을 것이고, 따라서 훗날 아리아인의 종교인 브라만교의 성전을 가리키게 되었다. 오늘날에도 그 잔재가 깊이 남아 있지만 고대 인도에서는 그 무엇보다도 종교가 삶을 규제했다. 따라서 《베다》의 권위는 대단한 것이어서 《베다》를 제외하고는 인도의 역사와 문화, 삶을 이해할 수 없을 것이다. 그 문학적 가치만으로도 유명한 《베다》는 하늘의 계시로 쓰였다고 해서 '슈루티'라고도 하는데, 슈루티란 '천계天啓', 즉 하늘의 계시란 뜻이다.

《베다》는 본문에 해당하는 상히타와 부속 문헌으로 이루어져 있다. 본문은 다시 네 상히타로 나뉜다.

1. 리그베다(찬가讚歌)-가장 중심이 되는 찬가로, 자연신을 찬미하고 아울러 가족의 번영을 기원한 종교적 서정시, 찬가를 집대성한 노래집.

2. 사마베다(가사歌詞)-제관祭官이 부르는 노래를 모은 것.

3. 야주르베다(제사祭詞)-공양, 희생, 제사를 위한 내용.

4. 아타르바베다(주사呪詞)-재앙을 물리치고 복을 비는 내용.

부속 문헌은 다음과 같다.

1. 브라흐마나(범서梵書, 제의서祭儀書)-네 베다의 상히타에 수록된 찬가와 주사朱砂 등의 사용법과 기원, 목적, 의미 등을 설명한 것.

2. 아라느야카(삼림서森林書)-브라흐마나의 마지막 부분을 보완한 것으로, 삼림 속에서 비밀로 전승되어 왔다는 의미에서 이런 명칭이 붙었다.

3. 우파니샤드(오의서娛義書)−우주의 최고 원리를 탐구하여 절대자인 브라만과 개인의 주체인 아트만 사이의 일치를 설파하고 이러한 범아일여梵我一如의 사상을 기초로 윤회, 해탈, 종교적·철학적 문제를 탐구한 내용. 인류가 완성한 가장 심오한 철학이자 세계에서 가장 오래된 철학서로, 브라만교의 성전에 속해 있으면서도 브라만교의 형식적이고 폐쇄적인 교리에 대한 반성을 불러일으켜 훗날 자이나교나 불교가 발생하게 된 계기를 마련해 준 것으로 알려져 있다.

이러한 《베다》는 1000년이 넘는 세월에 걸쳐 완성된 것으로 알려져 있는데, 특히 〈리그베다〉는 기원전 1500년 무렵부터 수백 년에 걸쳐 완성된 것으로 보인다. 한편 《베다》는 보조 문서가 있기는 하지만 그 내용은 모두 구전되어 왔다. 한 점 오류도 없이 오랜 세월 동안 이어져 옛 모습 그대로를 간직한 것만으로도 우리의 탄성을 자아낸다.

우리가 잘 알다시피 인도의 종교는 다신교가 주류를 이룬다. 《베다》 또한 다신교인 브라만교의 성전이므로 그 내용에서 여러 신을 찬미하고 있다. 이 신들은 초기에는 하늘과 땅, 물과 불 같은 자연 현상을 의인화한 것이었으나 신화의 발전과 더불어 인문적 신이 창조되기 시작했다. 이러한 신들을 33신 또는 3339신이라고 하는데, 일정한 것은 아니다. 그 가운데서도 하늘에 있는 무용신武勇神인 인드라가 사람들의 환영을 받는 신인데, 히말라야 산맥의 우뢰와 우박, 계절풍은 인드라의 위엄을 나타내며 가뭄에는 비를 내려주기도 한다. 한편 무용에 뛰어난 신인 까닭에 아리아인 전사의 이상형으로 표현되기도 하며, 인도의 수호신으로 추앙받고 있다. 훗날 이 신은 불교의 탄생과 더불어 불교의 수호신인 제석천帝釋天으로 환생했다.

038

베토벤의 유서,
절망의 정리문서

베토벤Ludwig van Beethoven(1770~1827)을 모르는 독자는 드물 것이다. 물론 베토벤을 모른다고 해서 죄가 되거나 교양이 부족한 것도 아니다. 다만 음악을 썩 좋아하지 않는다는 증거는 될 것이다. 여기서 베토벤을 새삼스럽게 설명하지는 않겠다. 그가 젊은 시절부터 귀가 약해지기 시작해 결국 귀머거리가 되었다는 이야기도 하지 않겠다. 베토벤이 앓은 병이 귓병만이 아니었으니까.

알려진 바에 따르면 베토벤이 겪은 병은 우울증 같은 정신 질환부터 간경화, 신장 질환, 폐 질환 등 수없이 많았다. 그렇다면 베토벤이 겪어야 했던 고통의 원인은 무엇이었을까? 호사가뿐 아니라 수많은 음악 애호가들은 베토벤에게 닥친 온갖 질병의 원인을 매독에서 찾았다. 매독은 단순히 그 병에 걸렸다는 사실뿐 아니라 수많은 합병증을 동반하니까. 게다가 베토벤이 살던 시대에는 매독 치료제 또한 없었던 것이 사실이다. 그러니까 죽을 때까지 고통을 받다가 결국 죽음에 이를 수밖에 없지 않았느냐, 그런 이유에서였다. 그런데 2000년에 들어 놀라운 사실들이 밝혀진다.

첫째는 베토벤의 모발, 즉 머리카락이 실제로 전해져 오고 있다는 사실이다. 어떻게 해서 베토벤의 머리카락이 이토록 오랫동안 보관될 수 있었을까? 그 과정은 이렇다. 베토벤은 죽기 직전 자신이 겪었던 수많은 질병과 고통의 원인을 죽은 후 부검을 통해 밝혀줄 것을 요청했다. 그가 그런 유언을 남기지 않았다 해도 그렇게 했을 텐데 말이다. 베토벤을 담당한 수많은 의사와 다양한 분야의 전문가들이 그의 죽음을 그대로 둘 리 없지 않겠는가?

여하튼 그의 청에 따라 부검한다는 소문이 비엔나 전역에 퍼졌다. 소문을 들은 사람 가운데 힐러Ferdinand Hiller(1811~1885)도 있었다. 그는 베토벤의 친구이자 자신의 스승인 훔멜Johann Nepomuk Hummel을 따라가서 베토벤의 마지막을 지켜보았다. 그리고 열여섯 살 소년은 베토벤의 머리카락 한 줌을 잘라 고이 보관한 것이다. 힐러는 이후 음악가로 성장했으니 베토벤의 영혼이 그를 음악으로 이끈 것은 아닐까.

이 머리카락이 우여곡절 끝에 비로소 세상에 알려지게 되었다. 사실 머리카락의 존재가 확인되고 이것이 세상에 드러난 것은 1994년의 일이었다. 이 머리카락을 베토벤 애호가

두 사람이 소더비 경매에서 구입해, 모발분석 전문가에게 분석을 의뢰했다. 그 결과를 2000년 미국 시카고 건강연구소에서 발표한 것이다(한해 전 독일의 잡지 〈디밸트〉도 같은 결과를 발표했다).

놀라운 사실은 첨단의학 가운데 하나인 모발 분석 기법에 의해 베토벤의 죽음이 납 중독 때문임이 밝혀진 것이다. 납은 그 무렵 매독 치료제로 사용되지 않은 물질인 반면 매독 치료제로 사용되던 비소나 수은 등은 검출되지 않아 베토벤의 사인에서 매독이 제외되었다.

그렇다면 베토벤은 왜 납에 중독되었을까? 그 이유는 분명치 않다. 그 시대 수돗물에 납이 많이 포함되어 있기 때문이라는 설부터 납유리로 만들어진 유리하모니카라는 옛 악기 때문이라는 설을 포함해 확인되지 않은 설들이 제기되었다.

베토벤은 왜 자신의 부검을 통해서라도 자신이 겪은 고통의 원인을 밝혀 달라는 애타는 유언을 남겼을까? 이것이 바로 우리가 베토벤이 남긴 유서, 바로 하일리겐슈타트의 유서를 살펴보는 까닭이다.

하일리겐슈타트의 유서(이하 유서라고 칭한다)는 그가 서른두 살이 되던 1802년 10월 6일에 자신의 아우인 칼과 요한에게 남긴 것이다. 극도로 악화된 건강 때문에 베토벤은 비엔나 교외 마을인 하일리겐슈타트에서 요양 중이었다. 유서를 남긴 이유로는 자신이 병 때문에 삶이 얼마 남지 않았다고 여겼기 때문이라는 설과 자살을 염두에 두고 작성했다는 설이 있다. 그러나 이후에도 25년을 더 살았고, 그 기간 동안 베토벤은 늘 죽음을 염두에 두었다.

그런데 더 견디기 힘들었던 것 가운데 하나가 사람들의 태도였다. 베토벤의 괴팍하고 무례하기 짝이 없는 품성을 놓고 주위 사람들이 손가락질하는 것이었다. 베토벤은 이러한 상황을 받아들이기 힘들었다. 그리하여 유서의 첫 머리는 바로 자신의 행동을 변명하는 데서 시작한다. 의사를 포함한 다른 사람들은 베토벤의 이해할 수 없는 품성을 선천적인 인간성으로 판단했지만 베토벤은 분명 육체적 이유가 있을 거라고 믿었던 것이다. 육체적 원인이 정신에 영향을 미친 것이 틀림없다고 믿은 베토벤은 의학을 공부했어도 놀라운 성과를 얻어냈을 것이다. 물론 이러한 판단은 훗날 사실로 밝혀져 오늘날 정신질환의 원인 가운데 대부분은 정신적 문제가 아니라 육체적 원인 때문으로 진단하고 치료한다.

자, 그럼 역사적으로 전해오는 가장 유명한 유서 가운데 하나인 베토벤의 유서를 살펴보자. 그리고 유서를 다 읽고 나면 그의 음악(특히 죽음을 눈앞에 두고 있던 오십대 중반에 작곡한) 몇 곡 정도는 들어보자. 그 음악 속에는 베토벤뿐만 아니라 우리 모두가 고통을 이겨내는 데 필요한 요소가 들어 있으니까.

참, 편지 속에서 빈칸으로 남겨진 부분에는 아우 요한의 이름이 들어가야 하는데 베토벤은 요한에 대한 감정이 썩 좋

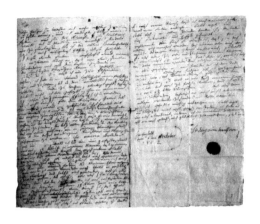

하일리겐슈타트의 유서

베토벤은 두 동생 앞으로 장문의 유서를 썼지만 부치지는 않았고,
그의 사후에 발견되었다.

베토벤의 장례식 초대장

귓병 악화로 절망에 빠진 그는 1802년 하일리겐슈타트의 유서를 남긴 후
외부와 접촉을 피하고 작곡에만 전념했다.
그리고 25년 뒤인 1827년 3월 26일 세상을 떠났고,
장례식은 29일에 거행되었다.

지 않았다. 그래서 그의 이름을 적지 않았다. 얼마나 감정이
쌓여 있었으면 죽음을 눈앞에 두고도 아우의 이름을 적지 않
았을까? 이를 통해서도 베토벤의 주위를 둘러싸고 있던 무
수한 고통을 느낄 수 있을 것이다. 그리고 첫 유서를 완성한
지 나흘 뒤에 다시 몇 마디 덧붙인다. 그렇게 끝내기에는 너
무 아쉬움이 남는 삶이었기에.

하일리겐슈타트의 유서

내 동생들, 칼 그리고 ○○ 베토벤에게

오! 너희들은 나를 적의에 차고 사람들을 혐오하는 고집쟁이
로 여기고 또 쉽게 이야기하고 있지만 그것이 얼마나 그른 일
인지 모르고 있다. 겉으로 그렇게 보이게 된 원인을 너희들은
모를 것이다. 나는 어려서부터 가슴속에 따뜻한 마음과 생각
을 품고 있었다. 그뿐이랴? 가치 있고 위대한 일을 성취하려
는 갈망 또한 끊임없이 불태워왔다.

그렇지만 생각해 보거라. 6년이 넘는 동안 불치병에 시달리고
있는 나는 분별없는 의사들 때문에 더 이상 완치될 것이라는
희망을 품지 않게 되었다. 열정적이면서도 활기 넘친 기질의
소유자이자 사람들을 좋아하는 나이지만 고독하게 살 수밖에
없었다. 물론 이러한 고통을 잊으려고 애도 써 보았지만 잊을
수도 없었다. "들리지 않아요. 더 크게 말해주십시오."라고

사람들을 향해 고함칠 수 있겠느냐?

다른 누구보다도 완벽해야 할 나의 가장 귀중한 감각상의 약점을, 한때는 고금의 음악가 중에서도 거의 비길 자가 없을 만큼 완벽했던 내 청각의 약점을 어찌 남에게 털어놓을 수 있겠느냐. 사람들과 즐겨 어울리고 싶을 때조차도 나는 자리를 피해야 한다. 그것이 세간의 오해를 초래하리라는 것과 벗들과 함께 서로의 생각을 나누면서 어울릴 수조차 없다는 이중의 고통에 시달리고 있다. 마치 유형자流刑者와도 같은 생활이다. 그리고 사람들 가까이 접근해야 할 때마다 내 비참한 상태가 알려질까 봐 전전긍긍한다. 분별 있는 의사의 권유로 청각의 과로를 피하기 위해 전원에서 지내는 동안에도 계속 그러했다.

사람들과 어울리고 싶은 충동이 수없이 일었지만 그럴 때마다 나는 얼마나 굴욕적인 생각을 맛보게 되는 것이랴… 나와 함께 있는 사람은 멀리서 들려오는 플루트 소리를 들을 수 있는데도 나에게는 아무 소리도 들리지 않았고, 다른 사람에게는 들리는 목동의 노랫소리 또한 나는 전혀 들을 수 없었다. 그럴 때면 나는 절망의 심연으로 굴러 떨어져 죽고 싶다는 생각밖에 나지 않는다. 그런 생각에서 나를 구해준 것은 예술, 오직 예술뿐이다. 나에게 부과된 모든 것을 창조하기까지는 어찌 이 세상을 떠날 수 있으랴 하는 생각에 사로잡히기도 한다. 바로 그 때문에 이 비참한… 정말로 비참한 삶을, 그리고 아주 사소한 변화조차 나를 최상의 상태에서 최악의 상태로 전락시키는 예민한 육체를 지탱해 왔다. 인내!! 라고 흔히 말하지만 이제 나도 그것을 지침으로 삼아야겠다. 그렇다. 그리하여 운명의 여신이 내 삶의 밧줄을 끊을 때까지는 저항하려는 결심을 간직하자. 내 상태가 호전되든 안 되든 각오는 서 있다. 예술가에게는 더욱 그렇다.

신이여, 당신은 내 마음이 인류를 향한 사랑과 선을 행하려는 욕망으로 가득 차 있음을 아실 것이오. 오오, 사람들이여, 그대들이 언젠가 이 글을 읽는다면 그대들이 나를 얼마나 부당하게 대했는지 생각해 보라. 그리고 불행한 사람들은 당신과 같은 처지에 놓인 한 인간이, 온갖 장애를 무릅쓰고 자기 역량을 다해 마침내 예술가 또는 빛나는 인간의 대열로 솟아오름을 떠올리며 스스로를 위로하라.

내 동생인 칼 그리고 ○○. 내가 죽은 다음 아직도 슈미트 교수가 살아 있다면 그에게 내 병상을 자세히 기록해 주도록 내 이름으로 부탁해다오. 그래서 그것을 여기에 첨부해서 내가 죽은 다음 사람들이 나를 이해할 수 있도록 해다오.

그 밖에 얼마 되지 않는 재산(재산이랄 수도 없는 정도지만)은 너희 둘에게 남긴다. 그것을 공평하게 나누어 갖고 서로 도우며 지내기 바란다. 너희들이 나를 괴롭혔던 일은 모두가 옛일, 용서한 지 오래다. 내 동생 칼, 최근 네가 나에게 보여 준 후의에 대해서 각별히 고맙게 생각한다. 너희들이 나보다 더 행복하게, 근심 없이 살기를 바라는 마음 간절하다. 너희들 자녀에게는 덕성을 길러 주도록 힘써라. 인간을 행복하게 하는 것은 오직 덕성일 뿐, 결코 돈이 아니다…. 내 경험에서 우러나온 얘기다. 덕성이야말로 역경에서도 나를 지탱해 주었고, 내가 스스로 목숨을 끊지 않았던 것도 예술과 함께 그 덕성 덕이었다.

잘 있거라. 그리고 서로 사랑하라…. 모든 벗들, 특히 리히놉스키 후작과 슈미트 교수에게 감사한다. 리히놉스키 후작한테서 받은 악기는 너희 중 한 사람이 보관해다오. 그 때문에 다투어서는 안 된다. 허나 더 유익하게 쓰일 수 있다면 팔아써도 좋다. 죽어서라도 너희에게 도움이 된다면 얼마나 기쁜 일이랴.

죽음이 언제 오든 나는 기꺼이 맞을 것이다. 내가 갖고 있는 예술적 재능을 계발할 수 있는 동안은 설령 내 운명이 아무리 가혹할지라도 죽고 싶지 않다. (내 재능이 충분히 꽃필 때까지) 삶을 지속하고 싶다. 허나 (죽음이 예상치 않게 일찍 찾아오더라도) 기꺼이 죽으리라. 그러면 끝이 없는 고뇌에서 해방될 수 있을 테니까. 죽음이여, 언제든 오라. 나는 당당히 네 앞으로 가 너를 맞으리라. 잘 있거라. 죽은 다음에도 잊지 말아다오. 그럴 만한 자격은 있다고 생각한다. 너희들의 행복을 염원하면서…. 자, 그러면 부디 행복해 다오.

_하일리겐슈타트, 1802년 10월 6일. 루드비히 반 베토벤

이것으로 너희들과 이별이다. 이를 데 없이 슬프다. 지금까지 품고 있던 한 가닥의 희망, 어느 정도는 회복하리라는 희망도 영영 사라지고 말았다. 가을 잎이 나무에서 떨어져 시들듯 모든 희망은 퇴색해 간다. 이승에 태어났을 때와 마찬가지 모습으로 이제는 떠난다. 시원한 여름날…, 나에게 샘솟던 용기도 지금은 사라지고 없다. 오오 신이여, 단 하루라도 나에게 순수한 환희를 맛보게 해주오…. 참다운 환희가 내 가슴 깊이 울리던 때 그 얼마나 오래인가. 오오, 언제 또다시 자연과 인간의 전당에서 그 순수한 기쁨을 맛볼 수 있단 말인가? 결코 그럴 수는 없단 말인가? 오오… 그것은 너무나 잔혹하다.

_ 하일리겐슈타트, 1802년 10월 10일. 루드비히 반 베토벤

039

보르자 가문의 세 사람,
얽히고설킨

다음 쪽의 초상화 속 얼굴을 잘 보자. 어떤 성품의 사람으로 보이는가? 사실 이 사람처럼 변화무쌍하고 상상하기 힘든 삶을 살기도 매우 드물 것이다. 그는 10대에 대주교를 거쳐 추기경에 올랐고, 교황을 아버지로 두었으며(이상해도 할 수 없다. 사실이 그러하니), 취미는 사냥과 간통이었다. 또한 프랑스 공주와 결혼하기 위해 추기경 자리를 포기했고, 확인되지는 않았지만 아우를 죽였다는 혐의를 벗은 적이 없으며, 여동생의 남편을 개인적 원한 때문에 죽였고, 수많은 이웃 나라를 침략했다. 그것도 대부분 기습이나 모략을 이용해서.

그런 까닭에 《군주론》을 쓴 마키아벨리Machiavelli(1469~1527)는 그를 가장 뛰어난 책략가로 인정하는 데 주저함이 없었다. 물론 그가 죽은 후에는 그러한 평가를 거두어들이고

"이탈리아에서 가장 잘생긴 남자"

체사레 보르자는 당시 이탈리아에서 가장 잘생긴 남자라는 평가를 받을 만큼
미남이었다. 알토벨로 멜로니, 〈체사레 보르자의 초상〉, 이탈리아 베르가모
아카데미아 카라라.

비난에 앞장서기는 했다. 그러니까 마키아벨리야말로 시류에 영합하는 책략가로서 자신을 시험했는지도 모르겠다.

여하튼 초상화의 주인공인 체사레 보르자Cesare Borgia(?~1507)는 그런 인물이었다. 게다가 초상화에서 느껴지듯이 잔인하지만 머리 회전이 빨랐고, 무엇보다도 잘생겼다. 그러나 아무리 보아도 추기경이니 대주교니 하는 단어와는 어울리지 않는데, 그래도 그런 지위에 올랐다는 것은 아마 부친 덕이지 싶다.

체사레 보르자는 1475, 6년 무렵 이탈리아 로마에서 추기경 로드리고 보르자와 그의 정부情婦 반노차 카타네이 사이에 맏아들로 태어났다. 로드리고 보르자에게는 이미 자식 셋이 있었는데, 그 가운데 하나가 아들이었다. 그러니까 체사레는 아들로는 로드리고의 둘째인 셈이다. 그 무렵 둘째아들은 성직자가 되는 것이 관례였다. 그래서 체사레는 누가 봐도 어울리지 않는 주교의 자리에 올랐고, 그의 부친이 교황이 된 1492년에는 대주교가 되었다가 이듬해에 드디어 추기경의 자리에 오른 것이다. 그것도 고작 열일곱 또는 열여덟의 나이에. 하기야 사생아였기 때문에 나이도 분명치 않다.

물론 그가 추기경이 되었다고 해서 갑자기 호색好色 기질과 멋진 옷차림을 버린 것은 아니었다. 그뿐만이 아니다. 갑자기 죽은 이복형의 뒤를 이어 공작에 오른 아우가 1498년, 그러니까 그가 추기경에 오른 지 5년 만에 죽었다. 그를 아는 사람들은 모두 그야말로 아우를 죽일 만한 인물이라고 평가했다. 그런데 더욱 놀라운 일은 이러한 체사레를 교황이자 아버지인 알렉산데르Alexander 6세는 적극 지지했다는 사실이다. 아들을 유력한 왕족과 혼인시키려는 부친인 교황의 뜻과, 성직과는 도무지 어울리지 않는 정력의 소유자인 아들의 뜻이 일치한 것이다. 이에 따라 체사레는 추기경의 지위를 포기한 후 프랑스로 가 나바라 왕의 여동생 샤를로트 달브레와 결혼하고 프랑스 왕 루이 12세로부터 발렌티누아 공작 칭호를 받았다. 이로써 보르자 가문은 교황령에 대한 지배권을 다시 확립하고, 나아가 보르자 공국을 세운다는 계획까지 세우게 되었다.

이후 호전적인 기질을 유감없이 발휘한 체사레는 부친의 뜻에 어긋나지 않게 주위 공국들을 하나둘 삼키기 시작했다. 그러나 이 과정에서 다른 세력의 강력한 반발에 부딪혔고, 결국 부친이 세상을 떠나자 보르자 가문과는 둘도 없는 원수 사이인 율리우스Julius 2세(교황직에 머문 기간이 채 한 달도 되지 않은 비오Pius 3세의 뒤를 이어)가 교황이 되었다. 그러자 그가 누리던 권력은 한순간에 물거품이 되고 말았다. 결국 1507년 사소한 전투 끝에 사망하고 말았는데, 그의 부친이 죽은 지 4년 만의 일이었다.

한편 그의 아리따운 여동생 루크레치아Lucrezia는 자의반 타의반 여러 번에 걸쳐 유럽의 저명한 가문과 혼인하여 보르

체사레 보르자의 동생 루크레치아

루크레치아는 보르자 가문의 입지를 굳히기 위해 어린 나이 때부터
많은 남자들과 정략결혼을 해야 했다. 루크레치아 보르자를 그린 것으로 추정하는
그림. 바르톨로메오 베네토, 〈여인의 초상〉, 프랑크푸르트국립미술관.

자 가문의 권력을 강화하는 데 기여했다. 그녀가 처음 스페인 귀족 가문과 결혼한 것이 열한 살 때다. 그것도 두 가문과 잇따라 말이다. 그러나 교황에 오른 부친은 이제 딸이 귀족 정도와 같이 사는 것은 가문에 어울리지 않는다고 판단하여 페사로의 영주인 조반니 스포르차와 결혼시켰다. 그 무렵 루크레치아는 유럽의 미남이자 호색한인 오빠와 근친상간했다는 소문이 있었으나 확인할 수 없는 내용이다. 그러나 스포르차와의 결혼이 끝은 아니었다.

이후 이들의 결혼을 무효화한 교황은 다시 자기 딸을 나폴리의 유력가문 출신인 알폰소와 결혼시켰는데 이때 루크레치아의 나이 열여덟, 신랑의 나이 열일곱이었다. 그러나 체사례는 프랑스와 함께 나폴리를 위협하고자 했으므로 알폰소는 처가와 불편한 관계에 놓이게 되었다. 그러나 이러한 불편한 관계는 곧 해소되었다. 결혼한 지 2년째 되던 해 체사례가 파견한 자객들이 알폰소를 살해한 것이다.

그런 와중에도 루크레치아는 아들 하나를 낳았는데 분명한 것은 그와 결혼생활을 한 남자들의 자식은 아니라는 사실이고, 불분명한 것은 오빠와 아버지, 둘 가운데 누구의 아들인가 하는 점이다. 그런 소문이 무성했는데도 그녀는 1501년, 그러니까 자신의 부친이자 남편일지도 모를 알렉산데르 6세가 숨을 거두기 2년 전 다시 페라라 공작인 알폰소 데스테와 결혼했다. 그리고 알렉산데르 6세가 숨을 거둔 1503년 이후에는 더 이상 그의 뜻에 따라 이 가문 저 가문을 전전하지 않아도 되어 서른아홉에 숨을 거둘 때까지 자신의 뜻에 어울리는 즐거운 삶을 누릴 수 있었다.

왜냐하면 남편은 그녀의 거처를 찾지 않았고, 부친과 오빠가 떠난 빈자리를 수많은 남자들, 그러니까 르네상스 시대를 수놓은 수많은 시인과 예술가로 채웠으니까. 굴곡진 그녀의 삶에서 그나마 위안을 찾을 수 있는 것은 이 무렵 여러 예술가들을 어떤 방식으로든 지원해서 문예부흥에 일조했다는 사실이다.

040

보어 전쟁, 흑인 땅에서
백인끼리 싸우다

아프리카에서 벌어진 전쟁 하면 누구나 상상할 수 있는 것이
아프리카 원주민과 유럽 식민주의자 사이의 전쟁일 것이다.
그렇지 않으면 아프리카의 다양한 원주민끼리 벌인 전쟁이
거나. 그러나 이도 저도 아니고 유럽인끼리 싸운 전쟁이 있
다면 믿어지는가?

  이름도 야릇한 보어Boer 전쟁이 바로 그렇다. 남아프리카
전쟁, 또는 앵글로-보어 전쟁이라고도 불리는 이 전쟁은 남아
프리카에 거주하는 네덜란드계 백인인 보어인과 영국인 사이
에 벌어졌다. 1899년부터 1902년까지 약 2년 8개월 동안.

  도대체 전쟁의 원인은 무엇이었을까? 아프리카 최남단에
위치한 케이프 지역은 본래 네덜란드인이 이주하여 식민지
를 세운 곳인데, 1814년 무렵 영국인에 의해 점령당하고 말
았다. 그러자 이미 아프리카인이 된 네덜란드인(그래서 이들을

보어인이라고 부른다)은 어쩔 수 없이 케이프 동북쪽으로 이주하기 시작했고, 이어서 그 지역에 오렌지 자유국과 트란스발 공화국을 세워 정착했다. 물론 영국도 보어인의 국가 건설 사업을 보고만 있지는 않았다. 그들 또한 동쪽 해안에 나탈 식민지를 건설하면서 자신들의 영역을 확대시키고 있었다.

그런데 두 유럽 국가 출신 식민주의자 사이에 화해할 수 없는 일이 발생했다. 바로 다이아몬드와 금광 때문이었다. 영국령 케이프 식민지와 보어인의 오렌지 공화국 사이 지역에서 우연히 발견된 다이아몬드는 영국인과 보어인 사이에 평화로운 공존을 파기시키기에 충분히 매력적이었다. 그 무렵 남아프리카 지역에 주둔하고 있던 영국군은 50만 명에 육박했지만, 보어인 병력은 채 9만 명도 되지 않았다.

결정적으로 두 민족 사이에 건널 수 없는 갈등의 불을 붙인 것은 트란스발 지역에서 발견된 금광이었다. 그렇지 않아도 금에 의존하는 통화 정책을 펼치고 있던 영국으로서는 이 금광이 도저히 참을 수 없는 유혹이었다. 물론 영국의 도발에 대해 유럽 각국이 비난하고 나섰지만 영국 처지에서는 앞뒤 가릴 게재가 아니었다.

1899년 10월 11일, 드디어 영국은 트란스발과 오렌지 자유국, 두 나라를 공격했다. 이 전쟁은 나폴레옹 전쟁 이후 제1차 세계대전이 발발하기 전까지 그 규모와 전비戰費 면에서 가장 큰 전쟁이었으며, 군사력 면에서 열세에 처해 있던 보어인이 상상 외로 선전을 펼친 것으로도 유명하다.

뛰어난 방어전으로 막강한 영국군의 화력을 막아 내던 보어인은 게릴라전을 통해 영국군에게 심대한 타격을 가할 수 있었다. 그러자 영국군은 보어인과 아프리카인의 농장을 초토화함으로써 보어인의 존재 근거를 빼앗아 버렸다. 결국 오갈 데 없이 된 보어인은 강제수용소에 격리되었고, 그곳에서 이들은 영국인이 자행한 가혹한 처우를 견디지 못하고 하나둘 사라졌다. 이후 보어인의 끈질긴 저항에도 불구하고 영국군의 공략으로 전쟁의 균형이 무너지기 시작했다.

결국 1902년 5월 평화조약이 체결됨으로써 보어인의 국가는 독립을 상실했고, 남아프리카 전역이 영국 식민지가 되었다. 그 후 남아프리카공화국은 1909년 영연방 내의 자치령으로 독립했고, 1961년에는 자치령에서 벗어나 명실상부한 독립국가로 거듭났다. 물론 그 후에도 백인이 펼친 가혹한 인종차별정책, 즉 아파르트헤이트Apartheid로 세계에 악명을 떨치지만 말이다. 아파르트헤이트는 노벨 평화상에 빛나는 흑인 민권운동가 넬슨 만델라Nelson Rolihlahla Mandela(1918~2013)의 집권으로 끝을 맺는데, 그렇다고 해서 남아프리카공화국 흑인의 삶이 갑자기 나아질 리는 없었다.

한편 보어 전쟁은 전쟁사에 커다란 발자취를 하나 남겼다. 보어인의 아프리카 정글을 이용한 게릴라전 때문에 큰 피해를 입은 영국군이 놀라운 아이디어를 하나 생각해 낸 것이다. 오늘날에 이르기까지 전 세계 병사 대부분이 입는 흙빛과 나무 빛깔을 혼합한 카키색 군복이 그것이다.

1899년~1910년의 남아프리카

· 트란스발 : 1904년 영국이 합병.

· 영국령 베추아날란드(지금의 보츠와나) : 1885년 합병, 1895년에는 케이프 식민지와 합병.

· 스와질란드 : 1907년부터 1967년까지 영국의 식민지.

· 그리퀄랜드 웨스트 : 1880년에 케이프 식민지와 합병.

· 오렌지 자유주 : 1854년부터 독립주였으나 보어 전쟁 이후인 1901년부터 1910년까지 영국이 통치.

· 줄룰란드 : 1838년부터 보어인의 침략을 받기도 했으나, 1897년 영국이 나탈 식민지와 합병.

· 바수톨란드(현재의 레소토) : 1884년부터 1966년까지 영국의 식민지.

· 나탈 : 1843년 영국이 합병.

041

볼리바르,
남아메리카의 과거이자 미래

볼리비아란 나라가 있다. 남아메리카 북서부에 있는 꽤 큰 나라로, 면적은 약 110만 제곱킬로다. 그런데 이 나라가 볼리바르Simon Bolivar(1783~1830)라는 인물을 기려 나라 이름을 정했다는 사실을 아는 사람은 흔치 않다. 더구나 그는 그곳 출신도 아니다. 카라카스 즉 오늘날의 베네수엘라 출신이다. 그러니까 다른 나라 출신 인물의 이름을 따서 나라 이름을 지은 셈이다. 얼마나 대단한 사람이기에.

시몬 볼리바르는 스페인에서 남아메리카로 건너간 백인의 후예, 즉 크리올Creole이라고 불리는 계층 출신으로, 집안은 부유했다. 그러나 어려서 양친을 잃은 후 후견인인 삼촌 슬하에서 자랐다. 스페인 식민지의 유력한 가문 출신이 그러하듯이 열여섯 살에 스페인으로 유학을 떠난 그는 우리 나이로 열아홉이 되던 해에 스페인 귀족 가문 출신의 신부를 맞아

시몬 볼리바르

콜롬비아, 베네수엘라, 에콰도르, 페루, 볼리비아,
이 다섯 나라를 스페인의 식민 통치에서 해방시킨 영웅이다.
The Bridgeman Art Library, 작가 미상.

결혼했고, 두 사람은 베네수엘라로 돌아왔다. 그러나 남아메리카의 풍토병에 걸린 신부는 몇 달 지나지 않아 죽었고, 이후 볼리바르는 남아메리카와 결혼했다.

그는 마흔일곱이라는 짧은 생애를 살았다. 그런 그에게 남아메리카와 결혼했다고 말할 수 있는 것, 그의 이름을 본뜬 나라가 탄생한 것, 21세기에 들어 남아메리카의 여러 지도자들이 미국이 주도하는 신자유주의적 세계 질서를 거부하며 자신들만의 길을 고집하면서 볼리바르를 그들의 선구자로 숭배하는 것 모두가 그를 아는 사람에게는 전혀 어색하지 않다. 그만큼 그가 걸었던 길은 위대했고, 독특했으며, 선견지명이 있었다. 어떤 사람들, 즉 서구의 시각에서 제3세계를 바라보는 이들은 그를 과대망상에 사로잡힌 독재자이거나 혁명의 꿈을 꾸다가 실패한 인물로 여길지도 모른다. 그러나 그가 꿈꾸던 남아메리카, 나아가 아메리카 대륙의 통합 국가에 대한 꿈은 제한적으로나마 오늘날 많은 남아메리카인에 의해 현실화되는 과정에 있다.

세상을 편히 살 수 있었던 볼리바르에게 혁명의 길을 가르쳐 준 이는 가정교사 시몬 로드리게스Simon Rodriguez(1769~1854)였다. 사실 이전의 가정교사들이 모두 볼리바르의 괴팍한 성질과 넘쳐나는 호기심을 만족시키지 못한 까닭에 진보적인 사고를 지닌, 그 시대에 이미 위험한 사상가이던 로드리게스에게 기회가 주어진 것이다.

로드리게스로서는 자신이 꿈꾸던 자유와 독립, 제국주의자를 향한 저항을 탁월한 제자 하나를 길러냄으로써 실천에 옮겼다. 스승과 제자는 날이 갈수록 하나가 되었다. 두 사람은 로마를 여행하면서 조국 해방의 꿈을 키웠고, 볼리바르는 사랑하는 아내가 떠나고 홀로 남겨진 자신의 몸을 조국, 나아가 남아메리카를 위해 바치겠다고 서약한다. 그는 평생 이 서약을 지키는 데 주저함이 없었으며, 엄청난 재산을 다 털어 혁명가의 길을 간 까닭에 죽음을 맞이할 무렵 그에게 남은 것이라곤 해방자라는 칭호뿐이었다.

한편 미국을 거쳐 조국을 찾은 볼리바르는 혁명가가 겪게 되는 당연한 우여곡절 끝에 조국 베네수엘라를 스페인 치하에서 해방시키기도 했고, 콜롬비아와 페루와 볼리비아의 독립운동에 관여했다. 그러나 각계각층의 이해관계에 얽매어 있으며, 나아가 볼리바르가 꿈꾸던 남아메리카의 통일국가라는 이상적인 개념을 이해하지 못한 같은 시대의 정치가와 민중은 그의 영원한 지지자로 남지 못했고, 결국 그의 꿈은 이루어지지 않았다.

그는 모든 민중의 참여로 이루어지는 민주주의 체제를 그 무렵 남아메리카에 적용시키는 데 한계가 있다고 여겨 일반적으로 독재로 여길 수 있는 엘리트에 의한 통치 방식을 선호했다. 이 때문에 독재자라고 불리기도 했지만, 그가 스무 살 무렵 혁명가의 삶을 선택한 이후 20여 년 동안 걸어온 길

을 살펴보면 그는 결코 권력을 자신의 이익을 위해 휘두르지
않았다. 그는 오직 남아메리카의 이상향을 위해서 가야 한다
고 여긴 길을 향해 갔을 뿐이니 그를 독재자로 재단하는 것
은 대단히 위험한 발상이다. 남아메리카의 독립은 볼리바르,
그의 사심 없는 열정 덕분이라고 할 수 있으니 최근 라틴아
메리카에서 부는 볼리바르 열풍 또한 충분한 근거가 있다고
하겠다.

042

부에노스아이레스,
아르헨티나의 모든 것

아르헨티나의 수도 부에노스아이레스는 오늘날 세계적으로도 인구가 가장 많은 도시 가운데 하나로 꼽힌다. 인구가 1500만 명이 넘으니 대한민국의 거의 30배에 이르는 영토에, 인구라야 4300만 명 정도 되는 나라치고는 수도 과밀화가 심하지 않은가.

더욱 놀라운 것은 이 도시의 역사다. 스페인 궁정 출신 군인이자 탐험가인 페드로 데 멘도사Pedro de Mendoza(1487~1537)는 좋은 가문에서 태어나 로마 함락에 나선 스페인 군을 따라 나섰다가 엄청난 재물을 약탈했다. 그리고 이를 밑천으로 세계를 뒤흔드는 인물이 되기로 결심했다. 그의 야망을 눈치 챈 스페인의 왕이자 신성로마제국의 황제인 카를로스Carlos 1세는 그를 라플라타 강 지역의 총독으로 임명했다.

그리고 첫 총독에 임명된 후 눈앞에서 어른거리는 황금 때문에 잠을 못 이루던 그는 1535년 병력 2000여 명을 배 13척에 나눠 싣고 라플라타 강을 향해 출발했다.

이듬해인 1536년 강어귀에 도착한 그와 일행은 도중에 사라진 배 두 척과 그곳에 탄 병력과 매독에 걸려 고생하는 멘도사와 병사, 또 서로 분쟁을 벌이다 죽음을 맞이한 몇몇을 제외하고는 모두 내려 새로운 도시를 건설하기 시작했으니 이곳이 바로 부에노스아이레스다.

처음에는 훗날 세계 최대의 항구로 성장할 도시가 순조롭게 건설되는 듯싶었다. 그러나 이내 그것은 신기루임이 드러났고, 멘도사 일행은 인디언의 지속적인 공격에 맞닥뜨리게 되었다. 게다가 풍토병과 함께 눈앞에 어른거리던 황금은 어디서도 찾아볼 수 없었기에 이들은 귀국하기로 결정했다. 그리고 매독으로 고통받던 멘도사는 스페인으로 향하던 선상에서 숨을 거두어 상어밥이 되었다.

한편 멘도사 일행이 떠난 부에노스아이레스를 인디언은 깨끗이 불태웠고, 이곳에 남겨진 스페인 탐험가들은 귀국선에 오르거나 뿔뿔이 흩어졌다. 이것이 결말이라면 오늘날의 부에노스아이레스는 무엇이란 말인가? 1580년, 후안 데 가라이Juan de Garay라는 행정가가 오늘날 파라과이의 수도인 아순시온Asuncion에서 이 폐허의 땅으로 걸어 들어왔다. 부에노스아이레스가 파괴될 무렵 이들은 모두 아순시온으로 피신했는데, 그때부터 그곳이 스페인 식민 활동의 근거지가 된 것이다.

한편 가라이는 멘도사 일행의 전철을 밟지 않았다. 그는 보이지도 않는 황금을 찾기 전에 우선 도시다운 도시를 건설하기로 마음먹었다. 그리고 황금 대신 '은'이란 의미를 가진 라플라타 강 하구에 항구를 건설했는데, 이는 남아메리카 지역에서 산출되는 엄청난 양의 산물을 세계로 전해줄 관문이었다. 오늘날 부에노스아이레스는 세계 유수의 항구이자 아르헨티나 물동량의 1/3 이상을 처리하는 항구로 성장했으니 가라이의 선견지명을 인정해 주어야 할지 모르겠다.

여하튼 이렇게 해서 세계적인 도시 부에노스아이레스는 다시 건설되었다. 지금도 이 도시는 인공적인 도시계획에 의거해 세워진 도시답게 5개의 고속도로가 방사형으로 뻗어 있고, 이들은 다시 순환고속도로로 연결되는 효율적인 교통 시스템을 갖추고 있다. 앞서 인구의 밀집도에서 알 수 있듯이 아르헨티나의 모든 것은 부에노스아이레스에 몰려 있다고 해도 지나친 말이 아닐 정도다. 총 인구의 30퍼센트, 대부분의 산업이 이곳을 중심으로 활동하고 있고, 중요한 교육 기관과 행정 기관 또한 이곳에 몰려 있다.

043

브루넬레스키,
패배를 딛고 영원한 승자로!

216
/
217

피렌체의 산타마리아 델 피에로 성당 세례당 문 부조 현상
공모에서 브루넬레스키Filippo Brunelleschi(1377~1446)는 패했
다, 기베르티Lorenzo Ghiberti(1378~1455)에게. 그러나 역사는
그의 이름을 기베르티의 뒤에 놓지 않았다. 왜 그랬을까?

사실 브루넬레스키는 세례당 문 작업에 기베르티와 함께
참여할 수 있었다. 두 사람 모두 뛰어난 장인임을 안 칼리말
라Arte dei Mercanti di Calimala(옷감상인 조합) 회원들이 공동 작업
을 제안했으니까. 그러나 브루넬레스키는 2인자로서 1인자
와 함께하는 작업을 수용할 만큼 마음이 넓지 못했다. 아니,
자존심이 허락하지 않았다. 그뿐만이 아니었다. 그는 그날
이후 결코 조각이라는 작업을 하지 않았다. 지독한 사람.

그러나 이런 사람이 그냥 물러나는 모습을 본 적이 있는
가? 진짜 자존심이 강한 사람은 스스로 존중하는 사람이 아

니라 다른 이로 하여금 자신을 존중토록 최선을 다하는 사람이다. 그런 까닭에 동네 건달의 가랑이 사이를 거리낌 없이 기어 들어간 중국의 명장 한신이야말로 자존심이 강한 인물인 셈이다. 그는 이런 사소한 일에 천박한 인간들이 말하는 자존심을 내세우지 않았다. 그리고 평생 자신의 능력을 길러 천하를 호령하는 인물로 성장했다.

브루넬레스키도 그런 인물이었다. 그는 패배를 자인하고 피렌체를 떠나 로마로 갔다. 그리고 그곳에서 고대 로마의 예술과 건축을 섭렵했다. 그가 다시 피렌체로 돌아왔을 때는 그리스 로마가 남겨 놓았으나 중세를 거치면서 모두 사라진 기술을 온전히 습득한 상태였다.

1418년 한 맺힌 산타마리아 델 피오레 성당에서 또 다른 설계를 공모했다. 이번에는 소품이 아니라 성당 중앙에 올릴 돔 설계였다. 그런데 놀라운 것은 건물의 중앙이 팔각형이었다. 원형의 돔을 올릴 기단基壇이 팔각인 셈이다. 이렇게 되면 돔을 지탱할 벽과 건물 본체를 연결해 줄 벽받이를 설치할 수 없고, 게다가 내부 공간은 어마어마했다.

이때 브루넬레스키는 아무도 예상치 못한 제안을 한다. 돔의 얼개를 없이 돔을 세우겠다고 한 것이다. 그러자 평가위원 가운데 몇몇은 정신이상자가 왔다며 쫓아냈다. 그러나 그는 자신의 뜻을 굽히지 않았고, 위원회에서는 세례당 부조에서 놀라운 성과를 거두고 있던 기베르티와 함께 작업할 것을

브루넬레스키의 돔

그가 돔의 얼개틀 없이 돔을 세우겠다고 나섰을 때 이를 믿는 사람은 없었다.
그러나 그는 해냈다. 이 뛰어난 업적은 고전 건축에 대한 연구와 공부의 성과물이다.
피렌체 여행객이라면 반드시 들렀다 오는 산타마리아 델 피오레 성당의 지붕이
그것인데, 막상 이 사실을 알고 보는 관광객이 얼마나 될까.

권유했다. 시공 설명회가 열리던 날, 브루넬레스키는 로마 여행길에 함께 나선 예술적 동반자 도나텔로의 조언을 받아들여 병을 핑계로 참석하지 않았다. 한편 기베르티는 조각에서는 뛰어났으나 전례가 없었던 돔 건축에는 문외한이었다. 그는 시공 설명회에서 시공에 대한 무능력을 확인시켜 주었고, 결국 브루넬레스키는 10여 년 전의 패배를 설욕할 수 있었다.

브루넬레스키는 돔의 천장을 두 겹으로 만들어 무게를 경감시켰고, 더 무거운 안쪽 천장이 가벼운 바깥쪽 천장을 받치도록 했다. 한편 팔각형인 외피와 내피는 그 사이의 공간에 아치형 구조물을 내접시킬 만큼 튼튼했고, 그에 힘입어 안팎의 힘이 균형을 이루면서 제 무게를 스스로 지탱하는 둥근 돔이 완성될 수 있었다. 이렇게 해서 '브루넬레스키의 돔'이라 불리는 팔각형 돔이 완성되었다. 이는 고딕 양식을 역사의 저편으로 밀어내고, 르네상스 양식이라 불리는 새로운 건축 양식의 출발을 의미한다.

이후 이런 규모의 돔은 20세기에 들어서 초경량의 소재가 발명된 후에야 만들 수 있었으니 그의 창의력이 그 시대에 어떤 의미를 지녔는지 알 수 있다.

044

브루노, 너무 일찍 태어난 자유인

역사를 돌이켜 보면 놀라운 인물들이 존재한다. 이들은 대부분 역사 속의 이방인으로 분류되고 주류에서는 벗어나 있지만, 자유로운 사고와 비판적 사고, 창조적 사고가 인간만이 갖는 의무이자 권리라면 그들이야말로 인간의 주류라 할 만하다. 그 가운데 하나가 이탈리아의 철학자이자 수학자, 천문학자이자 신비주의자이기도 한 브루노Giordano Bruno(1548~1600)다.

코페르니쿠스가 지동설을 처음 발표한 것이 1543년, 갈릴레이가 지동설을 말로만 부정하고 유폐된 것이 1616년인데, 그 사이 70년 동안에 아무 일도 없을 리가 있겠는가. 브루노 또한 코페르니쿠스처럼 성직자와 떼려야 뗄 수 없는 관계를 맺은 인물이었다. 그도 수도원에 들어갔고 그곳에서 수업을 받았으며 신학자가 될 뻔했으니까. 그러나 그 무렵 이단으로 몰린 아리우스파를 수용하는 발언으로 이단죄로 처벌받게 되자 칼뱅주의가 지배하던 제네바로 도망쳤다. 그러나 그곳에서 만난 칼뱅주의도 알고 보니 가톨릭을 능가하는 교조주의적 믿음이었다.

앞서 말한 진정한 인간이 가장 참지 못하는 것이 바로 자신만이 옳다고 주장하고 결코 자신의 고집을 양보하지 않는 자다. 물론 이런 자들이 창조적인 사고를 한다는 얘기는 들어 본 적도 없으니 뜻에도 맞지 않을 것이다. 브루노는 다시 그곳을 떠날 수밖에 없었고, 겨우 파리에 정착했다. 파리에서 휴식을 취한 그는 이후 영국과 독일 등을 돌아다니며 자신의 의견을 개진했다. 그 가운데는 우주는 무한하고 태양계와 비슷한 수많은 세계로 되어 있다는 내용과 아울러 성서는 천문학적 함축 때문이 아니라 도덕적 가르침 때문에 추종해야 한다는 주장이 포함되어 있었다. 훗날 갈릴레이도 같은 내용을 발표하게 된다. 한편 영국에 갔을 때는 가식과 허위에 가득 찬 옥스퍼드대학 박사들의 태도를 강하게 비판하기도 했다.

브루노는 자신의 종교관을 다양한 저술을 통해 발표했다. 무지한 백성을 가르치고 통치하는 수단이 종교라면, 반대로 철학은 스스로 행동하고 백성을 다스릴 수 있는 선택된 사람의 학문이라는 내용이 포함되어 있었다. 특히 신앙에 의해서만 구원받을 수 있다는 칼뱅주의에 반대하면서 인간의 모든 활동이 존엄하다는 주장은 많은 사람을 놀라게 했다. 더욱이 그는 서로간의 이해와 토론의 자유를 바탕으로 모든 종교의 평화 공존을 추구했으니, 오늘날에도 가장 진보적인 종교인과 자유로운 지성들이 주장하는 이러한 내용이 그 시대에 수용되었다면 그것이야말로 기적일 것이다. 결국 1589년 1월 헬름슈테트의 지역 루터교회가 그를 추방했다.

이후 그는 더 자유로운 도시인 이탈리아의 베네치아로 간다. 그곳에서 그는 이번에는 수학책을 쓰면서 파도바 대학교의 교수 자리를 기다렸으나 차례가 돌아오지 않았다. 그런데 그의 자유로운 행동과 어디에도 얽매이지 않는 태도는 그를 베네치아로 초대한 귀족 모체니코의 격분을 샀다. 모체니코는 그를 1592년 베네치아의 종교 재판소에 이단죄로 고발했다. 사실 자유로운 공기가 물씬 풍기던 베네치아에서 그가 불태워질 가능성은 별로 없었다.

그를 필요로 하던 도시는 또 있었다. 로마 종교재판소에서 그를 넘겨달라고 요구한 것이다. 결국 이듬해 로마 교황청 소속 감옥에 수감된 브루노는 그로부터 7년 동안 갖은 시달림을 받아야 했다. 그의 이론을 무조건 철회하라는 재판관들에 맞서 브루노는 자신의 의견이 그르지 않음을 가능한 한 이해시키려 했으나, 이해하는 사람은 아무도 없었다. 결국 브루노는 자신이 철회할 만한 의견을 가지고 있지 않다고 선언했다. 물론 그도 잠깐 자신이 잘못했다고 인정한 적이 있었는데, 금세 태도를 바꿔 자신이 '바보 같은 짓'을 했다며 이를 부인했다.

이에 회개할 줄 모르는 고집 센 이단자라는 교황 클레멘스 8세의 명령에 따라 브루노는 "선고를 받는 나보다 선고를 내리는 당신들의 두려움이 더 클 것이오."라는 말을 남기고 입에 재갈을 물린 채 불에 타 죽었다. 그가 불에 타면서 죽어가고 있을 때 참된 신앙인들은 그에게 십자가를 전해 주었다. 그러나 그는 스스로 선택한 죽음 앞에서 이를 거부함으로써 자신의 신념을 끝까지 지켰다.

그의 죽음은 당연히 후대에 커다란 영향을 끼쳤다. 자신의 과학적 지식을 언젠가는 사회가 받아들일 것이라고 믿고 신념을 포기한 과학자 갈릴레이가 후대에 과학적 영향력을 발휘했다면, 브루노는 신념을 포기하지 않는 자유인의 모범을 보이며 사상의 자유를 상징하는 존재로 남았다. 또한 그의 사상은 현대 휴머니즘적 행동주의에도 스며들었다. 그런 까닭에 그 또한 순교자란 명성을 얻기도 했다. 신앙의 순교자가 아니라 '자유로운 사고'의 순교자로서 말이다.

1899년 빅토르 위고, 《인형의 집》의 작가 입센, 무정부주의자인 바쿠닌 등이 추진한 계획이 성사되었으니 바로 사상의 자유를 위해 순교한 브루노를 기념하여 동상을 건립한 것이다. 그것도 로마의 캄포 데 피오리 광장에서. 그곳은 바로 브루노가 화형당한 곳이 아닌가! 동상을 만든 조각가 에토레

페라리는 프리메이슨 단원이기도 했다. 물론 이러한 지성인들의 행동을 로마 교황청이 순순히 받아들일 리 없었다. 그 무렵 여든의 고령인 교황 레오 13세는 믿음으로 다져진 성베드로 광장에서 금식기도를 드리며 무언의 저항에 나섰으나, 시대의 흐름이 한 끼 식사로 바뀔 수는 없었다.

브루노 동상에는 이런 글귀가 새겨져 있다.

A BRUNO

Il Secolo Da Lui Divinato Qui

Dove il Rogo Arse

브루노에게,

그대가 불에 태워짐으로써

그 시대가 성스러워졌노라.

만일 그대가 이탈리아 여행에 나선다면 눈에 보이는 유물 못지않게 인간에게 자유로운 사고를 전해 준 인물의 동상을 보는 것 또한 빼놓지 말아야 할 일이다.

045

사막,
모든 명칭의 뜻 또한 사막이다!

요즘 여권에 도장 몇 개 안 받은 사람은 자신의 손바닥 위에서 세상을 두루 꿰뚫어 보는 몇몇 사람을 제외하고는 찾아보기 힘들어졌다. 최근에는 일반적으로 많이 찾는 여행지 외에 라틴 음악의 명소인 쿠바나 고대 문명 발상지인 이집트, 잉카 유적, 티베트 지방의 트래킹 등과 같은 다양한 장소와 다양한 형식의 여행도 많이 찾는다. 더불어 사막도 특별한 여행을 즐기는 사람들에게 인기가 있다.

사실 텔레비전이나 영화에서 보는 사막은 참으로 낭만적이다. 밤이 되면 지평선 너머로 지는 노을과 가끔 서 있는 나무와 어쩌다 보이는 오아시스. 그뿐이랴, 바람이 불면 어느새 다른 모습의 모래산을 만드는 자연은 인간을 경이의 세계로 인도하는 데 부족함이 없다. 그렇다고 해서 우리가 사막을 잘 알고 있다고 말할 수는 없다. 사막은 보이는 것보다 훨

모하비 사막

사하라

아타카마
사막

파타고니아
사막

세계의 사막

썬 복잡하기 때문에.

사막은 그저 건조하고 모래가 많은 지역이 아니다. 이런 표현은 과학적이 아니다. 그렇다면 과학적인 표현은? 사막을 정의할 때 사용하는 것은 얼마나 건조한지, 즉 건조도다. 연평균 강수량 250밀리미터 또는 그 이하의 건조도를 갖는 지역을 가리킨다. 이런 조건을 충족하는 지역은 지구 지표면의 약 5퍼센트 정도지만, 최근에는 이상기후로 인해 사막이 확대된다는 뉴스가 끊이지 않아 우리를 불안하게 만들고 있다.

타클라마칸
사막

고비 사막

카라쿰 사막

아라비아
사막

타르 사막

그레이트샌디
사막

그레이트빅토리아 사막

하리
막

　　사막 하면 떠오르는 이름은 역시 사하라다. 아프리카 북부
에 위치한 이 사막은 알제리, 리비아, 모리타니, 말리, 니제
르, 차드 등 여러 나라에 걸쳐 있는데, 아프리카의 발전을 가
로막는 대표적인 지역이기도 하다. 물론 산업화가 반드시 그
지역 주민에게 행복을 가져다준다고 말할 수는 없지만 말이
다. 여하튼 사하라 사막의 넓이는 907만 제곱킬로미터, 한반
도의 40배에 가깝고, 남한과 비교하면 약간 과장해서 100배
에 이른다(실제로는 90배).

전체 면적이 770만 제곱킬로미터를 웃도는 호주는 대부분이 사막이다. 처음 도착해 사막 지형에 질린 영국 이주민은 가장 큰 사막을 그레이트빅토리아Great Victoria(거대한 빅토리아), 다음으로 넓은 사막을 그레이트샌디Great Sandy(거대한 모래땅)라고 명명했다. 이러한 사례는 호주에 그치지 않으니 아프리카에 위치한 사막인 사하라는 아랍어로 '불모의 땅'을 뜻한다. 중국과 몽골에 걸쳐 펼쳐져 있는 고비 사막도 마찬가지로, 고비는 몽골어로 '사막'이다. 그러니까 대부분의 사막 지명은 보통명사가 고유명사로 바뀐 경우라 하겠다. 하기야 그 황량한 땅이 무엇이 좋다고 고유의 이름까지 지어주겠는가.

한편 우리가 생각하듯이 모든 사막이 늘 덥고 건조한 기후를 유지하는 것은 아니다. 겨울이 되면 눈보라가 휘몰아치는 고비 사막 같은 곳도 있다. 또 하나 우리가 사막에 대해 오해하는 것 가운데 하나가 사막이 모래로만 되어 있다는 것. 그러나 이는 잘못된 상식으로, 산과 고원, 평원 등을 두루 포함하는 것이 사막이다. 모래 지역은 북아메리카 사막의 경우 고작 2퍼센트 정도밖에 안 된다. 사하라 사막에서도 모래 지역은 10퍼센트에 불과하고, 가장 모래 지역이 넓은 아라비아 사막에서도 30퍼센트를 넘지 않는다. 반면에 사막의 90퍼센트는 암석 사막이다. 그렇다면 왜 사막沙漠(모래 사, 사막 막)이라는 이름이 붙여져 우리를 혼란스럽게 만드는지 모르겠다.

역시 사막의 꽃은 바람에 이리저리 흩어지는 모래라는 말 아니겠는가?

사막에 서식하는 동식물이 부족한 물을 효과적으로 이용하려는 특성을 갖는 것은 당연하다. 그래서 사막 식물은 키가 작고 가시를 갖는 반면 잎은 매우 작거나 아예 없고 뿌리는 넓고 깊게 내린다. 또한 많은 물을 몸 안에 간직하기 위해 다육다즙多肉多汁 기관을 지니는 것이 특징이다.

동물은 절지동물과 파충류, 조류, 설치류가 대부분인데 이들 또한 물을 확보하려고 눈물겹게 노력한다. 파충류는 소변으로 나가는 수분을 줄이기 위해 요산 결정으로 질소 노폐물을 배설하기도 한다. 특히 체격이 큰 포유류인 낙타는 등의 혹에 축적된 지방을 산화시켜 물을 만드는 놀라운 진화를 보이기도 한다.

그렇다면 사막의 신기루 오아시스는 어떻게 만들어지는 것일까? 사막에서 활동하는 민족 대부분이 오아시스를 거점으로 삼고 있듯이, 오아시스는 사막에서 인간의 삶을 가능하게 만드는 요인이다. 인간에게는 혹도 없고, 오줌을 싸지 않고 노폐물을 결정체로 배출할 수 있는 능력도 없으니 말이다. 오아시스에서 분출되는 지하수는 2만 년에서 3만 5000년 전인 홍적세洪積世에 대수층帶水層을 통해 유입된 물이다. 그러니까 아주 오래된 물이라는 말이다.

046

사보나롤라,
허영을 불태운 예언자

역사적으로 자신의 이념과 반대되는 대상을 처리하는 데는 불이 자주 사용되었다. 이런 예의 대표적인 경우로 고대 중국에서 저질러진 진시황秦始皇(기원전 259~210)의 분서갱유焚書坑儒를 들 수 있다. 자신의 지배에 걸림돌이 되는 유학자를 산 채로 묻어 버리고 책을 태워 버린 야만적인 사건인데, 이러한 일이 한 번으로 끝나지 않은 것은 역시 역사가 현재의 스승이기 때문인지 모르겠다.

1000여 년 동안 이어져 내려오던 신국神國에 대한 인간의 의심이 문화예술적으로 표출되면서 시작된 르네상스는 그동안 억눌렸던 인간 본성이 폭포처럼 분출하던 시대였다. 그런 만큼 이러한 혁명적 변화에 거부감을 갖는 계층이 있었음은 당연하다. 그리고 그 대표적인 인물로 예언자 사보나롤라Girolamo Savonarola(1452~1498)를 들 수 있다.

북부 이탈리아의 페라라 출신인 사보나롤라는 이십대에 도미니크 수도원에 입소했고, 1491년 피렌체의 산 마르코 수도원장에 부임했다. 이 무렵 사보나롤라의 눈에 비친 피렌체는 말 그대로 악마의 도시였다. 예의와 신앙, 엄숙함과 경건함 대신 환락과 타락한 예술과 제멋대로 살아가는 인간 군상##像이 만드는 혼란과 문란의 도시였던 것이다.

　　이 모습을 본 사보나롤라는 도저히 참지 못했고, "회개하라! 때가 가까웠나니, 오래지 않아 이 도시는 심판의 날을 맞아 모두 불타고 말 것이다!"라는 놀라운 예언을 전했다. 그런데 정말 놀라운 것은 그의 예언이 들어맞았다는 점이다. 로렌초 데 메디치가 젊은 나이에 죽고 그 아들 피에로 디 메디치가 등장하자 피렌체는 쇠락의 길로 접어들었다. 그리고 그 틈을 놓치지 않고 프랑스 왕 샤를 8세는 도시국가로 이루어져 제대로 된 군대도 갖추지 못하고 있던 이탈리아 침공을 감행했다. 문화적으로는 뒤떨어졌지만 군사적으로는 정예병을 갖추고 있던 프랑스군은 거칠 것 없이 이탈리아 전역을 휩쓸었고, 피렌체 시민들은 극도의 공포에 빠져들고 말았다.

　　그때 그들의 머리를 스쳐 지나가는 생각이 있었으니 바로 사보나롤라의 예언이었다. 두려움과 공포가 외부로부터 밀려오면 인간에게 합리적 판단을 기대하기란 어렵다. 피렌체인은 순식간에 메디치 가문에 등을 돌리고 사보나롤라야말로 구원자라고 여기고 열광적으로 그를 맞이했다. 사보나롤

낭비와 허영을 멀리하라고 설교하는 사보나롤라

루드비히 폰 랑겐만텔, 1879년, 성 보나벤투레대학.

라는 시민들의 청에 따라 도시의 지도자에 오른 후 기독교 신정국가神政國家 건국에 나섰다. 갑자기 르네상스에 창조와 자유의 샘물을 제공해 주던 도시가 역사적으로도 유례가 드문 신정국가로 탈바꿈한 것이다.

사보나롤라는 모든 규칙을 신의 의사에 맡긴다고 발표했다. 그리고 인간 중심의 예술 대신 간소하고 금욕적인 삶으로 돌아가라고 외쳤다. 시민들에게는 도덕과 정직성을 요구했다. 물론 이 정도로 피렌체가 깨끗해질 수는 없었다.

1497년 '사보나롤라의 소년들'이라 불리던 10대 소년단은 세상을 정화하기 위해 '허영의 소각燒却'이라는 행사를 개최했다. 그 무렵 피렌체에 남아 있던 경건치 못한 모든 사치품을 꺼내 한자리에서 불태우는 행사였다. 이때 불속에 던져진 것은 화장품, 액세서리, 의상, 오락기구 그리고 재미를 주는 서적과 예술품 들이었다. 이 모습을 보고 있던 한 상인은 안타까운 마음에 전 재산을 털어 버려진 물품들을 사려고 애썼으나 헛수고였고, 오히려 그의 초상화마저 불태워지고 말았다.

이 정도 되면 신앙의 시대라기보다는 광기의 시대라고 해야 할 것이다. 그러나 군중은 그런 경우 휩쓸리기 마련이다. 모든 인간이 이런 불꽃놀이 앞에서도 냉정함을 유지할 수 있다면 인류 역사는 전혀 다른 방향으로 전개되어 있을 테니까. 그러나 아이들을 동원한 것은 정말 옳지 않다. 이전의 소년 십자군이나 이후의 히틀러에 이르기까지 철모르는 아이들을 동원해 자신의 이념을 구현하려는 자들은 그 출발부터 잘못된 것임을 부정할 수 없을 것이다. 자신의 이념이 옳을수록 판단력을 갖춘 어른을 대상으로 삼아야 할 것 아닌가?

물론 이러한 과잉신념의 시대는 그리 오래가지 못한다는 것이 역사의 가르침이다. 사보나롤라에 열광적인 지지를 보내던 피렌체 시민들은 얼마 가지 않아 그의 정치 체제가 자신들에게 썩 이롭지 않다는 사실을 깨달았다. 물론 피렌체의 경제를 비롯한 상황 역시 나아지는 움직임이 없었다. 게다가 그 무렵 교황인 알렉산데르 6세는 널리 알려진 타락한 성직자였으므로 사보나롤라처럼 경건한 신도에게는 결코 용납될 수 없는 악의 근원이었다. 따라서 둘 사이의 갈등은 치유할 수 없을 정도로 악화되기에 이르렀다. 이렇게 되자 사보나롤라의 위치는 점차 불안해지기 시작했다.

그런 상황에서 프란체스코회 수도사들이 사보나롤라에게 치명적인 타격을 가했다. 그들은 사보나롤라 진영에게 "누가 진정 신의 은총을 입은 예언자인지 증명해 보자."라고 제안했는데, 그 방법이야말로 진검 승부였다. 장작불을 태운 후 그 속을 걸어가는 것으로, 괴로운 표정을 짓거나 피하면 신의 은총을 받지 못한 것이고 이를 패한 것으로 여기기로 했다. 사보나롤라는 이런 방식이 내키지 않았지만, 그의 제자 가운데는 이것이야말로 스승의 놀라운 영험을 보여 줄 수 있는 기회로 여기는 인물도 있었다. 그리하여 이 제안은 받아들여져, 드디어 1498년 4월 7일 일요일 오후 피렌체 광장에는 장작더미가 설치되었다.

그런데 역사는 이 순간 갑자기 꼬리를 내렸다. 전해오는 기록이 너무 달라 어떤 것이 사실인지 알 수가 없기 때문이다. 프란체스코 수도회 측이 참가하지 않았다는 말이 있는가 하면 사보나롤라 측이 여러 핑계를 대다가 급기야 오후 늦게 비가 내려 대결이 흐지부지되었고, 이 때문에 피렌체 시민들이 분노했다는 말도 있다. 또한 양측이 모여 막 대결에 들어가려 할 무렵 사보나롤라 측에서 성체聖體를 가지고 대결하려고 하자 상대측에서 이의를 제기했고, 이로 인해 옥신각신하다가 대결이 무산되었다는 내용도 전하고 있다.

여하튼 예언자 사보나롤라가 불속을 걸어 들어가지 않은 것은 분명해 보인다. 이는 성경과 권위에 의지하던 상대방에 비해 이적異蹟과 예언이라는 수단에 의지하던 사보나롤라의 권위에 치명적인 상처를 입혔다. 결국 피렌체 시 정부는 사보나롤라를 체포하여 고문했고, 사보나롤라 스스로 자신의 예언이 속임수라고 자백했다고 한다. 그러나 이는 고문에 의한 것이니까 신뢰할 수 없다. 여하튼 사보나롤라는 유죄를 선고받았고, 대결로부터 한 달여 뒤인 5월 23일 자신의 추종자들과 함께 화형에 처해짐으로써 르네상스 정신에 정면으로 대항한 한 인물은 사라졌다.

047

사코와 반제티,
서민에서 영웅으로

1917년 러시아에서는 차르 체제가 무너지고 뒤이어 볼셰비키 혁명의 성공으로 사회주의 체제가 성립했다. 그리고 이듬해에는 제1차 세계대전이 종지부를 찍었다. 바야흐로 세계는 일대 전환점을 맞고 있었다. 한편 미국은 제1차 세계대전이 끝난 후 일기 시작한 사회주의 운동과 반전反戰 운동에 그 어느 나라보다도 적극적으로 대처하기 시작했다. 물론 노동조합 운동도 강하게 압박했다. 이는 러시아 사회주의 혁명이 파급되는 것을 미리 차단하기 위해서였다.

그러나 어떤 사회건 무리한 억압 뒤에는 비합리적·비이성적 결과가 드러나는 법이다. 특히 그무렵 미국처럼 진보주의 세력이 약하고 공산주의에 대한 거부감이 강한 사회라면 그러한 비이성적 움직임을 제어할 수 있는 사회적 장치가 마련되어 있을 리 없다.

1920년 4월 15일 매사추세츠 주 사우스 브레인트리에서 구두공장 경리직원인 파민터와 경비원 베라르델리가 살해당했다. 두 사람은 직원들의 급여를 보관하고 있던 터였다. 사건이 일어난 지 20일 뒤인 5월 5일, 사코Sacco(1891~1927)와 반제티Vanzetti(1888~1927)라는 두 이탈리아계 노동자가 이 사건의 용의자로 체포되었다.

그런데 구두 제조공과 생선 장수 출신인 두 사람은 살인과는 거리가 먼 인물이었다. 다만 이들은 무정부주의에 심취해 있었는데, 이 이념 또한 그 무렵의 시대정신과는 사뭇 거리가 있었다. 그리고 1년여의 심리審理가 끝날 무렵 배심원들은 당연하다는 듯이 이들에게 유죄라는 평결을 내렸다. 언제나 편파적인 이념이 사회를 휩쓸게 되면 대중은 보이지 않는 편견에 휩쓸리는 우중愚衆으로 전락함을 역사 속에서 흔히 보아온 터이니, 그 시대 배심원들에게 올바른 판단을 요구하는 것 자체가 무리일지도 모른다.

여하튼 유죄 평결이 내려졌다는 소문이 타전되자 사회주의자와 무정부주의자 들은 거세게 항의했다. 이들에게 내려진 유죄는 살인 때문이 아니라 무정부주의자이기 때문이라는 이유에서였다. 이러한 항의는 정당했다. 재판 과정을 지켜본 이들이라면 두 사람에게서 살인을 저질렀다는 어떠한 용의점도 찾아낼 수 없었기 때문이다. 게다가 이들이 살인범이라고 주장하던 증인 또한 후에 자신의 증언이 잘못임을 인정하고 재심을 요청했다.

한편 재판이 잘못이라는 확실한 증거가 그 뒤에 확인되었다. 1925년 첼레스티노 마데이로스란 살인범이 자신이 매사추세츠 주 살인 사건에 관여했음을 시인한 것이다. 그것도 혼자가 아니라 갱단과 함께 말이다. 그러나 역사를 놀라게 할 일은 그 뒤에 일어난다. 주 대법원에 상고되어 있던 이 사건에 대해 추가로 확인된 증거를 바탕으로 1심 판사가 재심을 요구했으나 대법원은 재심을 기각했다. 판사가 자신의 판결이 잘못이라고 확인했는데도 이를 무시한 것이다. 사회가 광란의 도가니로 빠지면 이런 불가사의한 일도 일어나는 법이다. 결국 두 사람은 1927년 4월 9일 사형선고를 받았다.

이때부터 두 사람 사건은 미국 내에 머무르지 않고 국제적 관심사가 되었다. 세계의 진보주의자들은 곳곳에서 집회를 열고 이 사건의 재심을 요구하면서 미국 정부에 강력한 항의 메시지를 전달했다. 그러자 매사추세츠 주지사 풀러는 독립 조사위원회를 발족시켰는데 이는 형식적인 모양새에 불과했다. 1927년 8월 3일 두 사람에 대한 사면권을 거부한 풀러에게 조사위원회는 면죄부를 내렸다. 이로써 두 사람에게 내려진 사형선고는 확정되었고, 이에 세계적으로 항의는 더욱 거세졌다. 그러자 주 정부는 부랴부랴 이들을 사형시켰다. 8월 23일, 그러니까 사형이 확정된 지 20일 만에 두 사람은 살인범의 누명을 쓴 채 세상을 떠났다.

〈사코와 반제티의 수난〉

화가 벤 샨Ben Shahn은 1931∼32년에 걸쳐 사코와 반제티의 재판을 그렸다.
그는 그림을 통해 정치 재판의 희생자 사코와 반제티에 대한 동정을 표하고,
미국 사법계를 비판했다. 그림에서 벤 샨은 관 앞에 서 있는
법관의 얼굴을 죽은 사코와 반제티와 같은 색으로 그려
그들 또한 죽은 목숨임을 암시하고 있다.

물론 이들의 사형 집행은 우리나라에서 발생한 대표적인 정치 살인, 즉 이승만 정권이 내린 소위 진보당 사건의 주모자 죽산 조봉암에 대한 사형(재심 청구가 기각된 지 하루 만에 집행)과 박정희 정권이 행한 소위 인혁당 사건(재판 종결 이튿날 8명 사형 집행)에 비하면 매우 느긋한 셈이다. 그러나 1960·70년대 한국은 양식의 틀을 포기한 독재체제였던 반면, 1920년대 미국은 민주주의의 보루임을 자처하는 국가였으니 그 기준은 달랐다. 그런 나라에서 일어난 이런 무자비한 사법 살인은 당연히 세계적 저항에 직면할 수밖에 없었다.

　"우리의 전 생애에서 지금 이 시간 우연히 맞닥뜨린 일이지만, 관용과 인간에 대한 인간의 이해를 추구하는 일을 하게 되기를 원한 적이 없었다. 우리의 말, 삶, 고통은 아무것도 아니다. 우리의 목숨을 빼앗는 것이 전부다. 마지막 순간은 우리의 것이다. 고통은 우리의 승리다."

　"이승만 박사는 소수가 잘 살기 위한 정치를 했고, 나와 동지들은 국민 대다수를 고루 잘 살게 하기 위해 민주주의 투쟁을 했다. 나에게 죄가 있다면 많은 사람이 고루 잘 살 수 있는 정치운동을 한 것밖에 없다. 나는 이 박사와 싸우다 졌으니 승자에게 패자가 이렇게 죽임을 당하는 것은 흔히 있을 수 있는 일이다. 다만 내 죽음이 헛되지 않고 이 나라의 민주 발전에 도움이 되기를 바랄 뿐이다."

　썩 배운 것이 없었던 반제티는 유언에서 자신의 죽음이 갖는 의미를 직관적으로 표현했고, 배운 것이 많았던 조봉암은 역사적 논리로 표현했다. 그러나 자신의 이익을 챙기는 것보다는 이웃과 함께하려던 두 사람의 뜻은 어떤 방식으로든 분명하게 표현되었다. 그리고 이들의 죽음은 결코 헛되지 않았다. 30여 년이 지난 1959년 사코와 반제티, 두 사람에 대한 사면이 제안되었고, 결국 진실이 승리했다.

048

사해死海,
소금 애호가만 오라!

사해死海라! 죽어 있는 바다란 말인가, 아니면 죽이는 바다란 말인가? 둘 다 맞다. 그러니까 명실상부하게 사해요, 영어로도 데드 시Dead Sea(죽은 바다)인 셈이다. 이런 무서운 명칭이 붙게 된 까닭은 무엇일까?

　이스라엘과 요르단 국경에 위치한 사해는 엄밀히 말하면 바다가 아니라 호수다. 그러나 예로부터 사해라는 명칭을 써왔기 때문에 그렇게 부른다. 그런데 사해는 수면이 해수면에 비해 약 400미터 정도 낮다. 수면의 높이는 끊임없이 변하기 때문에 정확하지 않지만 여하튼 해수면에 비해 너무 낮은 까닭에 주위에서 유입되는 물이 다른 곳으로 빠져나가지 못한다. 특히 세계에서 수면이 가장 낮은 요르단 강에서 유황과 질산 성분을 함유한 수백만 톤의 물이 날마다 이곳으로 들어오는데, 당연히 다른 곳으로 빠져나가지는 못한다. 따라서 사해에서는 수분이 증발될 뿐 수분 가운데 함유되어 있던 염분 등은 고스란히 이곳에 남게 된다. 이렇게 유입되는 양에 비해 더 많은 양이 증발함으로써 수면은 점차 낮아졌고, 수백만 년 동안 지속된 이런 상황으로 인해 사해의 크기는 줄어들었고, 퇴적층의 두께는 점차 두꺼워졌다.

오늘날 사해의 염분 농도는 약 26~33퍼센트 정도로, 다른 해수의 평균 농도 5퍼센트에 비해 여섯 배가 넘는다. 따라서 특수한 염생식물鹽生植物과 세균을 제외한 어떤 생물체도 살 수 없는 죽음의 호수가 된 것이다. 그러나 이런 상태가 이로울 때도 있으니, 피부병을 구성하는 세균들도 이 물속에서는 살기가 힘들어 세계적인 피부병 치료 장소로도 이름이 높다. 그뿐만이 아니다. 최근 들어 사해는 자원의 보고로도 한몫 톡톡히 한다. 이곳에서 산출되는 브롬이 세계 생산량의 1/4 정도에 달하기 때문이다. 특히 사해 주변의 검은 진흙이 미용 효과가 뛰어나다고 알려지면서 이를 이용한 화장품 공장이 설립되기도 했다. 염분의 밀도가 너무 높아 사람이 팔을 젓지 않아도 그냥 물에 떠 있을 수 있어 누구라도 수영 선수가 될 수 있는 곳이기도 하다.

사해는 역사적으로도 유명하다. 구약성서에 나오는 악의 도시 소돔과 고모라가 이 지역에 위치해 있었다고 전해지는 만큼 사람들은 두 도시가 사해 어느 곳에 수몰되어 있다고 여기고 있다. 언젠가 두 도시가 수몰될 당시의 모습으로 고스란히 발굴되어 사람들에게 놀라움을 안겨줄지도 모르겠다.

한편 '사해 문서'라고도 부르는 고대 필사본 사해두루마리가 사해 주변 동굴에서 발견되어 그 시대의 역사를 우리에게 전해 주고 있다. 양피지 또는 파피루스에 기록된 사해두루마리는 팔레스타인의 역사뿐만이 아니라 초기 기독교와 유대교에 대해서도 많은 내용을 담고 있다. 1947년 양 치던 아랍 베두인족 청년들이 사해 북서쪽의 키르바트 쿰란Khirbat Qumran 동굴에서 발견한 것이 처음이었다. 그 후에도 그 부근에서 많은 두루마리가 발견되었는데, 그 가운데는 현존하는 성서를 구성하는 내용과 함께 신빙성에 의심이 가는 내용도 들어 있는 것으로 알려져 있다.

최근 들어 사해에 대해서 안타까운 소식이 전해지고 있다. 다름 아닌 사해가 죽어가고 있다는데…. 어차피 죽은 바다인데 또 죽는다고? 사해에 유입되는 수량이 갈수록 줄어들어 1년에 평균 1미터 가량씩 수면이 낮아지고 있다는 것이다. 이미 50년 전에 비해 20미터 이상 낮아진 수면이 현재와 같은 비율로 낮아진다면 얼마 안 가 사해는 바다는커녕 소금밭으로 전락할 것이란 우려가 팽배하고 있다. 그런 까닭에 이스라엘과 요르단, 세계은행 등에서는 사해로 유입되는 수량을 늘리기 위해 이념과 민족간 적대감까지 옆으로 밀어둔 채 협력하고 있다.

049

산치 대탑, 피를 딛고 선 평화의 상징

인도 중부 마디아프라데시 주에 가면 유명한 불교 유적지가 있다. 이 유적지는 주변보다 90여 미터 이상 솟아 있는 사암 구릉에 형성되어 있는데, 특히 산치Sanchi 대탑大塔이라 불리는 거대한 탑이 유명하다. 1818년 발견된 이 탑은 기원전 3세기 무렵 아소카 왕이 세운 것으로 알려져 있다.

아소카 왕(?~ 기원전 238?)은 마우리아 왕조의 3대 왕이다. 그가 처음부터 부처의 가르침을 따른 것은 아니었다. 그의 부친 빈두사라 왕은 수많은 부인과 자손 101명을 둔 정력가였다. 그런데 그보다 더욱 야망과 정력이 강한 자식이 있었으니 바로 아소카다. 강한 자는 자신의 권위에 도전하는 자식을 좋아하지 않는 법. 따라서 빈두사라 왕은 아소카를 좋아하지 않았고, 야심만만한 그를 반란 진압군의 총사령관에 임명해 파견하면서 내린 명령이 "어떤 무기나 수레도 사용하

산치 대탑

높이는 16.5미터, 지면과 맞닿은 지름이 37미터로,
하늘을 상징하는 반구형의 돔 형태를 띠고 있다.

지 마라!"라는 것이었다. 도대체 반란을 진압하라는 건지 반란군에 합세하라는 건지 알 수가 없다. 그런데도 이 놀라운 자식은 반란을 진압하고 금의환향했다.

그 무렵 빈두사라 왕이 갑자기 죽고 말았다. 보기 싫은 자식이 살아 돌아온 것 때문에 화병이 나서인지 100명이 넘는 자식을 낳는 데 정력을 모두 쏟아 부어 힘이 소진되어서였는지는 알 수 없지만 여하튼 급사한 것은 사실이다. 그러자 아소카는 아흔아홉 형제를 깨끗이 청소하고 그들을 따르던 신하, 궁녀 들까지 모조리 처형했다.

눈치 빠른 독자는 알아챘을 텐데 그 와중에 형제 가운데 하나가 살아남았다. 유복자인 그는 눈치 빠른 엄마 덕에 살아남을 수 있었다. 그러나 그도 평탄한 삶을 살 수는 없었기에 일곱 살에 출가, 불교도가 되었다. 그리고 이 어린 막내동생이 피로 물든 형을 인도 역사에서 가장 위대하고 자비로운 왕으로 거듭나게 만든다.

아소카 왕은 인도 전역을 최초로 통일하는데, 그 과정에서 남부 칼링가 왕국을 정복하게 되었다. 이때 그가 이끌고 간 군사력은 보병 60만 명, 기병 10만 명, 9000여 마리의 코끼리 부대였으니 실로 대단했다. 두 나라 사이의 전투는 피비린내 나게 전개되었고, 이 과정에서 수십만의 인명 피해 끝에 아소카 왕은 승리를 거두었다. 그러나 이러한 과정을 거쳐 통일 왕국을 이룬 아소카 왕은 전쟁의 잔혹함을 깨닫고 그때부터 부처의 가르침에 귀의하게 된다. 이러한 결과 그는 전륜성왕轉輪聖王, 즉 세계의 통치자란 명칭을 얻게 되었다는 이야기도 전해 온다.

또 있다. 언젠가 한 탁발승이 궁에 들어오자 살인이 일상이던 궁인들이 그를 잡아 화형에 처하고자 했다. 그러나 그는 타지 않았고 한 송이 연꽃 위에 앉아 있었다. 이에 놀란 궁인들이 왕에게 이 사실을 고했고, 달려와 이 모습을 지켜본 아소카 왕 앞에서 탁발승은 연꽃 위로 솟아올라 자비를 설교했다. "자비를 베풀어 백성을 안심케 하소서. 그리고 온 나라 안에 부처님을 위한 탑을 세우시오." 이 모습에 감명을 받은 아소카 왕은 그때부터 독실한 불교도가 되어 전국에 불탑을 세우고 불교 전파에 앞장섰음은 물론 살생을 금했다고 한다.

한편 불교도가 된 뒤 아소카 왕이 세운 탑 가운데 가장 놀라운 건축물인 산치 대탑은 하늘을 상징하는 반구형의 돔 형태를 띠고 있다. 탑 정상에는 세계의 산을 의미하는 정사각형의 난간이 설치되어 있고, 우주의 축을 상징하는 기둥이 난간 안에 배치되어 있다. 탑의 외부는 커다란 석조 난간으로 둘러싸여 있고 내부에는 구조물들이 설치되어 있으며, 난간에는 부처의 생애를 새긴 조각으로 장식된 4개의 문이 있다.

050

살라딘,
관용주의자의 전범典範

본명이 살라흐 앗 딘 유수프 이븐 아이유브Salah ad-Din Yusuf ibn Ayyub인 아이유브 왕조의 시조 살라딘Saladin(1137~1193). 인간이 얼마나 위대한 존재일 수 있는지를 몸소 보여 줌으로써 우리가 인간임을 자랑스럽게 여기도록 만들어 준 몇 안 되는 역사적 인물이다.

1137년 무렵 메소포타미아에서 태어난 살라딘은 불관용과 학살, 탐욕과 타락, 종교를 빙자한 폭력으로 인류 역사에 커다란 오점을 남긴 십자군 전쟁의 와중에서 관용과 화해, 용서와 자비를 실천함으로써 함께 싸우던 적들에게조차 경탄을 불러일으켰다. 그런데 왜 우리는 이 이름을 기억하지 못하는 걸까? 그가 서양인이 아니고, 기독교인이 아니며, 20세기 이후 역사의 뒤안길로 밀려난 이슬람 문명권 출신이기 때문은 아니길 바란다.

쿠르드족 출신의 살라딘은 타크리트 성주城主 출신의 아버지 아이유브 밑에서 자랐는데, 사실 정치와 군사보다는 종교에 더 심취했다. 그러나 혼란스러운 시대는 그를 자신의 뜻대로 살아갈 수 없게 만들었다. 이집트 지역으로 이주해 온 아버지의 후광에 힘입어 시리아와 이집트의 권좌에 오른 그는 이슬람교도의 통합을 위해 온 힘을 기울였다. 그 과정에서 그가 보여준 관용과 아량의 정신, 도덕성을 갖춘 지도력은 그의 명성을 높여 주었고, 십자군 앞에서도 통일된 모습을 보이지 못하던 이슬람 세계는 서서히 전열을 갖추기 시작했다.

1187년 7월, 하틴 전투에서 십자군 주력 부대를 대파한 그는 여세를 몰아 십자군이 건국한 예루살렘 왕국의 대부분을 함락시켰다. 그리고 그 해 10월 2일, 88년 동안 십자군의 지배를 받고 있던 예루살렘을 탈환하기에 이른다. 그런데 이런 세속적 성공이 살라딘을 역사의 중심에 놓아둔 것은 아니다. 그의 명성은 전쟁이 끝나면서 만들어졌으니 그가 단순히 전쟁 영웅이 아닌 까닭이 여기에 있다.

살라딘은 이미 하틴 전투에서 포로로 자기 앞에 끌려 나온 예루살렘의 왕 기 드 뤼시냥이 갈증으로 괴로워할 때 눈으로 차갑게 식힌 물을 대접해 위로하고, 그가 죽음을 직감하고 공포에 휩싸여 있을 때 "왕자가 왕자를 죽이는 일은 훌륭한 일이 아닐 것입니다."라는 말과 함께 다마스쿠스로 보내주었

포로로 잡힌 뤼시냥을 대면하는 살라딘

강력하면서도 관대한 지도자 살라딘은 이슬람 세계는 물론
적군에게서도 존경받았다. 살라딘 뒤쪽의 이슬람 병사가 포로로 잡힌
십자군 병사를 잔인하게 다루고 있는 모습과 정중한 태도의 살라딘이 대비된다.
제임스 레스턴, 《이슬람의 영웅 살라딘과 신의 전사들》, 민음사.

다. 그는 이후에도 전쟁에서 승리한 후 결코 보복하지 않았다. 오히려 그는 전쟁에서도 당연하게 여기던 살육 대신 평화로운 해결을 원했으니 "예루살렘이 항복한다면 단 한 사람도 해치지 않고 모두 포로로 삼을 것이다. 그리고 남자 한 사람이 금화 열 냥을 내면 석방할 것이며 여자는 남자의 반, 아이는 1할의 대가로 석방할 것이다. 가난 때문에 몸값을 치를 수 없는 자는 국고國庫에서 지불해도 좋다."라는 조건을 내걸었다. 이로써 십자군에 넘어갈 때 피비린내로 더럽혀진 바 있는 예루살렘은 이슬람교와 기독교의 성지로서 관용과 용서의 모습을 되찾을 수 있었다.

물론 살라딘만 인간의 보편적 관용과 화해의 정신에 어울리는 행동을 한 것은 아니었다. 그의 영향을 받은 아우 알아딜 또한 예루살렘 입성 후 몸값을 치르지 못한 가난한 자 1000명을 형한테서 받아 해방시켰으며, 이 틈에 노인들 또한 해방의 기쁨을 맛보았다. 게다가 살라딘의 군대 또한 인간으로서 갖추어야 할 교양과 예의를 갖추고 있었으니, 이들의 행동에 과거 자신들의 야만적 행동을 비춰 보지 못한 자가 있다면 그를 인간이라고 부를 수는 없었을 것이다. 다행히도 이때부터 살라딘의 이름은 기독교 세계에도 전해졌다. 그렇다고 해서 종교의 이름 아래 자행하던 약탈과 침략을 멈춘 것은 아니지만.

살라딘 군대에 예루살렘을 빼앗겼다는 소식이 전해지자

큰 충격을 받은 유럽은 제3차 십자군 원정을 준비했다. 그리고 신성로마제국 황제 프리드리히 1세와 영국 왕 리처드 1세, 프랑스 왕 필리프 2세, 이 세 국왕이 합세해 원정길에 나섰고, 살라딘 군이 수비 중이던 아카 항을 오랜 전투 끝에 함락시킨 후 그들의 방식대로 학살극을 연출했다. 견디지 못한 살라딘은 5년 동안 유럽인의 성지 순례를 허용한다는 내용의 화의를 맺은 후 도읍인 다마스쿠스로 돌아갔고, 1년 뒤인 1193년 3월, 55세의 나이로 세상을 떠났다. 그리고 어쩌면 인간성을 갖춘 드문 지배자로서 당연한 결과였겠지만 그의 주검을 묻을 무덤조차 마련하지 못한 상태였다.

그러나 예루살렘은 그의 사망 이후에도 십자군의 손에 의해 더럽혀지지 않았다. 1967년 이스라엘군의 공격을 받아 함락될 때까지 900년 이상 그의 관용과 평화의 정신이 지배하는 도시로 남아 있었던 것이다. 오늘날 예루살렘에서 들려오는 끊임없는 학살과 테러의 소식은 살라딘의 정신이 얼마나 위대한 것이었는지를 역으로 보여 주는 사례임을 확신하게 된다.

살로메,
비극적 아름다움

세례 요한Saint John the Baptist은 예수 그리스도에게 세례를
준 것으로, 그리고 "회개하라, 천국이 가까워졌나니"라는 설
교와 함께 사람들에게 처음 자기 손으로 세례를 준 것으로
유명하다. 그래서 세례자 요한이라고 불리는 것쯤은 모두 알
고 있을 것이다. 그런 까닭에 그를 그리스도교의 선구자로
인정하기도 한다.

　본래 그는 광야에서 엄격한 금욕 생활을 유지하던 은둔 집
단에 속해 있었다. 그런데 어느 날부터 그곳에서 독립해 스
스로 세례를 주면서 예언자로 활동했다. 이때부터 그를 따르
는 무리가 급속히 늘었고, 예수 또한 그 가운데 한 사람이었
다. 사실 세례자 요한에 관한 내용은 기독교인에게는 너무
낯익은 것이라 부연하기가 겸연쩍기도 하다. 그렇다고 세상
에 기독교인만 있는 것도 아니고, 또한 세례자 요한이 아닌

살로메란 인물은 종교적 의미 외에 신화적·문학적 의미를 담고 있기에 살펴볼 만하다.

요한은 그를 따르는 사람들이 급속히 늘어나자 발언의 수위도 점차 높였다. 그는 갈릴리와 페레아의 영주인 헤롯 안티파스Herod Antipas(4~39) 앞에 나아가 회개하라고 외쳤다. 물론 정치가도 아니고, 철학자도 아닌 세례자 요한이 회개를 요구한 것은 단지 종교적 이유에서였다. 그 무렵 안티파스는 나바테아 왕국의 공주와 혼인했다가 헤어진 후, 자신의 이복동생과 이혼한 헤로디아Herodias와 재혼했다. 그런데 헤로디아는 안티파스의 부친인 헤롯왕의 후비后妃 마리아므네의 아들 아리스토부로스의 딸이기도 했다. 그러니까 촌수로 보면 헤로디아와 안티파스는 부녀지간이나 다름없었다. 이는 유대 율법에 따르면 불법이었고, 따라서 세례자 요한은 이를 지적한 것이다.

그러나 이런 일이 어디 한두 번이었을까? 안티파스는 요한의 충고를 듣는 대신 그를 체포하여 요새에 가두었다. 그런데 이 정도 징벌에 만족하지 못하는 사람이 있었으니 바로 안티파스의 왕비 헤로디아였다. 자신의 결혼을 공공연히 비판하는 요한을 못마땅하게 여긴 헤로디아는 그를 처치하기 위해 여러 모로 애를 썼으나 뜻을 이루지 못했다.

그러던 어느 날이었다. 안티파스의 생일을 맞아 수많은 고관대작이 궁으로 모여들었다. 이런 상황이 되면 주인은 손님들을 위해 멋진 여성의 춤을 대접하는 것이 관례였는데, 물론 노예 정도가 아니라 왕비나 왕녀에 버금가는 수준이어야 했다. 그 무렵 요염하기 그지없던 헤로디아에게는 그녀를 능가하는 딸이 하나 있었으니, 바로 안티파스와 결혼하기 전에 낳은 살로메Salome였다. 안티파스는 살로메를 불러 손님들 앞에서 춤을 출 것을 청했고, 그녀는 기다렸다는 듯이 알몸이 그대로 드러나는 망사만 걸친 채 우아하면서도 요염한 자태를 뽐냈다.

그런데 비극은 손님보다 법적 아버지인 안티파스가 넋이 나간 것이었으니 그는 딸을 불러 이렇게 말했다. "네가 원하는 것이 무엇이든 다 주겠다. 말만 하거라." 살로메는 즉시 어머니에게 달려갔고, 어머니는 눈엣가시인 세례자 요한의 목을 청하라고 말했다. 남아일언중천금인데 하물며 왕이 나라의 고위 관리 앞에서 한 약속을 어찌 어길 수 있겠는가? 결국 그날 세례자 요한의 목은 잘리고, 그의 머리는 쟁반에 담겨 생일잔치에 들여왔다.

세례자 요한의 죽음

아름다운 살로메의 모습에 넋이 나간 안티파스는 살로메가 요구한 대로
세례자 요한의 목을 잘라 보냈다. 더운 피가 흐르는 쟁반을 통해
세례자 요한의 죽음을 생생하게 표현한 그림.
솔라리오, 〈살로메와 세례자 요한의 목〉, 1506년 무렵, 뉴욕 메트로폴리탄미술관.

이 비극적이면서도 신화적인 이야기는 기독교 초기부터 다양한 주제로 예술가들이 다루었으며 문학적인 소재로도 자주 쓰였다. 아일랜드의 시인이자 극작가인 오스카 와일드Oscar Wilde(1854~1900)는 이를 소재로 희곡 〈살로메〉를 썼고, 독일의 작곡가 리하르트 슈트라우스Richard Strauss (1864~1949)는 1905년 같은 이름의 오페라를 발표하기도 했다. 그외에 영화로 만들어진 것도 수십 편에 이르는 것으로 알려져 있다. 물론 이는 '살로메'란 제목 외에 그녀의 이야기를 영화화한 것을 포함한다.

052

살쾡이 아카데미,
학문의 예리함

왕이나 귀족처럼 권력과 금력을 두루 소유한 사람들이 그 다음으로 추구하는 것이 교양이다. 경제적 풍요로움을 달성하고 나면 귀족과 서민, 가리지 않고 교양과 예술을 즐기기 시작하기 때문이다. 아카데미 또한 이러한 교양을 동경하는 데서 비롯되었다.

아카데미란 단어는 플라톤Platon이 철학을 가르쳤던 고대 아테네 교외의 올리브 숲 이름에서 나왔다. 그 후부터 아카데미는 다양한 학문을 가르치는 고등 교육기관을 지칭하게 되었는데, 이는 훗날 학회란 의미로 확장되어 다양한 학문 범위에서 결성되었다. 요즘도 특수한 교육기관 또는 전문가 집단의 학술 교류 조직을 가리켜 아카데미라고 부르고 있다.

한편 르네상스의 출범과 더불어 새로운 학문을 동경하던 왕과 귀족들이 아낌없이 과학자를 후원했으니, 이것이 아카

ISTORIA
E DIMOSTRAZIONI
INTORNO ALLE MACCHIE SOLARI
E LORO ACCIDENTI
COMPRESE IN TRE LETTERE SCRITTE
ALL' ILLVSTRISSIMO SIGNOR
MARCO VELSERI LINCEO
DVVMVIRO D'AVGVSTA
CONSIGLIERO DI SVA MAESTA CESAREA
DAL SIGNOR
GALILEO GALILEI LINCEO
Nobil Fiorentino, Filosofo Matematico Primario del Sereniss.
D. COSIMO II. GRAN DVCA DI TOSCANA.
Si aggiongono nel fine le Lettere, e Disquisizioni del loro Agosto.

IN ROMA, Appresso Giacomo Mascardi. MDCXIII.
CON LICENZA DE SVPERIORI.

살팽이가 그려진 갈릴레이의 책 표지

갈릴레이의 이름 옆에 살팽이 아카데미를 뜻하는 단어
'린세오'가 있다.

데미의 형태로 다시 태동하게 된 것이다. 그리고 그 시작은 메디치 가의 후원을 받던 학자들이 결성한 플라톤 아카데미 Accademia Platonica였다. 이를 통해 연구자들은 상호 비판이 가능해졌고, 개인 활동이 집단 활동으로 확대될 수 있었다.

플라톤 아카데미가 철학과 고전을 연구하는 학자들이 모여 만든 것이라면, 또 다른 학자들이 결성한 또 다른 아카데미도 시작되었다. 그러한 아카데미 가운데 대단히 날카로운 판단력과 지식의 소유자들이 모여 만든 것이 있었으니 그 이름도 날카로운 살쾡이 아카데미다.

원래 명칭이 '린세이 아카데미'인 살쾡이 아카데미는 1603년 로마에서 만들어졌다. 린세이란 살쾡이를 뜻하며, 이는 살쾡이 눈의 예리함을 상징한다. 유명한 갈릴레오 갈릴레이의 저서 표지에도 그가 속한 살쾡이 아카데미의 상징인 살쾡이 그림이 그려져 있다. 이 학회는 지금도 존재한다.

053

30년전쟁,
종교적 관용의 출발

한국전쟁(6·25전쟁)은 3년을 지속했다. 제2차 세계대전은 1939년에 시작해 1945년에 끝났으니 6년여 걸렸고, 제1차 세계대전은 1914년에서 1918년까지 4년여를 끌었다. 그런 데 30년이라니. 하기야 백년전쟁도 있었으니 할 말은 없지 만 말이다. 30년전쟁은 1618년에 시작해 1648년에 종지부 를 찍었다. 그리고 일반적으로 알려지기를 종교전쟁이라고 한다.

30년전쟁은 그 기간만큼이나 유럽에 커다란 영향을 끼쳤 다. 간단히 말해서 유럽인이 겪은 최초의 세계대전이라고 해 도 지나친 말이 아닐 만큼 유럽 전역이 이 전쟁에 직·간접으 로 참여했고, 그 결과 또한 유럽의 거의 모든 나라에 영향을 미쳤기 때문이다.

그렇다면 30년전쟁의 시작과 끝은 무엇일까? 1618년 가톨릭교도인 보헤미아 왕 페르디난트Ferdinand 2세는 가톨릭 신앙만을 허용하는 조치를 내리려고 했다. 그러자 이를 수용할 리 없는 보헤미아와 오스트리아의 신교도들이 반란을 일으켰다. 이듬해인 1619년 신성로마제국의 황제에 오른 페르디난트 2세는 이후 이들을 물리쳤다. 그러나 이것이 시작에 불과하다는 것을 그는 알았을까?

그 이전부터 독일 영토에 관심을 기울이고 있던 덴마크의 왕 크리스티안Christian 4세는 이 기회를 놓치지 않았다. 그는 신교도의 깃발을 높이 들고 가톨릭에 대항하는 대표로 스스로 나섰다. 이에 영국과 네덜란드는 그에게 지원을 아끼지 않았고, 그는 독일로 진군했다. 그러나 크리스티안 4세가 패하면서 유럽의 강국 덴마크의 지위 또한 종말을 고했고, 둘 사이에는 뤼베크 평화조약이 체결되었다.

그러자 이번에는 폴란드와의 전쟁을 막 마친 스웨덴의 구스타브 2세가 신교도의 대타 역할을 자임하고 나섰다. 그는 프랑스의 지원을 바탕으로 다시 독일을 침략했고, 신성로마제국의 명장 틸리를 전사시키는 성과와 함께 자신도 목숨을 잃고 말았다. 이후 둘 사이에는 프라하 화의가 성립되어 다시 전쟁은 종지부를 찍는 듯했다.

그러나 한 번 뺀 칼은 언젠가 그 빛을 발하는 법. 전쟁 시작 후 계속 배후에서 독일을 향하던 프랑스가 드디어 전면에 나선 것이다. 프랑스는 신성로마제국군과 가톨릭 국가

la fin ces Voleurs infames et perdus ,

omme fruits malheureux a cet arbre pendus

Monstrent bien que le crim

Est luy mesme instrument

Israel ex. Cum Priuil. Reg.

30년전쟁 초기의 빌라호라 전투

30년전쟁 동안 가장 큰 피해를 본 나라는 독일이다.

그 기간에 독일 인구의 절반 가까이가 희생당한 것으로 알려졌다.

30년전쟁 동안 수없이 발생한 학살 장면을 묘사한 판화. 자크 칼로, 1632년.

et noire engeance)   Et que ceſt le Deſtin des hommes vicieux
de vengeance,   Déſprouuer toſt ou tard la iuſtice des Cieux . 1ჳ

인 스페인을 향해 선전포고를 하고 스웨덴과 공동으로 전쟁에 임했다. 강국끼리 맞서자 전쟁은 일진일퇴를 거듭했고, 1637년 페르디난트 3세가 신성로마제국의 황제에 오르자 오랜 전쟁으로 고통을 겪고 있던 국내 제후들의 압력에 못 이겨 1641년 종전을 제의했다. 그리고 1644년 처음 시작된 강화회의는 계속 시간만 보내다가 1648년 베스트팔렌조약으로 종결되었다.

베스트팔렌조약은 앞서 살펴본 것처럼 거의 전 유럽에 영향을 끼쳤다. 스웨덴은 발트 해를 장악하고, 프랑스는 알자스 지방에 대한 지배권과 라인 강 서쪽 지역을 손에 넣을 수 있었으며, 네덜란드와 스위스는 독립 국가로 인정받게 되었다. 반면 신성로마제국 황제의 지배를 받던 독일 군주들은 제국에서 독립하여 자신들의 주권을 확립했다. 이로써 신성로마제국은 실질적으로 붕괴되었고, 독일은 수많은 공국들로 분리되었으며, 통일되기까지는 오랜 기간을 기다려야 했다. 그뿐만이 아니었다. 30년전쟁의 배경이 독일인 까닭에 독일 전역은 황폐화되는 부산물까지 안게 되었다.

그렇다면 30년전쟁의 본질은 무엇이었을까? 이전에 유럽의 종교는 가톨릭 하나였다. 교황은 황제 위에 군림했고, 기독교 하면 가톨릭을 뜻하기 때문에 특별히 가톨릭이라는 말을 사용할 필요도 없었다. 그러나 이제 세상이 달라졌다. 루터와 칼뱅은 종교의 보편성을 거부했고, 백성들은 새로 나타난 수많은 구원의 길 가운데 자신의 뜻에 따라 한 가지 길을 택하게 되었다. 가톨릭, 루터파, 칼뱅파, 세례파, 재세례파를 비롯한 수많은 예수의 후계자들이 자신의 길이 옳다고 외치기 시작했다. 이것이 30년전쟁의 원인이었고, 전쟁이 끝난 후 사람들은 자신의 길만을 옳다고 여기다가는 모두가 파멸에 이른다는 사실을 깨달았다. 그래서 30년전쟁은 종교적 관용을 용인하게 되었던 것이다.

그러나 백성 입장에서는 이것이 종교적 자유를 뜻하는 것은 아니었다. 각 군주에게 주어진 종교적 자유를 그들은 타율적으로 수용해야 했기 때문이다.

054

상인商人, 갈 곳 없는
상나라 사람

왜 우리는 장사하는 사람들을 상인商人이라 부르는가? 상인
을 영어로는 머천트merchant라고 한다. 그러나 동양에서는
상인이라고 부른다. 상商이란 글자의 뜻이 '장사하다'이므로
당연히 장사치를 상인이라고 부른다고 여긴다. 그러나 사실
이 단어 속에는 한 나라의 멸망에 이르는 슬픈 사연이 깃들
어 있다.

  옛날 중국에 상商나라가 있었다. 우리에게는 은殷나라로
잘 알려져 있는 나라인데, 상나라가 은나라로 명칭이 바뀐
데에는 그만한 이유가 있다. 본래 상나라는 '상'이란 부족명
을 가진 이들이 상 땅에 세웠기 때문에 나라 이름 또한 당연
히 상이 되었다. 그러나 후에 상나라는 은의 땅, 즉 안양 지
방으로 천도했고 이때부터 다른 부족들이 상나라를 은나라
라고 부르기 시작했다. 따라서 은나라는 상나라의 별칭으로

보는 것이 타당하다. 이런 까닭에 요즘에는 학계에서도 은나라 대신 상나라로 부르는 게 일반화되어 있다. 안양 지방은 상나라의 문자 기록판인 갑골문이 대량으로 발굴된 것으로도 유명한 곳이다.

한편 상나라는 기원전 1700년 무렵에 출범하여 기원전 1100년 무렵 멸망한 것으로 알려져 있다. 상나라의 마지막 군주는 31대 주왕紂王인데, 상나라를 멸망시키고 뒤를 이은 나라가 주 부족이 세운 주周나라였기 때문에, 상나라 마지막 왕 주왕과 주나라 태조인 무왕 사이에 혼란을 일으키기도 한다.

한편 주나라에 의해 멸망한 상나라 백성들은 나라의 중심이 주나라, 즉 서쪽 시안西安지방으로 옮겨감에 따라 삶의 근거지를 잃게 되었고, 대부분의 백성이 거리로 나서 날품팔이를 할 수밖에 없었다. 바로 이렇게 길을 다니며 살아가는 상나라 유민들을 가리켜 행상行商이라고 불렀고, 물건을 사고팔며 생계를 이어가는 사람들의 대부분이 상나라 사람인 까닭에 '상인'이라고 부르게 된 것이다. 따라서 상업의 역사는 서양에 비해 동양, 특히 중국이 월등히 앞선 것이 사실이다.

중국의 역사서《사기史記》는 기원전 460년 무렵 월나라 구천句踐을 도와 오나라를 격파하고 춘추오패에 오르게 한 범려范蠡란 인물을 자세히 기록하고 있다. 범려는 역사에 나오는 최초의 대상인이었다. 그는 대신의 자리에서 물러난 후 그 무렵에는 합법적이던 매점매석을 통해 엄청난 부를 일구었는데, 대부분의 부는 이웃에게 베푸는 데 썼다. 기록에 의하면 그는 세 번에 걸쳐 만 금의 재산을 모았는데 세 번 모두 다시 이웃에게 돌려주었다고 한다. 그러니까 그는 자신의 이익을 구한 자가 아니라 경제적 방식을 시험해 본 정책가라고 할 수 있다. 그를 가리키는 '도주공陶朱公('도' 땅에 사는 인물이란 뜻으로, 주위 사람들이 붙여주었다)'은 지금까지도 중국 역사상 최초의 상인이자 갑부의 대명사로 일컬어지고 있다.

055

성 바르톨로메오 축일의 대학살

인간이 처음 서로에게 돌을 던지기 시작한 것은 아마도 양식 때문이었을 것이다. 나는 굶주리고 있는데 상대방은 많은 열매와 곡식을 가지고 있는 모습이 돌을 들게 만들었을 테니까. 그 다음에는 땅 때문이었을 것이다. 나보다 더 넓은 땅을 가진 자를 보면 우리 속담대로 '사촌이 땅을 사면 배가 아픈' 기분이 들었을 것이다. 그 다음에는? 역사는 권력 때문에 서로가 서로를 죽인 것으로 기록하고 있다. 자신이 군림하기 위해 말을 듣지 않거나 위에서 내려오기를 거부하는 자를 향해 칼을 꽂아야 했다. 그 다음에는? 안타깝게도 종교인 듯하다. 종교의 창시자들은 한결같이 평화를 외쳤으나 그의 추종자들은 한결같이 평화의 길보다는 폭력의 길을 선호했다.

현대에 들어와서 석유를 둘러싸고 벌어지는 전쟁까지를 포함해서 모든 종류의 폭력이란 게 목전의 이익을 추구하는 무지한 인류의 행위라는 점에서 이해는 간다. 그러나 종교전쟁은 아무리 생각해도 이해할 수가 없다. 도대체 종교전쟁에 참여해 상대방의 심장에 창과 칼, 총부리를 대는 자들이 자신들의 종교를 믿기나 하는지, 참 이해할 수가 없다.

성 바르톨로메오Saint Bartholomew 축일의 대학살은 우리의 기억 속에는 1980년에 일어난 가장 잔악한 광기의 발현인 광주학살을 연상케 한다. 사전에 치밀하게 학살을 계획했다는 것과 아울러 집권층의 이익을 위해 아무것도 모르는 사람들을 이용했다는 점, 나아가 피해를 입은 계층이 새로운 세계관을 갖게 된 전기를 마련했다는 면까지 참으로 흡사하다. 한 가지 다른 점이라면 앞의 학살이 종교를 내세운 반면, 뒤의 학살은 권력을 내세웠다는 점이다. 사실 알고 보면 앞의 학살도 권력을 공고히 하기 위함이었으니 종교는 그를 위해 내세운 명분에 불과했다.

종교개혁 이후 유럽에서 가톨릭과 신교도 사이에 갈등이 벌어질 것은 불을 보듯 명확했다. 가톨릭만 있을 때도 끊임없이 종교를 내세운 폭력이 역사를 장식했는데, 이제는 그에 반기를 드는 형제가 생기지 않았느냐 말이다. 본래 가까운 사이일수록 서로에 대한 미움이 더 큰 법이다. 프랑스에서도 이러한 현상은 마찬가지였다. 프랑스인은 신교도를 위그노Huguenot라고 불렀다. 위그노란 말이 어디서 어떤 근거로 생겨났는지는 확실치 않다. 여하튼 1517년 루터의 종교개혁

운동이 시작된 이후 프랑스 각지에서 위그노가 생겨나기 시작했다. 그러나 가톨릭 세력이 강한 프랑스에서 그들이 자리 잡기란 쉽지 않았고, 대부분의 감옥은 위그노로 만원사례를 이룰 지경이었다.

그러나 칼뱅파에 속하던 프랑스 위그노의 세력은 점차 확대되었고, 위그노의 지도자 가운데 한 사람인 콜리니Gaspard II de Coligny 장군은 프랑스 정부를 도와 스페인과의 전쟁에 참전했다. 위그노가 정부에게 화해를 청한 행동이었다. 그러자 프랑스 국왕 샤를 9세의 어머니인 카트린 드 메디시스 Catherine de Médicis는 가톨릭교도인 기즈 가문이 세워 놓은 콜리니 암살 계획을 승인했다.

콜리니 암살은 1572년 8월 18일, 카트린의 딸 결혼식 과정에서 실행에 옮겨질 예정이었다. 훗날 앙리 4세가 될 신랑 나바라의 엔리케는 위그노였고, 따라서 프랑스 전역의 위그노가 파리로 모일 것이기 때문이었다.

그러나 불행인지 다행인지 이 계획은 실패로 돌아갔고 이 사실을 알게 된 위그노의 흥분은 극에 달했다. 이들을 무마하기 위해 정부에서는 진상 조사에 나섰는데, 카트린 드 메디시스 또한 호락호락하게 당할 사람이 아니었다. 그녀는 메디치 가문에서도 가장 명성이 높은 '위대한 메디치'의 증손녀로서, 태어난 지 한 달도 채 못 되어 부모를 잃고, 여러 수녀원을 전전하며 교육받은 끝에 정숙하고 교양 있는 처녀로 성장했다.

사실 권력을 소유한 가문 출신 상속녀의 장수를 바라는 이들이 아무도 없는 시대 상황에서 이렇게 살아남은 것은 대단한 일이었다. 그만큼 그녀의 생존력은 강했다.

그러나 그녀의 놀라운 능력은 결혼 후에 더욱 빛을 발했다. 훗날 프랑스 국왕이 된 앙리 2세와 결혼한 그녀는 이탈리아 출신 여성을 곱게 보지 않는 프랑스 내에서 꿋꿋이 살아남았고, 자신의 세 아들을 왕위에 올렸다. 또한 스코틀랜드 여왕에 오를 메리 스튜어트를 자신의 육아실에서 키워 자신의 장남과 혼인시키기도 했다.

이런 그녀가 위그노 몇몇의 분노에 고개 숙이겠는가? 그녀는 아예 이 기회를 이용해 콜리니뿐만 아니라 모든 위그노 지도자를 함께 보내기로 결심했다. 8월 23일 밤, 샤를 9세의 승인까지 받아낸 카트린 드 메디시스는 루브르궁으로 파리 자치 지역 요원들을 소집했고, 이튿날 새벽 생 제르망 로세루아의 종이 울리는 것을 신호로 학살이 시작되었다.

먼저 기즈의 눈앞에서 콜리니가 학살되었고, 이후에는 신랑을 따라 나바라에서 온 하객들이 변을 당했다. 그 와중에 신랑이 살아남은 것만 해도 기적이었다. 이후에는 위그노의 집과 상점이 대상이었다. 이제는 모든 위그노가 살육의 대상이 된 것이다. 25일 국왕의 살육 중단 명령이 내려졌지만 아무 소용이 없었고, 살육은 지방까지 확산되었다. 이렇게 1개월여에 걸쳐 수천 명, 많게는 수만 명이 살육당한 것으로 전

〈성 바르톨로메오 축일 전야〉
성 바르톨로메오의 참상을 그린 그림.
그림 오른쪽 건물 2층에 축 늘어진 모습이 콜리니이고,
왼쪽 위에서 검은 옷을 입은 채 시신을 확인하는 사람이 주인공 카트린 드 메디시스다.
프랑수아 뒤보아. 로잔 박물관.

해진다.

한편 이 학살 소식을 전해들은 교황 그레고리우스 13세는 기념 메달을 만들도록 지시했고, 프로테스탄트 국가들은 공포에 휩싸이게 되었다. 그러나 이러한 사건은 위그노를 완전한 복종으로 이끌기보다는 가톨릭에 대한 증오와 적대적 감정만 불러일으켰다. 이후 위그노는 왕권에 복종하라는 칼뱅의 가르침을 버렸다.

성유물聖遺物,
종교적 탐욕의 끝

그리스도를 십자가에 매단 못이 지금 발견된다면 어떨까? 아마 온 세상이 야단법석일 것이다. 그렇다면 반대로 자신을 죽음에 이르게 한 못을 온 세상 사람들이 떠받들면서 간직한 다면 예수님의 마음은 또 어떨까? 그러나 아쉽게도 속세 사람들은 상대방을 배려하는 데 별 관심이 없다. 골동품에 수억 원을 투자하듯이 그저 숭배하고 간직하려는 욕심만 부릴 것이다. 성유물聖遺物에 대한 웃지 못할 해프닝은 이렇게 시작되었다.

중세 유럽에서 기독교 신앙의 모습은 신학도 아니요, 성서의 가르침도 아닌 성유물을 숭배하는 것으로 나타났다. 성유물이 주는 놀라운 이적異蹟의 모습에 온통 관심이 집중되었다. 성유물이 그런 이적을 보여 주었는지, 성유물에 정신을 앗긴 인간 내면에 알지 못할 변화가 나타났는지는 애매하지만.

그리스도가 남긴 성유물, 즉 가시 면류관이나 십자가 조각, 못, 그분의 몸을 관통한 창 같은 성유물은 최고의 것이었지만 안타깝게도 양이 너무 부족했다. 물론 전해지는 것조차 그 진위 여부를 확인할 수 없었다. 지금까지 다양한 문학 소재로 쓰이는 성배의 전설도 성유물 숭배에서 유래했다.

이렇게 그리스도의 성유물이 바닥을 드러내자 그 다음 사람들의 관심을 끈 것이 고고한 승려의 성유물이었다. 이때부터 승려들의 수난이 시작되었다. 웬만큼 이름 높은 승려가 세상을 떠나면 그들이 입고 있던 의복은 물론 머리털, 손톱, 이, 손가락, 나아가 몸 전체가 갈가리 찢기고야 말았다. 그러나 이러한 움직임은 사실 중세에 들어 갑자기 생겨난 유행은 아니었다. 로마 시대부터 사람들의 유체遺體 수집욕은 대단해서 그리스도교의 성인으로 추앙받던 인물이 죽으면 그 유체와 유품이 비싼 값으로 거래되기에 이르렀다. 그리고 이러한 현실은 당연히 성인들 무덤을 도굴하는 것으로 이어졌고, 결국 정부는 '유체매매 금지령'을 내렸다. 그러나 이러한 법적 행동이 믿음으로 무장한 사람들의 욕망을 억누를 수는 없었다.

신학자 가운데 그 이름이 가장 높은 자리에 있는 성 토마스 아퀴나스가 죽자마자 제자들이 그의 목을 자르고, 남은 시신을 솥에 넣고 삶아 나중에 뼈까지 추려냈다면 믿어지는

가? 그러나 사실이 그랬다. 그렇다면 이들은 왜 이런 말도 안 되는 행동에 광분했을까?

성유물이 악귀를 쫓거나 병을 고치는 데 탁월하다고 여겼기 때문에 가치를 측정할 수 없는 보물로 떠받든 것이다. 지금도 유럽의 여러 박물관에는 성유물을 보관해 두는 함이 진열되어 있다. 물론 그 안에는 무엇인지도 모를 가루나 먼지가 들어 있겠지만 말이다.

이런 시대의 광기를 문학작품 속에 표현한 작가가 있었다. 《인류 이야기》로 유명한 네덜란드 출신 헨드릭 빌렘 반 룬Hendrik Willem van Loon(1882~1944)이다. 그는 소설 《렘브란트》에서 이렇게 성유물 숭배를 비웃고 있다.

아내는 … 성 피아크라의 치아를 구하기 위해 모에 사람을 보냈다. 그분이 중재하시면 포도밭의 수확이 증대되어서 성물을 사고도 남을 정도로 수입이 늘어날 것이다. 그해 주님께서는 기가 막힌 날씨를 내리셔서 포도주 수입이 두 배나 늘었으니 모두 그 치아 덕분일세. 그로부터 생긴 수입은 성 파로의 팔꿈치 뼈를 사는 데 투입되었지. 그 후 아내는 사과술의 품질 제고를 위해 성 도로테아의 머리카락을 사들였는데 별 효과가 없었지. 사과밭은 벌레밭이 되어 이후 4년 동안 상품성 있는 사과는 단 하나도 수확하지 못했으니 말이야. 그래도 아내는 성 프리돌린의 엄지손가락 한 토막을 사들여 수확기의

〈성유물을 보관함에 넣고 있는 카를 4세〉
독일과 보헤미아의 왕이자 신성로마제국의 황제인 카를 4세는
열성적으로 성유물을 수집했다. 그리고 신성한 보물의 보관소이자
통치의 중심지로서 프라하 근처에 카를슈타인 성을 지었다.
니콜라우스 부름저, 카를슈타인 성 마리아 예배소, 1356년, 프레스코화.

좋은 기후를 바랐으나 메뚜기 떼로 인해 실패했고, 니벨 수도 원장의 생쥐 퇴치 보증서가 첨부된 성 게르트루드의 왕관을 장식했던 진주를 샀으나 보증서 내용과는 달리 한 마리의 생쥐도 잡지 못했지. 그러나 아내는 다시 성 아타나시우스의 두개골 조각, 성 판 크라티우스의 진품 칼, 성 보니파티우스의 진품 도끼, 성 바르나바스의 손에 떨어진 우박 한 알(우박이 그리 오래 보관될 리는 없었지만 기적의 힘으로 돌처럼 굳어졌기 때문이라더군), 성 바실리우스가 키우던 비둘기 깃 하나, 성 파울리누스의 사슬 고리, 성 히에로니무스가 성서 편찬 시 사용한 깃펜, 성 폴리카르포스가 순교할 때 남긴 재 한 병, 성 마르탱의 잘린 외투 반 조각, 성 헤드윅의 구두 한 짝, 예언자 요나에게 그늘을 드리웠던 아주까리 잎사귀 하나를 사들였다네.

　그런데 아무리 성인이 많이 탄생한다고 해도 그 많은 사람의 욕구를 충족시킬 수는 없었다. 결국 모조 성유물도 진짜와 같은 효력이 있다는 말이 퍼지기 시작했고, 이때부터 성유물 모조품 산업은 크게 성장하기 시작했다. 유명한 성인이 수십 개의 팔과 다리를 갖게 된 것도 이즈음의 일이었으며, 서로 자신의 성유물이 진짜라고 우기며 다투기도 했다. 제4차 십자군 원정대가 콘스탄티노플에 입성해서 가장 먼저 한 일도 바로 그곳에 엄청나게 보관되어 있던 온갖 성유물을 약탈하는 것이었다. 해도 해도 너무한 시대의 자화상인 셈이다.

057

세계의 지명地名,
알고 나면 쉬운

지명地名, 즉 지역의 이름은 우리가 특정한 곳을 기억하는 데 반드시 필요하다. 세계의 지명을 모두 살펴보다가는 책 한 권으로도 모자랄 테니까 우리가 알아둘 필요가 있는 몇몇 지명만 다룬다.

지금은 스리랑카란 이름으로 알려져 있는 인도양 동쪽의 섬나라도 나이 드신 독자들은 실론이라고 기억할 것이다. 나라 이름이 바뀐 것이 1972년이니까. 실론이란 '실론티'로 잘 알려져 있다시피 영어식 표현이다. 반면에 스리랑카는 스리랑카의 공식어인 싱할라어로 '크고 밝게 빛난다'라는 뜻이다.

아직도 지명을 부르는 데 혼란스러운 곳이 있는데, 바로 인도의 대도시 봄베이다. 분명 봄베이란 도시가 유명한데 최근 들어 뭄바이라는 이상한 명칭이 자주 등장하고 있다. 순간 뭄바이가 봄베이 아닐까? 하는 느낌이 들어 찾아보았더니 아니나 다를까 뭄바이가 바로 봄베이였다. 그런데 앞서 살펴본 국명과는 달리 봄베이는 아직도 사전이나 언론 지상에 살아 있다. 그러니까 뭄바이와 봄베이가 혼용되고 있는 셈이다. 뭄바이란 마라티어로 봄베이를 칭한다.

그렇다면 봄베이란 명칭은? 지금으로부터 약 500년 전 뭄바이를 정복한 포르투갈 사람들이 뭄바이와 유사한 자신의 언어를 사용해 '봄바이아'라고 부른 것이 그 시초다. 봄바이아가 포르투갈어로 '멋진 항구'라니 스스로에게는 멋질지 모르지만 피식민지인에게는 괴로운 항구가 아니었을까? 여하튼 봄베이를 1995년부터 뭄바이로 부르기로 뭄바이 시의회가 선언했다니 우리도 그렇게 부르는 것이 합리적일 것이다.

하나 더! 봄베이와 더불어 인도를 대표하는 도시 가운데 하나인 캘커타는 영국이 인도를 지배할 당시 수도였다. 그러니 인도인이 캘커타란 지명을 그대로 둘 리 있겠는가. 결국 2000년, 캘커타를 콜카타란 벵골어 지명으로 바꾸었다. 그런데 이 콜카타란 명칭은 우리에게 뭄바이보다 훨씬 낯서니 언제쯤 우리에게 익숙해질까?

이번에는 나라 이름 가운데 최근 들어 우리 귀에 익숙해진 '~스탄'에 대해 알아보자. 몇 년 전만 해도 국명 가운데 '~스탄'으로 끝나는 나라는 파키스탄, 아프가니스탄 정도였다. 그런데 구소련이 해체되면서 우즈베키스탄, 타지키스탄, 투르크메니스탄, 카자흐스탄, 키르기스스탄 같은 나라들이 등장했다. 도대체 '스탄stan'이 무슨 뜻이기에. '스탄'은 페르시아어로 '나라, 지역'을 뜻한다. 따라서 페르시아 문화권에 속한 서아시아와 중앙아시아 지역에 '~스탄'이란 명칭이 붙는 나라가 많은 것은 당연하다.

이는 독일어로 '성, 도시'를 뜻하는 '부르크burg'가 들어가는 지명이 많은 것과 같은 이치다. '초지가 있는 성'이란 뜻의 함부르크, '소금의 성'이란 뜻의 오스트리아 잘츠부르크, '자유의 성'이란 뜻의 프라이부르크, '민중의 성'이란 뜻의 뒤스부르크…. 이 외에도 수많은 '~부르크'가 독일 지역에 존재한다. 독일 외에도 이와 같은 의미의 지명이 있으니 베네룩스 3국 가운데 하나인 룩셈부르크도 '작은 성의 도시'란 의미다. 룩셈부르크가 면적 2500여 제곱킬로미터에 달하는 작은 나라임을 감안한다면 썩 어울리는 국명 아닌가?

이런 경우는 또 있다. 유럽에 흔한 '-란드'도 그렇다. 란드land는 '땅, 지역'을 뜻한다. 바다보다 낮은 나라로 잘 알려져 있는 네덜란드Netherlands는 '낮은 땅'이란 의미를, 네덜란드의 다른 이름인 홀란드Holland는 '숲이 우거진 땅'이라는 의미를 그래서 갖는다. 아이슬란드는 '빙하의 땅'이고, 핀란드는 '핀 족의 땅'(핀란드어로 핀란드의 국가명은 '수오미'로, '호수의 땅'을 의미)을 의미한다.

058

세르베투스와
속죄비

우리들의 위대한 개혁자 칼뱅을 공경하고 감사를 올린다.
그의 제자인 우리들은 그의 시대적 과오를 규탄하는 동시에
성스런 복음과 종교개혁의 진실된 원리에 입각하여
양심의 자유를 굳게 지키고 여기에 속죄 기념비를 세운다.

도대체 누가 누구에게 속죄하면서 이를 기념하여 비를 세운다는 말일까? 종교개혁의 양대 축 가운데 한 사람인 칼뱅의 후학들이 칼뱅에 의해 화형당한 세르베투스Michael Servetus라는, 어떤 면에서는 엉뚱하기 그지없는 인물이 죽은 지 350년이 지난 1903년 10월 27일, 그가 화형당한 장소에 속죄비를 세운다는 말이다. 위의 글은 그 속죄비에 새겨진 글귀이고. 그런데 이 비문은 보는 사람에 따라서는 칼뱅의 잘못을 인정하고 속죄하는 것이 아니라 오히려 칼뱅의 위대함

을 드러내고자 하는 의도가 더 큰 것이라고 여기기도 한다.

그러나 그 의도가 어디에 있든 과거 자신들의 스승이 저지른 잘못을 인정하는 데 인색한 종교인이 이러한 비를 세웠다는 사실은 높이 평가해 마땅하다. 그런데 이런 역사적인 기념비를 받은 세르베투스는 도대체 어떤 사람일까?

1511년 태어나 1553년 칼뱅이 바라보는 가운데 불속에서 타들어가 죽은 스페인 출신 세르베투스는 초기에 교황에 반대하면서 새로이 유럽을 휩쓸던 개신교로 기울었다. 그러나 그는 단순히 새로운 믿음을 받아들이는 인물에 그치지 않고 신학 책을 집필함은 물론 프톨레마이오스 지리학에 대한 주석서를 편찬하기도 하고, 혈액 순환의 원리를 발견하여 발표하는 등 놀라운 재능을 발휘하고 있었다. 그런 까닭에 그의 직업은 신학자이자 법률가이자 의사이기도 했다. 그가 사람들의 육체적 고통을 줄여 주는 한 가지 일에만 몰두했다면 행복한 삶을 누렸을지도 모르지만, 그는 원칙주의자였던 듯하다. 믿으면 끝을 보고야 마는 자.

그는 오랜 고민 끝에 삼위일체설이 오류라는 결론에 도달했다. 그리고 이를 1531년 《삼위일체론의 오류De Trinitatis erroribus libri vii》라는 책으로 발표했다. 이후 그는 의사로서 잠깐 동안 편안한 삶을 누릴 수 있었는데, 역시 인간의 육체적 고통보다는 만인의 영혼을 구제하겠다는 욕망을 포기할 수 없었다. 다시 신학으로 돌아온 그는 자기 주장을 적극적으로 펼쳐 보였고, 그 과정에서 또 다른 원칙주의자 칼뱅 Calvin(1509~1564)과 조우하게 되었다. 아니 우연히 마주쳤다 기보다는 그 스스로 칼뱅을 찾았다고 보아야 할 것이다. 칼뱅에게 자신의 원고를 보내기도 하고 편지를 쓰기도 했으니까.

그러나 칼뱅 또한 세르베투스에 못지않은 고집불통이었다. 칼뱅은 자신의 종교적 태도와는 무관하게 너무나 강퍅한 성품의 소유자여서 그 시대 칼뱅이 종교개혁을 통해 신의 도시로 꾸미고자 한 제네바는 숨도 제대로 쉴 수 없을 만큼 억압된 도시였다. 어느 정도였느냐고? 세례식 때 웃다 걸리면 구류 3일, 설교 중 졸면 구류, 여자아이가 스케이트를 타다 걸리면 훈계와 벌금, 맹인 바이올리니스트의 연주에 맞춰 사람들이 춤을 추자 그를 추방, 술에 취한 인쇄업자가 칼뱅을 비난하자 불로 달군 쇠꼬챙이로 그의 혀에 구멍을 낸 후 추방.

칼뱅은 세르베투스를 두고 "그 자가 제네바에 나타나기만 하면 결코 살려두지 않겠다."고까지 했다. 그러면서 자신이 가장 증오하던 가톨릭교회에 세르베투스한테서 받은 원고를 제출해 이단심문소에 고발토록 했고, 칼뱅의 바람대로 세르베투스는 화형 선고를 받았다. 그러나 다재다능한 재능을 갖춘 세르베투스는 탈출에 성공, 제네바에 나타났다.

이 놀라운 인물은 도대체 무슨 생각에서였는지 그를 제거할 만반의 준비를 갖추고 있던 칼뱅의 설교를 듣기 위해 그의 교회를 찾기도 했다. 그러고서도 살기를 바랐다면 그는

세르베투스의 화형을 묘사한 목판화

세르베투스는 '사람을 죽이는 것은 신념을 지키는 것이 아니라
사람을 죽이는 것일 뿐이다.'라는 말을 남기고 불에 타 죽어갔다.

죽음을 기꺼이 받아들일 만한 재능까지 갖춘 인물이었을 것이다. 결국 그는 사로잡혔고, 두 달여에 걸친 고문 끝에 다시 화형 선고를 받았다. 그러니까 가톨릭교회와 프로테스탄트 교회, 양측으로부터 화형 선고를 받은 드문 인물이었다.

사실 세르베투스는 칼뱅과 얘기를 나누기 위해 제네바를 찾은 것으로 보인다. 그는 자신이 외국인이니 대화를 통해 두 사람 사이에 의견이 모아지지는 못하더라도 관례에 따라 추방령을 받는 정도로 끝날 거라고 예상했을지도 모른다. 그러나 칼뱅은 원칙을 지키는 인물이었다.

한편 이 순수한 젊은 원칙주의자는 화형 당하는 날 아침까지도 칼뱅과의 대화를 통해 두 사람 사이에 존재하던 신학적 이견이 해소되기를 꿈꾸었다. 칼뱅이 그가 갇힌 지하 감옥으로 찾아간 건 자신이 화형 선고를 내린 인물에게 베푸는 마지막 관용이었을까? 글쎄, 지하 감옥에서 한 시간 후에 지옥불에 빠질 세르베투스와 얘기하던 칼뱅은 이성을 잃고 새파랗게 질린 채 "이건 죗값이다, 이 고집불통 불한당아! 불속에서 저주를 받아라!" 하는 외침을 끝으로 그와 이승에서의 마지막 만남을 마무리했다.

속죄비는 바로 이렇게 죽어간 세르베투스를 지옥불에서 하늘나라로 끌어올리기 위한 의식이었다. 그리고 350년 전 한 순수한 인물을 불태워 죽인 날을 '가장 어두운 날'이라고 하여 영원히 기억하고자 했다.

세포이 항쟁, 인도인의 인내에도
한계가 있다

1800년대에 들어 영국은 무굴 제국의 통치가 유명무실해지면서 실질적인 주도 세력이 사라진 인도를 장악하기 시작했다. 그리고 인도와 중국의 무역을 독점하기 위해 동인도회사를 세워 인도로부터 엄청난 양의 부를 약탈했다. 각 지역에 국한되어 제한된 지배력만을 행사하던 인도 각지의 번왕藩王들은 영국 당국과 군사적 보호를 매개로 상호조약을 체결하고 자신들의 평안만을 추구할 뿐 백성의 안녕은 안중에도 없었다.

인도 백성에게 이러한 경제적 고통은 사실 견딜 만했을지도 모른다. 그러나 인도라는 오랜 역사와 종교적 전통을 간직한 민족을 다스리기에 영국의 침략자들은 너무 무식했다. 그들은 단지 인도를 자신들의 경작지이자 시장으로 여기고, 덧붙여 자신들의 신앙을 기준으로 손이 여럿 달린 여신상을 숭배하는 이 유서 깊은 민족을 무지한 인종으로 치부했다. 이러한 영국인의 태도는 인내력 강한 인도인마저도 흔들리게 만들었다. 결국 1850년대에 들어서면서 인도 전역에서 종교적·인종적·경제적 폭동이 자연발생적으로 불붙기 시작했다.

마침내 1857년 5월, 북부 인도의 작은 도시 밀라트에서 동인도회사에 고용된 인도인 병사인 세포이가 항쟁을 일으켰다. '세포이Sepoy'란 페르시아어로 군대를 뜻하는데, 이들은 순식간에 지역 내 영국인을 진압하고 델리를 향해 진군하기 시작했다. 세포이가 영국의 지배에 항거했다는 소문이 퍼지자 인도 백성 또한 순식간에 그 흐름에 동참했고, 델리 성도 이내 그들의 손에 들어갔다. 그리고 이름으로만 무굴제국의 황제로 남아 있던 바하두르 샤Bahadur Shah 2세(1755~1862, 재위 1837~1857)는 백성의 추대를 받아 실질적인 황제로 등극했다.

이때부터 인도 곳곳에서 일어난 항쟁으로, 북부 인도부터 중부 인도에 이르는 지역이 영국의 지배에서 벗어날 수 있었다. 그러나 영국인 지배자들은 문화적으로는 인도인에 비해 뒤떨어졌을지 모르지만 식민지 지배를 가능케 하는 음모에 있어서는 앞서 있었다. 그들은 전국적인 지도체제가 성립되어 있지 않은 항쟁 세력 사이를 한편으론 이간질하고 다른 한편으론 번왕들을 매수하기도 했다. 그러면서 군사력을 재정비한 후 항쟁 세력을 각개격파하기 시작했다.

결국 항쟁 이듬해에 들어서면서 항쟁 세력은 급격히 약화되었고 영국인이 다시 지배계층으로 되돌아왔다. 물론 이들이 옛날처럼 되돌아온 것은 아니었다. 이들은 권력을 잡는 즉시 역사에 길이 남을 자취를 인도인에게 남겼으니, '기독교회 하나가 파괴된 곳에서는 힌두교 사원 100개를 파괴하고, 한 사람의 영국인이 살해된 마을에서는 이교도 1000명을 처형하라'라는 원리를 실천에 옮겼다. 무굴 제국의 황태자가 항복하자 즉시 처형하는 사태까지 발생하였으니 수많은 세포이의 운명이 어떠했을지는 설명이 필요 없을 것이다.

그러나 이러한 비극적인 사태는 멀리 떨어져 있던 영국 본토의 정치인에게 커다란 위협이 되었다. 그들은 이제 예전과 같은 방식으로는 더 이상 인도에서 수익을 거둘 수 없으리라고 판단했다. 그리고 일본인이 3·1운동을 폭력적으로 제압한 후 명목상으로는 '문화통치文化統治'라는 방식으로 한편으론 회유하면서 다른 한편으론 더욱 지능적으로 한반도를 다스렸던 것처럼 인도의 관습을 존중하는 한편 인도인 가운데 몇몇에게는 다양한 계층으로 상승할 수 있는 기회도 주었다. 영국 변호사로 활동하던 간디도 이러한 영국의 지배 정책 변경으로 법조인으로서 성장할 수 있었던 것이다.

이제 인도를 강압적으로 약탈하고 지배하는 것으로도 악명 높았던 동인도회사는 폐지되었고, 영국 정부에서 직접 통

세포이 항쟁

항쟁에 참여한 세포이를 목매달아 죽이는 모습을 찍은 사진.
펠리스 비에토, 질산은 사진, 1857.

치에 나서게 되었다. 인도에서의 정책 시행에 제한적이지만 인도인의 의견을 수렴하기 시작한 것도 이후의 일이었다. 하지만 무엇보다도 값진 성과는 인도 민족주의 정신을 잉태한 인도의 계층이 자생적으로 태동하기 시작한 것이다. 그리고 이들은 훗날 인도 독립의 뿌리가 되어 활동하게 된다.

060

소년십자군,
유전된 맹목

역사를 배우는 까닭은 무엇일까? 과거의 사실을 반성하고, 미래의 거울로 삼고자 함이다. 그런데 인간의 우매함은 바로 잘못된 역사가 지속적으로 반복된다는 데 있다. 바둑을 두는 당사자보다 훈수 두는 사람에게 수가 더 잘 보인다는 말도 있듯이, 자신들이 역사에 함몰되는 순간 역사의 교훈은 사라지고 오직 자신의 신념과 믿음만이 남아 잘못된 길로 다시 접어드는 것은 아닐까.

소년십자군의 사례는 그런 면에서 우리에게 너무나 많은 것을 가르쳐 준다. 오욕으로 얼룩진 제4차 십자군 원정이었지만 유럽 사회에는 눈에 보이는 이익을 가져다주었다. 그리고 이러한 소탐小貪은 대실大失을 염두에 두지 않은 채 막다른 길을 향해 달려가고 있었다.

제4차 십자군 원정이 끝나고 10여 년이 지난 어느 날, 프

<u>소년십자군의 행진을 묘사한 판화</u>
신의 계시라는 한 마디에 3만 명의 아이들이 모여들어 비극적 최후를 맞이했다.
소년십자군은 종교적 열의가 비정상적인 형태로 표출된
그 시대의 분위기를 잘 보여 주는 사건이다. 귀스타브 도레 작.

랑스 북부의 한 마을에서 양치기 소년 하나가 신을 접했다. 그의 이름은 에티엔Estienne. "가난한 순례자의 모습을 한 그리스도께서 나타나 제게 빵을 청하셨습니다. 그런 후 이 편지를 임금님께 전해 주라고 하셨습니다. 그러자 제가 몰던 양들이 일제히 무릎을 꿇었습니다."

에티엔은 그러면서 출처불명의 편지 한 통을 들고 세상으로 나아갔다. 그러자 수천 명의 소년소녀가 부모나 신부의 만류에도 아랑곳하지 않고 그의 뒤를 따라 사명을 완수하러 길을 나섰다. 물론 이성적인 사람도 많았겠지만 예나 이제나 인간은 변치 않는다. 남이 나서면 나도 나서고 남이 흥분하면 자신도 흥분하는 것이 평범한 인간의 모습이다. 이들을 본 수많은 사람들은 기적이 일어났다며 돈과 양식을 들고 아이들을 찾았다. 게다가 신의 부름을 받은 에티엔은 말 그대로 살아 있는 천사가 되어 신이 출현한 것과 같은 환영을 받았다. 그가 입고 있는 옷은 수많은 사람들에 의해 찢겨 나가기까지 했고.

이러한 사실을 알게 된 국왕은 그들에게 해산 명령을 내렸으나 이미 누구도 그런 말에 귀를 기울일 형편이 아니었다. 고작 열두서너 살짜리 어린 십자군들은 마르세유 항을 향해 발길을 돌렸고, 무리는 이미 3만 명에 이르렀다. 3만 명의 행렬이 한 곳을 향해 나아가는 모습이라니. 얼마나 많은 식량이 필요하고 얼마나 많은 잠자리가 필요했겠는가? 그들이 이 모든 것을 해결하면서 마르세유까지 탈 없이 당도했다는 것이야말로 그 시대의 광기를 그대로 보여 주는 것이 아니겠는가!

그러나 이들과 이들을 부추긴 어른들은 마르세유 상인들을 너무 우습게 보았다. 마르세유에서 이들을 배 일곱 척에 태운 선주들은 곧 성지를 향해 출발했는데, 두 척은 이내 난파당하고 나머지 배에 타고 있던 어린 십자군들은 이집트 알렉산드리아에 내리자마자 노예 상인들의 환영을 받았다. 그래도 다행스러웠던 것은 후에 신성로마제국의 프리드리히 2세와 알렉산드리아 술탄이 화해하면서 십자군으로 끌려갔던 노예 700여 명이 해방된 것이다.

그런데 소년들의 비극은 끝나지 않았다. 독일에서는 열 살된 니콜라우스라는 아이가 나타나 다시 이탈리아를 향해 걸었다. 독일에서 이탈리아의 브린디시 항구까지 가야 했던 그들은 알프스 산맥을 넘기까지 했다. 그러나 다행스럽게도 그들은 항구에서 배를 타기 직전에 사제들의 강력한 저항을 받고 대부분 고향으로 발길을 돌렸다. 그들의 모습은 거지 그자체였다. 떠나올 때의 태도와는 달리 자신들이 왜 이곳까지 왔는지조차 제대로 기억하지 못했다. 게다가 의욕을 상실한 지도자 니콜라우스는 어디로 갔는지 행방조차 묘연해졌고, 다른 아이들도 무리를 지어 이리저리 헤맸다. 그 과정에서 노예로 팔려간 아이들이 없었다면 그것이 기적이었을 것이다.

061

솔론,
외로운 합리론자

법률 제정가이자 시인. 이런 상반된 직업을 한 사람이 동시에 수행하기란 오늘날에는 아주 힘든 일이다. 특히 이에 정치가까지 덧붙인다면…. 그러나 고대 그리스나 중국처럼 이상적인 인간이 숭앙받는 시대에는 가능했다. 그래서 공자, 맹자도 정치가였고, 솔론Solon(기원전 630 무렵~560 무렵) 또한 정치가에 자신의 이름을 딴 법전을 제정했으며, 엄청난 양의 시를 남겼다. 게다가 아테네를 질곡에서 구해낸 개혁을 수행해 '솔론의 개혁'이란 표현이 세계사 교과서에 빠지지 않을 정도이니 그를 어찌 기억하지 않을 수 있겠는가?

　기원전 600년 무렵에 활동한 솔론은 고대 그리스의 7현인賢人 가운데 한 사람으로 꼽혔다. 후대에 이르러서는 7현인이 누군가에 대해 수많은 의견이 나와 20여 명이 거론될 정도지만, 솔론은 탈레스Thales, 피타코스Pittakos, 비아스Bias와 함께 변하지 않고 포함된 네 사람 가운데 하나다.

그는 도대체 무슨 일을 했기에 이런 평가를 받은 것일까? 그 무렵 아테네에서는 농민층의 붕괴가 시작되고 있었다. 빚을 진 농민들은 토지를 채권자에게 저당 잡히고 1년에 20퍼센트에 가까운 이자를 내야 했다. 그러나 이 정도면 매우 양호한 편이었다. 이자를 체납하거나 자신의 몸을 저당 잡히고 빚을 얻어 갚지 못한 경우에는 노예로 귀속되기에 이르렀다. 물론 농민이 아니라고 해서 불만이 없었던 것은 아니었다. 수공업자와 상인은 정치에 참여할 수 없어 소외감을 느꼈고 이들 또한 불만으로 가득 차 있었다.

결국 자유농민은 대부분 사라지고 기층 민중과 부유층 간에는 봉합할 수 없을 정도의 간극이 벌어진 상태였으며, 이는 곧 아테네의 위기로 이어졌다. 이러한 위기 속에서 아테네에 솔론이란 상인 출신 시인이자 정치가가 출현한 것은 행운이었다. 모르긴 몰라도 역사는 이런 경우에 혁명가나 반동주의자의 탄생이 일반적이라는 사실을 알려 주고 있으니까.

솔론은 가장 먼저 경제 개혁에 나섰다. 노예로 전락하는 대부분의 농민을 구하지 않고는 아테네에 미래는 없었다. 그는 빚으로 인해 토지를 빼앗긴 경우 이를 이전 상태로 환원시키고, 인신 저당으로 인해 노예가 된 시민들을 자유의 몸이라고 선언했다.

"나는 가는 곳마다 곳곳에 박혀 있는 저당 표석을 뽑아냈으며 예속되었던 땅이 자유롭게 되었도다. 또한 나는 정당하게든 부당하게든 팔려간 많은 사람들, 빚의 멍에를 피해 달아나 먼 곳에서 방랑하던 사람들을 아테네로 되돌아오게 하였도다. 노예로 고통받으면서 주인의 변덕에 전전긍긍하던 사람들 또한 자유롭게 해주었도다." 시인답게 그는 자신의 업적을 이렇게 기록했다. 이러한 그의 잘난 체는 현실에 기반을 둔 것이었다. 가난에서 벗어나지 못하던 아테네 농민에게 빈곤은 더 이상 문제가 되지 않았고, 이제 어떤 시민도 빚으로 인해 노예로 전락할 가능성은 사라졌다.

그는 아테네에 새로운 신분제도를 도입했다. 모든 시민을 넷으로 구분하고, 확고부동한 시민 공동체를 형성하는 것이었다. 소유한 재산과 생산력에 근거하여 맨 위에는 펜타코시오메딤노이pentakosiomedimnoi가 자리 잡았다. 그들은 1년에 500부셸bushel(과일, 곡물 등의 중량 단위) 이상의 생산력을 소유한 이들이었다. 그 다음은 히페이스hippeis였는데, 1년에 300부셸의 수입이 있었다. 이 두 계층은 참정권을 부여받음과 동시에 최고위직에 오를 수 있었고, 그 대가로 군사 의무를 져야 했다. 물론 징병에 필요한 말과 모든 병참 또한 자신이 마련해야 했다. 셋째는 제우기타이zeuqitai란 계층이다. 1년에 200부셸의 생산력을 갖춘 농민으로, 중무장한 보병의 의무를 져야 했다. 물론 하급 관리로 나아갈 수 있는 권리도 함께 주어졌다. 넷째 계층은 테테스thetes라고 불린 일용노동자였다. 이들 또한 아테네의 시민으로 인정받아 민회民會에 참여할 수 있었다. 이 네 계층이 아테네 살림살이에 기여한 정도를 보면, 첫째 계층이 60퍼센트, 둘째 계층이 30퍼센트, 셋째 계층이 10퍼센트를 부담한 반면 노동자 계층은 세금을 면제받았다.

한편 솔론은 그 무렵 아테네 최초의 성문법으로 시민들을 다스리던 드라코Draco 법전을 대신해 솔론 법전을 편찬했다. 피로 기록되어 있다고 알려질 만큼 엄혹한 드라코 법전 대신 그는 많은 부분을 완화해 인간 냄새가 나는 법전으로 수정한 것이다. 그의 개혁은 공자가 추구하던 중용의 길과 흡사해, 모든 계층의 불만을 산 동시에 어떤 계층도 반발하지 않았다. 결국 그의 정책은 실천에 옮겨졌고, 그는 자신의 정책과 법을 새긴 회전판을 설치하여 누구나 이를 확인하고 실천할 수 있도록 한 후 아테네를 떠났다. 정책 과정에서 자신과 관련한 오해가 일어나지 않도록 한 조치였다.

솔론은 이후 이집트 등지를 여행하면서 세월을 보냈는데, 훗날 귀국하자 시민들은 다시 이런저런 자들을 떠받들며 편가르기를 하고 있었다. 그는 친구이자 유능한 장군인 페이시스트라토스Peisistratos가 독재자인 참주가 되려는 야심을 키우고 있음을 간파했고, 이를 경고했으나 그 누구도 그의 말에 귀를 기울이지 않았다. 그리고 솔론이 세상을 떠난 후 그는 참주에 올랐다.

시대와 국경을 초월해 사람들의 존경을 받는 솔론

나라가 경제적으로 혼란에 빠질 때 독재자가 등장하기는 쉽지만
중용의 지혜로 위기를 극복하기란 쉽지 않다. 중용의 개혁을 실현한 솔론은
고대에서 현대에 이르기까지 존경받고 있다. 16세기 루마니아의 수도원 벽화.
플라톤, 피타고라스와 나란히 솔론이 그려져 있다.

수니파 대 시아파,
그리고…

기독교 교파가 얼마나 되는지 아는가? 세계적으로 기독교의 분파가 300개 이상인 것은 분명하다. 우리나라 또한 그에 못지않을 것이다. 그렇다면 불교는? 기독교보다는 적겠지만 여하튼 우리가 기억할 수 없을 만큼 다양한 분파가 존재하는 것만은 사실이다. 그렇다면 세계 3대 종교 가운데 하나인 이슬람교는? 물론 다양한 분파가 있지만, 그래도 기독교나 불교에 비하면 그 수가 매우 적다. 그 이유는 잘 모르겠지만 전문 성직자가 존재하지 않는 것이 주요한 요인 가운데 하나인 것은 분명하다.

이슬람교의 가장 큰 분파는 수니Sunni파와 시아Shi'ite파로 알려져 있다. 이슬람교도가 극히 드문 우리가 이 두 파를 기억하는 것은 아마도 아랍이 세계의 관심 지역으로 부각되었기 때문일 것이다. 그 외에도 수피즘Sufism이라 불리는 신비

304
/
305

주의적 신앙도 이슬람교의 한 형태이고, 하와리즈파Khawarij 라는 강경한 파벌도 존재한다. 또 이스마일Izmail이라는 6대 칼리프caliph의 둘째 아들을 따르는 파도 소수지만 존재하고 그 외에도 여러 파벌이 활동 중이다. 게다가 요즘에는 새로운 파벌도 속속 탄생하는 듯하다. 그렇다고 해도 우리에게 익숙한 기독교와 불교의 분파와는 크게 차이가 난다.

수니파는 현재 이슬람교도의 약 85~90퍼센트를 차지하는 다수파로서, 스스로 정통파라고도 부른다. 마호메트가 후손을 남기지 않고 사망하자 칼리프라고 불리는 이슬람 공동체의 통치자를 마호메트의 합법적 후계자로 인정한 파다.

반면에 시아파는 4명의 칼리프가 아니라 마호메트의 사위이자 4대 칼리프인 알리를 유일한 후계자로 인정한다. 이는 마호메트의 자손만이 후계자가 될 수 있다는 이유에서였다. 그러나 이러한 차이는 단순히 후계자 문제뿐 아니라 아랍인과 페르시아인, 그 외의 민족 간 감정도 포함된 복잡한 문제에서 비롯된 것으로 보인다. 오늘날에도 아랍 세계에서는 대부분이 수니파 이슬람교도인 것에 비해 페르시아인이 주류를 이루는 이란과 그 주변 국가들에 시아파가 많이 존재하는 것만 보아도 그런 사실을 알 수 있다.

수니파는 정통파라고 자신들을 칭하면서도 융통성 있는 형식을 채택했으니, 외국인 칼리프까지 허용했다. 또한 새롭게 이슬람교의 우산 아래 들어오는 공동체의 관습을 허용하

수니파와 시아파의 분포

범례:
수니파
시아파

주요 지명: 대한민국, 일본, 몽골, 중국, 러시아, 카자흐스탄, 우즈베키스탄, 투르크메니스탄, 키르기스스탄, 타지키스탄, 아프가니스탄, 파키스탄, 인도, 이란, 이라크, 터키, 시리아, 사우디아라비아, 예멘, 오만, 쿠웨이트, 카타르, 이집트, 리비아, 차드, 수단, 에리트레아, 에티오피아, 소말리아, 케냐, 우간다, 르완다, 부룬디, 탄자니아, 잔지바르, 자이르, 앙골라, 콩고, 가봉, 카메룬, 중앙아프리카공화국, 나이지리아, 니제르, 베냉, 토고, 가나, 부르키나파소, 코트디부아르, 라이베리아, 시에라리온, 기니, 기니비사우, 감비아, 세네갈, 말리, 모리타니, 서사하라, 모로코, 알제리, 튀니지, 스페인, 포르투갈, 프랑스, 영국, 아일랜드, 독일, 이탈리아, 스위스, 네덜란드, 벨기에, 덴마크, 체코, 헝가리, 폴란드, 핀란드, 노르웨이, 스웨덴, 벨로루시, 우크라이나, 루마니아, 불가리아, 그리스, 알바니아, 세르비아, 보스니아, 크로아티아, 슬로베니아, 오스트리아, 타이, 미얀마, 방글라데시, 스리랑카, 말레이시아, 인도네시아, 필리핀, 브루나이, 타이완

는 등 관용을 통해 교세를 확장할 수 있었다. 그런 까닭에 인도네시아와 아프리카 등 새롭게 이슬람교를 받아들인 대부분의 나라들은 수니파 이슬람교를 믿고 있다.

반면에 시아파는 초기에 이슬람교도의 공동체적 지배를 지지한 정치적 파벌로 시작해 훗날 종교적 운동으로 진화되었다. 이들은 이슬람교를 세속적으로(다른 말로는 융통성 있게) 수용하는 데 반발하는 독실한 신자들과 아랍계 이슬람교도들로부터 차별 대우를 받던 비아랍계 이슬람교도, 즉 마왈리의 지원을 등에 업고 교세를 확장해 나갔다. 오늘날 이란과 이라크, 시리아, 레바논과 그 외의 몇몇 지역에서 주류를 이루고 있는 시아파는 세계 이슬람교도의 10~15퍼센트 정도를 차지하는 것으로 알려져 있다.

063

스텐카 라진,
환영받은 반란자

넘쳐 넘쳐 흘러가는 볼가 강물 위에

스텐카 라진 배 위에서 노랫소리 드높다

페르시아의 영화의 꿈 다시 찾은 공주의

웃음 띤 그 입술에 노랫소리 드높다

돈코사크 무리에서 일어나는 아우성

교만할손 공주로다 우리들은 주린다

다시 못 올 그 옛날에 볼가 강은 흐르고

잠을 깨인 스텐카 라진 외롭구나 그 얼굴

308
/
309

'스텐카 라진Stenka Razin'이라는 노래 가사로, 아는 분은 알고 모르는 분도 노래를 들으면 알 것이다. 러시아의 유명한 민요인데, 처음 이 노래를 들었을 때 말할 수 없는 슬픔을 느꼈다. 그런데 노래의 은근한 서글픔과는 달리 스텐카 라진이 사람을 가리키는 것 같기는 한데 도대체 누구이고 언제 사람인지, 가사 내용은 또 무엇인지 도무지 알 수가 없었다. 배 위에서 노래 부르는 사람과 페르시아 공주의 웃음. 그러다가 다시 교만한 공주. 이야기가 머릿속에서 정리되지 못한 것이다. 훗날 이 노래에 관한 내용을 모두 알게 되고 나서 고개를 끄덕였는데, 그 기억을 지금부터 되살려 보자.

스텐카 라진은 스텐카 라친이라고도 하는데 본명은 스테판 티모페예비치 라진Stepan Timofeyevich Razin으로, 1630년 무렵에 태어나 1671년에 죽었다. 러시아 남동쪽 국경 지방에 거주하던 카자크인은 슬라브족과 다른 민족이었다. 이들은 대대로 러시아와 밀접한 관계를 맺으며 살아가고 있었는데, 스텐카 라진은 카자크 출신으로 집안이 부유했다(이 농민 집단은 '자유인'이란 의미의 터키어에서 유래된 코사크라고도 한다. 러시아 정부에 군사력을 제공하며 특권을 누렸다).

그런데 시간이 흐를수록 러시아는 카자크인에게 부여한 권리를 회수하고자 했고, 이를 참지 못한 카자크인은 결국 봉기를 일으켰다. 특히 카자크인은 대대로 공동경작, 공동소유라는 경제적 활동과 더불어 평등이라는 정치적 이념(현대적 개념의 무정부주의와 흡사한)을 민족 전통으로 간직하고 있었기에 러시아인의 부당한 압력에 항거하는 데 전 민중이 힘을 합칠 수 있었다. 이러한 저항은 1600년대 후반부터 시작되었고, 그 선봉에 선 이가 바로 스텐카 라진이었다.

그는 1667년 무렵부터 볼가 강 유역에서 활동을 시작, 러시아 차르의 함대를 공격하여 재물을 약탈하고 카스피해 연안의 페르시아 정착촌까지 공략하기에 이르렀다. 이후 세력을 급속히 강화한 그는 1670년에 들어서면서 볼가 강 유역의 볼고그라드와 아스트라한을 함락시키고, 그곳에 카자크인의 자치 기구를 설치했다. 이윽고 그들이 러시아 중부 지방까지 진출하자 러시아 정부에서는 황태자 유리 바리야틴스키로 하여금 스텐카 라진 일당을 공격하도록 했다. 잘 훈련된 정부군은 승리에 들떠 있던 반란군을 삽시간에 진압했다. 후퇴하던 스텐카 라진은 이듬해인 1671년 4월 체포되었으며, 붉은광장에서 만인이 보는 가운데 능지처참을 당했다.

사실 스텐카 라진은 정치적으로 성숙한 지도자는 아니었고 반란군 또한 체제와 이념을 갖춘 상태가 아니었다. 그들은 정열에 불타는 약탈자의 모습에 불과했다고 할 수 있다. 그런데도 차르 치하에서 신음하던 러시아 민중에게 스텐카 라진은 의적의 모습으로 다가왔고, 그의 죽음 이후 그는 민중 속에 영웅으로 각인되었다. 스텐카 라진이라는 민요 또한 이러한 러시아 민중과 카자크인의 염원이 담긴 명곡이라고 할 수 있다.

아! 페르시아 공주 이야기를 빠뜨렸군. 스텐카 라진의 공격을 받은 페르시아군은 미인계를 쓰기로 결정하고 아름다운 공주를 스텐카 라진에게 보냈다. 스텐카 라진은 공주의 아름다움에 빠져 이전까지의 호전성을 상실한 채 쾌락으로 나날을 보냈고, 이를 보다 못한 민중은 분노했다. 이 모습을 본 스텐카 라진은 자신의 잘못을 뉘우치고 공주를 직접 볼가 강에 던져 익사시킨 뒤 전의를 가다듬었다고 한다.

064

스파르타쿠스단,
되살아난 로마의 혁명군

기원전 73년, 로마는 일단의 반란군 때문에 온통 공포에 휩

싸였다. 노예로 구성된 검투사들이 양성소의 삼엄한 경비를

뚫고 탈출한 후 베수비오 산으로 숨어 들어갔기 때문이다.

총이나 대포가 없던 시절, 싸움꾼으로 훈련받고 상대를 죽이

는 것만이 사는 길임을 잘 알고 있던 검투사 70명이 로마 주

위에 도사리고 있다는 것은 호랑이 70마리와는 비교도 안 되

는 공포였다.

이들을 이끄는 지도자의 이름은 영화화되어 우리에게도

낯익은 이름 스파르타쿠스Spartacus(?~기원전 71)다. 그는 다른

노예 출신 검투사와는 달리 꽤 유식했고, 지도자로서의 품성

을 지닌 이였다. 그의 지도 아래 고작 70명으로 시작했지만,

곧이어 유랑 노예와 전쟁포로로 로마에 끌려온 여러 민족 출

신 노예가 합세하면서 반란을 이어갔다. 그리고 이들을 진압

하기 위해 파견된 로마군은 차례차례 패배의 길을 걸었다. 급기야 이들의 세력은 수만 명이 넘었고, 이탈리아 반도의 남부 전역을 장악하기에 이르렀다.

2년 넘게 이들 때문에 고통을 겪던 로마 정부에서는 삼두 정치三頭政治(제1차 삼두정은 기원전 60년 강력한 권력을 소유한 폼페이우스, 카이사르, 크라수스의 비공식적 협의체를 가리킨다. 기원전 43년에는 안토니우스, 레피두스, 옥타비아누스의 제2차 삼두정이 실시되었고, 이들은 삼인국사위Tresviri publicae constituendae라는 독재 권력을 공식적으로 부여받았다) 지도자 가운데 하나인 크라수스를 지휘관으로 파견했다.

그 무렵 스파르타쿠스는 알프스를 넘어 이탈리아를 떠나기로 결심했는데, 무슨 이유에서인지 그의 계획은 실천에 옮겨지지 못했다(부하들이 승리를 확신하고 이탈리아를 떠나지 않기로 했다는 설이 유력하다). 결국 스파르타쿠스 일행은 다시 남부 이탈리아로 향했고, 그곳에서 시칠리아 섬으로 건너가 자신만의 사회를 만들고자 했다. 그러나 시칠리아로 그들을 실어 나르기로 계약한 해적들은 약속을 지키지 않았고, 크라수스와 폼페이우스가 이끄는 8개 군단의 공격을 받은 반란군은 결국 패하고 말았다. 영화에서는 스파르타쿠스 또한 포로가 되어 아피아 가도에 세워진 수많은 십자가 가운데 하나에 못 박혀 종말을 맞지만 실제로는 전사한 것으로 알려져 있다. 물론 포로가 된 6000명이 넘는 반란군은 모두 아피아 가도街道 양

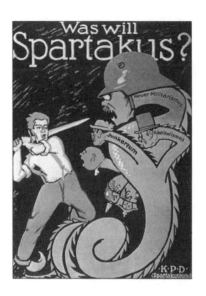

1900년대에 부활한 스파르타쿠스단의 선전 포스터

기원전 70년대의 스파르타쿠스도, 1900년대의
스파르타쿠스도 혁명에 실패하여 비참하게 살해당했다.
그런데도 끊임없이 '스파르타쿠스'는 부활해 왔으며, 부활할 것이다

쪽에 세워진 십자가 위에서 못 박혀 죽었다. 이것이 기원전 70년대에 로마에서 일어난 스파르타쿠스의 난이다.

그런데 역사상 최강대국 로마를 궁지에 몰아넣은 일개 검투사가 역사 속에서 그냥 사라진다면 역사의 힘이 너무 약한 것이 아닐까? 1916년 유럽의 강국 독일에서 스파르타쿠스는 홀연 부활한다. 그를 부활시킨 이들은 독일에서 사회주의 활동을 주도하던 칼 리프크네히트Karl Liebknecht(1871~1919), 로자 룩셈부르크Rosa Luxemburg(1871~1919), 프란츠 메링Franz Mehring(1846~1919) 등이었다. 이미 제1차 세계대전 참전을 반대하며 사회주의 혁명을 꿈꾸던 이들은 스파르타쿠스단을 비밀리에 조직하고 패전과 함께 출옥한 후 사회민주당을 탈퇴하여 독일공산당을 창당했다. 그러니까 스파르타쿠스단이 독일공산당으로 탈바꿈한 것이다.

이후 로자 룩셈부르크를 비롯한 독일공산당 지도부는 노동자 정부를 주장하며 사회민주당 정부에 강력히 저항했다. 그러나 보수적인 사회민주당 세력과 군부는 이들을 탄압했고, 이에 저항해 스파르타쿠스단은 베를린에서 반란을 꾀했으나 실패로 돌아갔다. 로자 룩셈부르크와 리프크네히트는 체포된 후 살해되었다. 특히 여성 공산주의 이론가의 대표 인물인 로자 룩셈부르크는 보위대에게 체포되어 개머리판에 맞고 살해된 후 운하 속으로 처넣어져 수개월 동안 묻혀 있다가 시신으로 발견되기도 했다.

한편 스파르타쿠스가 사회주의자와 공산주의자에게 상징이 된 까닭은 공산주의를 처음으로 주장한 칼 마르크스가 가장 존경하던 인물이 바로 스파르타쿠스였기 때문이었다.

065

스페인 내전,
전 세계 양심세력의 저항

'세상의 지배자들이 모두 악마는 아니지만 결코 순수하지는 않다.' 이렇게 말하는 것이 단지 나쁜일까. 최인훈의 소설 《광장》에 나오는 주인공 이명준은 6·25전쟁이라는 동족상잔의 소용돌이 속에서 이상적인 사회를 추구하는 순수한 인물이다. 그러나 남의 이승만과 미국, 북의 소련과 김일성은 악마가 아니라 하더라도 이상적인 가치를 위해 자신의 이익을 포기하려는 태도는 결코 보이지 않았다. 그리고 매우 복잡한 손익계산서를 작성한다.

스페인 내전은 보이지 않는 악마와 순수한 시민 사이에 얼마나 큰 간격이 존재하는지를 보여 주는 대표적인 사례다. 물론 스페인 내전이 종식된 지 70여 년이 지난 오늘날까지도 이 사건을 평가하는 기준 또한 평가하는 인물 또는 지향성에 따라 다르다. 사실 그 실체를 보면 너무나 단순한 사건을 놓고도 이렇게 대칭적인 평가를 하는 것을 보면 인간이란 얼마나 복잡한(또는 비겁한, 이기적인, 주관적인) 존재인지 알 수 있다.

스페인은 1936년 2월 총선에서 인민전선 정부가 집권했다. 20세기 초반까지도 왕정이 지배하던 유럽의 후진국 스페인은 이후 세계의 흐름을 따라잡지 못해 고통을 겪다가 급기야 1931년 공화정을 세웠다. 그런데 이 공화정은 허울뿐인 체제였고, 사회는 예나 다름없이 토지 소유자인 귀족과 교회, 군부에 의해 좌지우지되었다. 1933년 선거에서 우익 세력이 승리하자 이러한 움직임은 반동적 태도를 띠기 시작했다. 결국 참지 못한 좌익 세력은 이듬해 전국적으로 봉기에 돌입했다. 이때 막 40대로 접어들던 장군 프랑코Francisco Franco(1892~1975)가 모로코의 외인부대를 이끌고 봉기를 진압해 자신의 이름을 널리 알린다.

그러나 사회 개혁에 대한 갈증을 겪던 시민들은 급기야 1936년 2월 총선거에서 인민전선의 결성에 동력으로 작용했고, 정권은 양심적 부르주아 세력으로부터 공산주의자, 무정부주의자, 노동자 등을 대변하는 인민전선의 손에 넘어갔다. 한마디로 러시아에서 사회주의 혁명이 성공한 지 고작 10여 년 만에 한 나라에서 선거를 통해 좌익이 정권을 잡은 것이다. 그러니 이러한 사태를 도저히 묵과할 수 없는 세력이 왜 없겠는가? 그리고 그들을 대표하는 인물로 역시 프랑코가 나섰다.

인민전선 정부가 집권한 지 채 5개월도 지나지 않은 1936년 7월 18일, 프랑코는 스페인의 식민지인 아프리카 북서쪽의 섬 카나리아 제도에서 반란을 일으켰다. 그리고 본국 군대에게도 자신의 세력에 호응해 궐기할 것을 요구했다. 그러자 기득권 상실에 짜증이 나 있던 육군이 이에 호응했다.

그런데 사태는 이때부터 놀라운 방향으로 진행되기 시작한다. 무기를 든 군인들이 나서서 쿠데타를 일으키면 반대 세력의 군대가 강하지 않다면 대부분 성공하기 마련이다. 그런 까닭에 프랑코 일당은 자신들의 반란이 금세 성공하리라 여겼다. 물론 인민전선 내부가 복잡한 세력으로 이루어져 있다는 사실도 염두에 두었을 것이다. 목표가 다른 여러 세력이 일시적으로 단합할 수는 있지만 특정한 문제가 발생하면 서로 다른 의견들이 드러나 단합이 순식간에 와해되는 것이 일반적이니까.

그런데 인민전선은 무너지지 않았다. 더욱 놀라운 것은 그저 시키는 대로 따라올 것이라 믿었던 시민들의 태도였다. 시민들은 정부에게 자신에게도 무기를 지급해 달라고 요청했다. 결국 정부는 시민들에게 무기를 지급했고, 이때부터 반란군은 시민들을 상대로 전투를 벌여야 했다. 그리고 그 전투는 예상 외로 힘겨운 상황으로 전개되었다. 쿠데타 이틀 후 이미 스페인의 주요 도시는 반란군이 아니라 시민군의 수중에 들어갔고, 이로써 사실 쿠데타는 종결된 것이나 다름없었다.

한편 느긋이 쿠데타가 성공했다는 소식을 기다리던 프랑코는 이 상황에 적이 놀랐다. 그는 즉시 자신이 거느리고 있던 병력 2만 7000명이 주둔하고 있는 모로코로 날아갔다. 그리고 이 병력을 이용해 다시 쿠데타를 일으키기로 했다. 그러나 해군은 반란군에 호응하지 않았기 때문에 해상을 통한 스페인 진입은 불가능했다. 이때 프랑코에게 손길을 내민 것이 파시스트였다. 무솔리니와 히틀러는 '하늘의 구름다리'라고 불리는 운송로를 프랑코에게 제공했으니 바로 비행기를 이용한 병력 수송이었다. 그뿐인가? 히틀러는 그에게 5억 마르크와 수만 명의 인적자원을 제공했고, 무솔리니 또한 5만 명에 달하는 병력을 지원했다. 이후 몇 주 동안 반란군은 10만 명에 가까운 시민들을 무차별적으로 학살했다.

이것이 스페인 내전의 실상이다. 시민이 선택한 정부를 군부가 전복하고자 했고, 그 시도마저 목숨을 건 시민들의 결단에 의해 실패로 돌아가자 인류가 낳은 가장 비열한 집단인 파시스트가 자신들의 이익을 위해 지원에 나선 것이다. 얼마나 단순한가? 그러므로 이후 일어나는 모든 상황은 이 본질에 맞추어 평가되어야 한다.

그런데도 자신들의 주장을 어떻게든 합리화하려는 수많은 배운 자들은 이 사건을 분석하고 해부하기 시작한다. 그런 후 스페인 내전이 인간의 선을 추구하는 의지에 저항하는 이

기적 집단의 저항이라는 측면이 아니라, 국제 정세가 어떻고 공산주의가 어떻고 종교가 어떻고 하면서 희석시킨다. 이 말을 확인하려면 내로라하는 백과사전이나 역사서의 '스페인 내전' 편을 읽어 보라.

그러나 이런 후세 사가들의 왜곡에도 아랑곳하지 않고 그 시대 양심을 지닌 지성인과 시민들은 결코 비겁하지 않았다. 《인간조건》이라는 소설을 쓰고 후에는 프랑스 문화부 장관으로 일한 앙드레 말로를 비롯해 수많은 세계의 지성인이 무기를 들고 스페인으로 모여들었다. 이렇게 국제적으로 모인 시민군을 '국제여단國際旅團'이라고 부르는데, 이 가운데는 각국 공산당이 모집한 의용군도 포함되어 있었다. 물론 공산주의를 선천적으로 증오하는 사람이라면 "그것 봐라. 역시 이 내전은 공산당이 사주한 것이잖아."라고 주장하고 싶을 것이다. 하지만 1939년 내전이 끝날 때까지 종군한 국제여단은 전 세계 50여 개국에서 자원한 5만여 명으로 구성되었고, 개인 자격으로 참전한 인도주의자인 그들의 출신 성분 또한 농민, 학생, 의사, 교수 등 광범위하다는 사실을 알고 나면 생각이 바뀔 것이다.

또한 헤밍웨이는 기자로 종군하면서 스페인에서 자행되는 터무니없는 야만을 전 세계에 고발하고, 이 내전을 배경으로 훗날 소설 《누구를 위하여 종은 울리나》를 내놓았다. 화가 피카소는 붓을 무기삼아 게르니카에서 벌어진 학살을 고발하기 위해 〈게르니카〉를 그렸다. 위대한 첼리스트 파블로 카잘스는 자신의 조국 스페인에서 파시스트에 항거하다 쫓겨난 후 다시는 돌아가지 않았고, 훗날 국제사회가 프랑코 독재체제를 인정하자 이에 저항해 연주를 중단하기도 했다. 이렇게 스페인 내전은 스페인 국내의 문제가 아니라 전 세계의 지성과 반지성, 즉 파시스트의 싸움으로 확대되고 있었다.

물론 소련에서도 정부군 측에 200여 대가 넘는 비행기와 700문이 넘는 대포, 700대가 넘는 전차를 지원했다. 그렇다고 해서 이 전쟁이 파시스트와 소련으로 대표되는 사회주의 사이의 전쟁으로 규정될 수는 없을 것이다. 그런데도 보수주의자 가운데는 이 비윤리적인 전쟁을 '신을 부정하는 볼셰비즘에 저항하는 십자군 전쟁'이라는 창의적이면서도 터무니없는 주장을 내세우는 이들도 꽤 있었다.

그렇다면 이러한 국제적인 성격을 띤 내전에 왜 영국이나 프랑스 같은 나라들은 수수방관하고 있었을까? 이들 또한 이 전쟁의 본질을 잘 알고 있었다. 물론 자기 나라 국민들이 개인 차원으로 참전하고 있는 것도. 그런데도 관여하지 않은 것은 이 전쟁이 국제전으로 비화하여 자신들에게 피해를 줄지 모른다는 우려 때문이었다. 그리고 소련 또한 후반에 갈수록 정부군 지원을 줄여나가기 시작하는데 이 또한 훗날 독-소 불가침 협정으로 이어지는 정치적 계산 때문이었다.

결과적으로는 순수한 시민들로 이루어진 정부군과 국제여

로버트 카파가 찍은, 스페인 내전에 참가한 국제여단 병사들

평면 사진이지만 참가자의 눈동자에서 뿜어내는 정의에 대한 갈망과 인간에 대한
믿음은 감출 수 없지 않은가!

단이 옳았고, 정치적 계산에 몰두했던 정치인이 틀렸음을 역사가 확인해 준 셈이다. 이 전쟁을 통해 자신들의 무기가 얼마나 우수한지 확인하고 주위 국가들의 정치적 입지를 확인한 파시스트들은 이 내전의 승리와 함께 세계 지배의 야욕을 노골적으로 드러내기 시작했으니까. 소련 또한 독일과의 거래에서 얻은 것이라곤 스탈린그라드 전투에서 수백만의 생명을 대가로 거둔 상처뿐인 승리였다. 그리고 프랑코 반란군은 1939년 3월 28일 마드리드에 진입함으로써 서구에서는 보기 드물게 1975년 말까지 이어지는 프랑코 독재체제를 구축했다.

결론을 짓자. 세계 역사에서 한 나라의 내전에 전 세계인이 개인 자격으로 참전해 불의에 항거한 예는 찾아보기 힘들다. 스페인 내전은 그래서 인류 양심의 전쟁이라고 불리기도 한다. 물론 그들은 패했다. 100만 명에 가까운 피해자를 내고. 그곳에서 죽어간 지성인 가운데 살아남았다면 훗날 인류의 진보에 크게 기여했을지도 모르는 청년들을 떠올리면 가슴이 아프다. 마치 우리나라에서 벌어진 시민군의 궐기, 즉광주항쟁이 떠오르기도 한다. 그러나 이렇게 정의를 위해 목숨을 바칠 수 있기에 인간이다. 눈앞의 이익만을 떠올린다면 그게 어디 인간일까?

066

시스티나 성당,
콘클라베 그리고 미켈란젤로

바티칸은 교황청이 위치한 나라다. 그리고 교황은 시스티나 성당에서 열리는 추기경 회의에서 선출된다. 교황 선출 비밀 회의, 즉 콘클라베conclave가 열릴 때 시스티나 성당의 굴뚝에서 검은 연기가 피어오르면 교황 선출이 진행 중임을 알리는 신호이고, 흰 연기가 피어오르면 교황이 선출되었음을 알리는 신호라는 사실은 널리 알려져 있다. 하지만 이곳은 미켈란젤로Michelangelo(1475~1564)의 프레스코화가 천장에 그려져 있다는 사실로 더 유명한 듯하다.

여기서 잠깐! 프레스코화란 명칭이 이 책 곳곳에서 등장하는데, 도대체 어떤 그림을 프레스코화라고 하는 것일까? 프레스코는 벽에 그리는 그림, 즉 벽화 기법 가운데 대표적인 것이다. 프레스코화란 간단히 말하면 회반죽으로 만드는 벽이 프레스코fresco(이탈리어로 '축축하고 신선한')한 상태에서 물에 녹인 물감으로 그린 그림을 가리킨다. 이러한 기법을 부온buon 프레스코라고 하고, 회반죽이 마른 후 그리는 기법을 세코secco 프레스코, 어느 정도 벽이 마른 후에 그리는 것을 메초mezzo 프레스코라고 한다. 이 기법들을 함께 쓰는 경우가 많다.

다시 성당으로 돌아가 보자. 이 성당에는 미켈란젤로의 프레스코화 외에 수많은 프레스코화가 있다. 예수의 생애를 그린 프레스코화 여섯 점이 북쪽 벽에 있고, 남쪽 벽에도 여섯 점이 있다. 물론 각 프레스코화의 작가는 다르다. 그뿐인가? 미켈란젤로는 천장 프레스코화를 완성한 지 20년이 지나 서쪽 벽에 다시 〈최후의 심판The Last Judgment〉(1534~41)을 그렸다.

사실 미켈란젤로가 시스티나 성당 천장에 〈천지창조〉라는 프레스코화를 그려 넣게 된 것은 어쩌면 운명일 수도 있는 과정을 거친 뒤의 일이었다. 처음에 교황 율리우스 2세는 자신의 무덤을 설계하고 지으라는 명을 미켈란젤로에게 내린다. 미켈란젤로는 그 무렵 유명한 조각가였으니까 이 명은 그에게 적절했다고 할 수 있다. 미켈란젤로는 교황의 무덤을 장식할 수십 점의 조상彫像 작업에 착수했으나 교황의 변덕 때문에 이 일은 중단되고 말았다. 화가 난 미켈란젤로는 로마를 떠나 피렌체로 간다. 그러나 몇 달 후 교황은 그를 다시 불렀고, 그는 교황의 좌상坐像을 만든 후 이번에는 시스티나 성당 천장에 프레스코화를 그려 넣으라는 지시를 받는다.

　그로부터 4년 동안, 그러니까 1508년부터 1512년까지 약 18미터 높이의 비계(높은 곳에서 공사를 할 수 있도록 임시로 설치한 가설물)를 스스로 만든 후 그 위에 선 채로 작업에 몰두했다. 그는 배가 턱에 닿을 만큼 웅크린 채 일을 하다 온몸에 종기가 생기기도 했고, 고개를 뒤로 젖히고 작업하다 물감 세례를 받은 것도 한두 번이 아니었다. 그러나 그는 처음 안, 즉 12사도를 그리는 것과는 전혀 달리 343명이 등장하는 놀라운 작품을 완성하기에 이르렀다. 말이 343명이지 그 가운데 엑스트라는 한 명도 없다.

　장방형 세 개씩 짝을 지은 중앙의 아홉 개 패널에는 첫째부터 천지창조(빛과 어둠의 분리, 해와 달과 별의 창조, 바다와 육지의 분리로 구성)와 아담과 이브의 창조(아담의 창조, 이브의 창조, 원죄와 낙원 추방으로 구성), 노아 이야기(노아의 제사, 대홍수, 술에 취한 노아로 구성)가 묘사되어 있다. 그 가운데서도 아담과 이브의 창조를 그린 둘째 짝의 첫째 패널에는 처음 창조된 남자에게 하느님이 팔을 펼쳐 손가락 끝을 대며 생명을 불어넣는 '아담의 창조'가 그려져 있다. 이 그림이야말로 시스티나 천장화의 이름을 불후의 것으로 만든 작품으로, 시스티나 성당 천장화는 모를지라도 이 그림을 모르는 사람은 거의 없다.

　한편 시스티나 성당의 프레스코화 복원 작업이 1999년에 끝났다. 오랜 기간에 걸쳐 쌓인 초와 향의 그을음과 과거에

이루어진 수정과 복구 흔적이 제거되자, 거무스름한 것으로 알려져 있던 그림들이 사실은 아홉 가지 색상만을 쓴 선명한 그림임이 드러났다.

미켈란젤로의 천장 프레스코화는 총 800제곱미터의 넓이에 그려져 있다. 웬만한 사람이라면 아무 그림이나 천장을 향해 그려 넣기에도 빡빡한 4년이라는 기간 동안 그는 불후의 작품을 남겼으니 미켈란젤로의 작업 앞에 고개가 숙여지는 것은 당연하다.

프레스코화가 가득한 시스티나 성당의 벽과 천장

067

신명재판,
황당무계한 심판

신이 서양의 중세를 지배했다는 사실을 모르는 분은 없을 것

이다. 모든 것에 우선해 기독교가 존재했고, 신이 지배했다.

눈에 보이는 과학 분야에서도 신의 가르침에 어긋나는 내용

은 보지 않았고, 보아도 믿지 않았다. 그렇다면 재판에서는?

재판에서도 썩 다르지 않았다. 신의 정의가 구체화된 것이

라고 여긴 중세 법에서는 심판자 역시 신이었다. 또한 중세

에는 국가가 권력을 독점하지 못한 상태였다. 권력을 독점하

지 못했다는 것은 국가의 이름 아래 행해지는 폭력을 독점하

지 못했다는 것이고, 따라서 죄인에게 가하는 형벌 또한 국

가가 독점적으로 행사할 수 없었다. 그런 까닭에 군주가 되

었든 기사가 되었든 그 누구든 자신의 권리를 위해 폭력을

행사할 수 있었다. 중세에 경찰이 있었다는 말을 들어 보지

못했으니 이 말이 무엇을 뜻하는지 알 만하다. 중세 유럽은

동양에 비해 월등히 야만적이었다. 적어도 중국이나 한반도에서 개인과 개인 간 또는 집단과 집단 간의 갈등을 그들 사이의 보복에 맡겨 두었다는 이야기를 들어본 적이 없으니까.

그렇다면 이런 야만적인 재판 방법은 왜 일어나게 되었을까? 이는 중앙집권적 전제국가의 형성이 늦어진 것이 가장 큰 이유로 보인다. 국가의 권력이 집중되면 그로부터 강한 힘이 나오고, 이를 바탕으로 개인을 강하게 지배할 수 있고, 이 모든 사항을 국가가 통제할 수 있었을 테니까. 반대로 국가 권력의 통제권이 약할수록 개별적인 권리 행사를 막을 수 없을 것이다.

이러한 상황을 이해한다면 신명재판神明裁判이 무엇을 뜻하는지 알 수 있을 것이다. 중세인은 일정한 규칙 아래 신의 심판을 기다렸다. 선전포고라는 신사적인 전쟁 개시 방법도 이로부터 유래했다. 그러니까 아무리 폭력적 방식으로 문제를 해결한다고 해도 신의 이름 아래 행하는 것이기 때문에 예의를 갖추어야 했던 것이다. 이러한 방식은 개인 수준의 재판에서도 똑같이 적용되었다. 증거법정주의는 상상도 할 수 없었고, 오직 신의 심판이 유무죄를 결정했다. 그렇다면 어떤 방법으로 신의 정의를 확인했을까?

첫째, 뜨거운 물이 끓는 솥 안에서 돌이나 반지를 건져낸다. 이때 손을 다치지 않은 자가 재판에서 이긴다. 둘째, 뜨거운 쇠를 맨손으로 들고 일정한 거리를 걷거나 땅에 깔아 놓은 아홉 개의 쟁기 위를 맨발로 걷는다. 이때도 다치지 않은 자가 이긴다. 셋째, 양손을 묶어 물속에 넣는다. 이때는 물에 가라앉은 자가 이긴다. 왜? 깨끗한 물이 받아들인다는 것은 죄가 없다는 뜻이니까. 넷째, 제비를 뽑아 죄를 가린다. 다섯째, 마른 빵을 한번에 먹는다. 체하지 않고 먹는 자가 이기는 것은 당연하다. 여섯째, 원고와 피고가 십자가 앞에 서서 양팔을 수평으로 든다. 먼저 팔을 내리는 자가 지는 것은 당연하다. 일곱째, 살인 용의자를 피해자의 관 옆에 세운다. 피해자의 상처에서 피가 흘러나오면 그는 틀림없는 범인이다.

이러한 신명재판은 교회 안에서 신부들이 입회한 가운데서 행해지기도 했으니 지금 생각하면 놀랄 만한 일이다. 한편 신명재판 가운데 가장 유명한 것이 결투인데, 이는 기사들이 주로 이용하는 방식이다. 특이하게도 여자나 농노 같이 무기를 다룰 줄 모르는 자들은 무기를 다룰 줄 아는 사람에게 결투를 대행시키기도 했다.

중세의 재판소 풍경

중세의 기독교 재판소는 거짓과 오류가
신의 이름으로 포장되어 정의가 되어 나오는 곳이었다.
귀스타브 도레 판화.

068

아르키메데스,
온갖 분야의 천재

고대 그리스의 주요 도시 가운데 하나인 시라쿠사에서 태어 난 아르키메데스Archimedes(기원전 290 또는 280~212 또는 211) 는 생애의 대부분을 이곳에서 보냈으며, 그곳 왕인 히에 론Hieron 2세와 친하게 지냈다. 시라쿠사는 시칠리아 섬에 위치한 지정학적 위치로 인해 여러 나라의 표적이 되었는데, 훗날 로마의 침략으로 멸망할 때까지 끈질기게 독립을 유지 할 수 있었다.

아르키메데스란 뛰어난 인물도 시라쿠사를 적의 침략으로 부터 지키는 데 한몫했다. 그가 발명한 투석기가 공격과 수 비, 양측에서 뛰어난 효과를 거둔 것이다. 또한 커다란 거울 장치를 이용해 빛을 한 곳에 모아 로마의 함대를 불태웠다는 이야기는 유명하다. 또 하나의 발명품 수차는 일종의 양수기 로, 나선형으로 감긴 원형관을 이용해 아래쪽 물을 위로 올리는 기능을 한다.

반면에 아르키메데스 하면 가장 먼저 떠오르는 장면이 목욕탕이다. 목욕하다가 비중을 이용해 순금과 가짜 금속을 구별하는 방법을 발견하고는 "유레카! 유레카!" 하고 외쳤다는 이야기 말이다. 물론 꾸며진 이야기겠지만 그의 절친한 친구이자 시라쿠사의 왕인 히에론 2세의 명령을 받고 부력의 원리, 즉 아르키메데스의 원리를 발견한 것은 사실일 것이다.

아르키메데스의 원리란 무엇일까? 기체 또는 액체로 이루어진 유체에 물체가 잠기면 그 물체가 밀어낸 유체의 무게만

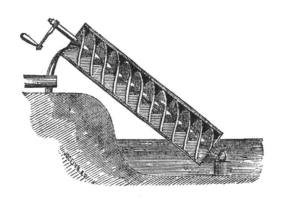

아르키메데스가 발명한 양수기
'아르키메데스의 스크루 펌프'라고도 한다.
긴 원통 속에 나선형 굴대를 넣고 비스듬하게 세워서 한쪽 끝을 물에 담근다.
그리고 원통을 돌리면 물이 나선형 굴대를 타고 위로 올라온다.

아르키메데스 무덤의 발견

아르키메데스가 죽은 지 300년 후 로마의 감찰관으로 임명된 키케로는
무성한 가시덤불과 잡초로 덮인 무덤을 찾아냈다. 키케로는 원통 속에
구가 내접하는 그림을 보고 그것이 아르키메데스의 것임을 확인했다.
벤자민 웨스트, 〈키케로, 아르키메데스의 무덤을 발견하다〉, 1797년.

큰 부력이 위쪽으로 작용한다는 것이다. 부력이란 쉽게 말해 물에 뜨려는 힘인데, 유체 속에 정지해 있는 물체가 유체로부터 받는 중력과 반대 방향의 힘을 가리킨다. 또 물체가 밀어낸 유체의 부피는 유체에 잠긴 부분의 부피와 같다. 이는 쇠로 만든 배가 완전히 가라앉지 않는 이유이기도 하다. 배는 배가 밀어낸 물의 무게가 배의 무게와 같아질 때까지만 가라앉는다.

그런데 이는 아르키메데스의 천재성이 드러난 한 부분에 불과하다. 우선 그는 파이, 즉 원주율이 233/71보다 크고 22/7보다 작음을 증명했다. 이는 원에 내접하는 다각형을 이용한 것으로, 자세한 것은 '파이 편'에 서술되어 있다. 그런데 아르키메데스란 인간의 특징은 모든 것을 증명하고자 한 것이었다. 그 이전에도 원주율은 여러 문명권에서 사용되고 있었는데, 그가 처음으로 원주율을 증명하기 시작했으니까. 또한 그는 '구의 표면적은 주어진 구의 반지름을 갖는 원 넓이의 4배와 같다'를 증명했고, '원주 속에 딱 맞게 내접하는 구의 부피는 구 원주 부피의 2/3와 같다'라는 것도 증명했다. 특히 후자는 그가 가장 자랑스럽게 여긴 것이어서 자신의 비문에 이 정리를 새겨 달라는 말을 남기기도 했다.

한편 앞에서 살펴본 수차, 즉 양수기는 오늘날에도 사용될 만큼 실용적이며 그 성능 또한 뛰어나다. 그뿐만이 아니다. "나에게 긴 지레와 지구 밖에 서 있을 공간만 준다면 지구를 움직일 수 있다."라는 유명한 이야기를 남기기도 했으니, 그는 역학을 이용하는 생활 속의 여러 상황을 충분히 이해하고 있었음이 분명하다.

그의 죽음과 관해서도 극적인 이야기는 계속된다. 그 무렵 강대국 로마의 침략을 받은 시라쿠사는 아르키메데스의 놀라운 발명품 덕에 끈질기게 저항할 수 있었지만 언제까지 공격을 막아낼 수는 없었다. 급기야 힘이 다한 시라쿠사에 로마군이 진입해왔다. 그러나 그 순간에도 아르키메데스는 모래밭 위에서 원을 그리며 수학 문제를 푸는 데 몰두해 있었다. 로마 군인들이 모래 칠판을 밟으려 하자 "그 원을 밟지 마라!" 하고 외친 아르키메데스.

그러나 그를 기다리고 있는 것은 그의 발명품들 때문에 온갖 고초를 겪었던 로마 군인의 보복뿐이었다. 이때가 기원전 212년 가을 또는 211년 봄으로 추정된다. 아르키메데스의 발명품에 대해 경외심을 품고 있던 로마 장군 마르켈루스 Marcellus는 아르키메데스를 절대 죽이지 말라는 명령을 내린 상태였다. 물론 그의 명령은 지켜지지 않았고 아르키메데스는 무지한 병사들에 의해 사라진 후였다. 그런데도 말케레스는 아르키메데스의 유언을 들어주기로 하고, 그의 비석에 원통 속에 구가 내접하는 그림을 새겨 넣었다.

069

아리스타르코스, 달세계가 기억하는 참인물

르네상스란 오래전에 사라진 그리스 문명을 새롭게 조명하고, 그 문명이 꿈꾸던 인간에 대한 존중을 되살린 움직임을 가리킨다. 그리스 문명이 사라진 지 1500여 년 동안 기독교라는 신앙 아래 인간보다는 하느님이란 신이 우월한 지위를 차지했고, 인간은 하느님을 위한 도구요, 모든 현상은 하느님이 주재하신 행위의 결과라는 믿음으로 가득 차 있었다. 그 허황된 믿음 중심에 놓여 있던 것이 천동설이다. 즉 구약성서에 쓰여 있는 대로 하느님이 창조한 지구가 우주의 중심이요, 지구를 중심으로 하늘이 움직인다는 이론이었다. 물론이는 잘못된 이론, 아니 믿음이었는데 이 때문에 목숨을 잃은 사람이 수도 없었다. 그렇다면 그리스 시대에는 이와 다른 이론이 있었을까?

그리스 시대에도 플라톤이나 아리스토텔레스 같은 이들은

논문 〈태양과 달의 크기와 거리에 관하여〉의 일부분
아리스타르코스에 대해 남아 있는 유일한 자료가
논문 〈태양과 달의 크기와 거리에 관하여〉다. 피타고라스 정리를 동원해 지구와 달,
태양의 거리를 계산하고, 지구와 달의 상대적인 크기를 추측했다.

지구가 우주의 중심이라는 이론을 주장했고, 이러한 주장은 중세 신학과 연계하여 새로운 이론의 형성을 철저히 가로막아 왔다. 그러나 그리스 시대는 본질적으로 인간 중심의 시대요, 인본주의 시대였다. 따라서 그들과 다른 이론 또한 다양하게 펼쳐졌다.

기원전 370년대에 활동한 헤라클레이데스Heracleides는 지구가 우주의 중심이기는 하지만 하루에 한 번 자전自轉한다는 주장을 폈다. 또한 태양이 수성과 금성 등 다른 행성들을 이끌고 지구 주위를 돈다는 독특한 주장을 펴기도 했다. 그러니까 그 무렵의 대세론인 지구중심설을 주장하면서도 태양 주위를 행성들이 돈다는 사실을 포기할 수 없었던 것이다. 그러나 진짜 인물은 따로 있었다. 누가 무어라 해도 진실은 지구가 도는 것이었고, 이 사실을 주장한 이가 아리스타르코스Aristarchos of Samos(기원전 310 무렵~230)다.

그리스의 천문학자이자 수학자인 그는 지구의 부피가 달의 부피에 비해 17배보다 크며 31배보다 작다고 가정했는데 사실은 49배다. 또한 태양의 부피는 달에 비해 5832배에서 8000배 사이라고 가정했는데 실제는 1억 660만 배다. 그러므로 그의 가정이 엄청난 오차를 가지고 있음을 알 수 있다. 그러나 그 시대에 이런 측정치를 내놓을 수 있는 것만 해도 놀라운 가정이었다. 이러한 창의적 사고는 결국 지구가 자전과 공전을 동시에 하고 있다는 주장을 펼치도록 기반을 닦아

주었다. 그는 지구 대신 태양이 우주의 중심에 자리하고 있으며, 지구는 그 둘레를 하루에 한 번씩 자전한다고 주장했다. 또한 1년에 한 번 태양을 도는 공전을 한다고도 말했다.

그런데 지금 우리에게는 너무나 정확한 이러한 이론도 그 시대 사람들로부터는 비웃음을 살 뿐이었다. 물론 스토아학파의 학자들로부터는 신성을 모독한다는 준엄한 비판까지 받아야 했다. "당신 주장대로라면 공중 높이 돌을 던지면 던진 장소로부터 서쪽으로 이동한 자리에 떨어져야 하는 것 아닌가? 물론 하늘을 나는 새도 동쪽으로 날기 위해서는 매우 힘겹게 날아가야 하겠지만 서쪽으로 날기 위해서는 방향만 잡은 채 가만히 있어도 서쪽으로 이동할 것 아닌가?"

그러나 역사는 두 사람을 영원히 기억할 것이다. 특히 아리스타르코스는 달 구덩이 가운데 하나에 그 이름이 붙여져 영원히 남게 되었는데, 그 중심 봉우리는 달에서 가장 밝은 부분이기도 하다.

070

아일랜드, 북아일랜드,
그리고 보이콧

'호랑이는 죽어서 가죽을 남기고 사람은 죽어서 이름을 남긴
다.' 그래야 한다. 무릇 인간이라면 역사에 이름 몇 자 새길
만한 자취는 남겨야 하지 않는가? 그런데 다음에 살펴볼 내
용처럼 남기는 이름도 속담에 부합하는 것일까?

아일랜드 하면 무엇이 떠오르는가? 모르긴 몰라도 십중팔
구 영국이 떠오를 것이다. 영국 서쪽에 자리한 작은 섬나라
니까. 게다가 그 섬의 북쪽은 북아일랜드라고 해서 영국령이
다. 그러니 더 혼란스러울 수밖에. 그러나 아일랜드인에게
영국은 불구대천의 원수는 될지언정 착한 이웃도 아니요, 같
다고 생각한다면 더더구나 통탄할 일이다. 무지한 서양인이
대한민국을 일본의 착한 이웃이나 같은 민족 정도로 생각하
는 것과 마찬가지로. 왜 그럴까?

사실 아일랜드 원주민은 켈트족이고 종교는 가톨릭이다.

따라서 앵글로색슨족에 영국 국교도인 영국인과는 근본이 다르다. 물론 문화와 언어도 다르다. 아일랜드 국어를 영어로 아는 분도 많을 텐데 사실은 아일랜드어가 국어다. 마지못해 영어를 많이 사용하기는 해도.

그런데 영국인은 아일랜드를 자신의 이웃, 나아가 같이 살고 싶은 민족으로 여겼다. 아일랜드인은 싫다고 극구 손사래를 쳤는데도 말이다. 민족적 짝사랑이라고나 할까. 결국 1171년 잉글랜드 국왕 헨리 2세는 아일랜드를 침략했고, 교황은 이를 추인했다. 이로써 켈트족의 아일랜드는 종지부를 찍었지만, 속으로는 그렇지 않았다. 영국에서 건너온 잉글랜드 사람이 오히려 민족적 자긍심이 강한 아일랜드인의 문화에 동화, 흡수되었다.

이러한 불안한 평화는 17세기 중엽부터 깨지기 시작했다. 아일랜드가 잉글랜드로부터 독립하려는 시도가 무위로 돌아가고 신·구교 사이에 종교 분쟁이 절정에 이른 17세기 후반, 구교도이자 영국에서 폐위된 제임스 2세가 프랑스-아일랜드 연합군을 이끌고 새로운 영국의 왕 윌리엄 3세와 맞붙은 것이다. 결국 아일랜드는 보인 강 전투에서 패해 잉글랜드의 식민지가 되었고, 이때부터 아일랜드의 비극은 시작되었다.

잉글랜드 정부는 아일랜드의 가톨릭교회 재산을 모두 몰수한 후 멋대로 '아일랜드 국교회'로 개편했으며, 아일랜드인으로부터는 십일조를 강제로 거두었다. 그러나 십일조는 잉글랜드 출신 지주들에게 바치는 조세에 비하면 그야말로 조족지혈이었다. 아일랜드인의 주식主食이 감자가 된 것도 바로 그 무렵이었다. 게다가 위그노라고 불리던 신교도가 18세기에 들어서면서 하나둘 아일랜드 북쪽 땅으로 이주를 시작하더니 얼마 지나지 않아 얼스터라고 불리는 북아일랜드의 주도권을 장악하고 말았다.

이러한 움직임에 불만을 품은 아일랜드인은 1823년 무렵 자유주의자 다니엘 오코널Daniel O Connell을 중심으로 가톨릭협회를 조직하면서 정치 투쟁에 나서기 시작했다. 이에 당황한 잉글랜드 정부는 아일랜드인의 불만을 무마하기 위해 구교도 해방령과 차별 철폐 등을 약속했다. 그러나 이후에도 아일랜드인은 자치권 인정, 토지 개혁을 요구했는데, 나아가 독립과 공화정을 요구하는 급진세력이 등장하기까지 했다.

이러한 투쟁은 오랜 기간 계속되었다. 제1차 세계대전 중에는 폭동이 일어났으며, 1916년에 아일랜드 임시정부가 선포되었다. 그 후 1920년 아일랜드 정부법이 채택되어 남·북 아일랜드가 성립되었고, 1921년 남아일랜드는 아일랜드 자유국이라는 명실상부한 독립국가로 거듭나게 되었다. 그렇다면 북아일랜드는? 남아일랜드가 1916년 자치를 거부하면서 완전한 독립을 요구한 반면 신교도가 주류이던 북아일랜드는 영국과의 합병을 요구했다. 그러나 이도 여의치 않아 결국 자치권을 확보하는 것으로 결정을 보았다.

그러나 이는 북아일랜드 비극의 종말이 아니라 시작이었다. 신교도가 지배하던 북아일랜드에서 구교도는 북아일랜드의 모든 중심에서 배제되었고, 급기야 1960년대 들어 세계적인 인종차별 철폐 운동의 흐름에 따라 IRA(아일랜드 공화국군)를 중심으로 군사적 저항 운동을 전개했다. 그 과정에서 북아일랜드는 수많은 희생자를 낳으며 세계적인 분쟁 지역으로 꼽히게 되었다. 영국으로서도 어떻게든 북아일랜드 문제를 해결하려고 했고, 1990년대에 들어서면서 북아일랜드에 평화를 가져올 회담이 시작되었다. 결국 1998년 4월 영국과 아일랜드 간에 평화 협정이 체결되었다.

아하! 그런데 우리가 알아보고자 한 것이 아일랜드의 역사가 아니라 역사에 어떻게 이름을 남기는지의 문제였음을 잊고 있었다. 아일랜드에 잉글랜드인이 침략해 정복자 노릇을 하며 아일랜드 농민을 착취할 무렵 대지주들은 영지 관리인을 두고 잉글랜드에서 멀리 떨어진 아일랜드 땅을 관리하고 있었다. 그때 찰스 보이콧Charles Boycott이라는 퇴역 군인

부활절 봉기와 영국의 폭격
아일랜드는 700년 넘게 영국 군화에 짓밟혔다.
1916년의 부활절 다음 날인 4월 24일, 아일랜드 공화주의자는
더블린의 중앙우체국과 다른 지점들에 집결해 아일랜드의 독립을 선언했다.
비록 영국의 무자비한 폭격으로 실패했지만, 부활절 봉기는 아일랜드의 독립을
예고한 사건이다. 당시 영국군에 의해 폭격을 당한 더블린의 중앙우체국.

출신 관리인이 있었는데, 자신의 일에 열성적인 인물이었던가 보다. 아일랜드에 대기근이 몰아닥쳐 기아에서 허덕이던 농민들은 토지동맹을 결성하고 소작료 인하를 요구했다. 그러나 성실한 보이콧이 법대로 소작인에게 퇴거영장을 발부하려고 하자, 토지동맹 의장인 찰스 파넬은 절대 폭력적으로 대응하지 말 것과 아울러 절대 아무 일도 거들지 말 것을 명했다. 결국 보이콧은 다른 지방에서 일꾼들을 데려와 추수를 했고, 추수가 끝나자마자 성실한 보이콧은 아일랜드를 떠나야만 했다.

사실 보이콧은 주인의 명에 의해 떠나지 않았어도 이곳에서 살 수가 없었다. 어느 상인도 그에게 물건을 팔지 않았고, 세탁소에서는 세탁물을 받지 않았으며, 우편물도 배달되지 않았으니까. 이때부터 보이콧은 부당한 행위에 저항하기 위해 사회 전반에서 이루어지는 집단적이고 조직적인 거부 운동을 뜻하게 되었다. 보이콧이야말로 자신의 이름을 그냥 남긴 것도 아니고, 샌드위치 백작 이후 자신의 이름을 보통명사로 등재한 대단한 인물이 된 것이다.

071

알베르투스 마그누스, 걸어 다니는 백과사전

연금술을 모르는 독자는 없을 것이다. 연금술, 즉 금을 만드는 기술은 영어로 알케미Alchemy라고 한다. 알코올Alcohol이나 알칼리Alkali가 아랍어에서 유래했듯이 이 역시 아랍에서 유래한 용어이니, 연금술 또한 이슬람 문화권의 소산으로 보는 것이 정확할 것이다. 물론 연금술이 얼핏 드러나는 첫 증거는 이집트에서 발견된 파피루스다. 이후 그리스 철학자 사이에 연금술을 놓고 이런 저런 논의가 있었던 것으로 보이지만, 실제로 연금술이 실험실에서 이루어지기 시작한 것은 이슬람 세계였다. 이슬람 세계에서 유명한 인물 자비르, 라지 등에 의해 비약적으로 발전한 연금술은 이후 유럽으로 전파되기 시작했다.

8세기 초 태어난 자비르Abu Musa Jabir ibn Hayyan(721 무렵~815 무렵)는 의학을 공부한 후 궁정의가 되었다. 그는 2000

여 권이 넘는 책을 저술한 것으로 알려져 있는데, 그 시대 책
이 요즘과 같은 형태가 아니라 하더라도 놀라움은 변하지 않
는다. 그는 황과 수은이 반응해 황화수은이란 화합물이 생긴
다는 사실과 이러한 화합물의 이상적인 비율을 알게 되면 금
을 만들 수 있을 거라고 믿었다. 물론 이러한 생각이 옳은 것
은 아니었지만 그의 이론이 초기 화학의 성립에 커다란 영향

최초의 연금술사 알베르투스 마그누스

을 미친 것은 사실이다.

그렇다면 서양에서 연금술을 미신 수준이 아니라 화학적 수준에서 처음 시작한 인물은 누구일까? 바로 '닥터 우니베르살리스Universalis(백과전서적 박사)'라고 불리던 알베르투스 마그누스Albertus Magnus(1200 무렵~1280)다. 도미니쿠스 수도회에 속해 있던 그는 백과전서적 학문에 박학다식한 것으로도 유명하지만, 더욱 놀라운 것은 과학과 종교가 서로 이해하면서 공존해야 한다고 주장한 점이다. 그 시대가 어떤 때였는지 고려한다면 이러한 태도야말로 그의 합리적인 지성을 극명하게 보여 주는 사례라고 할 것이다. 또한 고작 서른 초반의 나이에 독일 최고의 철학자요 신학자로 명성을 얻은 것은 그의 학문이 모든 방면에서 탁월했음을 확인시켜 주는 것이기도 하다.

이슬람 문화에도 정통한 그는 이슬람 과학자의 저서에 등장하는 연금술을 꿰뚫고 있었다. 그러나 과거의 연금술이 지닌 한계를 깨달은 그는 전통적 연금술을 포기하는 대신 신의 은총을 통해 습득하게 된 지혜를 활용하면 연금술을 완성할 수 있다는 잘못된 결론에 도달하기도 했다. 그러나 그것이 그의 사상을 평가절하 하는 것은 아니고 다만 시대적 상황 속에서 선구자가 겪어야 했던 어려움으로 이해하는 것이 오히려 타당할 것이다. 한편 그의 인문주의적 태도는 이후 단테에 의해서도 인정을 받았다. 단테는 그가 주장한 자유 의지를 그의 윤리학의 기본으로 평가하기도 했다.

오늘날까지 전해지는 알베르투스의 저작물을 보면 논리학, 신학은 물론 식물학, 지질학, 천문학, 광물학, 화학, 동물학, 물리학 등 그 시대에 학문이라고 이름 붙일 만한 모든 분야에 관심을 갖고 있었음을 확인할 수 있다. 게다가 그는 그시대 저명한 저자로도 이름을 날리고 있었으니 요즘 말로 하면 베스트셀러 작가라고나 할까. 다만 그의 주장이 아리스토텔레스의 주장에 너무 기울어져 있던 까닭에(이는 그 시대 교회의 입장이기도 했으니 그의 몫으로만 돌리기엔 무리가 있겠지만) '아리스토텔레스의 원숭이'라는 별칭을 갖기도 했다는 것이 아쉬운점이다.

그가 화학과 연금술의 첫 학생이자 선생임은 분명하다. 그는 1250년 비소를 분리해 냈는데, 이는 역사 이래 이름이 알려진 사람에 의해 분리된 첫 번째 원소元素였다. 게다가 음악에도 조예가 깊었을 뿐 아니라 기계를 이용해 인조인간을 만들었다는 기록이 전해 오고 있다니 그야말로 최초의 르네상스적 인간이라고 불러도 손색이 없을 것이다.

하나 더, 그의 업적인지 과오인지 모를 사실을 기록한다면 토마스 아퀴나스란 불세출의 제자를 두었다는 것이다. 아퀴나스는 《신학대전神學大典》의 저자로 기독교 중심의 스콜라 철학자였으니까 스승의 인문주의적 시각과는 상당한 차이가 있었다.

072

암살당한
미국 대통령

노예 해방의 아버지로 불리는 미국 대통령 링컨Abraham Lin-coln(1809~1865)은 당연히 노예 해방을 반대하는 집단의 반감을 샀다. 그 가운데는 유명한 연극배우인 존 부스John Booth도 포함되어 있었다. 그의 아버지와 형 또한 유명한 셰익스피어 배우였는데 그들은 그 무렵 연극보다는 애국심에 더욱 관심을 기울이고 있었던 듯하다. 노예제도 폐지에 따른 국가적 위기를 타개해야 한다고 믿은 것이다.

1865년 4월 14일, 링컨 대통령 부처를 포함한 많은 정부 인사들이 워싱턴 포드 극장에 입장해 연극 〈우리 미국인 사촌〉을 보고 있었다. 연극이 한창 진행 중이던 3막에서 부스는 링컨 대통령으로부터 불과 60센티미터 떨어진 곳까지 나아갈 수 있었고, 그곳에서 권총에 그만의 애국심을 실어 쏘았다. 그런 후 무대로 다시 오른 그는 이렇게 외쳤다. "폭군

에겐 죽음을!"

그런 뒤 바로 도피했지만 얼마 가지 못했다. 버지니아 주 담배농장에 숨어 있던 부스 일당은 연방군의 공격을 받아 피살당했는지 스스로 목숨을 끊었는지는 알려지지 않았지만 여하튼 시체로 발견되었다.

1880년, 마흔 살의 찰스 기토Charles J. Guiteau는 공화당의 대통령 후보 제임스 가필드James Garfield(1831~1881)를 위해 연설문을 작성하고 배포했다. 그는 이미 오랜 시간 정신 질환을 앓고 있었는데, 그의 연설문은 많은 사람의 비웃음만을 샀다. 가필드가 대통령에 당선된 뒤 그는 골칫거리였다. 친구가 대통령에 당선되었으니, 이제 자신은 외교관에 임명될 거라고 믿었기 때문이다. 그러나 그런 일은 일어나지 않았다.

이듬해 6월, 기토는 복잡한 공화당 내 갈등을 해결하고자 워싱턴 거리를 산책하던 가필드 대통령을 저격했다. 한 달 동안 대통령을 미행한 끝에 거둔 성과였다. "나는 내 행동으로 인해 사형당하겠지만 괜찮다. 나는 현대 역사에서 가장 유명한 인물이 될 테니까." 대통령 저격 사건을 일으킨 지 1년 만에 자신이 만든 노래인 '나는 왕이 되리라'를 부르며 교수대에 오른 그가 남긴 말이다. 미국의 제20대 대통령 가필드는 취임한 지 고작 4개월 만에 저격당해 두 달 넘게 병석에 누워 있었다. 그러니까 저격 직후 사망한 것은 아니었지만, 회복되기에는 너무 심각했다. 결국 그 해 9월 숨을 거두고 말

가필드 대통령의 암살

1881년 7월 2일 대통령이 된 지 4개월이 갓 지났을 때 저격당했다.
가필드 대통령은 생명에 지장이 없는 등에 총을 맞았지만,
치료가 미비한 나머지 사망했다.

있다.

제25대 대통령인 윌리엄 매킨리William McKinley(1843~
1901)는 보호무역 등으로 명성이 드높은 공화당원이다. 특히
쿠바 사태를 이용, 스페인과 전쟁을 일으킨 후 푸에르토리
코, 괌, 필리핀 등을 식민지로 만든 제국주의자이기도 했다.
사실 스페인은 미국과 무력으로 충돌하기를 원치 않고 충분
한 양보안을 제시했지만, 매킨리는 자신의 우군인 기업가들
을 위해 이러한 협상에 나설 의지가 없었다. 이후 여러 지역
을 식민지로 만들 때도 일부 공화당원이 반대하고 나섰지만
그의 의지는 꺾이지 않았다.

1901년 9월 6일, 매킨리는 범아메리카 무역박람회를 관람
하러 나섰다. 이때도 참모들은 우려를 표명했지만, 매킨리는
국제 상황이건 국내 상황이건 간에 자신의 고집을 꺾지 않았
다. 스물여덟 살의 무정부주의자 레온 촐고츠Leon Czolgosz는
제국주의자 매킨리를 향해 총탄을 두 발 발사했다. 그로부터
세 달 뒤 매킨리는 세상을 떠났고, 그의 뒤를 이어 시어도어
루스벨트Theodore Roosevelt(1858~1919)가 마흔두 살이라는 역
사상 가장 젊은 나이로 대통령직에 올랐다. 그리고 다시 한
달여 후 촐고츠는 전기의자에 앉아 영원히 정부 없는 곳으로
떠났다.

존 F. 케네디John Fitzgerald Kennedy(1917~1963)의 죽음에는
너무 많은 의문이 존재하기 때문에 그를 암살한 오스월드Lee

Harvey Oswald에 대해 짧게 언급하는 것조차 무의미해 보인다. 그러나 사실은 사실이다. 1963년 11월 22일, 댈러스에서 케네디 대통령을 암살한 오즈월드는 이틀 후 다른 교도소로 이감되던 중 술집 주인 잭 루비에게 사살당했다. 또한 잭 루비는 재판이 열리기 전 암으로 세상을 떠났는데, 그의 주변에는 늘 암흑가의 인물들이 어슬렁거리고 있었다.

073

야경夜警,
대낮에 활동하는 야경꾼?

렘브란트Rembrandt(1606~1669)란 이름은 우리에게 낯익다. 그의 그림 한두 점 보지 못한 사람이라도 렘브란트란 네덜란드 화가는 기억하고 있을 것이다. 그는 생전에 수많은 그림을 남겼는데, 그의 삶 또한 극적이었다.

358 / 359

그 무렵 부상浮上하는 공업도시인 네덜란드 라이덴의 꽤 부유한 집안에서 태어난 그는 젊은 시절 행복한 나날을 보냈다. 이 행복은 아름답기도 하거니와 뛰어난 가문 출신의 사스키아 오일렌부르크Saskia van Uylenburg와 결혼할 무렵 최고조에 달했다. 그러나 스물두 살의 신부는 그 뒤 세 아이를 연이어 잃은 뒤 자신도 아들 하나를 남기고 서른 살에 세상을 떠났다.

이때부터 렘브란트의 삶 또한 약간씩 꼬이기 시작했다. 그래도 여전히 그의 명성은 높았고, 그의 그림은 비쌌다. 그만

〈야경〉

렘브란트, 1640~1642년, 네덜란드 암스테르담 국립박물관.

큼 의뢰인도 늘어서 있었다. 그 무렵 그린 그림이 바로 〈야경
夜警night watch〉이다. 본래 제목은 〈프랑스 반닝 코크 대장의
민방위대The Militia Company of Captain Frans Banning Cocq〉였다.
그런데 어떻게 이렇게 다른 제목으로 바뀔 수 있었을까?

1640년 무렵 렘브란트는 국민병 대장인 프랑스 반닝 코크
로부터 자신의 부대를 묘사한 그림을 의뢰받고, 낮에 성벽에
서 훈련하기 위해 무기고를 떠나는 병사들의 모습을 그렸다.
낮에 말이다. 그림을 자세히 보면 이미 문을 나선 병사들은
햇빛을 받아 환히 비치고 있는 반면 뒤쪽 문간에 서 있는 병
사들의 모습은 어둡게 묘사되어 있다. 이 빛과 그림자의 대
비가 렘브란트가 의도한 그림의 아름다움이었다. 그런데 이
그림에는 두 가지 비밀이 감추어져 있다.

첫째 비밀은 그림의 본래 크기다. 4.5미터×5미터에 달하
는 엄청난 그림을 본 군인들은 국민병 본부 벽을 장식하기에
너무 크다는 사실을 알았다. 그리하여 그들은 군인다운 결단
으로 문제를 해결했다. 왼쪽 부분을 잘라 버린 것이었는데,
물론 렘브란트에게는 알리지 않았다. 상사에게는 알렸을 테
지만. 그러니까 앞의 그림은 본래 모습이 아니다.

둘째 비밀은 바로 제목과 관련된 것이다. 그림이 걸린 장
소가 부대였다는 것은 그림이 제대로 대우받기에는 너무나
열악한 환경임을 동시에 알려주기도 한다. 그 방에는 엄청난
그을음을 내는 이탄 난로가 있었고, 결국 이 그림은 날이 갈

〈야경을 본뜬 스케치〉

잘라내기 전의 〈야경〉을 분필과 수채물감을 사용해 그렸다. 그림 양 옆을 절단했는데,
특히 왼쪽이 많이 잘린 것을 알 수 있다. 야코브 콜레인스, 1649~1655년.

수록 어두워졌다. 그렇게 해서 한 세기가 지나자 사람들은 이 그림이 야밤을 틈타 이루어지는 기습 장면이라고 여기게 되었다. 그리고 제목은 자연스럽게 〈야경〉이 되었다.

렘브란트의 삶 또한 이 그림만큼 우여곡절을 겪게 된다. 사람들은 더 새로운 기법을 찾고 오만하기까지 한 렘브란트에게 그림을 의뢰하길 꺼려하기 시작했고, 그러한 움직임은 렘브란트가 그의 가정부인 헨드리키에 스토펠스Hendrickje Stoffels 사이에 아이를 낳자 극에 달했다. 칼뱅파가 지배하던 네덜란드에서 두 사람은 부도덕한 인간으로 낙인찍혔고, 아무 죄도 없는 스토펠스는 교회로부터 엄중한 비난을 받아야만 했다. 다시 말하면 렘브란트 가족은 이제 더 이상 세상으로부터 지원을 받을 수 없다는 선고나 다름없었다.

그러나 렘브란트 자신에게는 더 견디기 힘든 고통이 기다리고 있었다. 1663년에는 그의 곁을 지켜주던 스토펠스가 세상을 떠났고, 이어 5년 뒤에는 아들이 세상을 떠났다. 이제 곁에 아무도 남지 않은 그 또한 1669년 저세상으로 여행을 떠났다.

074

엠페도클레스,
신이 되고자 했던 철학자

엠페도클레스Empedoklcles(기원전 493~433)는 만물이 물, 공기, 불, 흙으로 이루어져 있다고 주장한, 유명한 그리스 철학자다. 시칠리아 출신인 그는 뛰어난 웅변가이자 정치가였고, 시인이자 생리학자이기도 했다. 요즘으로 보면 의사인 셈이다. 그의 삶을 가장 극적으로 표현한 사건은 바로 그의 죽음이다. 그는 자신이 신임을 제자들에게 확인시켜 주기 위해 에트나 산 정상에 있는 분화구에 몸을 던졌다.

그러나 우리에게 엠페도클레스는 4원소설을 주장한 인물로 기억된다. 엠페도클레스 이전에 그리스 철학계에서는 신화의 세계에서 이성의 세계로 인간을 끌어올린 탈레스의 '만물의 근원은 물'이라는 이론에서부터 아낙시메네스의 '공기가 만물의 근원'이라는 설, 헤라클레이토스의 '불이 만물의 근원'이라는 설 등이 나타났다.

이런 여러 종류의 일원론을 종합한 인물이 바로 엠페도클레스다. 그는 물, 공기, 불, 흙의 네 원소가 만물의 기본 요소라고 주장하며, 모든 사물이 이 기본 원소의 비율에 따라 다양한 형태를 띨 뿐 어떤 사물도 무에서 탄생하거나 완전히 소멸한다고 여기지 않았다. 또한 네 원소는 서로 합해지고 나누어지는 과정을 통해 세상의 모든 물질을 만들어 내는데, 그 과정에서 힘을 공급하는 것은 원소들 사이에 작용하는 '사랑'과 '미움'이라는 이론을 내세웠다.

그의 이러한 사상은 결국 영혼이 윤회한다는 믿음으로 이어졌다. 죄인은 죽을 운명을 지닌 수많은 육체를 전전하며 3만 절기를 떠돌고, 이 원소에서 저 원소로 변한다고 주장한 것이다. 특히 그는 육식을 반대했다. 동물의 영혼이 언젠가 인간의 육체 내부에 존재했을 가능성이 있기 때문이다. 이런 내용은 불교의 교리와 비슷한 부분이기도 하다. 또한 그는 진화를 상징하는 주장을 처음 편 것으로도 유명하다. 우주가 모든 물질에 영향을 미치면서 점진적으로 발전한다는 파격적인 주장을 내놓기도 했다.

엠페도클레스의 4원소설은 이후 2000년 넘게 서양 사람의 기본적 물질관으로 이어져 왔다. 플라톤과 그의 제자인 아리스토텔레스 또한 4원소설을 지지하고 이를 발전시킨 까닭에 4원소설은 더욱 탄탄하게 자리 잡았다. 플라톤은 그의 주장을 발전시켜 4원소는 이상적인 형상을 갖는데 불은 정4

면체, 흙은 정6면체, 공기는 정8면체, 물은 정20면체로 되어 있다고 주장했다.

이후 서양 철학계뿐만 아니라 과학계까지 오랫동안 지배하게 되는 아리스토텔레스 역시 그의 4원소설을 인정하면서, 덧붙여 4원소 사이에는 그 무게에 따라 계급이 있다는 생각을 발전시켰다. 이는 무거운 원소는 아래를 향하고 가벼운 원소는 위를 향한다는 어찌 보면 당연한 생각이었다. 그리하여 지구의 가장 높은 곳에는 불이 위치하고 그 아래에는 공기, 그 다음에는 물, 맨 아래에는 흙이 자리하게 된다는 아리스토텔레스의 이론은 모든 것이 고정되어 있고, 또 질서를 유지하고 있어야 한다는 그의 생각에 딱 들어맞는 방식이었다.

075

예수님의 수염,
자르거나 기르거나

교회를 다니는가? 그렇다면 십자가에 못 박힌 예수상을 본 적이 있겠군. 어떠한가? 그 예수님은 수염을 기르고 있던 가? 그렇다. 예수님은 수염을 멋지게 길렀다. 물론 영화에 나오는 예수님도 언제나 멋진 수염이 있다. 그렇다면 반대로 예수를 핍박하던 로마 귀족과 황제들은 어떻든가? 수염이 없다. 물론 없는 게 아니라 깎았던 거고. 영화 〈벤허〉(성탄절엔 당연하고 요즘엔 시도 때도 없이 케이블 텔레비전에 출연하는, 그 유명한)를 보면 귀족 가문 출신의 주인공 벤허는 본래 수염을 깎았다. 그런데 후에 노예가 되어 갤리선에서 노를 저을 때는 수염을 기르고 있었고, 그 뒤 다시 호민관의 양아들이 되자 수염을 깎는다.

　자, 이제 본격적으로 예수 수염을 탐구해보자. 로마 시대 에 귀족은 수염을 깎았고, 노예는 수염을 길렀다. 그 뒤 서로

수염이 없는 예수

〈오병이어의 기적〉, 모자이크, 504년,
이탈리아 라벤나의 성 아폴리나레 누오보 성당.

마가 멸망하고 동로마제국, 즉 비잔틴제국이 로마의 지위를 물려받으면서부터 지배 계층은 수염을 기르게 되었다. 그런데 이 로마제국의 변화가 예수의 수염에 커다란 영향을 미쳤다. 그러니까 예수가 수염을 길렀느냐 기르지 않았느냐가 중요한 것이 아니라 예수상이 그려질 무렵의 시대 상황이 예수상의 수염을 결정지은 것이다.

수염을 기른 예수

절대적인 존재 하느님의 아들 예수 그리스도.
그의 수염은 인간의 사고를 반영하여 그려졌기 때문에 절대적이지 않다.
〈그리스도〉 이콘, 6세기 무렵, 시나이 산에 있는 세인트 카타리나 수도원.

서로마제국 시대의 예수상에는 수염이 그려져 있지 않다. 왜? 앞서 살펴보았듯이 그 시대 지배 계층은 수염을 기르지 않았으니까. 특히 초기 기독교 예술은 신도보다는 로마의 예술가와 그들의 전통을 이어받은 이들이 주도했기 때문에 로마 시대의 전통으로 표현되는 것이 일반적이었다. 따라서 예수가 수염을 깎은 모습으로 그려진 것은 어찌 보면 당연했다.

그러나 서로마제국이 멸망한 후 동로마제국이 유럽과 기독교의 중심이 되자 예수의 수염에도 큰 변화가 나타나기 시작했다. 700년 무렵 그려진 예수 그림에는 분명히 수염이 그려져 있다. 동로마제국의 지배 계층이 기르기 시작한 수염이 예수상에도 전파된 것이다. 그리고 이후 예수의 수염은 갈수록 멋지고 우아해졌으며, 그러한 흐름은 오늘날까지 이어지고 있다.

그러니까 한마디로 세상 모든 존재는 시간과 상황의 흐름에 따라 변한다는 것이다. 지금의 것이 만고불변의 진리라거나 결코 변할 수 없는 절대적인 존재라는 생각은 정치, 사회는 물론 예술, 심지어 종교적으로도 썩 건설적인 사고는 아닌 듯하다. 만일 그런 사고를 우리가 받아들여야 한다면 우리는 수많은 예수 그리스도의 그림 가운데 거의 대부분을 거짓 그림으로 간주하여 폐기처분해야 하지 않을까?

076

오언,
이상도시를 만들겠다고?

이상도시를 구체적으로 제창한 로버트 오언Robert Owen(17
71~1858)은 공상적 사회주의자로서, 유토피아를 현실적으로
구현하기 위해 노력하고 추진한 정치가이자 사업가였다. 유
토피아를 꿈꾼 사람은 무척 많았지만 현실 속에서 그런 사회
를 추진하고 제한적 범위라고 하더라도 실천에 옮긴 이를 찾
아보기 힘들다는 사실을 떠올려 보면 그를 기억해야 할 가치
는 충분하다.

　사실 그는 좋은 집안 출신도 아니었고, 높은 학력을 갖춘
엘리트도 아니었다. 그는 열 살 때부터 직조 공장에서 일해야
할 만큼 불우한 환경에서 자랐다. 그런 그의 성실성과 능력은
바로 그곳에서 빛을 발하기 시작했다. 공장주가 제대로 마련
한 도서관에서 자신의 삶을 가꾸었던 그에게 독서는 뒷날 그
의 삶을 변화시키는 자양분이 된 것이 분명해 보인다. 스무

살 무렵 이미 공장의 지배인에 오른 오언은 더욱 분발하여 얼마 후에는 뉴레너크 직조 공장의 공동 경영자에 오른다.

오언은 공장 경영자로서 만족할 수 없는 인간이었다. 인간이란 상황에 따라 변할 수 있는 존재라고 믿은 그는 최선의 환경을 제공하기 위한 운동을 시작했다. 공장 내에 유치원을 세워 어린이에게 최선의 교육 환경을 만들어 주었고, 공장이 위치한 지역에서는 술을 팔지 않으면서 다른 물건을 값싸게 파는 소위 협동조합 운동을 시작했다. 그의 활동은 주민들의 전폭적인 지지를 받았다. 성공에 고무된 오언은 더 많은 활동을 펼치고자 했지만, 자금이 많이 필요했기에 당연히 다른 사업주의 반발을 사게 되었다.

결국 오언은 1813년 자기만의 회사를 설립하여 독립했다. 그런 뒤 자신의 사회철학을 완벽하게 구현할 수 있는 계획 도시를 꿈꾸기 시작했고, 1817년 자신이 생각하는 이상적인 도시를 다음과 같이 제안했다.

1. 이상도시의 주민 숫자는 800~1000명 사이가 가장 바람직하다.

2. 1인당 1에이커 정도의 경작지가 필요하며 따라서 800~1500에이커 사이의 경작지를 손으로 경작하도록 한다.

3. 작은 중앙정원, 막다른 골목, 가로등 대신 원형의 대광장을 만들고 그 주위에 주거용 건물을 세운다. 대광장에는 주민 모

두가 함께 식사하는 식당과 교회, 학교 등을 짓는다.

4. 이러한 도시를 건설하는 비용은 9만 6000파운드에 불과해 경제적으로도 매우 유리하다.

5. 주민들이 경작하고 남은 생산물은 노동 가격으로 환산하여 자유롭게 교환할 수 있다.

6. 주민들은 납세의 의무와 병역의 의무를 지는 대신 법원과 형무소는 없다.

7. 아이들이 세 살이 될 때까지는 가정에서, 그 뒤에는 공동체 에서 양육한다.

오언은 이러한 상상을 겁도 없이 구체화하여 실천에 옮겼다. 처음에 그는 소규모 공동체 사회를 조직했고, 그 성공에 힘입어 전국 각지에 이와 유사한 공동체가 생기기 시작했다. 그러나 성공 뒤에는 늘 갈등이 따르는 법. 종교 형태의 공동체를 꿈꾸는 사람들과 오언 사이에 갈등이 불거지자 보수적인 색채를 띤 상류층 인사들은 그에 대한 지지를 철회했다. 그러나 오언은 그 정도에 좌절할 인물은 아니었다.

1825년 미국의 인디애나에 1200여 헥타르의 대지를 구입한 그는 본격적으로 자신의 꿈을 펼치기 위해 900명에 이르는 자신의 추종자들과 함께 이민길에 올랐다. 이 사회에는 '뉴 하모니'라는 명칭이 붙었는데, 그곳에서 오언의 시도는 초기에 그럭저럭 성공을 거두는 듯했다. 그러나 정부 형태나

로버트 오언

오언은 유토피아를 꿈꾸는 데 그치지 않고 실현했지만,
실패로 끝났다. 그의 뜻처럼 철학과 설득으로
인간을 변화시키고 공동체를 유지하는 것이 가능한지는 검증되지 않았지만,
공동체를 꿈꾸는 이들은 여전히 존재한다.

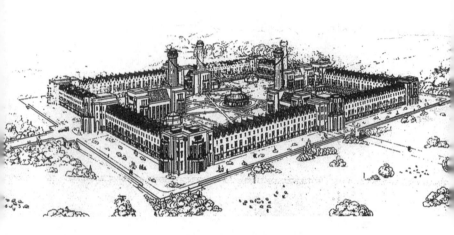

<u>오언의 뉴 하모니</u>
뉴 하모니가 있던 곳은 1965년 미국의 국립 유적지로 지정되었고,
건설 당시의 건물들도 많이 재건되었다.

종교적 견해 등에 대해 여러 의견이 나오기 시작하자 오언은 더 이상 사회 지도자 역할을 할 수 없었다.

1828년, 뉴 하모니 활동을 접은 그는 엄청난 경제적 손실을 입고 영국으로 돌아왔다. 이후 오언은 자신이 창안해 낸 공동체 사업에는 더 관여하지 않았으나 또 다른 일이 그를 기다리고 있었다. 산업혁명으로 인해 급격히 변모해 가던 영국의 노동자들은 그에게서 새로운 희망을 기대했고 그는 이에 부응했다. 그는 노동조합 운동에 참여해 전국적인 수준의 노동조합을 결성하고, 큰 성과를 거두었다. 그러나 정부와 사업주, 그리고 이들의 지원을 받은 법원은 그들의 활동에 제재를 가하기 시작했고, 급기야 노동조합 운동은 좌절되고 말았다.

1858년, 88세의 나이로 오언은 쓸쓸히 숨을 거두었지만 그가 꿈꾸던 공동체 운동과 소비자조합 운동은 현대에 오히려 각광을 받아 그의 철학을 되살리고 있다.

077

우주의 나이,
덧붙여 지구의 나이까지

인간이 하늘에 대해 품었던 의문의 역사가 매우 오래된 것은 모두 알고 있는 사실이다. 고대 메소포타미아 문명이나 이집트 문명, 이후의 그리스 로마 문명 등에서 가장 자주 다루던 것이 하늘이었다. 그들은 하늘을 바라보았고 관찰했으며, 별자리를 그렸고 해와 달의 움직임을 주시했다. 그리고 그 어떤 문명의 성과물보다 일찍 달력을 발명했다. 그런데 우주 나이와 지구 나이에 대해서는 아무런 의심을 품지 않았다. 그저 일찍부터 있어 왔거니 하고 생각했나 보다. 아니면 너무나 어려운 문제라서 처음부터 도전조차 하지 않았거나.

여하튼 우주와 지구의 나이가 얼마나 되었을까, 라는 문제 제기가 약 300여 년 전에 처음 있었다는 사실에 우리는 깜짝 놀란다. 자, 그럼 그 짧은 역사를 살펴보자.

영국 성공회 대주교 제임스 어셔James Ussher(1581~1656)를 기억할 필요가 있다. 그는 구약성서에 정통한 그 시대의 대표적 성직자였는데, 오랜 연구 끝에 기원전 4004년에 지구(지구가 우주의 중심임은 두말할 나위가 없는 사실이었으니까 우주도 함께)가 창조되었다고 발표했다. 물론 그 이전에도 중세 유대학자들은 자신의 역사서인 구약성경에 근거하여 기원전 3760년 무렵에 우주가 창조되었다고 주장했으니 그의 주장이 돌발적으로 나온 것은 아니었다. 권위를 인정받은 대주교의 발표였던 만큼 그의 주장은 유대인의 주장과는 달리 매우 믿을 만한 것으로 받아들여졌다. 따라서 지구의 나이는 약 5500년 정도라고 믿었다.

그런데 이러한 잘못된 믿음(물론 이런 표현을 쓰는 것이 두렵기도 하다. 왜냐하면 아직도 우주와 지구의 나이가 딱 떨어지는 몇 살이라는 이론이 정립되지 않았고, 게다가 창조론을 과학으로 받아들이는 종교인은 아직도 그와 비슷한 주장을 받아들이고 있으므로) 때문에 이후 과학이 다양하게 발전하는 데 상당한 곤란을 겪게 된다. 가장 대표적인 것이 진화론이다. 다윈은 자신의 이론이 옳은 것으로 판명되기 위해서는 지구 나이가 상당히 오래되어야 함을 알고 있었다. 그러나 지구 나이를 알 수 없었기 때문에 고민에 빠졌다. 물론 진화론이 분명히 옳다고 여겼기 때문에 언젠가는 지구 나이에 대한 이론이 정립될 것이라고 확신했지만.

한편 다윈이 태어나기 전 대부분의 사람들이 믿고 있던 지구의 나이는 6000여 년이었지만, 스코틀랜드의 지질학자 제임스 허턴James Hutton(1726~1797)은 지구가 상상할 수 없을 만큼 오래 되었다고 주장했다. 18세기에 들어와 과학자들이 알게 된 지질학과 암석과 퇴적에 관한 지식 그리고 수많은 화석들은 지구 나이가 몇 천 년에 머물러서는 안 된다는 경고를 계속 보내고 있었다. 그러나 그 누구도 대주교님의 성서에 기록된 나이를 부정할 수는 없었다. 바로 이때 허턴은 여러 가지를 조사한 결과 지구 나이는 상상할 수 없을 만큼 (아마도 수백만 년 이상) 오래되었다고 발표했고, 사람들은 당연히 무시했다.

378 / 379

하지만 진실은 밝혀지는 법. 다윈과 같은 시대에 활동한 스코틀랜드의 지질학자 찰스 라이엘Sir Charles Lyell(1797~1875)은 허턴의 주장이 사실이며, 나아가 지구의 역사는 허턴의 상상은 물론 자신의 상상도 뛰어넘을 만큼 길다고 발표했다. 이때쯤 되자 사람들은 이성을 찾기 시작했고, 법학을 전공한 지질학자 라이엘은 남작 작위까지 받았다. 그러나 다윈은 죽을 때까지 자신의 진화론에 대한 확신과 지구의 나이에 대한 불안감을 해소하지 못했다. 게다가 스코틀랜드의 생물학자 톰슨Arthur Thomson은 《종의 기원》이 발표된 뒤에 지구의 나이가 수천만 년에 불과하다는 이론을 발표하여 다윈을 곤경에 빠뜨리기도 했다.

시간은 다윈의 편이었다. 19세기 말 방사능이 발견되면서 상황은 급반전했다. 20세기 초반 지구 나이는 억대로 늘어났

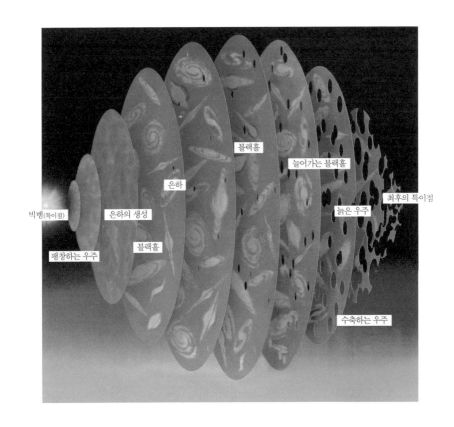

빅뱅(특이점)

팽창하는 우주

은하의 생성

블랙홀

은하

블랙홀

늘어가는 블랙홀

늙은 우주

수축하는 우주

최후의 특이점

우주의 종말에 관한 스티븐 호킹 박사의 견해

우주가 늙어갈수록 별들이 빛을 잃고 은하들은 사라진다.
우주는 수축하고 블랙홀은 더욱 커지고 많아지다가 결국 한 점으로 끝날 것이다.

고, 이후 지구는 급격히 늙어가 오늘날에는 적어도 46억 년은 넘는 것으로 보는 것이 정설이다. 그리고 알아본 결과 다윈은 하늘에서 편안히 자신의 이론이 확인되고 발전되어 가는 과정을 즐기고 있다고 한다.

그러나 우리의 탐험은 아직 끝나지 않았다. 우리는 사실 지구 나이가 아니라 우주 나이를 알아보고 있는 셈이니까. 지구 나이와 우주 나이가 같다는 가설은 천동설이나 종교서적 안에서나 있음직한 것이고, 과학적으로는 엄연히 다르다. 지구는 우주가 태어난 후 상상할 수도 없을 만큼 오랜 세월이 흘러서야 태동했으니까.

우주의 나이에 대한 정확한 이론은 미국의 천문학자 에드윈 허블Edwin Hubble(1889~1953)이 우주가 팽창하고 있으며, 우리 은하와 다른 은하계가 존재한다는 사실을 발표하면서부터 정립되기 시작했다. 그는 이후 다른 은하계가 멀어져 가는 속도가 그 은하계까지의 거리에 비례한다는 사실을 밝혀냈다. 이 비례상수가 그 유명한 허블 팽창계수 또는 허블 상수다. 그러나 그의 상수는 틀린 것으로 밝혀졌고, 가장 최근의 연구 결과에 따르면 우주 나이가 약 137.98 ± 0.37억 년이라고 추정하고 있다.

078

원근법,
그림의 재탄생

어린아이들은 원근법을 무시하고 그림을 그린다. 그래서 앞에 선 아이와 뒤에 선 사람의 크기가 같기도 하고 반대로 뒤에 선 사람이 더 크게 보이기도 한다. 반면에 학교에 들어가면 미술 시간에 원근법부터 가르친다. 따라서 미술을 조금이라도 배운 사람이라면 원근법을 당연한 기법으로 받아들이고 있다. 마치 원근법이 미술의 기본인 것처럼. 그러나 사실 예술의 역사에서 원근법은 그리 오래된 기법이 아니다. 고작 500여 년밖에 되지 않았으니까.

원근법이란 겉으로 보기에는 그림 기법이지만 사실은 기하학적 이론에 바탕을 둔 수학이다. 즉 3차원의 물체가 위치하는 공간과의 관계를 2차원적 평면에 묘사하는 기법을 가리킨다. 원근법은 물론 서양화에만 있는 것이 아니다. 오히려 중국 미술에서 먼저 표현되었다는 주장도 있다. 그런데 왜 우

〈성삼위일체〉

마사초, 1425∼1428년, 산타 마리아 노벨라 성당.

리는 서양의 원근법에 관심이 많을까? 기하학적 개념을 도입한 원근법, 즉 과학적 기초에 입각한 원근법은 서양만의 고유한 것이기 때문이기도 하다. 동양의 원근법은 3차원 영상을 2차원 공간에 드러내는 것이 아니라 3차원 영상을 예술적으로 어떻게 표현하느냐에 초점이 맞추어져 있어 엄밀한 의미에서 멀리 있는 것을 가까이 그리는 것은 아니다. 따라서 원근법을 언급할 때 서양화를 떠올리는 것은 당연하다.

원근법은 언제 누구에 의해 탄생했을까? 원근법에 가장 먼저 관심을 기울인 인물은 브루넬레스키Brunelleschi(1377~1446)다. 그는 화가가 아니라 건축가였지만 단순한 건물의 설계가 아니라 건축공학이라 불릴 만한 과학적 측정과 법칙에 의해 원근법을 발명한 것으로 알려져 있다.

그의 뒤를 이어 원근법을 구체적으로 회화에 처음 도입한 사람은 30년도 채 못 살고 약물 중독으로 추정되는 이유로 요절한 피렌체의 화가 마사초Masaccio(1401~1428)다. 그는 산타 마리아 노벨라 성당에 그린 프레스코화 〈성삼위일체〉에서 처음 원근법을 도입하여 사람들을 놀라게 만들었다. 그림을 본 사람들은 벽을 뚫고 그린 줄 알고 깜짝 놀랐다는 이야기가 전해온다.

미술에서 원근법을 완성시킨 사람은 피렌체의 화가 우첼로Paolo Uccello(1397~1475)다. 그의 작품 〈산 로마노 전투〉 연작은 원근법을 정밀하게 도입한 그림으로 유명하다. 좀 어설

프기는 하지만 전투가 일어나고 있는 뒤편으로 들이 멀리 보인다. 이것이 바로 원근법이 처음 그림에서 나타난 경우다. 그는 고딕 양식이 주류를 이루던 시대에 태어나 그 양식으로 교육받았으나 후에 르네상스의 중심지인 고향의 분위기에 심취하여 새 시대에 걸맞은 양식을 연구했다. 그 과정에서 원근법을 고안해 고딕과 새로운 양식의 조화를 추구한 것으로 알려져 있다.

그는 뛰어난 스승을 둔 것으로도 유명하다. 바로 〈천국의 문〉을 조각한 기베르티Ghiberti 문하에서 도제로 활동을 시작했다. 그때 그 작업실에서는 이미 불후의 명작이 제작 중이었다고 한다. 이후 독립한 우첼로는 1440년대에 들어서 새로운 양식을 자신의 그림에 도입하기 시작했다.

대표작인 〈산 로마노 전투〉 연작은 그 무렵 정치·경제적 주도권을 놓고 다투던 피렌체와 시에나 사이의 전투를 그린 것으로, 1450년대 제작이 분명하다. 1260년 무렵 시에나가 피렌체와의 싸움에서 승리하여 전성기를 맞았다. 그러나 이후 피렌체는 상업이 발달하면서 메디치 가문의 지원을 받은 수많은 예술가가 새로운 양식의 꽃을 피웠고, 문화 분야에서

우첼로의 대표작 〈산 로마노 전투〉 연작
파리 루브르박물관, 런던 국립미술관,
피렌체의 우피치미술관에 각각 소장되어 있다.

는 르네상스의 첫걸음을 내딛었으며, 정치적으로도 시에나를 1432년 무렵에 무찌름으로써 명실상부한 정치·문화적 중심지로 발돋움했다.

이러한 상황에서 우첼로는 수학적 이론을 바탕으로 한 원근법을 구상했다. 이는 3차원적 공간 속 물체를 재구성해낸 놀라운 결과를 가져왔다. 그가 원근법을 이용해 그림을 그리기 시작한 후 예술가들은 모두 이 놀랍고도 새로운 기법을 받아들여 이전과는 다른 회화의 르네상스를 가져왔다.

079

월리스,
지나친 호기심의 공功과 과過

앨프레드 월리스Alfred Russel Wallas (1823~1913)는 찰스 다윈 Charles Darwin (1809~1882)에 앞서 자연선택에 의한 진화와 관련된 논문을 발표한 것으로 유명하다. 제목은 〈변종이 원종으로부터 무한히 멀어져 가는 경향에 대하여〉. 그러니까 본래의 종이 어떤 과정을 거쳐 새로운 종으로 바뀌어 가는지를 살펴본 논문인 셈이다.

물론 다윈은 그보다 앞서 이와 관련된 논문을 집필 중이었으나 자신의 학설이 완벽한 형태로 완성되기 전에는 결코 발표하지 않겠다고 스스로 다짐하고 있었다. 왜? 그 시대에 진화론을 발표한다는 것은 다윈 자신의 말대로 '마치 살인을 자백하는 것'과도 같은 위험한 일이었으니까. 그래도 주위 사람들은 다른 사람에게 이론 발표를 추월당할지도 모른다고 다윈에게 계속 경고를 보냈고, 다윈은 이를 무시했다.

그러다가 윌리스의 논문을 접하자 큰 충격에 빠졌지만, 다시 일어난 다윈은 주위 사람들의 충고에 따라 윌리스와 공동으로 논문을 발표했다.

물론 이들이 논문을 발표한 이후에도 사회는 별 관심을 보이지 않았다. 사람들이 다윈의 주장이 얼마나 위험한지를 알기까지에는 1년여의 시간이 더 필요했던 것이다. 1859년 10월 다윈의 책《자연선택에 의한 종의 기원, 즉 생존경쟁에 있어서 유리한 종족의 존속에 관하여》가 출간되자 책은 하루 만에 다 팔렸다. 그리고 세상은 바뀌었다.

그렇다면 윌리스는? 사실 윌리스는 자연선택에 따른 진화론을 발표하기는 했지만, 인간의 영혼이 초자연적 기원을 가져야 한다고 여겼다. 그 외에도 사회주의, 유심론唯心論 등 다양한 분야에 관심을 기울이고 있었다. 또한 다윈이 자신의 이론과 유사한 이론을 앞세워 위대한 과학자의 반열에 오르는 모습을 흐뭇하게, 그리고 기분 좋게 지켜보기에 충분한 인격의 소유자였다. 그런데 그에게는 치명적인 장점이자 단점이 있었으니, 바로 신기한 것에 대한 끊임없는 호기심이었다.

아래 서명한 사람은 50~500파운드를 걸고, 영국의 철학자, 성직자, 과학자를 불문하고 지구가 둥글고 돈다는 것을 성서 또는 추론, 또는 사실로 증명할 수 있는 자에게 내기를 제안한다. 내기에 응하는 자는 같은 돈을 걸고 지적인 심판관을 설득하거나 철로, 강, 운하, 호수가 불룩하게 솟아 있음을 증명할 경우에 내기에 건 돈을 가져갈 수 있다.

1870년 1월 〈사이언티픽 오피니언〉이란 잡지에 실린 이 광고는 월리스를 자극하기에 충분했고, 그는 이 내기에 응하기로 했다. 한편 광고의 주인공은 존 햄던John Hampden이란 자였는데, 그는 자신과 비슷하게 지적 수준은 낮지만 두뇌 회전은 빠른 사무엘 로보덤의 책《지구는 둥글지 않다》를 읽고 태양은 평평하고 붙박이인 지구의 북극 상공 1000킬로미터를 돈다고 믿고 있었다.

그런데 햄던과 그의 주장을 팸플릿으로 만들어 돌린 윌리엄 카펜터William B. Carpenter는 상대해서는 안 될 인물이었다. 이들을 자신과 비슷한 상식적 인간으로 여기고, 내기에 응한 월리스는 진화 과정에서 소외된 인간도 있음을 간과한 대가를 톡톡히 치르게 된다.

다음에 나오는 그림은 월리스가 지구가 둥글다는 사실을 확인시키기 위한 실험인데, 그가 사용한 도구는 망원경과 원반과 검은 띠였다. 그리고 A에서 C에 이르는 10킬로미터 구간 가운데 원반을 설치하고 목적지에 있는 다리에는 검은 띠를 부착했다. 그런 후 A지점에 설치한 망원경을 통해 C지점을 확인하기로 했다. 만일 지구가 평평하다면 아래 그림처럼 가운데 설치한 원반이 멀리 있는 다리에 붙은 검은 띠와 일

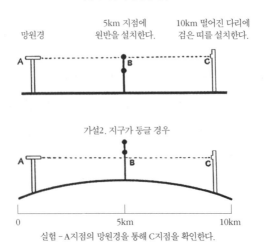

가설1. 지구가 평평할 경우

망원경   5km 지점에   10km 떨어진 다리에
          원반을 설치한다.   검은 띠를 설치한다.

A   B   C

가설2. 지구가 둥글 경우

A   B   C

0   5km   10km

실험 – A지점의 망원경을 통해 C지점을 확인한다.

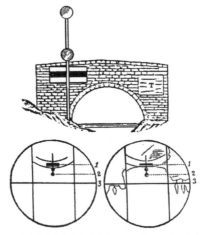

결과 – 두 군데의 다리에서 역상 망원경으로 본 것을 그대로 옮겨 그렸다.
검은 띠와 원반이 일치하지 않으므로 가설2가 옳다.

지구가 평평하다는 주장을 반박한 월리스의 실험

치할 것이나, 지구가 둥글다면 그림처럼 원반이 위에 있는 것으로 보일 것이다. 그리고 당연히 아래 원 안의 그림처럼 원반과 검은 띠는 일치하지 않았다.

예나 지금이나 진화되지 않은 인간이 합리적인 실험의 결과를 덧붙여 자신의 패배를 인정하는 일은 없다. 햄던은 자신의 패배를 인정하는 대신 온갖 방법을 동원해 월리스를 모함했으며, 명예 훼손을 한 죄로 여러 차례 옥살이를 했는데도 의지를 굽히지 않았다. 월리스는 두 번의 재판과 네 번의 명예 훼손 고발에 엄청난 비용을 들여야 했고, 그에 따른 정신적 고통은 말로 표현할 수 있는 게 아니었다. 20년 가까운 시간을 그와의 악연을 이어가는 데 보내야 했으니 말이다.

080

UFO, 그리고
인류가 쏘아올린 UFO

우리에게 UFO(unidentified flying object)로 알려져 있는 미확인 비행물체는 사람들의 호기심 대상일 뿐 아니라 인류의 잠재적인 위험으로도 여겨지고 있다. 그런 까닭에 미국 CIA는 UFO가 발견된 초창기부터 이에 대한 자료를 극비리에 보관해 오고 있는 것으로 알려져 있다(물론 이 또한 소문이기 때문에 확인 불가다).

UFO의 일반적인 형태는 비행접시다. 1947년 6월 미국의 케네스 아놀드는 자신이 직접 비행기를 몰고 가다가 은빛 비행물체 아홉 개를 발견했다. 이 형태가 날아가는 접시를 닮아 그때부터 이런 비행물체를 비행접시라고 부르게 되었다. 그러니까 현대적 의미의 UFO는 이때부터 관심의 대상이 된 셈이다.

물론 오래전부터 이러한 비행물체에 대한 기록이 전해 왔다. 가장 오래된 기록은 9세기 무렵 프랑스의 리옹 주교가 남긴 것으로, 자신이 살던 마을의 농민들이 구름 사이로 떠다니는 배를 보았다고 한다. 또한 1561년 4월 14일에는 독일 뉘른베르크 상공에서 이상한 비행물체들이 서로 싸우는 모습을 시민들이 목격했다. 1947년 7월 미국 뉴멕시코의 마을 로즈웰에 UFO가 추락했다. 그 안에서 발견한 우주인의 시신을 해부하는 사진이 1955년 8월 28일 텔레비전을 통해 전 세계 22개국에 방영되어 큰 반향을 불러일으켰다.

1952년 미국의 조지 아담스키라는 사람은 마하베 사막을 가로지르는 국도를 달리다가 번쩍이는 빛을 발견했고, 그 즉시 차에서 내려 빛을 향해 달려간 결과 금성에서 왔다는 금발의 남자를 만났다고 한다. 그리고 그가 찍은 사진은 지금까지 전해 오고 있다. 그가 발표한 내용은 UFO에 대한 관심을 불러일으키는 데 크게 기여했지만, 금성에 생명체가 살고 있다는 것은 과학적으로 수용될 수 없다. 따라서 이후 우후죽순처럼 발표된 UFO와 우주인과의 조우遭遇는 대부분 광학적 오류로 인한 것이나 심리적인 것 또는 인위적인 조작으로 여겨지고 있다. 그렇지만 몇몇은 외계인과 관련이 없는 것으로 여기기 힘든 까닭에 UFO에 대한 관심은 지금도 계속되고 있다.

한편 미국의 천문학자이자 천체물리학자인 프랭크 드레이크Frank Drake는 1960년 봄, 국립전파천문대의 전파망원경으

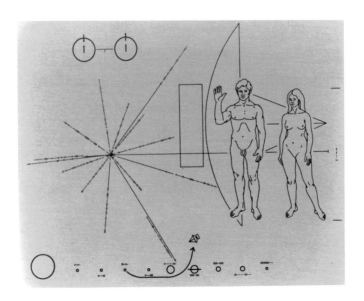

파이어니어 10호와 11호에 탑재된 그림엽서

로 중성수소의 파장에 채널을 맞추고 생명체가 존재할 것으로 여겨지는 가장 가까운 별 입실론 에리다니Epsilon Eridani와 타우 세티Tau Ceti를 향해 귀를 기울였다. 이를 오즈마 계획이라 하는데, 그때는 아무런 신호도 받지 못했다. 그러나 이에 좌절하지 않고 그는 다시 1974년 11월 미터13이라 명명된 구상성단球狀星團을 향해 소수素數로 된 메시지를 3분 동안 쏘아 보냈다. 이 구상성단은 지구로부터 2만 1000광년 떨어져 있는 곳이므로 만일 그곳에 생명체가 있어 이 메시지를 접수하고 응답한다 하더라도 지금부터 4만 2000년 뒤에 지구에 사는 우리 후손이 받을 것이다.

또한 1972년에서 이듬해에 걸쳐 발사된 무인 우주 탐사선 파이어니어 10호와 11호에는 그림엽서가 탑재되었다. 이는 우주 공간에서 우연히 만나게 될 외계인, 즉 E.T.(extra terrestrial)에게 보내는 것으로 드레이크 교수가 고안했다. 태양계를 구성하는 행성과 남녀의 인간 모습과 그들이 사용하는 에너지로 이루어져 있다.

한걸음 더 나아가 1977년 8월과 9월에 발사된 보이저 1, 2호에는 지구의 소리를 담은 지름 30센티미터의 레코드가 실려 있다. 알루미늄으로 만든 재킷에 담긴 이 레코드에는 지구인의 인사말, 베토벤 교향곡 제5번 c단조(〈운명〉으로 알려져 있다), 루이 암스트롱의 트럼펫 연주, 개구리 울음 소리, 비와 파도 소리 등을 담았다.

081

율리아누스,
교양을 갖춘 배교자

기독교를 공인한 공으로, 전쟁광이자 아내와 처남과 일곱
살 먹은 조카까지 죽이고도 성인의 품계에까지 오른 콘스탄
티누스 황제Constantinus the Great(?~337). 그런데 그의 조카
가운데는 그와는 매우 다른 삶과 품성과 학식을 갖춘 인물
이 하나 있었다. 이름은 율리아누스Julianus(331/332~363, 재위
361~363), 별칭은 배교자背敎者 율리아누스.

율리아누스는 여러 면에서 삼촌 콘스탄티누스 대제와 달
랐다. 물론 성인으로 추앙받는 삼촌과는 달리 배교자, 즉 기
독교의 배신자로 역사에 기록되었다는 점이 가장 크게 다르
다. 그런데 겉으로 드러난 그런 평가 외에도 참 많이 달랐다.

우선 썩 배운 것이 많지 않은 삼촌과는 달리 율리아누스는
아는 것이 너무 많았다. 아는 것이 많은 정도가 아니라 로마
는 오랜만에 문화적 교양을 갖춘 황제를 갖게 되었다. 그가

남긴 저작물들은 그의 문화적 수준뿐만 아니라 문학적 소양 그리고 고대 그리스 철학과 문화에 대한 남다른 애정과 이해를 보여 주고 있다.

행동보다는 사고를 더 소중히 여기던 그는 공부에 몰입하던 중 스물셋의 나이로 부황제副皇帝에 임명되었고, 이때부터 정치·군사적으로 뛰어난 능력을 발휘했다. 한편 그가 보여준 능력에 위협을 느낀 이복형이자 황제인 콘스탄티우스 2세는 이때부터 율리아누스에 대한 경계심을 드러내기 시작했다. 정부의 지원도 끊기고 감시의 눈길이 한층 강화되자 율리아누스 휘하 군사들은 자신들의 지휘관을 황제로 추대했다. 이른바 쿠데타가 일어난 것이다.

그러나 공교롭게도 콘스탄티우스 2세가 때맞추어 세상을 떠나면서 그에게 황제의 관을 내리라는 유언을 남겼다. 이렇게 해서 로마는 검소하고 철학적이며 지성을 갖춘 인물을 황제로 갖게 되었고, 교양 계급에서는 새로운 황제의 탄생을 쌍수를 들어 환영했다. 이렇게 말하면 그가 황제에 오른 것이 매우 순탄해 보인다. 과연 그럴까?

콘스탄티누스 대제의 이복동생인 율리우스 콘스탄티우스(이름이 비슷하니 조심할 일이다)의 작은아들로 태어난 율리아누스는 사실 죽은 목숨이었다. 삼촌 콘스탄티누스 대제가 337년에 죽자 그의 아들인 콘스탄티누스 2세(재위 337~340)와 콘스탄스(재위 337~350), 콘스탄티우스 2세(재위 337~361), 이 세 형제는 서로 황제를 칭하며 로마를 다투었다. 그 과정에서 세 형제는 피 튀기는 싸움을 벌였고, 군대는 콘스탄티누스 대제의 직계 아들만을 후계자로 삼기로 결정한 후 이복형제들의 자손과 방계 자손 모두를 없애기로 결정했다. 그 와중에서 율리아누스의 아버지와 맏형이 살해당했고, 어머니 또한 그가 태어난 직후 죽었기 때문에 그는 고아로 이곳저곳에서 키워졌다.

다시 그가 황제에 오르게 된 시간으로 되돌아가 보면, 아마도 죽을 무렵 황제의 가문에서 살아남은 남자라고는 오직이 괘씸한 녀석 하나밖에 없다는 생각이 콘스탄티우스 2세의 머릿속을 퍼뜩 스쳤기 때문일 것이다. 여하튼 고아 신세로 떠돌며 다양한 문화와 학문을 접하게 된 까닭에 교양인 율리아누스의 탄생이 가능했을지도 모른다. 페르가몬, 에페소스, 아테네 등지에서 공부한 그는 다양한 문화를 접했고, 기독교 신앙을 가슴에 품은 채 이복형제들에게 가차 없는 칼날을 휘두르는 친척들의 행태에 의문을 품게 되었다.

황제에 오른 율리아누스는 이때부터 그가 배운 대로 황제의 직위를 수행하기 시작했다. 우선 궁중 생활을 간소화했다. 이는 그가 추구한 신플라톤주의 철학의 소산이었다. 또한 이전 황제가 추방한 주교들이 자신의 교구로 복귀할 수있도록 관용을 베풀었으며, 모든 종교를 대상으로 신앙의 자유를 선포했다. 물론 지성인으로서 당연한 행동이었지만, 이

율리아누스

신앙의 자유를 선포한 황제 율리아누스는 그리스도교인이 돌을 던지거나,
박해를 하도록 유도해도 "순교자를 만들지 마라"라는 지시만을 거듭했다.
이와 같은 그의 관용에 그리스도교인은 '배교자'의 낙인으로 보답했다.
그의 품성에 어울리게 토론을 중재하는 율리아누스를 그린 그림.
에드워드 아미티지, 1875년.

미 자신들의 종교가 합법화된 기독교인에게는 오히려 이교도를 합법화하는 정책으로 여겨져 반발을 불러일으켰다.

게다가 율리아누스는 고대 학문의 재건에 정열을 쏟았다. 성서만 읽으면 세상 만물의 이치를 알 수 있다고 믿는 성직자들이 좌지우지하던 시대에 이미 창고 속에 파묻히거나 불태워졌던 파피루스를 되살리겠다는 그의 탐구 정신은 돌에 맞아 마땅했다. 어떤 기록에 의하면, 그가 기독교도에게 탄압과 박해를 가했다고도 하고 기독교도들이 교사나 군인의 직에서 추방당했다고도 하는데, 여하튼 그는 어떤 경우에도 '순교자를 만들지 마라'라는 지시만을 내렸다.

그러나 배운 것 많고 사색을 즐기던 그도 오류를 저질렀으니 로마의 부흥을 위해 쓸데없이 군사를 동원한 것이었다. 페르시아 원정에 대규모 군사를 이끌고 나선 그는 크게 패했고, 자신 또한 창에 맞아(사실은 기독교도 출신 병사가 쏜 화살을 맞았다는 설도 있다) 목숨을 잃고 말았다. 그때 나이 서른하나에 불과했다.

그는 너무 많이 알고 배우고 사색하고 일찍 죽은 탓에 역사가 끝나기 전까지는 결코 지워지지 않을 배교자라는 낙인이 찍히고 말았다. 그에게 배교자라는 낙인을 찍은 사람들이 자신의 반대파에게 관용을 베푼 예를 찾게 되는 날 그 또한 자신의 뜻과는 아무 상관도 없는 별명에서 자유로워질 것이다. 물론 가능성은 없어 보이지만.

082

이집트 달력,
나일 강에 기반하다

이집트 문명을 얘기할 때 나일 강을 빼놓을 수 없을 만큼 이 둘 사이에는 깊은 관련이 있다. 특히 범람이라는 단어가 다른 지역에서 갖는 파괴적이고 부정적인 의미와는 달리 나일 강의 범람은 나일 강 주변에 생명력을 불어 넣는 긍정적인 역할로 이집트 문명의 형성에 크게 기여했다고 알려져 있다. 그런 까닭에 이집트인은 나일 강의 물이 붇기 시작할 무렵을 한 해의 시작으로 삼았다. 물이 붇기 시작할 무렵 새벽녘 동쪽 하늘에 시리우스 별이 뜨고, 이로부터 얼마 지나지 않아 범람이 시작되었던 것이다.

이집트인이 만든 달력은 세계 최초의 태양력으로 알려져 있는데, 1년을 365일로 구성한 것도 최초다. 1년을 30일 단위의 열두 달로 구성하고, 연말에는 닷새를 제일祭日로 삼아 더했다. 이런 방법으로 1년은 365일이 되었으며, 열두 달을 네 달씩 구분지어 세 계절로 나누었다. 각각이 아케트 Akhet(유익한 계절)라고 불리는 범람기, 페레트Peret(올라가는 계절)라고 불리는 파종기, 쉬무Shemu(불타는 계절)라 불리는 수확기다. 그러나 그들은 윤년에 대한 개념이 부족했다. 결국 해가 갈수록 계절과 달력 사이에는 오차가 생겼고, 1460년에 이르러서는 1년이나 차이가 나게 되었다.

그렇다면 나일 강의 범람이 가져다 준 이익은 무엇이었을

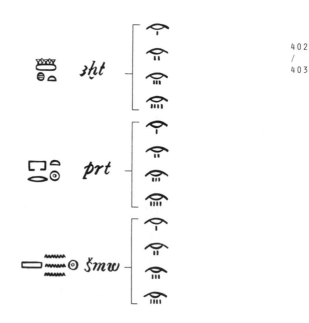

고대 이집트의 달력

고대 이집트에서는 1년을 열두 달로 나누고,
경작 시기를 기준으로 세 계절로 나누었다.

까? 나일 강의 범람은 에티오피아 아비시니아 고원에서 흘러오는 청나일과 아프리카 중앙에 위치한 빅토리아 호수 주변에서 흘러들어오는 백나일의 원류에 의해 만들어진다. 나일 강의 수량은 청나일에서 들어오는 양이 60퍼센트, 백나일에서 흘러오는 양이 40퍼센트 정도를 차지하는데, 실제로는 청나일의 길이가 백나일에 비해 훨씬 짧다. 그러나 아비시니아 고원의 강우량이 월등히 많은 까닭에 청나일의 역할이 더 커졌다. 청나일이란 명칭은 물빛이 백나일에 비해 어두운 빛을 띠기 때문에 붙여졌다.

한편 나일 강의 범람은 아비시니아 고원에게 비옥한 흙을 가져다주었으며, 이에 더해서 사막에서 바람을 타고 밀려온 모래에 함유된 염분까지 씻어 주었다. 아비시니아 고원의 흙은 오랜 시간 동안 흘러오면서 매우 고운 상태로 변해 갯벌의 진흙처럼 변한다. 그리고 이집트 영내로 들어오면서 느려진 유속 때문에 흙들은 침전하게 되고, 이렇게 침전되어 만들어진 지층을 '시루트'라고 한다.

한편 이집트의 달력은 7월 무렵에 시작되는데, 이때 나일 강의 수량이 평소보다 세 배 가까이 불어나기 때문이다. 이후 9월이 되면 수위가 줄기 시작해, 11월에는 씨를 뿌리는 파종기가 시작된다.

083

일식과
월식

일식日蝕이란 '해를 갉아 먹는다'라는 의미인데, 사실은 지구에 사는 우리 눈에 해의 전부 또는 일부가 사라져 보이지 않는 현상을 가리킨다. 그렇다면 왜 해가 사라지는 것일까?

404 / 405

그림처럼 지구와 태양 사이에 달이 끼어들어 태양을 가리면 일식이 일어난다. 태양의 일부분이 가려지는 것을 부분일식이라고 하며, 한낮에 태양이 완전히 사라지는 개기일식皆旣日蝕은 태양과 지구 사이에 달이 정확하게 자리 잡아 관측자의 눈에 태양의 모습이 전혀 보이지 않는 것을 말한다. 개기일식 가운데 특별히 금환일식金環日蝕 즉 금가락지 모양의 일식이 있는데, 이는 지구가 태양과 가장 가까우면서 달과는 멀리 떨어져 있을 때 발생한다. 즉 달의 크기가 태양에 비해 작아 태양의 주변이 금가락지처럼 남아 있어 이런 명칭이 붙었다.

사실 일식이란 달 자체가 태양을 가리는 것이 아니라 달의 그림자 때문에 발생하는 현상이다. 이는 그림에서도 확인할 수 있는데, 이때 본영本影 즉 광원에서 나오는 모든 빛이 차단된 그림자 부분에서는 개기일식이 나타나고, 반영反影 즉 본영 주위에 나타나는 바깥 부분에서는 부분일식이 나타나게 된다. 그런데 본영과 지구가 겹치는 지역은 매우 좁다. 그런 까닭에 개기일식을 관측할 수 있는 지역은 대단히 좁다. 그뿐인가? 일식이라는 현상을 가능케 하는 태양과 달, 지구라는 천체가 모두 빠른 속도로 움직이기 때문에 일식이 지속

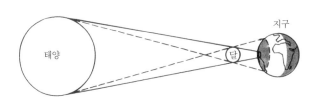

일식

달이 태양과 지구 사이의 일직선 상에 있을 때,
달이 태양의 표면을 가리는 현상이다.

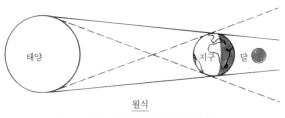

월식

지구의 그림자에 달의 전부가 가려지면 개기월식,
일부만 가려지면 부분월식이 일어난다.

되는 시간 또한 매우 짧다. 지구에서 관측할 수 있는 대부분의 일식은 8분 이내에 끝나는 것이 일반적이다.

그렇다면 일식과 월식은 어떻게 다를까? 월식은 말 그대로 달이 사라지는 현상이다. 그런데 일식과 월식 사이에는 사라지는 천체가 무엇인지보다 더 근본적인 차이가 있다. 이는 지구 가까이 있는 달은 결코 태양에 의해 가려질 수 없기 때문이다. 그러니까 일식이 태양-달-지구의 위치 때문에 나타나지만, 월식은 태양-지구-달의 위치 때문에 발생한다는 점이 일식과 근본적으로 다르다. 그러니까 지구(가리는 천체)가 태양과 달(스스로 빛을 내지 못하는 가려지는 천체) 사이에 자리 잡으면 지구에서 달을 관측할 수 없게 된다. 당연한 이치 아닌가? 달은 태양 빛을 받아야만 반사해서 우리 눈에 들어올 테니까. 그러니까 월식은 달이 사라지는 것이 아니라 지구에서 볼 수 없다는 표현이 더 정확할 것이다.

월식 또한 개기월식, 부분월식 등이 있는데, 달이 지구의 본영 중심을 지나가면 개기월식이 나타난다. 월식은 일식에 비해 지속되는 시간이 좀 길다. 개기월식이라면 우리는 약 100분 동안 볼 수 있다. 한편 월식은 아이러니컬하게도 보름 때만 일어난다. 달이 지구를 중심으로 태양과 정반대 방향에 놓여 있을 때만 지구 그림자 속으로 들어갈 수 있으니까.

084

자석,
은에 버금가는 값?

자석磁石은 '자성磁性을 띤 돌'이란 뜻이다. 학문적으로는 철을 끌어당기며 그 주위에 자기장磁氣場을 만들 수 있는 물질을 자석이라 하는데, 아이들 시각에서는 쇠에 붙는 쇠다. 요즘엔 온갖 광고물이나 피자집 쿠폰에도 자석이 붙어 있으니까 자석 귀한 줄 모르는 시대다.

자석은 영어로 마그넷magnet인데 알려진 바로는 소아시아의 마그네시아magnesia란 도시에서 많이 산출되었기 때문이라고 한다. 그 외에 중국에서는 자석을 지남철指南鐵이라고 불렀는데, '남쪽을 가리키는 쇠'란 뜻으로 우리나라에서도 최근까지 이 표현을 썼다. 그러니까 동양에서는 자석을 쇠로 인식했음을 알 수 있다.

지남철이란 표현에서 알 수 있듯이 인류는 처음 자석을 방향 지시 기구로서 사용했다. 기원전 2세기 무렵 중국에서 엿다. 물론 처음부터 지남철을 항해용 나침반으로 사용한 것은 아니었다. 늘 남쪽을 가리키는 자석의 성질을 이용해 지남차 指南車를 만든 것이다. 그리고 자석의 이러한 특성을 간파한 중국인이 후에 나침반을 만들어 항해에 사용하기 시작했고, 이러한 나침반이 소아시아를 거쳐 유럽으로 전파되었다는 것이 정설이다.

고대 중국뿐 아니라 그리스에서도 오래전부터 자석이 인간에게 그 모습을 드러냈던 것도 사실이다. 물론 그 이상한 물질을 실용적으로 사용하지는 못했지만. 자석의 본질을 과학적으로 규명하게 된 것은 영국인 의사 길버트William Gilbert(1544~1603)가《자석, 자성체, 커다란 자석인 지구에 대하여》, 줄여서《자석에 대하여De magnete》라는 책을 1600년 발표하면서부터다.

중국에서 전해진 나침반은 서양 문명의 확산에 크게 기여했으나, 그것이 전부였다. 물론 1270년 무렵 피에르라는 인물이 나침반의 정밀한 실용화를 꾀했지만 이내 잊히고 말았다. 그러나 길버트는 이러한 놀라운 물체를 그냥 넘기지 않았다. 그는 자침이 남북을 가리킨다는 사실과 함께 수직 방향으로 회전할 수 있게 하면 지면을 향한다는 사실을 발견했다. 그는 나아가 자철광을 이용, 지구와 같은 구형의 작은 자석을 제작했다. 이는 작은 지구였는데, 이를 자세히 연구한 결과 지구가 유일한 거대 자석임을 확인할 수 있었다.

"길버트, 최초로 자석의 힘을 연구한 학자"
지구의에 새겨진 문구다.
옥스포드 대학에 보관되어 있는 길버트의 초상화로,
의사 가운을 입고 지구의에 손을 얹고 있다.

그가 이러한 결론에 도달할 수 있었던 것은 고대의 권위나 중세의 편견에 매몰되지 않았으며, 지식이란 추정이 아니라 관찰을 통해 얻어야 한다고 주장한 근대 지식인의 표상 프랜시스 베이컨Francis Bacon(1561~1626)의 가르침에 따라 성실하게 실험했기 때문이다. 또한 길버트는 영국인으로서는 처음으로 지동설을 인정할 만큼 합리적인 사고의 소유자이기도 했다.

한편 길버트의 연구는 이후 자석 연구에 활력을 불어넣었는데, 그 무렵 확산되기 시작한 르네상스의 정신 또한 큰 몫을 했을 것이다. 갈릴레이가 자기장에 관심을 갖게 된 것도 길버트의 영향을 받아서였고, 케플러 또한 길버트의 연구 결과에 도움을 받았다고 말했다. 그러나 의사 길버트는 자석 전문가였을지 모르지만 페스트 전문의는 아니었던 듯하다. 왕실의로 재직하던 중 페스트에 걸려 쉰아홉 살의 나이로 세상을 떠났으니까.

자, 그렇다면 다시 처음으로 돌아가서 마그넷과 로드스톤lodestone의 차이를 아는가? 마그넷이 단순히 자석을 가리키는 데 비해 로드스톤은 천연 자석을 가리킨다. 과거에 푸르스름한 빛을 띠는 중국산 천연 자석이 자석 중의 왕으로 알려졌으며, 그 가격이 은에 버금갔다고 하니 놀랄 만하지 않은가?

085

자이나교,
비폭력 불복종운동의 원천

인도라는 거대한 지역을 지배하는 종교는 오늘날 바라보아도 이해하기 힘든 부분이 한두 곳이 아니다. 브라만교와 이를 계승한 힌두교를 10억이 넘는 인도인이 거부감 없이 받아들이는 것 자체가 참으로 불가사의한 일 가운데 하나다. 인도에서 세계인을 사로잡을 만큼 지혜롭고 소중한 종교가 여럿 탄생했는데도 그런 종교를 제쳐두고 힌두교가 아직도 중심 종교로 존재하다니 말이다.

기원전 6세기 무렵 고타마 싯다르타(훗날의 부처)에 의해 탄생한 불교는 논리적으로 세계 그 어느 종교보다도 뛰어나고 개개인을 지고至高한 존재로 승화시켰다는 점에서 탁월하다. 그런데도 불교는 인도에서 밀려나 오늘날 불교도를 찾기란 갠지스 강가에서 다이아몬드를 찾는 것과 같을 정도다. 인도 전역에 약 400만 명만이 존재한다고 하니까. 이는 수천만 명에 달하는 그리스도교도에도 못 미칠 뿐 아니라 인도 인구의 약 10퍼센트에 해당하는 이슬람교도와는 비교할 수도 없을 정도로 미미한 숫자다. 따라서 불교가 인도에서 유래했다는 사실을 알고 있는 사람들에게 이러한 현실은 당연히 혼란스러움을 불러일으킨다.

그러나 불교는 자이나교에 비하면 한없이 행복한 수준이다. 왜냐고? 자신의 텃밭에서는 버림받았지만 세계인이 인정해주니까. 반면에 그 이념과 의미가 대단히 현대적이면서도 평화적인 자이나교는 약 300만 명의 신도, 그것도 인도에만 국한된 채 존속하고 있다.

자이나교는 불교와 비슷한 시기에 탄생해 어떤 면에서는 불교보다 더 융성한 적도 있었다. 게다가 오늘날에도 자이나교가 추구한 신념은 인도인의 뇌리에 깊이 남아 있는 것이 사실이다. 그러니까 수백만 명에 불과한 신도를 갖고 있다고 하더라도 인도의 정신을 구성하는 데 빠져서는 안 되는 중요한 요소인 셈이다.

자이나교는 기원전 6세기 무렵, 그러니까 불교가 탄생할 무렵이나 그보다 조금 일찍 탄생한 것으로 보인다. 그 무렵 인도에는 주류 종교인 브라만교에 대항해 자신들의 가르침을 펼치던 육사외도六師外道라고 하는 여섯 명의 종교인 또는 사상가가 있었다. 이들은 브라만교가 지배하던 인도의 침체된 사상계, 종교계에 새로운 활력을 불어넣은 것도 사실이지만 또 다른 측면에서는 잘못된 사상으로 민중을 현혹시키기도 했다. 그런 까닭에 부처는 이들을 경계하라는 의미에서 '도에서 벗어난 여섯 스승', 육사외도라고 불렀던 것이다.

그 가운데 니간타 나타풋타Nigantha Nataputta라는 인물이 있었다. 싯다르타가 '진리를 깨달은 이'라는 의미에서 붓다Buddha로 불린 것처럼, 그는 훗날 '위대한 영웅'이란 의미의 마하비라Mahavira라고 불렀다. 나타풋타란 '나타족의 아들'이란 뜻으로, 그의 출신 성분은 크샤트리아였다. 서른 살 무렵 출가한 그는 12년여의 고행 끝에 지혜를 깨달아 자이나Jina 또는 지나('승리자')라고 불리기 시작했으며, 이때부터 많은 신자를 모으게 되었다. 자이나교Jainism가 탄생한 것이다.

자이나교에 따르면 영혼은 순수한데도 속된 물질의 업業에 속박되어 비참한 상태에 빠졌기 때문에 고행을 통해 본래의 영혼을 되찾아야 한다. 그런 까닭에 자이나교도의 삶은 불살생不殺生, 불간음不姦淫, 무소유, 금욕과 고행의 삶이다. 이러한 가르침과 삶은 자이나교와 앞서거니 뒤서거니 탄생한 불교와 썩 다르지 않았다. 이들의 불살생 계율은 불교보다 더욱 철저해 농사마저 짓지 않았다고 한다. 농사를 짓다 보면 땅속의 벌레들을 자신도 모르게 죽일 수 있기 때문이다. 이러한 극단적인 생명 중시 사상은 그 무렵 만연해 있던 동물 희생제에 반발해 비롯된 것으로 보인다.

오늘날에도 영적인 사람들이 선호하는 채식주의, 동물 애

<u>24명의 지나</u>(승리자)

자이나교 신앙에 의하면 우주적 주기에 따라 24명의 지나가 나타난다.
최초의 지나 아디나타와 다른 23명을 동판에 조각한 것.
인도 구자라트 주의 파로다 미술관 소장.

호, 단식 등의 행위에는 자이나교의 정신이 면면히 살아 숨쉬고 있다. 또한 간디가 추구한 비폭력 불복종주의도 그 원천은 자이나교라고 할 수 있다. 나타풋타가 처음 주장한 아힘사ahimsa라는 불살생의 원리에 기반을 두고 자신의 정치적 이념을 발전시켰기 때문이다. 이러한 아힘사는 자이나교의 기본 덕목이자 행동의 표준이 되는 것으로, 채식주의가 기본이다.

자이나교의 가장 큰 중심 사상은 이원론적 체계다. 고대 애니미즘을 계승한 이 사상은 세계가 생명체와 비생명체로 되어 있다고 본다. 불교에서는 추상적인 개념으로 보는 업(카르마karma)을 자이나교에서는 물질적인 실체로 보아 이것이 생명체에 개입해 윤회에 얽매이게 한다고 여긴다. 따라서 업의 개입을 막기 위해서 참회와 고행이 필요하고, 이를 통해 해탈에 이를 수 있다고 여기는 것이다.

실생활에서 자이나교는 세상 만물에 대한 관용과 다른 종교에 대한 무비판적 태도를 추구한다. 게다가 이들은 다른 사람에게 자신들의 종교를 전하는 데도 적극적이지 않다. 그러니 공격적이 아닌 평화로움이라는 종교의 근본이념이 바로 자이나교를 인도의 대단히 좁은 지역에 머무르게 하는 원인임을 알고 나면 도대체 종교가 무엇인지를 우리 스스로에게 물어보게 된다.

086

전함 포템킨,
영화라는 이름

사실을 영화로 만든 경우는 헤아릴 수 없이 많다. 그렇지만 사실보다 영화가 더 알려진 경우는 흔치 않다. 모차르트보다 〈아마데우스〉가 더 유명하지도 않고, 모세보다 〈십계〉가 더 유명하지도 않다. 〈벤허〉는 더 유명하다고? 흐음, 우선 벤허란 인물이 있었는지 알아보아야 한다. 이런 인물은 허구이고, 사실을 영화로 만든 것이 아니니까. 그냥 허구(fiction)다.

그런데 정말 사실보다 영화가 훨씬 유명한 경우가 있다. 알 만한 사람은 다 아는 영화 〈전함 포템킨〉(뽀촘낀, 빠쫌낀, 포툠낀, 포톰킨 가운데 진짜 명칭과 가장 다른 것이 포톰킨이다. 그렇지만 영어가 지배하는 세상에 사는 까닭에 그 배의 이름을 우리는 포톰킨이라고 부른다)이 바로 그렇다. 세르게이 예이젠시테인Sergey Eizenshtein(1898~1948) 감독이 1925년에 완성해 개봉한 무성영화 〈전함 포템킨〉은 영화사에서 가장 위대한 영화 가운데 하나로 널리 알려져 있다.

특히 예이젠시테인은 몽타주 기법과 시퀀스 기법을 처음으로 영화에 도입하여 영화 기법의 발달에 새로운 장을 연 것으로 유명하다. 〈전함 포템킨〉은 영화사에서 너무나 유명하여 영화와 관련된 교과서에도, 영화사를 다루는 글에서도 빠지는 경우가 없다. 사실 이 무성영화를 본 사람은 흔치 않을 듯한데, 너무나 자주 인용되는 까닭에 많은 이들이 이 영화를 보았을 거라는 착각에 빠져 있을 거 같다.

이 영화에는 역사적인 장면이 하나 있다. 바로 오데사 항구의 계단에서 벌어지는 총격전 장면이다. 이 장면은 아마 영화란 매체가 사라지지 않는 한 인류의 관심에서 벗어나기 힘들 것이다. 이 장면을 훨씬 더 정교하게 그리고 아름답고 분명하게 패러디한 영화가 지금은 한물간 배우인 케빈 코스트너가 주연한 갱 영화 〈언터처블Untouchable〉이다. 이렇게 유명한 영화이기에 할 이야기가 너무 많다. 그러나 여기서는 역사적 사실을 다루려고 한다.

1905년 흑해 함대에 속해 있던 러시아 소속 포템킨 호는 그 무렵 러시아 함대에서 가장 중추적인 역할을 하는 전함戰艦이었다. 그 크기는 물론 탑재된 포 또한 여느 배와는 비교가 되지 않았다. 그 배에 승선한 인원만 해도 700명 가까이 되며, 100톤에 이르는 어뢰정까지 이끌고 다닐 정도였으니 말이다.

그런데 그 무렵 러시아의 전제專制 체제는 매우 힘든 시기를 맞고 있었다. 그 전해에 발발한 러일전쟁에서의 패배는 황제인 차르보다 러시아 백성에게 더 참기 힘든 굴욕감을 안겨 주었다. 어차피 황제는 제 잇속만 채우면 되었으니 저 동쪽에서 벌어진 전쟁에서 패했다고 해서 자신의 삶이 바뀔 리는 없었다. 그러나 그렇지 않아도 유럽의 변혁에 영향을 받아 '그냥 살아오던 방식대로 사는 게 옳은가?' 하며 자문하던 백성에게 러일전쟁에서의 패배는 자존심 이상의 영향을 미쳤다. 자신들의 주인이라고 당연하게 생각하던 차르가 믿고 의지하기에는 너무 나약한 존재가 아닌지 의문을 품게 된 것이다.

그런데 역사를 돌아보면 이런 시기를 맞아 활동하는 인물들은 대부분 황제편이 아니라 황제 반대편에 섰다. 자신들의 행동이 문제가 있다고 여기면 재빨리 다른 카드를 꺼내서 백성들을 무마하고자 해야 할 터인데 그렇게 하지 않았다. 러시아에서도 마찬가지였다. 황제를 지지하는 자들이 침묵하는 사이 사회주의자들은 더 이상 차르 체제가 존속해야 할 필요가 없음을, 아니 존속해서는 안 된다는 사실을 깨닫고 활동을 시작했다. 그리고 러일전쟁 이전부터 이미 사회주의자에 의한 혁명의 기운이 이곳저곳에서 감지되고 있었다.

1905년 러시아 혁명이라고 불리는 역사적 사건이 시작되었다. 그리고 그러한 상황에서 혁명 세력과 반혁명 세력은 밀고 당기는 싸움을 계속하고 있었다. 전함 포템킨 호에 수병들의 양식으로 실리던 쇠고기에서 구더기가 발견된 것은 바로 그 무렵, 1905년 6월 말이었다. 살아서 꿈틀대는 구더기를 처음 발견한 것은 당직 수병이었다. 이들의 놀라움은 금세 수많은 수병들에게 번져 나갔고, 곧 이어 군의관이 다가와 사실 확인에 나섰다.

"좋은 고기군. 전혀 문제가 없어. 단지 구더기가 묻어 있을 뿐이니 식초로 닦아 내면 될 일이야."

이 말은 700명 수병 속에서 활동하고 있던 사회주의자 마투셴코와 그의 동료들을 자극했다. 사실 이들은 그들이 속한 사회민주당으로부터 아직은 봉기할 때가 아니라는 명령을 받고 있었다. 그러나 급속히 번진 수병들의 불만과 이에 대응하는 장교들의 행동은 마투셴코를 비롯한 지도급 인물들의 활동을 요구했고, 이는 곧 봉기로 이어졌다.

수병들의 불만을 가라앉히지 않은 상태에서 부함장 길리아롭스키는 쇠고기 스프 먹기를 강요했다. 그러나 수병 대부분이 이를 거부하자 그 가운데 무작위로 열두 명을 뽑아 곧 총살형에 처할 것처럼 행동했다. 이제 남은 수병들이 선택할 행동은 많지 않았다. 그대로 도열한 채 아무 죄 없는 동료들이 머리에 방수포를 쓴 채 총살당하는 모습을 보거나 부함장의 행동에 제동을 걸고 나서야 했다. 지휘관의 행동을 가로막는 일은 당연히 항명抗命이었고, 혁명적인 시각에서 보면 봉기였다. 남은 수병들은 후자를 택했고, 러시아 해군함정 가운데 가장 위력적인 전함 포템킨은 혁명 세력의 손에 넘어갔다. 이것이 영화 〈전함 포템킨〉의 줄거리다.

그렇지만 사실은 영화보다 비극적이다. 포템킨호는 오데사 항에 정박한 채 러시아 해군이 자신들의 뒤를 따를 것이라는 믿음을 버리지 않았으나 이러한 일은 벌어지지 않았다. 또한 포템킨호의 봉기에 용기백배한 오데사 항의 민중들이 일으킨 봉기 역시 수천 명의 사망자와 그보다 많은 부상자를 내고 막을 내렸다. 전함 포템킨에는 이 정도 규모의 상황을 이끌어 갈 만한 지도자가 없었다는 점과 외부로부터 어떤 지원도 없었다는 것이 가장 큰 이유였을 것이다.

결국 포템킨호의 봉기는 성공하지 못했고, 불과 20여 일도 안 돼 봉기 주동자들은 러시아를 떠나 루마니아로 망명할 수밖에 없었다. 물론 1905년 혁명은 10월까지 계속되어 러시아 곳곳에 소비에트를 결성하는 성과를 거두지만 이 또한 11월에 접어들면서 정부의 반격으로 실패로 돌아가고 만다. 그러나 그 결과 차르 체제는 약간의 민주적 요소를 받아들여 두마Duma라고 불리는 의회를 설립하는 등 개혁을 실시한다. 물론 이 정도로는 러시아에 민주주의가 싹틀 수 없었고, 그로부터 12년 후인 1917년 10월 혁명으로 볼셰비키가 정권을 장악함으로써 러시아 혁명이 완수되기에 이른다.

다시 영화로 돌아가자. 러시아에서 볼셰비키 혁명이 성공한 후인 1925년, 예이젠시테인이 만든 〈전함 포템킨〉은 할리우드 영화의 공식인 해피엔딩을 도입하여 1905년 혁명 20주년을 기념하여 상영되었다. 러시아를 비롯한 여러 나라에서 열광적인 환호를 받았지만, 혁명의 파급을 우려한 몇몇 나라의 관리들은 영화 상영을 금지했다. 이 또한 영화 검열의 시초라 할 만하다. 이런 저런 이유로 〈전함 포템킨〉은 불후의 영화가 될 수밖에 없어 보인다.

포템킨 호 봉기의 지도자들
봉기 이후에 찍은 사진으로 보인다.

087

정성공鄭成功,
중국인의 영웅

정성공鄭成功(1624~1662)이란 이름을 기억하는 독자는 썩 많지 않을 것이다. 반면에 중국인에게는 역사상 가장 위대한 인물 가운데 한 사람으로 기억되고 있다는 사실 또한 아는 이가 별로 없을 것이다. 그래서 우리는 그를 알아야 한다. 중국을 이해하기 위해서라도.

1624년 일본에서 태어난 정성공은 중국인에게는 대단히 소중한 인물이다. 그가 의도했든 의도하지 않았든 중국에 커다란 기여를 했기 때문이다. 정성공은 중국인 아버지와 일본인 어머니 사이에 태어났다. 약 400년 전, 그러니까 특별한 일이 없으면 국제결혼이 불가능한 시절 정성공의 아버지는 왜 일본 처녀와 혼인을 했을까?

사실 정성공의 아버지 정지룡鄭芝龍(1604~1661)은 말이 무역업자지 해적이나 다름없었다. 그는 타이완 해협을 무대로 명나라 선박과 명나라와의 무역을 위해 오가는 각국의 배들을 털고 또 자신이 직접 명나라와 무역을 하면서 엄청난 부를 축적했다. 그를 제압할 수 없었던 명나라 조정에서는 그에게 수군을 지휘하는 관직을 내림으로써 그를 회유했다. 이렇게 해서 정지룡의 아들 정성공은 비로소 중국인이 될 수 있었다. 중국으로 와서 난징의 태학에 들어가 중국인으로서 교육을 받게 되었으니까.

그런데 이 무렵 명明나라(1368~1644)는 이미 사양길로 접어들고 있었다. 임진왜란으로 커다란 타격을 입은 명나라 조정은 일개 해적조차도 장악하지 못할 형편이었으니 어찌 북쪽에서 거세게 내려오는 만주족의 위협에서 벗어날 수 있었겠는가? 결국 만주족(후의 청淸나라)에게 난징을 함락당한 명나라는 멸망했고, 이에 명나라 조정에 버금가는 군사력과 권력을 확보하고 있던 정지룡은 자신의 근거지인 푸젠福建 성에서 명의 황손皇孫인 주율건을 황제로 옹립하고 명나라의 법통을 잇고자 했다. 그러나 청나라가 푸젠 성을 향해 공격해오자 정지룡은 명을 배신하고 청나라에 귀순했다. 청나라에서는 그에게 관직을 내린 후 융숭하게 대접했고, 이에 정지룡은 아들에게도 귀순할 것을 권유했다. 그러나 정성공은 그 아버지에 그 아들이 아니었다.

정성공은 아버지의 명을 거부하고 명나라 국권 회복을 위해 군사력을 모았다. 그는 진먼金門과 샤먼廈門의 두 섬을 근거지로 하여 강력한 세력을 형성한 후 명의 연호年號를 사용하면서 청나라 조정에 대항했다. 그 무렵 청나라는 서부 지역과 남부 지역의 지배권을 획득하는 데 몰두하여 정성공에게 효과적으로 대응하지 못하고 있었다. 이에 10만 명의 병력을 동원한 정성공은 청나라 군대를 완파하면서 난징 부근까지 진격할 수 있었다. 그러나 그곳에서 안타깝게도 패한 정성공은 다시 자신의 근거지로 후퇴했다. 이어 청나라의 위협이 점차 강화되자 본토를 떠나기로 결심하고, 그 무렵 네덜란드인이 점거하고 있던 타이완 섬 공략에 나섰다.

1661년 2만여 명의 군사를 이끌고 타이완에 상륙, 수 개월간의 공격 끝에 네덜란드 수비대의 항복을 받아낸 정성공은 자신의 군사와 푸젠 성에서 쫓겨 온 추종 세력을 이곳에 머물게 했다. 타이완은 그때부터 중국인의 수중에 들어오게 되었으며, 정성공은 이곳을 근거로 본토 수복을 꾀했다. 그러나 안타깝게도 이듬해인 1662년 서른일곱의 젊은 나이로 세상을 떠나고 말았다.

한편 그의 뒤를 이어 아들 정경鄭經이 청나라에 대항해 싸웠으나, 1681년 그의 죽음과 함께 타이완의 정씨 세력은 청나라에 의해 정복되고 말았다. 그렇다면 정성공의 아버지는 어떻게 되었을까? 명나라를 배신한 대가로 높은 지위와 융숭한 대접을 받았던 정지룡은 아들 정성공이 끝까지 청나라 조정에 반기를 들자 결국 쓸모가 없다고 판단한 청나라에 의해 투옥되었다가 처형당했다.

이후 정성공은 타이완을 개척한 인물이자 전설 속 영웅으로 백성들 가슴 속에 되살아나 개산성왕開山聖王이라는 호칭을 얻었다. 청나라 조정 또한 백성들의 열렬한 지지를 받던 그에게 관용을 베풀어 '충절忠節'이라는 시호를 내렸고 타이완에 그의 사당을 세우게 했다.

그러나 그의 명성이 드높아진 것은 제국주의 열강의 침략으로 중국이 위기를 맞은 20세기에 들어서면서부터였다. 외부 세력의 침략에 직면한 중국 백성들은 정성공의 반청反淸 운동과 타이완 회복 활동을 높이 사서 그의 이름을 자신들의 역사 가장 앞자리에 놓았다.

088

정화鄭和,
콜럼버스의 달걀을 깨뜨리다

대항해 시대의 개막이 콜럼버스로부터 시작되었다는 속설은 틀렸다. 이는 금속활자를 이용한 인쇄술이 독일 구텐베르크에 의해 시작되었다는 것과 마찬가지다. 그런데 여전히 세상은 콜럼버스와 구텐베르크를 기억할 뿐 콜럼버스에 비해 90여 년 앞서 대항해를 완수한 정화鄭和(1371년 무렵~1435)와 직지심경을 금속활자로 인쇄한 고려의 장인들은 기억하지 않는다. 그 까닭은 무엇일까?

역사는 역사에 끼친 영향력의 크고 작음에 따라 사건의 의미를 재단하는 경향이 있다. 이는 분명한 사실보다 역사라는 흐름에 얼마나 영향을 주었는가 하는 세상과의 연관성이라는 측면에서 사실을 판단한 결과다. 그리고 그런 까닭에 금속활자를 만들었지만 그를 이용해 제작된 서적들이 새로운 문명의 창조와 확산에 크게 기여하지 못한 고려를 세상 사람들은 기억하지 않는다. 그저 금속활자가 있을 뿐 그로 인한 특별한 영향을 받지 못한 고려 백성에게 이 사건은 목판활자만큼의 의미밖에 없다.

그러나 구텐베르크의 금속활자와 인쇄술 발명은 그 무렵 막 개화하기 시작한 종교개혁과 르네상스라는 근대의 시작을 유럽 전역에 전파하는 놀라운 영향력을 발휘했다. 그러니 고려의 금속활자 발명이 기네스북에 올라갈 만한 신기한 사건이라면, 구텐베르크의 인쇄술 발명은 세상을 뒤흔든 혁명이었다. 그렇다고 해서 구텐베르크의 혁명이 고려 불서佛書 제작보다 더 가치 있는 것이라고 단정할 수는 없다. 가치 판단은 문화권과 사람의 가치관에 따라 달라질 테니까.

콜럼버스보다 90여 년 앞섰거니와 콜럼버스의 대항해와는 비교할 수 없을 정도의 규모와 기간, 콜럼버스와는 달리 세계 각 지역의 주민들에게 긍정적인 영향을 미친 정화 또한 그런 면에서 엄청나게 손해 본 인물이다.

1371년에 태어난 정화는 서역에서 중국 윈난雲南으로 이주해 온 무슬림이다. 이후 명나라 군대에 입대한 그는 영락제永樂帝(1360~1424, 재위 1402~1424)를 섬기다가 큰 공을 세워 내관감(환관부의 장)으로 승진했고, 이때 정鄭이라는 중국식 성을 하사받았다. 이듬해부터는 영락제의 명령에 따라 대항해에 나서는데, 남해 여러 나라의 조공을 촉구하고 새로이 개창한 명나라의 위력을 전 세계에 과시하려는 것이 그 목적이

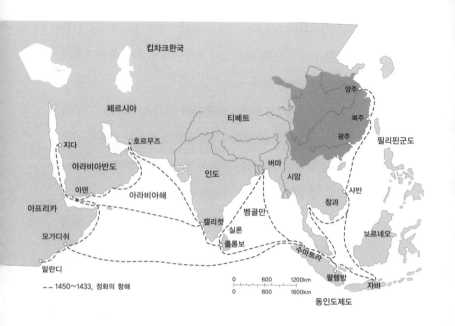

킵차크한국

페르시아

티베트

지다

호르무즈

아라비아반도

인도

버마

시암

샤반

필리핀군도

아덴

아라비아해

아프리카

캘리컷

벵골만

참과

모가디쉬

실론

콜롬보

수마트라

보르네오

말란디

팔렘방

- - 1450~1433, 정화의 항해

자바

동인도제도

양주

복주

광주

0	600	1200km
0	800	1600km

정화의 남해 원정

었다.

1405년, 드디어 정화가 이끄는 첫 원정대가 출발했다. 그 규모는 대함선 62척에 병사 2만 7800여 명, 항해 기간은 2년 4개월, 그들이 들른 곳은 지금의 캄보디아, 태국, 자바 섬, 수마트라 섬, 실론, 인도의 캘리컷이 포함되었다. 정화 일행이 탄 배는 길이가 137미터, 너비가 56미터, 마스트가 3개에 이르는 엄청난 규모로, 약 1500톤 짜리 배였다. 정화는 이후 7차 원정까지 약 25년간에 걸쳐 페르시아 만에서 호르무즈 해협, 아프리카 동해안까지 항해했다. 그러니 그의 항해가 얼마나 대단했는지 알 수 있을 것이다.

그 반면에 콜럼버스 일행의 규모는 정화 일행에 비해 초라하기 짝이 없다는 것을 알 수 있다. 콜럼버스 일행은 산타마리아호를 비롯한 세 척의 범선에 120여 명의 선원을 태우고 1492년 8월 출범했는데, 그 가운데서 중심이 되는 산타마리아호는 그해 크리스마스 밤에 좌초되었다. 그런 까닭에 산타마리아호에 관한 상세한 내용이 전하지 않는데, 아마도 200톤 정도에 이르는 범선이 아닐까 여겨진다. 그 무렵 세계 최대의 국가는 역시 중국이었다.

사실 정화에게 대항해를 명령한 영락제는 그 무렵 육상을 통해 서쪽으로 진출하는 것보다는 해상을 통해 동남아시아를 제압하고 이를 바탕으로 더 넓은 세계로 진출하고자 했다. 그리고 그 무렵 중국을 찾아온 세계 각국의 상인과 여행객들이 이러한 대항해가 가능하도록 세계 지리에 대한 지식을 전해 주었던 것이다.

한편 정화는 각국을 들를 때마다 그곳의 사절단을 중국으로 초빙하여 중국과의 교류를 가능케 했다. 그가 방문한 국가만도 33개국에 이르며 이때부터 수많은 나라가 중국에 조공을 바치게 되었다. 그러나 영토 확장에 심혈을 기울이던 영락제가 사망한 후 명나라는 더 이상 대외진출에 관심을 갖지 않았다. 그보다는 대내적 통치에 관심을 기울였고, 정화의 원정대 역시 7차로 종결되었다.

이후 중국은 해양 강국으로서의 지위를 서서히 잃고 대륙에 한정된 국가로 성장했는데, 이는 훗날 중국이 서구 제국주의의 침략을 막아내지 못하는 결정적 패인이 되었다. 만약 그 시대 세계 최고의 조선술造船術과 해군력을 유지, 발전시켰다면 이후 동서양 역사는 새롭게 기록되었을 것이다.

089

제4차 십자군 원정,
유구무언!

십자군 원정이라는 것이 처음부터 예수 그리스도의 목숨을 앗아간 희생과 구원의 상징 십자가와는 관계가 없지만, 그 중에서도 가장 관계가 없는 것이 제4차 십자군 원정이다.

1198년 교황에 오른 인노켄티우스Innocentius 3세는 1202년 제4차 십자군 원정을 승인했다. 그러나 이 원정은 영국, 프랑스, 독일의 참여를 유도하여 이집트 공략에 나서려는 교황의 의도와는 달리 고작 프랑스 북부의 기사들만이 참여했다. 그런데 이들은 놀라운 일을 계속 벌여 또다시 교황을 당황스럽게 만든다.

사실인즉 베네치아에 집결해서 원정에 나서려던 무리는 예상보다 훨씬 적었고, 게다가 베네치아에 지불해야 할 수송비도 조달하지 못했다. 원정에 나서지 못하는 사이 이들이 지게 된 빚은 천문학적으로 증가했는데, 이러지도 저러지도 못하고 있는 원정대에게 베네치아 당국이 기발한 제안을 했다. 그 무렵 헝가리가 점유하고 있던 '자라'라는 기독교 도시를 탈환해 주면 모든 빚을 탕감해 주겠다고 한 것이다.

이미 종교적 열의보다는 눈앞의 이익을 중시하던 이들은 제안을 선뜻 받아들였고, 1202년 1월 자라를 점령했다. 이 소식을 전해들은 교황은 격노했다. 자신의 뜻과는 무관한 일이고, 헝가리 왕 또한 자신에게 충성을 맹세한 군주인데 그를 공격했으니 말이다. 그는 즉시 십자군 전체를 파문하는 놀라운 결정을 내리게 되니 십자군이란 말 자체가 성립될 수 없는 처지였다.

그런데 더욱 놀라운 일이 연이어 벌어진다. 그 무렵 동로마제국에서 추방당해 유럽에 머물고 있던 이사악Isaac 2세가 파문자들에게 또 다른 제안을 한 것이다. 바로 콘스탄티노플을 공격해 자신을 황제에 오르게 해주면 이집트 원정에 필요한 재정 지원은 물론 베네치아에 진 빚도 갚아주고 동로마교회마저 로마 교황청으로 귀속시키겠다는 등이 주 내용이었다.

어차피 파문당한 몸, 이들이 못할 짓이 무엇이겠는가? 이들은 즉시 말머리를 콘스탄티노플로 돌려 또 다른 기독교 국가를 향해 달렸다. 결국 이사악 2세를 황제 자리에 올리지는 못했지만 수개월에 걸친 격전 끝에 1204년 4월 12일, 콘스탄티노플은 이들에게 함락되기에 이르렀다.

⟨십자군의 콘스탄티노플 함락⟩

제4차 십자군은 십자가의 이름 아래 모여서 같은 기독교인을 공격한,
오욕으로 점철된 사건이었다. 당시 기독교의 중심지인 **콘스탄티노플**을 공격한
이들은 3일 동안 잔혹한 약탈과 학살을 행한 뒤 불까지 질렀다.
십자군이 침입한 후 대대적인 학살을 행하는 모습. 들라크루아, 1840년.

십자군과 이들의 후원자인 베네치아 상인들은 승리의 전리품을 나누어 가진 후 콘스탄티노플 자체도 분할 통치하기로 했다. 이때 동로마제국에서는 플랑드르 백작인 보드앵이 황제로 추대되면서 라틴제국(1204~1261)이 성립되었다. 이로써 그리스정교는 가톨릭교와 합쳐지니, 이것이 제4차 십자군 원정이 거둔 유일한 성과였다. 그러나 이들은 그 와중에도 자신들을 파면한 교황을 잊지 않고 교황을 위해 성물聖物과 보물을 바치자, 교황은 이들을 용서했다.

한편 라틴제국은 비잔틴인의 지속적인 반발에 부딪혔고, 결국 1261년 비잔틴 성직자의 지지를 바탕으로 부활한 니케아제국과 투르크 족의 습격을 받아 멸망하고 말았다. 그러니 그나마 거두었다고 자부하던 성과도 얼마 가지 못해 사라진 셈이다.

090

제9번 교향곡,
피하고 싶은 운명

'교향곡의 아버지' 하면 떠오르는 사람이 하이든이다. 교향곡交響曲이란 명칭은 심포니symphony를 해석한 것인데, 일정한 형식과 길이를 갖춘 관현악곡을 가리킨다. 교향곡은 일반적으로 네 악장으로 되어 있고, 때에 따라서는 그보다 적거나 많기도 하다.

교향곡이란 형식이 오늘날의 모습으로 갖추어진 것은 하이든Franz Joseph Haydn(1732~1809)과 모차르트Wolfgang Amadeus Mozart(1756~1791)를 거치면서부터였다. 하이든은 모차르트보다 24년 앞서 태어나 그 이전부터 점차 모습을 갖추어 나가기 시작한 교향곡의 형식을 완성시켰다. 그 과정에서 하이든은 100곡이 넘는 교향곡을 작곡했는데, 너무 많아서인지 정확한 숫자는 전해지지 않는다. 그런데도 하이든 교향곡 가운데 우리 귀에 익숙한 곡은 썩 많지 않다. 하이든 시대에는 교향곡이란 형식이 완성 과정에 있었고, 그 과정에서 뛰어난 음악성을 가진 곡보다는 형식미를 갖춘 곡이 많이 작곡되었기 때문으로 보인다. 이러한 하이든의 영향을 받아 본격적으로 뛰어난 교향곡을 작곡한 인물이 바로 모차르트다.

모차르트는 하이든보다 24년 어리고 그보다 18년 앞서 세상을 떠났지만 그가 남긴 41곡의 교향곡 가운데는 불후의 명작이 여러 편 포함되어 있다. 그런데 우리는 지금 교향곡을 이야기하고 있는 게 아니라 제9번 교향곡을 이야기하고 있다. 왜?

모차르트 이후 고전파 작곡가 가운데 최고는 역시 베토벤Ludwig van Beethoven(1770~1827)이다. 그런데 베토벤 시대로 접어들면서 교향곡은 이전의 교향곡과는 달리 규모가 매우 커졌고, 관현악곡 가운데 가장 웅장하면서도 중요한 위치를 차지하게 된다. 따라서 하이든이나 모차르트가 초기에 소품 형식의 교향곡을 많이 작곡한 것과는 달리 이때부터는 형식과 길이가 모두 일정 수준 이상인 교향곡만이 작곡되기에 이른다. 베토벤은 교향곡 형식에 매우 깊이 있는 음악성과 철학을 담아낸 까닭에 불과 아홉 곡의 교향곡만을 남겼을 뿐이다.

그런데 사실 베토벤은 제10번 교향곡을 작곡하다가(스케치만 남긴 것으로 알려져 있다) 세상을 떠나고 말았다. 그보다 27년 늦게 태어나 베토벤이 세상을 떠난 이듬해 죽은 슈베르트Franz Peter Schubert(1797~1828)는 어떠했을까? 그도 교향곡 아홉 곡을 남기고 세상을 떠났다. 그 가운데 8번은 일반적인 교향곡과는 달리 2개 악장만 완성해 '미완성'이란 제목이 붙어 있고, 아홉 곡이 아니라 여덟 곡만 남아 있기 때문에 9번이 아니라 8번이 마지막이란 의견도 있지만 여하튼 오랜 기간 슈베르트 교향곡은 9번이 마지막으로 알려져 왔다. 자, 이쯤 되면 작곡가들은 9번 교향곡을 만들 때쯤이면 섬뜩해지지 않을 수 없다. "혹시 나도 9번 교향곡을 마지막으로 이 세상을 뜨는 것은 아닐까?"

베토벤이 세상을 떠나기 3년 전 오스트리아에서 태어난 작곡가 브루크너Josef Anton Bruckner(1824~1896)는 평생을 교향곡에 목숨을 바쳤다고 해도 지나치지 않을 만큼 교향곡의 대가大家로 기억된다. 그런데 그가 남긴 교향곡은? 아홉 곡. 교향곡 0번 등 브루크너가 본격적으로 교향곡을 작곡하기 전의 작품까지 포함해 열한 곡이라는 의견도 있지만 브루크너의 교향곡은 9번에서 끝난다. 그 외에도 여러 음악을 작곡한 그 또한 9번 벽을 넘지 못했다. 이제 교향곡 9번은 많은 작곡가에게 보이지 않는 위협으로 다가오고 있었다.

오스트리아에서 태어난 구스타프 말러Gustav Mahler(1860~1911) 또한 교향곡에 목숨을 걸었다. 그는 이미 9번의 벽을 잘 알고 있었다. 특히 그는 어려서부터 병약했으며, 11명이나 되는 형제들 또한 모두 죽거나 병으로 고통받았다. 또한 작곡가로 활동하는 중에 어린 딸을 잃어 평생을 죽음과 슬픔, 고통이라는 단어에서 벗어나질 못한 것으로 알려져 있다. 그런 그에게 9번 교향곡이 다가올수록 그 숫자가 주는 압박감은 대단했을 것이다. 결국 그는 편법을 쓰기로 했다. 숫자의 운명을 속이기로 결심한 것이다. 그는 아홉 번째 교향곡을 작곡한다는 사실을 운명에게 알리지 않고 완성한 후 교향곡 9번이 아니라 〈대지의 노래〉라는 제목을 붙였다. 이 곡에는 운명을 완벽히 속이기 위한 그의 의도 또한 담겨 있으니 바로 가곡을 삽입시킨 것이다. 그래서 이 곡은 교향곡이자 연가곡집連歌曲集이기도 하다.

9번의 공포에서 벗어난 말러는 마음 놓고 9번 교향곡을 작곡했다. "이 곡이 실제로는 10번 교향곡이라네. 그러니 운명의 위협은 끝난 것이야." 말러는 주위 사람들에게 이렇게 농담 아닌 농담을 했다. 그리고 10번 교향곡 작곡을 시작했으니 이제 9번의 저주는 말러에서 끝나는 듯했다. 그러나 열 번째 교향곡의 스케치를 마칠 무렵 그의 어머니가 남겨 준 병약한 체질이 위력을 발휘했고, 그 역시 교향곡 9번의 저주에서 벗어날 수는 없었던 모양이다. 결국 그의 10번 교향곡은 스케치만을 마친 채 완성되지 못했다.

091

지남차指南車, 늘 남쪽을 향하는 수레

고대 중국은 인류 문명의 보고寶庫라고 할 만하다. 다만 그들은 이를 활용하여 자연 지배에 앞장서거나 신대륙 발견이라는 호도糊塗된 단어로 다른 문명을 약탈, 파괴하는 등의 행동을 하지 않았을 뿐이다. 자신들이 세계의 중심이자 주인인데 왜 불쌍한 이웃들을 약탈하겠는가? 그런데 이것이 동양의 비극이었다. 중국이 그들의 문명을 이용해 세계 제패에 나섰다면 지금처럼 서양 문명이 전 세계를 지배하는 일은 없었을 텐데…. 이는 말 그대로 공상에 불과하다. 중국과 세계의 관계에 대해서는 이쯤에서 멈추겠다. 더 논의를 계속하면 온갖 논란을 불러일으킬 테니까.

　여하튼 고대 중국 문명은 대단했다. 공자를 비롯한 수많은 인물이 온갖 학설을 내세우며 인간과 세상, 사상을 논한 것이 기원전 400, 500년 무렵이니까 철학의 시조라고 하는 그리스의 탈레스에 비해서도 결코 늦지 않다. 그뿐인가? 나침반과 화약, 인류 문명의 진보에 결정적인 공헌을 한 종이의 발명까지. 그러나 그들은 나침반을 이용해 신세계 탐험에 나서지 않았고, 화약을 이용해 이웃 나라를 무차별 공격하지도 않았다. 반대로 중국으로부터 이러한 기술을 빼돌린(지금 서양인들이 즐겨 사용하는 지적재산권이나 특허권이 없던 시대에 상인들을 통해 전수받은 기술을 이용해 오히려 중국 침략에 사용했으니 빼돌렸다고 해도 할 말이 없을 것이다) 서양인은 이 놀라운 성과물을 이용해 세계 곳곳을 누비며 다른 민족을 학살하고 약탈하고 자신의 식민지로 삼았다.

여하튼 고대 중국인의 발명품 가운데는 놀라운 것들이 많은데, 지남차指南車 또한 그렇다. 지남차란 말 그대로 '남쪽을 가리키는 수레', 즉 특정 방향을 가리키는 수레 또는 마차를 가리킨다. 3세기 초 삼국시대에 마균馬鈞이란 인물이 만들었다고도 하고 그 전부터 있었다고도 한다. 주周나라(기원전 1111경~256/255) 때 제후국인 노魯나라 시조 주공이 만들었다는 이야기가 전해올 정도니까, 그렇다면 그 역사가 3000년이 넘는다는 이야기다.

그 외에도 후한 때의 탁월한 과학자 장형張衡(78~139)이 만들었다고도 하는데, 이 이론에는 일리가 있다. 장형은 132년 세계 최초의 지진 탐지기를 만들었으니까. 가장 전설적이지만 재미있는 것으로는 중국의 신화시대인 삼황오제三皇伍

帝시대에, 그 가운데 한 사람인 황제黃帝가 오랑캐인 치우와 천하를 다툴 때 이야기다. 치우가 일으킨 안개로 전투에 어려움을 겪은 나머지 이 기계를 만들도록 했다고 한다.

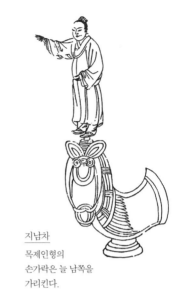

지남차
목제인형의
손가락은 늘 남쪽을
가리킨다.

항상 남쪽을 가리키는 수레인 지남차는 왜 만들었을까? 방향을 쉽게 알기 어렵던 옛날 늘 남쪽을 향하는 수레는 여러 모로 유용했을 것이다. 특히 포연 자욱한 전장에서 방향을 자동으로 인식하는 수레는 매우 쓸모 있는 기구였음에 틀림없다. 넓은 평원에서 치러진 고대 전투에서는 방향을 잘못 알아 적진으로 후퇴하는 일이 비일비재했다고 전해지니까.

지남차는 차 위에 톱니바퀴를 이용한 목제 인형(신선상이라고도 하는데, 신선의 손가락이 남쪽을 가리킨다)을 수직으로 세워 놓았는데 이 인형이 늘 남쪽을 향해 서 있다. 한편 지남차가 늘 남쪽을 향한다는 점에 착안해 이 기구가 자석과 관련이 있다는 이론이 끊임없이 제기되어 왔으나 지남차가 처음 등장하는《송사宋史》의 내용에 따라 복원해 본 결과 결론적으로 자석과는 관련이 없는 것으로 보인다.

092

장형張衡, 중국 최초의
우주물리학자

지진은 현대에도 인류에게 두려운 존재지만 과학이 발달하기 전에는 더욱 두려운 존재였을 것이다. 정체를 알 수 없을 때 상대방이 주는 두려움이 훨씬 크니까 말이다. 그런데 이러한 지진을 감지하는 기구가 고대 중국에 있었다는 사실을 아는 사람은 드물다. 바로 지동의地動儀(정확한 명칭은 후풍지동의)라고 하는 기구인데, 중국 한나라 때의 장형張衡(72~139)이 132년 무렵에 제작했다고 한다.

장형은 시대를 앞서간 탁월한 인물로서, 학문을 갈고 닦아 상서시랑과 태사령 등 고위 관직에 오르기도 했다. 그런데 편히 먹고살 수 있는 관직에 만족하지 않고 우주와 과학에 관심을 기울이기 시작해 '우주에는 공간과 시간적 제한이 없다'라는 주장을 펼치기도 했다. 과학적 사고에 익숙한 이에게는 당연한 결과겠지만, 그 무렵 성행하던 도참사상圖讖思想

과 미신에 대해서는 극도로 반기를 들었으며 이를 금지하고 폐지하자는 상소문을 올리기도 했다.

그 외에도 월식의 원인을 밝혔고, 하늘을 관찰하여 중국 중원 지방에서 볼 수 있는 항성이 약 2500여 개라는 사실을 남기기도 했다. 톱니바퀴를 이용해 만든 물시계인 수운혼천의水運渾天儀 또한 그의 놀라운 실용과학적 지식을 보여 주는 성과물이다. 물론 전해오지는 않지만. 그가 제작한 혼천의는 모든 항성이 천구상에 있고, 태양과 달, 행성들도 천구상을 운행한다는 가정 하에 만들어진 장치였다. 더구나 동력을 이용해 누각의 물을 하루에 한 번 자동으로 회전시켜 하늘의 상태와 부합하도록 만든 자동식 천구의天球儀였다. 그는 원주율이 730/232, 곧 3.146… 이라는 수치를 수학 관련 책인《산망론算罔論》에 밝히기도 했다. 그뿐이랴? 여러 편의 문학 작품을 남기기도 했으며, 그 무렵을 대표하는 화가 가운데 한 사람으로 꼽히기도 했다. 실로 고대 중국의 레오나르도 다 빈치라고 해도 손색이 없을 정도다.

한편 그가 만든 세계 최초의 지진계인 후풍지동의候風地動儀는 현재 그 실물이 전해오지 않는다. 그러나 모형이 과학자에 의해 복원되어 그 모습을 알 수는 있다. 이 장치를 설명한 기록에 따르면, 원기둥 모양을 한 이 기구는 지름이 1.9미터로 구슬을 물고 있는 여덟 마리 용의 머리가 원기둥 상부 둘레에 배열되어 있고, 아래쪽에는 개구리 여덟 마리가 용의 머리 밑에 놓여 있다. 한편 통 안에는 기둥이 세워져 있는데, 지진이 발생해 통 안의 기둥이 쓰러지면 그 방향의 용이 입에 물고 있는 여의주를 떨어뜨리고 이것이 같은 방향에 자리한 개구리 입으로 들어가면 지진이 발생한 방향을 알 수 있었다고 한다.

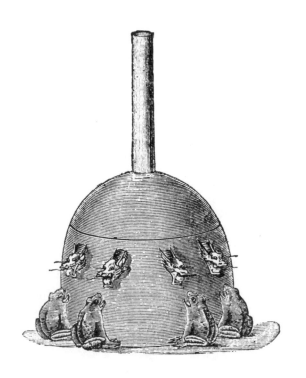

장형의 후풍지동의
영국의 지질학자 존 밀네(John Milne)가 복원했다.

093

진법進法,
2진법부터 60진법까지

오늘날에는 특별한 경우를 제외하고 가장 널리 쓰이는 것이 10진법이지만 숫자에 대한 관념이 인간에게 처음 나타날 무렵에는 그렇지 않았던 것 같다. 현재 알려진 바에 따르면 2진법이 인간이 처음 사용한 진법이고, 상용화된 진법 가운데 첫 번째는 5진법이다. 현대인은 거의 쓰지 않는 것이지만 남아메리카에 거주하는 몇몇 부족은 지금도 5진법을 쓰고 있다. 10진법이 양손의 손가락 모두를 사용하는 데서 비롯된 것과 마찬가지로 5진법은 한 손의 손가락을 이용한 수 체계임이 분명하다.

2진법은 하나, 둘, 그 외의 것을 가리키는 가장 단순한 차원의 진법이라서 인간이 수를 이해하면서 탄생한 것으로 보이는데, 실용화하기에는 어려움이 많아 이내 사장死藏된 것으로 보인다. 그러다 뉴턴과 더불어 미적분학의 발명자로 유명한 라이프니츠Leibniz(1646~1716)에 의해 되살아났다. 정보를 표현하기 위해 가장 단순한 두 가지 숫자만 사용하는 2진법의 탄생은 훗날 컴퓨터가 발전하는 데 크게 공헌했다.

선사시대에는 12진법이 널리 쓰였음을 분명히 알 수 있다. 지금도 계획적인 생활과 농사에 없어서는 안 될 달력이 12진법으로 되어 있으니 말이다. 이러한 12진법은 도량형에서도 찾아볼 수 있다. 1피트는 12인치, 1파운드는 12온스, 1실링(영국의 옛 화폐 단위)은 12펜스(페니의 복수형)다. 아! 연필 1다스도 열두 자루군. 11eleven과 12twelve를 그 뒤에 나오는 '~teen'과는 달리 개별적인 표현으로 나타내는 영어 또한 12진법의 잔재다.

한편 달력에 나오는 일주일은 7진법인 셈이다. 8요일은 없으니까. 그리고 손가락이 모두 열 개인데 어찌 손가락과 발가락 모두를 활용한 진법이 없겠는가? 아메리카 인디언은

| 1 | 10 | 60 |

고대 바빌로니아인이 사용한 60진법

맨발로 살던 시절 보이는 모든 것을 활용한 끝에 20진법을 사용했고, 유럽의 켈트족도 20진법을 활용했다는 증거가 남아 있다. 마야 문명 또한 20진법의 토대 위에서 성립된 것으로 보이는 증거가 지금까지 전한다.

60진법은 지금도 시계에 사용되고 있는 중요한 수 체계인데, 이는 고대 바빌로니아인이 처음 사용했다. 천문학에 뛰어났던 고대 바빌노니아인은 1년이 360일임을 알았고, 이를 표기하기 위해서는 60진법이 편리하다는 사실 또한 누구보다 먼저 깨달았다. 그 덕분에 오늘날 우리는 편리한 시계를 사용하게 되었다. 물론 누군가에게는 한 시간이 60분, 하루가 24시간이라는 복잡한 시간법에 불만이 있을지도 모르지만 말이다. 그러나 10진법을 시간에 도입했다면 한 시간은 100분이고 따라서 90분 공부하고 10분 쉬는 시간표가 만들어졌을지도 모르니까 현재의 60진법에 고마워해야 할 것이다.

100
$(60^1 \times 1) + (60^0 \times 40)$

1000
$(60^1 \times 16) + (60^0 \times 40)$

지금은 너무도 당연히 여기고 있는 10진법 또한 하늘에서 떨어진 것이 아니다. 물론 열 손가락을 가진 인간이 10진법을 오래전부터 사용했음은 분명한 사실이다. 고대 이집트나 중국, 바빌로니아 지방에서 사용한 기록이 남아 있으니까. 하지만 오늘날 우리가 사용하는 10진법 체계는 8세기 무렵 활동한 인도와 아랍인의 공으로 돌려야 한다. 그 가운데서도 0을 자리를 지정하는 숫자로 처음 사용한 알 화리즈미al-Khwarizmi(780~850, 산술을 뜻하는 알고리즘algorism이라는 용어는 그의 저서에서 유래했다)와 그의 영향을 받아 인도-아라비아 숫자 체계를 유럽에 처음 소개한 피보나치Leonardo Fibonacci(1170~1240 이후)를 잊어서는 안 될 것이다.

448
/
449

한편 위에서 소개하지 않았다고 해서 3진법이나 4진법 등이 사용된 적 없다고 판단해서는 안 된다. 분명 수의 역사를 돌아보면 3진법과 4진법이 사용된 기록이 남아 있으니까.

094

첼리니,
빛나는 자서전

예로부터 자서전自敍傳처럼 중요한 역사적 가치를 지닌 저술도 없거니와 자서전처럼 사실을 왜곡하고 오해를 불러일으키는 저술도 없다. 아무도 보지 않는 일기에도 자신의 치부를 드러내는 데 주저하기 마련인 나약한 인간이 남들에게 보란 듯 써 내려가는 삶의 기록에 어찌 솔직할 수 있겠느냐 말이다. 그런데 서양, 특히 미국에서는 자서전이 꽤나 인기를 끄는 장르다. 그래서 그런지 대통령들이 퇴임하면서 얻게 되는 수익 가운데 가장 큰 항목이 바로 자서전 출판권이란 소식은 낯선 것이 아니다.

그런데 우리나라에서는 어떤가? 자서전, 특히 정치인의 자서전은 선거용 홍보물 외에 별다른 의미를 갖지 않는 듯하다. 미국보다 더욱 은밀하게 전개되는 정치판이다 보니 비밀은 더 많을 수밖에 없고, 그 비밀을 밝히거나 자신의 오판을 솔직히 인정하지 못하는 소인배 정치인들 탓에 자서전은 말 그대로 자기가 쓰고 자기 후손이나 보는 천박한 장르로 전락하고 만 것이리라.

물론 이러한 움직임은 서양이라고 해서 없는 것은 아니겠지만 정도의 차이가 있을 것이다. 그렇다면 역사적으로 자서전다운 자서전은 없을까? 물론 많을 것이다. 그러나 반드시 기억해야 할 자서전이 있으니 르네상스 시대에 활동한 예술가이자 문필가에 살인을 일삼던 벤베누토 첼리니Benvenuto Cellini(1500~1571)의 자서전이다.

르네상스의 중심지인 피렌체 출신의 이 기이한 인물은 미켈란젤로의 제자로 금 세공사이자 조각가였다. 그런데 그의 이름이 오늘날까지 남게 된 데는 그의 작품보다 그의 기행奇行과 자신의 삶을 솔직하게 기록한 《자서전》의 역할이 더 큰 것이 사실이다.

그가 살아생전 저지른 사건(폭행, 살인, 횡령, 탈옥, 간통, 법정모독이 포함되는데, 그 가운데서도 가장 흔한 것이 살인이었다)이 그가 남긴 작품보다 많은 것은 분명해 보인다. 그런데도 그가 70년을 넘겨 산 것은 세계가 신의 품에서 인간의 품으로 넘겨지는 과정에서 필연적으로 겪게 되는 혼란스러움을 적절히 이

유명한 금 세공사인 첼리니가 남긴, 작업하기 전에 그린 스케치

ba della
Fama uene-
raccia

C D E FGHIL MNOP Q R S T V

io cõsiderato quãto, q̃ste nostre arti, che procedono dal disegno, sian.
no potendo l'huomo alcuna cosa p̃fettamẽte opare, senza riferi
no, dal quale egli trae semp̃ i miglior cosigli, et poche io crederrei beni
baci tutti gl'huomini cõ uiue ragioni, à le quali nõ si potrebbe cõtradi
uerissimo, che il disegno essendo ueramẽte origine, et principio di tu
ioni dell'huomo, e solo quella Idea uera della Natura, che fu da gli
i cõ molte poppe figurata, p̃ significare, ch'ella nutrisce ogni cosa, co
rincipale ministra di Dio, che di Terra scul̃si, e creò il primo h̃
gine, e similitudine di sè, et che p̃ cõseguẽza nõ possono i p̃fessori
del disegno hauere p̃ Suggello, e p̃ Impresa loro, niuna cosa ne piu somig
ro, ne piu ppria degli eserciziy loro, che la detta Idea della Natura, come
te dimostrarci. senza ristringerermi à tãta breuità, se io nõ conoscessi uoi t

용했기 때문일 것이다. 그러니까 그야말로 르네상스적 인간이라고 할 수도 있겠다. 그런데 이는 세월이 지난 후 그의 삶을 평가하는 시각이고, 현실에서는 그에게 늘 후원자가 있기 때문이었다.

프랑스의 왕 프랑스와 1세, 교황 클레멘스 7세, 파울루스 3세, 페라라의 에스테 추기경, 코시모 데 메디치 등이 모두 그에게 음으로 양으로 도움을 준 인물이었다. 그리고 그들의 도움을 받을 때마다 후원자를 위해 작품을 기증하곤 했는데, 대부분이 소품이었다. 오늘날까지 전해오는 작품 가운데 가장 뛰어난 것이자 그의 작품이 분명한 것으로는 퐁텐블로 왕을 위해 만든 황금 소금그릇이 있다.

한편 그가 남긴 자서전은 시대를 초월해 오늘날까지 가장 뛰어난 자서전으로 인정받고 있다. 르네상스라는 새로운 시대를 맞아 내적 욕망을 분출하는 인간의 자유분방함을 어느 정도 용인하는 시대적 상황에 맞추어 그 이전과 이후에도 보기 힘들 만큼 솔직담백하게 써 내려간 문체 때문이다.

물론 이 책이 출간 초기부터 큰 인기를 끈 것은 아니었던 듯하다. 자서전은 그의 사후 100년이 넘어서 이탈리아어로 처음 소개되었는데, 그가 살아 있을 때 구술한 내용을 비서가 받아 적은 것이어서 구어체였다. 구어체란 독자에게 상황을 훨씬 생동감 있게 전할 뿐 아니라 더 쉽게 접근할 수 있게 만든다. 그런 까닭에 그 무렵 이탈리아를 여행 중이던 독일의 문호 괴테가 이 작품을 접하게 되었고, 그 작품성에 놀란 괴테는 스스로 번역하여 독일에 소개했다. 이때부터 첼리니의 자서전은 인기를 끌게 되었고 오늘날까지 그 명성이 이어져 오게 된 것이다.

그렇다면 첼리니는 자신의 인생 역정을 어떻게 되돌아보았을까? 놀랍게도 그는 자신의 삶이 성공적이었다고 자평하면서 자신은 반드시 천국에 오를 것이라 믿고 있었다. 그러니까 자신의 모든 범죄 행위가 인간의 판단에 따른 것이지 절대적으로는 옳은 행위라고 믿었던 것이다.

095

7월의 음모,
의자 하나 차이

1939년 9월 1일 독일이 폴란드를 공격하고, 이틀 후 영국과 프랑스가 독일에 선전포고를 함으로써 제2차 세계대전이 시작되었다. 그리고 1942년 말을 기점으로 전환기를 맞는데, 독일을 비롯한 추축국樞軸國(독일 등 제2차 세계대전 당시 연합국에 대항한 국가)의 예봉銳鋒이 꺾이기 시작한 것이다.

그렇게 된 까닭에는 여러 가지가 있겠지만 여기서는 독일 내부에서 벌어지던 반히틀러 운동에 관심을 갖는다. 온 사회가 미친 듯이 애국주의와 전쟁의 광기에 빠져 들어가는 와중에도 정신을 바로 하고 옳고 그름을 판단하던 사람, 아니 그러한 정신적 비판을 넘어 행동으로 옮긴 이들 말이다.

우선 숄 남매다. 1943년 2월 스물다섯 살의 한스 숄Hans Scholl(1918~1943)과 세 살 아래인 여동생 소피 숄Sophie Scholl(1921~1943)이 뮌헨대학 구내에 〈백장미 통신〉이라는 반전

反戰 문서를 돌리다가 게슈타포에게 발각되었다. 그리고 얼마 후 두 사람은 처형당하고 말았다. 1942년 무렵 서른여섯의 목사 본회퍼Dietrich Bonhoeffer(1906~1945)는 카나리스 제독과 오스터 장군, 몰트케 백작 등과 함께 히틀러 암살 계획을 세웠다. 그러나 이듬해 이들 또한 게슈타포의 조사를 받고 모두 검거되었다. 그들의 계획과 진행 과정은 훗날 본회퍼가 옥에 갇힌 후 써 내려간 《옥중서간》에 상세히 기록되어 있다. 본회퍼를 비롯한 이들은 독일 사회에서 명망이 있었으므로 함부로 처형당하지는 않았다. 그러나 꽤 오랜 복역 끝에 독일의 패배가 분명해지자 본회퍼는 광분한 나치스에 의해 1945년 4월 무렵 처형되었다.

한편 본회퍼 그룹의 계획보다 훨씬 정교한 작전이 진행되고 있었으니 1944년에 발생한 '7월 20일 사건(7월암살음모사건)'이다. 이 사건의 주모자는 슈타우펜베르크Stauffenberg(1907~1944)라는 독일 육군 대령이었다. 그 전 해 북아프리카 전투에서 한 쪽 눈과 한 쪽 손을 잃는 심한 부상을 당한 그는 이 전쟁에서 조국이 승리할 것이라는 희망도 함께 잃었다. 그리고 베를린으로 돌아와 참모부에 배속되면서 장교들 사이에 은밀히 확산되어 가던 히틀러 암살 기도의 주동자가 되었다. 물론 암살 또한 스스로 실행에 옮기기로 결심했다.

1944년 7월 20일 라슈텐부르크의 야전사령부 회의실에서 히틀러가 회동할 것임을 확인한 슈타우펜베르크는 회의실로

폭발 직후의 회의장
늑대의 소굴이란 명칭을 갖고 있었던 회의장이었다.

잠입, 폭탄을 가득 채운 서류 가방을 자연스럽게 놓고 나왔다. 그리고 얼마 후 서류 가방은 오차 없이 폭발했고 슈타우펜베르크는 히틀러가 죽었다고 확신했다.

그러나 운명은 독일 국민에게 평화를 주는 데 주저했다. 그곳에 참석한 장교 하나가 서류 가방을 회의 탁자 버팀목 바깥으로 밀어놓았고, 이 사소한 차이로 인해 회의 속기사와 다른 장교 세 명이 목숨을 잃은 대신 히틀러는 목숨을 구할 수 있었기 때문이다. 물론 이런 기사회생에는 이유가 있었다. 그 좁은 회의실에서 서류 가방 크기의 폭탄이 폭발했는데 고작 네댓 명만이 희생당할 수는 없는 노릇이니까. 사실 그 가방 안에 든 폭탄은 흔히 사용하는 폭탄이 아니었다. 하루에도 몇 번씩 주거지를 옮기던 히틀러가 회의 참석자들을 어설프게 검색할 리가 없었으니까. 그 폭탄은 철로 만들어진 폭탄이 아니라 불을 일으키는 액체 폭탄이었다. 따라서 가까이 있는 대상만이 치명상을 입는 폭탄으로, 그 위치가 옮겨졌기 때문에 히틀러는 멀쩡할 수 있었다.

한편 히틀러가 죽었다고 확신한 슈타우펜베르크와는 달리 그의 동료들은 히틀러의 죽음에 확신을 갖지 못했고, 방송국을 점령하는 등의 후속 조치를 취하는 데 머뭇거렸다. 결국 슈타우펜베르크와 육군대장 올브리히트Olbricht는 그날 밤 체포되어 즉시 총살당했다. 또 다른 주모자 가운데 한 사람인 루드비히 베크Ludwig Beck 장군은 1935년부터 3년 넘게 참모

총장 자리에 있었으나 히틀러의 팽창 정책에 반대했고, 결국 사임했다. 이후 그는 히틀러 반대 운동의 핵심으로 활동했으며 7월 20일 거사에서도 중심인물로 활동했다. 그러나 이 시도가 실패로 돌아가자 자살했다. 그러면서 만일 자신의 목숨이 끊어지지 않으면 총을 쏘아 줄 것을 부관에게 유언으로 남겼다. 이 사건은 그것으로 끝나지 않고 엄청난 후폭풍을 몰고 왔다. 게슈타포의 잔혹한 고문이 이어졌고, 직접적으로는 200명 가까운 사람들이 이 사건에 연루된 혐의를 입고 사형당했다. 그리고 '슈타우펜베르크란 성을 쓰는 자들은 하나도 남김없이 잡아 죽이라'라는 히틀러의 광적인 명령 때문에 수천 명에 이르는 무고한 사람들이 잡혀가 죽었다. 알려진 바에 따르면 5000명 가까운 사람이 희생되었다고 한다.

한편 우리에게 '사막의 여우'란 별칭으로 잘 알려진 롬멜 Rommel(1891~1944) 원수는 이 무렵 부상을 입고 병원에서 요양 중이었는데, 그의 이름 또한 고문 과정에서 흘러나왔다. 물론 이는 전혀 근거 없는 모략은 아니었다. 롬멜 또한 히틀러의 무차별적인 살인에 동의하지 않았고 이런 롬멜의 품성을 알고 있던 주동자들이 사전에 그와 연락을 취한 적이 있었기 때문이다. 이에 히틀러는 두 사람의 사절을 요양 중인 롬멜에게 보내 자살을 권했다. 가족의 안녕과 그의 명예를 지켜주겠다는 약속과 함께. 그리하여 10월 14일 롬멜은 음독자살했고, 그의 장례는 국장으로 치러졌다.

096

카노사의 굴욕,
최종 승자는?

성직 서임권敍任權을 사이에 두고 교황과 황제 사이에 충돌이 있었고, 그 결과 신성로마제국의 황제 하인리히Heinrich 4세가 교황 그레고리우스Gregorius 7세에게 굴욕적인 사과를 한 것이 학교에서 배운 '카노사의 굴욕'이란 역사적 사건이다.

신성로마제국이란 명칭은 사실 구체적으로 존재한 제국의 명칭이 아니었다. 다만 동로마제국에 대응하는 국가로서, 제국의 황제 칭호는 프랑크 왕국의 왕인 샤를마뉴Charlemagne 대제에게 처음 붙여졌다. 이때부터 약 1000년 동안 초기에는 프랑크 왕국의 왕에게, 후에는 독일 황제에게 붙여졌다.

신성로마제국은 그 명칭에서부터 종교적 내음이 물씬 풍겨난다. 그 까닭은 로마제국이라는 명칭을 그토록 고수한 이유에서 비롯된다. 그 무렵 기독교도들은 로마를 세계 최후의 국가이자 기독교적 종말론의 완결편으로 여겼다. 따라서 로마의 종말은 곧 신국으로 들어가는 관문이 된다. '신성神聖로마'라는 명칭이 이렇게 만들어진 것이다. 사실 신성로마제국은 샤를마뉴 대제에게 교황이 황제의 관을 내린 800년에 생겨난 명칭이 아니라 그로부터 약 400여 년이 지난 1254년부터 쓰이기 시작했다.

한편 1054년 독일 왕위에 오른 후 초기에는 교황과 좋은 사이를 유지하던 하인리히 4세는 후에 자신의 힘이 강대해진 것을 기회로 자신의 궁정 신부를 대주교에 임명했다. 그전에 자신에게 고개를 숙인 하인리히 4세를 동맹자로까지 여기고 있던 교황 그레고리우스 7세는 당황했고, 현실적인 상황을 고려해 성직 임명권 협상에 응할 것을 황제에게 청했다. 그러나 이미 주교들의 지원을 받고 있다고 철석같이 믿고 있던 황제는 교황의 제의를 일언지하에 거절했고, 더 잃을 것이 없던 교황은 황제와 그를 따르던 주교들도 파문했을 뿐 아니라 왕을 폐위하는 조치까지 취했다. 그러자 갑자기 주교들이 방향을 급선회, 교황에게 고개를 숙였고 새로운 국왕 선출까지 논의하기에 이르렀다.

이에 하인리히 4세는 교황이 머물고 있던 카노사Canossa라는 이탈리아 북부의 성에 개인 자격으로 부인을 대동하고 가서 눈발이 흩날리는 성문 앞에서 맨발로 무릎을 꿇은 채 파문 철회를 눈물로 호소했다. 사실 그 무렵 교황은 하인리히와의 전면전을 선언하기는 했지만 강력한 황제 세력이 어떻

카노사 성문 앞에 선 하인리히 4세
하인리히 4세가 그의 아내와 아이들을 대동하고
카노사 성문 앞에서 교황의 파문 철회를 간청하며 서 있는 모습을 새긴 목판화.
가족 모두가 맨발인 게 처량하게 보인다

게 나올지 노심초사하고 있었다. 이럴 때 하인리히 4세의 행동은 교황 입장에서 입에 떨어진 감이나 다름없었다. 회심의 미소를 짓던 교황은 3일 뒤인 1077년 1월 28일 파문 철회를 선언했다.

그러나 우리는 그 후 벌어진 역사적 사건은 잘 알지 못한다. 그렇다면 역사적 진실은? 카노사 성의 성주인 백작부인 마틸다의 중재로 사면을 받은 하인리히 4세는 그러나 진심으로 교황 앞에 머리 숙인 것이 아니었다. 그는 얼마 후 다시 교황에게 머리 숙이기를 거부했고, 이에 격분한 교황은 1080년 그를 다시 파문한 데다 덧붙여 폐위까지 시켰다. 그러나 하인리히 4세는 3년 전의 황제가 아니었다. 그는 이미 독일의 주교들로부터 확고한 지지를 얻고 있었을 뿐 아니라, 귀족들은 교황의 권세가 자신의 권리를 침해하는 수준에까지 이르렀다고 여겨 교황에게서 등을 돌렸다. 이에 하인리히 4세와 독일 주교들은 오히려 그레고리우스 7세를 폐위하고 대신 클레멘스Clemens 3세를 교황으로 옹립했으니 그가 바로 대립교황이다.

하인리히 4세의 임무는 아직 끝나지 않았다. 그는 교황청이 자리 잡고 있는 로마로 진군해 도시를 함락시키기에 이른다. 당황한 그레고리우스 7세는 이탈리아 남부를 통치하던 노르만 출신 공작 기스카르Robert Guiscard에게 구조를 요청했고, 기회를 잡은 기스카르는 로마로 진격해 교황을 구함과 동시에 로마 시가 보유하고 있던 재물도 함께 가져갔다. 당연히 시민들은 교황의 처사에 분개했고, 교황은 이번엔 시민들의 힘에 밀려 이탈리아 남부 살레르노로 피신했다가 이듬해 세상을 떠났다. 그가 마지막으로 남긴 말은 이러했다. "정의를 사랑하고 부정을 증오하였기에 유배를 당하고 죽음을 맞이한다."

097

카르다노의 해법,
진짜 주인 타르탈리아

중세에서 근대로 전환되던 유럽에서 나타난 가장 새로운 현상은 상업 발달이었다. 이는 곧 도시의 발전을 가져왔고, 도시 발전은 시민 계급의 형성을 가져와 중세 봉건제 사회에서 근대 시민 사회로 전환된 것이다. 그러나 이러한 변화는 단순히 사회·정치적인 것만이 아니었다. 문화·예술뿐만 아니라 수학 분야가 급속히 발전한 것이다. 상업의 발전은 곧 금융의 발전으로 이어졌고, 금융의 발전은 곧 그 이전까지의 수학 이상의 것을 요구했기 때문이다.

사실 15세기 말까지도 유럽인의 수학 실력은 중국인에 비해 뒤떨어져 있었다. 3차 이상의 방정식을 풀 수 없었으니까. 그러나 상업이 발전하자 3차 방정식을 이해할 필요가 있었다. 이런 경우 말이다.

원금 a원이 있다. 3년의 기한 후에 원리금 합계가 c원이었다
면 연이율은 얼마인가? 이때의 식은 다음과 같다.

$a(1+x)^3 = c$, 즉 $x^3 + 3x^2 + 3x + 1 = \dfrac{c}{a}$

이러한 3차 방정식을 풀 수 없었던 유럽인은 고민했다.
그 무렵 이탈리아의 빈곤한 가문 출신인 타르탈리아Niccolo
Fontana Tartaglia(1499~1557)란 수학자가 명성을 얻고 있었다.
그리고 그는 수학자 사이의 공개경쟁에서 누구보다 앞서가
고 있었다. 다만 그가 열세 살 때 프랑스 기병에게 입이 찢어
지는 폭력을 당해 말더듬이가 되었다는 사실만 제외한다면.
타르탈리아가 바로 '말더듬이'를 뜻한다.

그때 그에게 접근한 인물이 부유했고, 허풍선이며 남에게
으스댈 만한 지식과 재능도 갖춘 카르다노Gerolamo Cardano
(1501~1576)였다. 타르탈리아가 3차 방정식의 해법을 구했다
는 소문을 들은 카르다노는 은밀히 그를 찾았다. "내게 그 해
법을 알려 주시오. 세상 누구에게도 그 내용을 알리지 않겠
소." 말더듬이에 가난한 수학 교사 타르탈리아가 대가를 받
고 알려 준 것 같지는 않다. 후에 화병으로 죽은 것을 보면.

그렇다고 해서 카르다노를 무식하고 악독한 인간으로 여
기는 것은 옳지 못하다. 그 또한 의사로서 유럽 전역에 명성
이 높았는데도 왕실 소속 의사 대신 독립 의사의 길을 택했
으며, 수학 분야에서도 뛰어난 업적을 많이 남겼으니까.

여하튼 3차 방정식의 해법을 타르탈리아로부터 전해들은 카르다노는 자신의 이름으로 해법을 가능한 빨리 세상에 알렸다. 그것이 바로 '카르다노의 해법'이다. 그런데 카르다노는 수학뿐 아니라 처세에도 매우 뛰어났던 모양이다. 타르탈리아의 도움을 받아 3차 방정식 해법을 《위대한 예술》이란 자신의 저서에 발표한 그는 다시 페라리Lodovico Ferrari란 수학자를 고용해 4차 방정식의 해법까지 발견했으니까.

그러나 그의 부도덕한 행동을 감안하더라도 말년은 참으로 안됐다. 아들은 형편없는 여자와 혼인한 후 그를 독살했고, 그 죄로 사형당했다. 그 또한 일흔의 나이에 갑자기 이단으로 몰려 투옥되었고, 석방된 후에도 그 좋아하는 저서 출간의 권리를 잃고 말았으니.

098

카베, 이상향을 꿈꾼 공상주의자

이 세상에 이상을 품지 않고 살아가는 사람이 얼마나 되겠는가? 현실이 아무리 각박하다 해도, 아니 각박할수록 인간이 꿈꾸는 이상과 그러한 이상이 실현되는 이상향理想鄉을 향한 그리움은 더욱 커져만 갈 것이다.

여기 이상향을 꿈꾼 또 한 사람이 있다. 이름도 생소한 프랑스 출신의 카베Etienne Cabet(1778~1856)다. 그는 재산도 돈도 없고, 법정도 경찰도 없으며, 중앙집권적으로 계획되나 민주적으로 관리되는 절대적으로 평등한 국민국가(그는 '이카리아Icaria'라고 불렀다)라는 이상향을 꿈꾸었다. 그의 공상적 공산주의 사상은 그 무렵 산업화의 물결 속에서 날로 피폐해져 가는 노동자들의 전폭적인 지지를 받았다. 물론 이러한 흐름 속에는 대혁명을 경험한 프랑스 백성들의 각성도 한몫 단단히 했다.

1830년 7월 혁명으로 부르주아 왕정이 시작되자 노동자들은 이에 반발했고, 이듬해 노동법이 공포되자 이후 계속 저항운동을 펼쳤다. 또한 파업과 노동자 신문 발행 등을 통해 자신들의 계급의식을 만들어 갔다. 물론 정부의 탄압으로 대부분의 활동이 지하로 내려가기는 했지만 그 전통은 면면히 이어졌다.

특히 자본주의적 산업화가 진행됨에 따라 수공업자의 삶은 말이 아니었으므로 대도시에서 활동하고 있던 제화공製靴工을 비롯한 수공업자들이 전폭적인 지지를 보냈다. 그런 과정에서 변호사인 카베는 1833년 반정부 신문인 〈르 포퓰라르Le Populaire〉를 창간해 공산주의 이념을 토대로 한 새로운

이상향을 꿈꾼 카베
"우리가 건설할 이카리아에서 노동자들은 얼마나 행복할 것인가!
거기에는 재물이 넘쳐나는 유산 계급을 바라보는 가난한 프롤레타리아는
존재하지 않는다. 이카리아의 모든 시민은 거대한 재산의 공동 소유자이다.
그러므로 프롤레타리아는 더 이상 없다."

사상을 노동자에게 전파했으며, 이것이 노동자의 환호를 받았다. 그러나 이 활동이 문제가 되어 이듬해 카베는 영국으로 도피했다. 이곳에서 오언Robert Owen과 모어Thomas More의 유토피아 사상에 심취한 카베는 두 권의 저서를 집필했다. 그 가운데 하나가 《이카리아로의 여행》이란 책으로 자신만의 이상향을 그린 것이다.

한편 프랑스로 돌아온 카베는 예전과 같은 활동에 나섰으나 시간이 지날수록 이 공상주의적인 계획은 추진력을 잃었다. 그리고 이에 상심한 카베는 자신의 추종세력을 이끌고 미국으로 새로운 사회를 건설하기 위해 떠났다. 그러나 미국에서의 삶 또한 난관이 많았다. 처음 뉴올리언스에 정착한 그들은 카베가 꿈꾸던 이상향 이카리아를 만들기 시작했다. 처음 280여 명으로 출발한 공동체는 훗날 1800여 명까지 확대되었지만 이 사회가 카베가 꿈꾼 형태는 아니었다. 결국 몇 년후 구성원 사이에 이견이 쏟아져 나왔고, 카베는 다시 얼마되지 않는 추종자들과 이곳을 떠나 세인트루이스로 향했다. 그러나 그곳에 정착한 지 몇 달 만에 세상을 떠나고 말았다.

이로써 그의 이상향 실험은 실패로 끝났다. 그러나 그의 노력이 헛되이 사라진 것은 아니었다. 프랑스의 중심 이념으로 자리 잡은 사회주의의 전통을 세우는 데에도 그가 일정한 몫을 했고, 프랑스 혁명의 전통을 공고히 하는 데에도 일조一助한 것이 사실이니까.

099

카파,
충분히 가까이 간 사람

옆 사진에서는 초보자도 하기 힘든 실수가 드러난다. 흔들렸
으니까. 그런데 과연 그럴까?

　〈노르망디 상륙작전〉이라는 제목의 이 사진은 로버트 카
파Robert Capa(1913~1954)라는 사진에 관심 있는 사람들에게
는 잊을 수 없는 이름이자, 사진에 관심이 없는 사람들에게
는 전혀 알려지지 않은 사진작가의 작품이다. 이 사진이 흔
들렸다는 초보적인 실수에도 불구하고 제2차 세계대전 보도
사진 가운데 최고의 작품으로 기억되는 이유는 병사들과 함
께 상륙작전에 참여한 사진작가가 찍은 현장감 넘치는 작품
이기 때문이다. 쏟아지는 포탄과 밀려오는 바닷물, 그 속에
서 병사들에게 닥쳐오는 두려움과 절박함이 사진작가라고
피해 갔겠는가? 그러니 카파의 손도 떨리고 사진기도 떨리
는 것은 당연했을 것이다.

〈노르망디 상륙작전〉

제2차 세계대전 중 프랑스의 노르망디 해변에 상륙하는 군인을 찍었다.
삶과 죽음이 교차하는 전쟁터에서 카메라를 든 카파의 손은 떨리고 있었고,
초점은 흔들렸다. 이처럼 카파는 인간이 만들어 낸 지옥인
전쟁의 한복판에 직접 뛰어들어 그 참혹함을 생생하게 고발했다.

앞서 이야기했듯이 카파란 이름은 일반인에게는 낯설다. 그러나 그가 찍은 사진을 보면 "아! 나 이 사진 본 적 있어." 하고 머리를 탁 칠 것이다. 스페인 내전에서 프랑코 총통의 독제에 맞선 반프랑코 병사가 기관총에 맞아 쓰러지는 순간을 담은 〈병사의 죽음〉은 전쟁 사진의 최고봉이자 카파의 이름을 세계와 역사에 새긴 걸작이다.

사실 로버트 카파는 본명이 아니다. 그의 본명은 앙드레 프리드만Andre Fridmann으로, 헝가리에서 태어나 미국인으로 세상을 떠난 인물이다. 그러나 그의 로드무비적 삶은 그를 단순히 미국인으로 기록하도록 두지 않는다. 그는 헝가리에서 양복점을 하는 가난한 유태인 가문에서 태어났다. 머리가 깨일 무렵 세상의 부조리를 경험한 그는 일찌감치 공산주의를 수용했고, 유태인 탄압에 맞섰다. 당연히 그는 요주의 인물이 되었고 열일곱 살 무렵 추방되고 만다. 이때 독일로 이주한 그는 잠시 사진이란 새로운 매체를 맛보다가 다시 파리로 옮겨간다. 파리에 도착한 앙드레 프리드만은 성과 이름을 로버트 카파라고 바꿈으로써 새로운 삶을 살기 시작한다.

그 무렵 사진은 정부나 언론의 홍보 수단으로 사용되기 일쑤였다. 따라서 전쟁의 비극이 벌어진다 해도 시민들에게 전해지는 사진은 우아한 병사나 평화로운 거리 행진이 전부였다. 그러나 로버트 카파는 이러한 움직임에 저항하기로 했다. 보도사진작가로 나선 그는 곧이어 벌어진 스페인 내란에 참전해 그 유명한 사진을 찍고 이를 〈라이프〉지에 송고한다. 그리고 이 사진은 그의 이름을 널리 알렸을 뿐 아니라 그를 전쟁사진작가로 인식시키기에 이른다.

어느 사진작가가 죽음이 오락가락하는 전쟁터에서만 사진을 찍고 싶겠는가? 그러나 그의 명성은 전쟁과 연결되었고, 이후 그는 수많은 전쟁 사진을 찍었다. 물론 여기에는 사회가 그에게 요구하는 이유도 있었지만 그 스스로의 정치적 지향, 즉 드러나는 것은 사회주의적인 태도지만 속내를 들여다보면 억압받는 민중의 고통을 세계에 알리고자 하는 태도도 큰 몫을 했을 것이다. 그가 다가간 전쟁이 스페인 내전, 팔레스타인 전쟁(이스라엘이 팔레스타인 땅에 건국할 무렵의 전쟁), 제2차 세계대전, 중일전쟁, 인도차이나 전쟁(베트남과 프랑스 사이의 전쟁) 등임을 보면 그러한 사실을 확인할 수 있다. 그리고 이렇게 점철된 그의 운명은 1954년 5월 25일, 인도차이나 전쟁에서 밟은 지뢰 하나로 끝을 맺는다. 나이 고작 마흔한 살.

그러나 그는 서른일곱의 모차르트가 인간에게 하늘의 소리를 온전히 전해 주었듯 우리가 전해 받을 모든 장면을 남겼다. 파리에서 만난 연인이자 정치적 동반자에 작업의 동반자인 사진작가 겔다 타로Gerda Taro 또한 그와 함께 스페인 내전에 국제여단으로 참전하였다가 아군의 전차에 깔려 사망했으니 그녀의 뒤를 따르는 데는 너무 긴 시간이 흘렀을지도 모르는 일.

게다가 그는 1947년 〈매그넘Magnum〉이라는 사진은행을 세계 최초로 만들었다. 물론 혼자는 아니고 앙리 브레송Henri Cartier Bresson, 조지 로저George Rodger, 데이비드 세이무어 David Seymour 등 유명 사진작가들과 함께. 이로써 사진작가에게 특정 매체가 요구하는 사진이 아니라 찍고 싶은 사진을 찍을 수 있는 권리를 돌려주었다. 이제 매체들은 독립적이고 고집 센 사진작가들이 찍어 보관한 사진 가운데 수록할 사진을 선택해야 했다. 마치 모차르트가 귀족에게 예속되어 그들이 원하는 음악만을 만들고 연주하는 관례를 깨고 독립적인 작곡가로 살아가는 전형을 보여 주었듯이. 그러나 그런 천재적 개척자에게 평안하고 만수무강하는 삶이 어울리는가?

그렇다면 우리는? 21세기에 우리는 전쟁을 생중계하는 시대에 살고 있다. 물론 학살과 파괴보다는 스타워즈를 능가하는 첨단 무기가 연출하는 애니메이션 같은 장면만을 보지만 말이다. 게다가 매체들은 다시 자신들이 원하는 앵글을 찾기 위해 아예 사진가를 고용한다. 그렇게 고용된 사진작가 대부분은 대치하고 있는 곳에서 카파와는 반대 방향을 향해 사진기를 들이댄다. 게다가 휴머니즘의 발현發現을 위해 힘겹게 찾아온 사진작가의 권리는 이제 상업사진을 찍는 이들에게 저작권이라는, 상속세도 내지 않는 재산으로 변질되었다.

카파여, 아니 프리드만이여, 이 세상을 일찍 떠난 것은 그대를 위해 얼마나 다행한 일인가!

카파, 1952년 파리의 어느 카페에서

"당신이 찍은 사진이 충분히 만족스럽지 않다면, 충분히 가까이 가지 않았기 때문이다." 카파는 생애 내내 전쟁터 깊숙한 곳을 누비며 전쟁의 실상을 카메라에 담았다. 그리고 1954년 인도차이나 전쟁에 참가해서 사진을 찍던 중 지뢰를 밟고 사망한다. 그런 그의 삶을 기려 죽음을 두려워하지 않는 투철한 기자 정신을 '카파이즘'이라 부른다.

칸타타, 오라토리오, 모테트

클래식 음악 가운데는 서로 구분하기 힘든 양식이 많다. 관 현악곡과 교향곡도 그러하고, 칸타타cantata와 오라토리 오oratorio도 그러하다. 관현악곡에는 교향시나 서곡 등 관현 악단이 연주하도록 작곡된 여러 형식의 곡이 포함되는 반면 교향곡은 교향곡이라는 일정한 형식에 맞추어 작곡된 곡으 로, 다만 연주를 관현악단이 할 뿐이다.

그렇다면 칸타타와 오라토리오는 어떻게 다를까? 사실 칸 타타나 오라토리오 모두 바로크 시대에 융성하던 성악곡이 다. 그리고 두 형식 모두 대부분 종교적 내용을 소재로 작곡 되었다는 공통점도 있다. 그러나 차이가 없다면 어찌 다른 명칭이 붙었겠는가?

'노래한다'라는 의미의 이탈리아어 칸타레cantare에서 유 래한 칸타타는 보통 대여섯 악장으로 된 성악곡 양식을 가

리킨다. 이탈리아 작곡가 그란디Alessandro Grandi(1586~1630)
가 1620년대에 펴낸 〈독창을 위한 칸타타와 아리아Cantade et
arie a voce sola〉에서 처음 이 용어를 사용했다. 칸타타는 이후
세속적 내용을 다룬 음악으로 발전했는데, 그 가운데는 종교
적 내용을 담은 것도 상당수 있었다.

평생을 종교 속에서 보낸 타고난 종교인 바흐J.S.Bach는
세속적인 내용을 표현한 칸타타라는 말을 극도로 혐오해
자신의 곡에 칸타타라는 말 대신 모테트mottete나 콘체르
토concerto라는 명칭을 붙였다. 사실 칸타타 양식의 음악을
가장 많이, 그리고 칸타타를 뛰어난 음악 양식으로 승화시킨
것은 바로 바흐 자신이었다. 그가 작곡한 140곡이 넘는 칸타
타는 오늘날 칸타타 하면 바흐를 연상시킬 만큼 음악계에 지
대한 영향을 미치고 있다. 물론 그 또한 세속 칸타타인 〈커피
칸타타〉, 〈사냥 칸타타〉 등도 작곡했지만 역시 대세는 교회
칸타타라고 불리는 종교적 칸타타였다. 한편 바흐 사후에는
칸타타가 급격히 쇠퇴하여 이후에 작곡된 칸타타 가운데 우
리 귀에 들려올 만큼 명성을 얻은 작품은 기억하기 힘들다.

그렇다면 오라토리오는 또 무엇일까? 오라토리오란 말은
오라토리oratory, 즉 교회의 기도실을 뜻하는 단어에서 유래
했다. 1500년대 오라토리에서 열린 새로운 형식의 음악예배
를 가리켜 오라토리오라고 부르기 시작한 것으로, 대규모 칸
타타라고 간단히 말할 수 있다. 즉 독창, 합창, 관현악곡으로

바흐의 〈마태 수난곡〉 자필 악보

〈마태복음〉에 기록된 그리스도의 수난을 주제로 한 곡이다.
바흐는 1729년 당시 재직하던 독일 라이프치히의 성 토마스 교회에서
〈마태 수난곡〉을 직접 지휘했다. 그리고 100년 뒤인 1829년,
게반트하우스 오케스트라의 지휘를 맡게 된 멘델스존이 재연하면서
〈마태 수난곡〉은 새 생명을 얻었다.

이루어진 대규모 악곡인 오라토리오 가운데에도 세속적인 소재로 이루어진 곡은 거의 없고 대부분이 종교, 또는 종교와 관련된 내용을 다루고 있는 점 또한 칸타타와 크게 다르지 않다.

오라토리오 가운데 가장 유명한 것 또한 바흐의 작품들인데 예수의 수난을 다룬 〈요한 수난곡Passion According to St. John〉(1724 초연)과 〈마태 수난곡Passion According to St. Matthew〉(1729)이 대표적이다. 물론 그 외에도 대중적인 인기로는 바흐를 능가하는 헨델의 오라토리오 〈메시아〉('할렐루야'라는 합창곡이 포함되어 있는 것으로 유명하다)와 하이든의 〈천지창조Die Schopfung〉(1798), 〈사계四季Die Jahreszeiten〉(1801) 등이 지금까지 명성을 이어오고 있다.

한편 '말'이라는 뜻의 프랑스어 '모mot'에서 유래한 모테트 또한 칸타타와 비슷한 성악곡 양식이다. 주로 라틴어 가사로 된 종교합창곡이 많았고, 가끔 세속곡世俗曲이 작곡되었다. 바흐는 칸타타의 세속적인 느낌보다는 모테트의 진지한 내용에 영향을 받아 자신의 곡들에게 모테트라는 명칭을 붙였다. 그러나 후대의 음악사가音樂史家들은 바흐의 음악을 칸타타라고 정의하고 일련번호까지 매겼으니 바흐로서는 황당할 것이다. 물론 그가 죽은 후의 일이므로 하늘나라에서 편히 쉬고 있는 그로서는 너그러이 용서해 주겠지만.

칼레의 시민,
참된 희생이란

백년전쟁(1337~1453)은 잘 알려져 있다시피 프랑스와 잉글 랜드 사이에 일어난 지지부진하고 지겨운 전쟁이었다. 말이 100년이지 전쟁의 승패를 알기 위해서는 4, 5대에 걸친 유언 이 전해져야 했으니 현대를 살아가는 우리로서는 도저히 이 해할 수 없는 전쟁일 것이다. 그러나 그 시대에는 이런 전쟁 이 가능했다. 싸우다 쉬고, 쉬다 싸우는 단속적斷續的 전쟁 말 이다.

여하튼 전쟁이 발발한 지 10년 만에 잉글랜드는 프랑스 영 토인 크레시에서 벌어진 전투에서 크게 승리했다. 이 전투에 서 프랑스 왕 필리프 6세는 부상을 입었고, 그의 동생 샤를 2세를 비롯한 수많은 기사들이 목숨을 잃었다. 한편 승리를 거둔 잉글랜드 왕 에드워드 3세는 여세를 몰아 1346년 9월 프랑스의 칼레 항을 포위하기에 이르렀다.

도버 해협에 면한 칼레 항은 영국에서 최단거리에 있는 항구였는데 불로뉴 백작이 건축한 성채城砦를 기반으로 칼레 시민들은 영국군에게 저항하기 시작했다. 시민들의 눈물겨운 저항은 1년 가까이 지속되었는데, 결국 성채 안의 모든 양식이 떨어지자 더 버틸 힘이 사라졌다. 이에 칼레 시에서는 사자使者를 보내 항복을 전하며 칼레 시와 시민에 대한 관용을 요청한다. 그러나 1년 동안 칼레 시 때문에 고생한 에드워드 3세가 그대로 물러나겠는가? 그러자 왕의 측근인 월터 머네이Walter Mauny 경이 관용을 베풀 것을 청했고, 이에 왕은 항복을 수용하는 한 가지 조건을 내세웠다. 모든 시민을 대신해 칼레 시의 유지有志 여섯 명의 목숨을 가져오라는 것이었다.

물론 영국 왕의 조건에 대해 여러 의견이 오갔을 것이다. 그러나 칼레 시의 가장 부유한 인물인 외스타슈 생 피에르Eustache de St Pierre가 나서 자신이 맨발에 동아줄을 걸고 나아가겠다고 나섰고, 그의 희생정신에 감격한 유지들이 앞다투어 그의 뒤를 따랐다. 그렇게 해서 모두 일곱 명이 되었다. 그러자 피에르는 이튿날 가장 나중에 오는 사람이 남기로 하고, 여섯 명이 영국군 진영으로 가자고 제안한다. 이튿날, 여섯 명이 다 모였으나 오직 피에르만이 나타나지 않았다. 의아하게 여긴 사람들이 그의 집을 찾아가자 그는 이미 목숨을 끊은 후였다. 혹시라도 살기를 바랄 마음이 모두의 마음속에 꿈틀거릴 것을 우려한 그가 솔선수범하여 목숨을 끊은 것이다. 이에 남은 여섯 명은 담담한 태도로 머리에 동아줄을 매고 허리에 끈을 맨 후 칼레 시의 열쇠를 들고 에드워드 3세 앞으로 나아갔다.

그들을 기다리고 있는 것은 영국 국왕과 그 곁에 있는 교수대絞首臺였다. 그 순간 임신 중이던 에드워드 3세의 왕비 필리파 드 에노Philippa de Hainault가 나서서 자신의 뱃속 아기에게 사랑을 베푼다는 마음으로 그들에게 관용을 베풀 것을 왕에게 간청한다. 결국 그들은 죽음을 각오하고 나선 끝에 목숨을 건지고 이웃을 구하며 자신들의 가문과 재산까지 지키게 되었다. '사즉생死卽生이요, 생즉사生卽死(죽기를 각오하면 살 것이요, 살기를 구하면 죽을 것이니라)'라는 이순신 장군의 좌우명은 서양에서도 통하는 불변의 진리임을 우리는 깨닫게 된다.

4 8 2 / 4 8 3

그런데 이렇게 끝났다면 칼레 시란 이름은 역사의 잘 보이지 않는 귀퉁이에서 겨우 이름을 붙들고 매달려 있었을 것이다. 그러나 오늘날 칼레는 역사의 당당한 주역이 되어 우리 곁에 있으니 그 까닭은 한 예술가의 작품 때문이다.

조각가 로댕Auguste Rodin(1840~1917), 바로 그가 칼레를 역사의 한복판으로 끌어낸 장본인이다. 아니 더 분명히 말한다면 칼레 시민들이 장본인이라 할 것이다. 왜냐하면 칼레가 용감한 시민 덕분에 시를 보존하게 된 후 500여 년이 지난 1884년, 칼레 시 당국이 로댕에게 칼레의 여섯 시민을 기

〈칼레의 시민〉

높은 곳에 우뚝 서서 무리를 이끄는 장군만이 영웅은 아니다.
로댕은 똑같은 높이에서, 공포에 떨며 어렵게 한 걸음씩 걸어 나가는
이들의 모습을 통해 진짜 영웅의 모습을 표현했다.

리는 상을 의뢰했기 때문이다. 그런데 사실은 칼레의 시민을 기리는 동상을 만든다는 말을 들은 로댕이 자청하여 〈칼레의 시민〉 상을 만들겠다고 나선 것이다. 그리고 상은 2년여에 걸쳐 완성되었는데, 헌정獻呈은 1895년에야 비로소 이루어졌다. 한편 다른 기록에 의하면 동상에 대한 여러 의견 때문에 완성 자체가 1895년 무렵에 이루어졌다.

그런데 〈칼레의 시민〉에 나타난 인물들의 모습은 영웅의 그것과는 사뭇 거리가 있어 보인다. 이에 대해 칼레의 시민들은 무척 분개했고, 그들의 모습을 영웅적으로 미화美化해 줄 것을 강력히 요구했다. 그러나 그들의 모습을 죽음 앞에 두려워하고 서로 격려하며 아파하는 평범하면서도 자신의 삶을 던져야만 했던 인물로 그린 로댕은 거절했다. 결국 이 작품은 칼레 시의 시청 광장에 설치될 예정이었지만 시민들의 반대에 부딪혀 한적한 바닷가에 세워졌으니 예나 이제나 무조건적인 애국심으로 무장한 이들과 무슨 건설적인 토론이 가능하겠는가? 다행히도 〈칼레의 시민〉은 오늘날 파리에 위치한 로댕 박물관으로 옮겨져 잘 있다.

이것이 전부는 아니다. '적이지만 용감하다'라는 말이 있다. 이 말을 영국인도 실천에 옮겼다. 1913년, 영국인은 칼레 시민을 기리는 이 작품을 본떠서 런던의 국회의사당 정원에 청동상을 만들어 세웠다. 물론 칼레 시민에게 베푼 영국 왕의 관용을 더욱 부각시키는 마음으로 말이다.

코미디 대
신곡神曲

알리기에리 단테Alighieri Dante(1265~1321)의 불후의 명작《신곡》이 본래는《희극La commedia》이었음을 기억할 일이다. 단테 자신이 붙인 제목이니까. 그런데 훗날 이 서사시가 성스러운 노래, 즉《신곡La divina commedia》으로 바뀐다. 어떻게?

이 작품은 출간되자마자 수많은 사람들에게 찬사를 받았다. 그리고 중세에서 근대로 넘어 오는 과정에서 근대성을 상징하는 작품 가운데 대표적인 것으로 인정받기에 이른다. 또한 1555년 본래 제목에 '성스러운(Divine)'이라는 말이 덧붙여짐으로써 이때부터 신곡으로 불렸다. 단테의 작품에 '성스러운'이라는 수식어를 붙인 것은《데카메론》의 작가 보카치오인데, 그 감탄사를 즉시 작품에 붙여 제목을 바꾼 것은 로도비코 돌체라는 출판업자였다고 한다. 그러니까 단테 자신이 환생한다면 아마 자신의 작품을 몰라볼 확률이 훨씬 높다.

그렇다면 '성스러운 코메디'는 어떻게 '신곡神曲', 즉 '신의 노래'가 되었을까? 모르겠다. 많은 서양 고전들이 그러하듯이 우리나라에 들어올 무렵 일본인이 붙인 제목 그대로 들어 왔으니까. 그런데 듣기에는 그럴싸하지 않은가?

그 무렵 대부분의 문학 작품이 라틴어로 쓰인 것과는 달리 《신곡》은 이탈리아어로 쓰였다. 이로써 이탈리아어는 라틴어에 필적하는 대표적인 언어로 자리 잡게 되었으니 그의 조국 이탈리아뿐 아니라 문학의 다양성에도 크게 기여한 셈이다. 물론 이탈리아어로 씌어졌다는 이유만으로 불후의 작품으로 남은 것은 결코 아니다.

《신곡》은 칸토canto라고 불리는 총 100개의 노래로 구성되어 있다. 그리고 이 노래들은 다시 '지옥地獄'편·'연옥煉獄'편·'천국天國'편으로 나뉘는데 각각 33곡이다. 다만 '지옥'편에는 시 전체의 서문 역할을 하는 곡이 하나 더 있어 총 100곡이 된다.

'지옥'편은 예루살렘의 지하에서 땅의 심장에 이르는 동굴이 아홉 둘레로 나뉘어 큰 강, 삼림, 황무지, 절벽, 성곽, 폐허 그리고 여러 갱과 구덩이로 이루어져 있다. 그리고 색욕, 탐식貪食, 탐욕, 방종放縱, 고리대금, 성직매매, 거짓 예언자, 매관매직, 위선, 절도, 거짓, 분쟁, 사기, 위조, 배반자들이 자신들의 행동에 대한 응분의 대가를 치른다.

'연옥'편에서는 남반구 큰 바다의 고도 한가운데 높이 솟아 있는 암석 봉우리 일곱 개가 나온다. 각 봉우리에는 죄를 씻고 정결함을 구하고자 하는 사람들이 오만, 질투, 나태, 탐욕, 애욕을 정화하며 정진하여 자유롭고 티 없는 깨끗함을 구하고자 한다. 분위기는 아름답고 밝다.

'천국'편은 월천, 수성천, 금성천, 태양천, 화성천, 목성천, 토성천 등의 일곱 하늘과 항성천, 원동천으로 이루어져 있다. 천국의 끝은 대광명천으로 신의 축복의 비밀을 간직하며, 일곱 하늘에는 성니행, 순애, 영명, 성애, 신려, 용기, 정의 등으로 구분된 거룩한 사람들의 환희와 예찬의 소리로 가득 차 있다. 단테는 이 3계를 두루 돌면서 관찰하고 이야기를 주고받으며 신과 인간이 합일하는 광경을 터득하는 달관의 경지로 들어선다.

단테는 '지옥', '연옥', '천국', 이 세 곳을 차례로 여행하는데, 처음 지옥에서 맞닥뜨리게 되는 동물이 표범과 사자와 이리다. 그렇다면 이 세 종류의 동물은 각각 무엇을 뜻할까? 《성서》〈예레미야서〉를 보면 이런 구절이 나온다.

숲에서 나오는 사자가 그들을 죽이며
사막의 이리가 그들을 멸하며
표범이 성읍들을 엿본즉
거기로 나오는 자는 누구나 온몸이 찢기리니

〈단테, 지옥에서 세 마리 야수를 만나다〉
영국의 시인이자 화가인 윌리엄 블레이크가
1825년부터 그린 〈신곡〉의 삽화 102점 중의 하나다.

이는 그들의 셀 수 없는 범죄와

날로 늘어나는 배교 행위 때문이라.

이로부터 유래한 세 종류의 동물은 각각 정욕情慾, 오만傲慢, 탐욕貪慾을 뜻한다는 게 정설이다.

한편 이러한 인간의 성질 때문에 영원한 구원을 얻기 위해서는 거룩한 은총이 필요하다. 이에 《신곡》에서는 베아트리체가 단테를 천국으로 인도하게 되고, 그곳에서 단테는 비로소 하느님의 영상을 제시하게 된다. 그러니까 구원에 이르는 지름길은 없다. 구원에 이르기 위해서는 우리의 사악함을 상징하는 세 마리 짐승을 몰래 피할 게 아니라 지식과 정의를 거쳐 먼 길을 돌아가야만 하는 것이다. 이것이 단테가 우리에게 하고 싶었던 이야기인 셈이다.

103

코페르니쿠스,
루터와 칼뱅

코페르니쿠스Copernicus(1473~1543) 하면 지동설地動說, 지동
설 하면 코페르니쿠스라고 할 정도로 그가 인류에게 끼친 영
향은 실로 막대하다. 이전까지 막연히 지구를 우주의 중심으
로 여기고, 덧붙여 우주의 창조자를 기독교의 하느님으로 받
아들이며 편안하고 무식하게 살던 인류에게 새로운 빛과 빛
을 던져 준 인물이니 말이다.

그런데 사실 그는 우주의 움직임에 관심을 기울여서는 안
될 신학자였고, 사제였다. 그러나 머릿속에서 떠오르는 의문
과 상상력은 그 어떤 것으로 억눌러도 결국 빠져나오기 마
련이다. 그가 플라우엔부르크 대성당에 봉직奉職하고 있던
1498년, 지구가 움직일 것이라는 아이디어가 번쩍 떠올랐
다. 아니, 하느님께서 머무시는 성당에서?

여하튼 그때부터 코페르니쿠스의 연구는 시작되었다. 그

는 하늘이 움직인다는 프톨레마이오스Ptolemaeus의 이론에 따르면 우주의 움직임이 너무도 복잡할 뿐 아니라 그렇게 복잡한 논리로도 설명할 수 없는 부분이 너무 많다고 여겼다. 그런 까닭에 우주의 중심에 태양을 두면 행성의 움직임을 나타내는 데 손쉽지 않을까 상상했고, 그런 논리적 기반 하에 행성의 운동을 검토하자 꽤 간단하게 파악할 수 있었다.

그가 만든 태양계의 그림을 보자. 이에 따르면 가장 바깥쪽에는 움직이지 않는 항성구恒星球가 위치해 있고, 그 안쪽에는 30년 주기의 토성구, 12년 주기의 목성구, 2년 주기의 화성구, 1년 주기의 지구가 달과 함께 있고, 그 안에 9개월 주기의 금성구, 80일 주기의 수성구가 자리 잡고 있으며, 그 중심에는 태양이 위치해 있다. 이제 하느님께서 창조하신 지구는 서서히 움직여야 했고, 그만큼 성서 또한 불변의 진리로부터 움직이기 시작해야만 했다.

물론 코페르니쿠스의 지동설이 완벽한 것은 아니었다. 그의 천문학은 프톨레마이오스의 지구 중심설을 태양 중심설로 바꾸었을 뿐, 그 외에는 이전의 불합리한 점을 그대로 지니고 있었다. 우주가 한정된 공간으로 태양의 바깥에 위치해 있다거나, 행성의 궤도를 완전한 원으로 가정假定한 점 등이 그것이다. 그리고 그의 이러한 가정에는 아무런 논리적 근거도 존재하지 않았다. 그러나 이제 아리스토텔레스와 프톨레마이오스의 우주관에 사로잡혀 1000년이 넘도록 움직이지

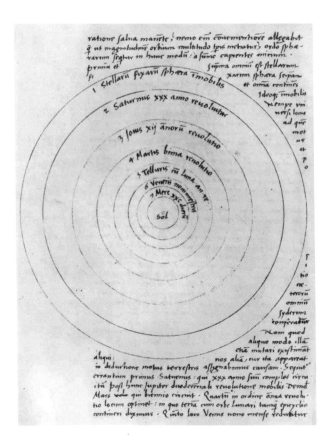

코페르니쿠스의 태양계

1543년에 발표한 〈천구의 회전에 관하여〉의 원고로,
태양계의 행성과 그 운동 방식이 그려져 있다.

않는 지구에 살던 중세 사람들은 심한 멀미를 겪어야 했다.

한편 코페르니쿠스는 자신의 이론을 재빨리 발표할 만큼 신앙심이 약한 사람은 아니었다. 그는 30년 넘게 자신의 이론을 장롱 속에 감추어 두었다. 그러나 진리의 빛은 작은 틈만 있어도 멀리까지 뻗어 나가는 법. 그의 이론을 전해들은 몇몇 사람들은 깜짝 놀랐고, 그 이론에 감탄했다. 그 결과 코페르니쿠스는 교황 파울루스 3세에게 정중한 헌사를 붙여 출판을 결심하게 된다. 그러나 그 정도로도 불안을 느낀 코페르니쿠스는 죽음을 맞이하는 침대맡에서 이 책을 받아볼 수 있었다.

그렇다면 그 무렵 가톨릭교회에 대항해 새로운 기독교의 세계를 연 루터와 칼뱅은 코페르니쿠스의 이론에 어떤 태도를 취했을까? "누가 감히 성경의 권위 위에 코페르니쿠스의 권위를 놓으려 하는가. 시편 93장에 이르길 '세계도 견고히 서서 흔들리지 아니하는도다.'라고 씌어 있지 않은가." 칼뱅의 말이다. 물론 루터도 썩 다르지 않은 표현을 했으니 "(그는) 천문학 전체를 뒤엎으려는 바보 천치다. 성서가 말하는 바와 같이 예수가 멈추라고 명한 것은 태양이지 지구가 아니었다."라는 말을 통해 가톨릭과 프로테스탄트가 지구에 대해선 같은 입장임을 확인시켜 주었다.

104

콘키스타도르,
정복자·살육자·도륙자

알려진 바에 따르면 콜럼버스를 비롯한 신대륙 탐험가들은
물질적인 욕심보다는 새로운 세계를 찾아 이름을 날리고자
한 명예욕과 아울러 요즘 산악인이나 탐험가가 품고 있는 새
로운 세상에 대한 동경심 같은 것에 사로잡혀 있었다. 정말
그랬는지는 그들만이 알겠지만.

그런데 그들이 개척한 길을 따라 뒤따른 인간들 가운데는
인간으로 상상하기 힘든 부류들이 대부분이었다. 이들의 만
행을 규탄한 라스 카사스Las Casas 같은 이는 극히 예외적 인
물이었다. 어느 정도인가 하면 이러한 인간들을 일컫는 표현
이 생겼으니 바로 콘키스타도르Conquistador, 스페인어로 '정
복자'란 의미다. 이 표현도 매우 순화된 것인데 실제로는 살
육자殺戮者 또는 도륙자屠戮者가 적절한 표현일 것이다.

이들은 매우 단순했다. 황금 외에는 아무것도 보지 않았으

니까. 이들은 그리스도교와 스페인에 저항하는 원주민을 신과 국왕에 대한 반역자로 여겨, 죽이거나 노예로 삼아 인간 기계로 활용했다. 그런데 이런 인간이 연평균 1만 5000명씩 유럽에서 신대륙으로 건너갔으니 원주민의 놀라움을 우리가 어찌 상상할 수 있겠는가? 모기 1만 5000마리가 해마다 건너와도 괴로웠을 텐데 말이다.

그 가운데 대표적인 인물 두 사람을 살펴보자. 한 사람은 오늘날 멕시코와 쿠바를 중심으로 활동한 아스텍 문명의 파괴자 코르테스Cortes요, 다른 한 사람은 잉카 문명의 도살자 피사로Francisco Pizarro다.

1485년에 태어난 코르테스는 꽤 좋은 가문 출신이었다. 그 또한 영민한 재주를 타고난 인물이었는데, 이 모든 선천적 배경을 그는 전혀 다른 곳에 사용했다. 열네 살에 부모 곁을 떠나 유학길에 나선 그는 그때부터 여자와 싸움, 오만방자한 짓거리로 날을 지새웠다. 열여섯 살 무렵에는 한 유부녀의 집에서 도망치다가 부상을 입기도 했으니 그의 미래를 짐작하고도 남을 것이다. 이후 그저 빈둥대면서도 그가 놓치지 않은 광경이 있었다. 바로 서인도제도에서 약탈품을 가득 싣고 항구로 들어오는 배들이었다. 유부녀에게 품은 욕망조차 절제하지 못하던 그가 어찌 이 환상적인 항해에 대한 욕망을 절제할 수 있겠는가? 그는 열아홉의 나이로 산토도밍고로 향하는 배에 오른다.

산토도밍고는 아이티와 함께 스페인 사람들이 신대륙에 세운 최초의 식민지였다. 섬에 도착한 코르테스는 그곳에서 쿠바 정복에 나섰고 정복이 성공한 후 공을 인정받아 총독 벨라스케스로부터 수도 산티아고의 사법행정관에 임명되었다. 이후에는 벨라스케스를 능가하는 정치력을 발휘하여 멕시코 원정에 나섰다. 또한 코르테스는 한편으론 원주민 사이의 갈등을 이용하기도 하고 다른 한편으론 자신의 장점인 미남계를 이용해 인디오 출신 여인 말린친을 포섭하여 아스텍 문명권을 정복하기에 이른다. 물론 이 과정에서 코르테스의 독자적인 행동에 화가 치민 벨라스케스의 공격을 받기도 하지만 모든 어려움을 극복하고 1521년 8월 아스테카의 수도 테노치티틀란을 멸망시키고 만다. 오늘날 멕시코의 수도 멕시코시티는 그 위에 건설된 스페인식 도시다.

이후 코르테스는 멕시코를 통치했는데 이때가 코르테스의 전성기였다. 그러나 코르테스는 자신을 시기하는 온갖 인물들의 모함을 받았고, 이를 스페인 황실에 변명하는 데 진땀을 빼야 했다. 결국 멕시코의 통치권을 회복하지 못한 채 오

〈코르테스와 말린친〉
손을 잡고 앉아 있는 코르테스와 말린친. 코르테스가 밟고 있는 인디오는
이 둘 사이에서 태어난 아메리카 최초의 혼혈아 마르틴 코르테스다.
말린친은 비참한 처지의 아들을 외면한 채 눈을 질끈 감고 있다.
마르틴의 모습은 스페인의 지배하에 신음하던 멕시코를 상징한다.
20세기 멕시코 벽화 운동의 거장 오로스코의 1926년 작품이다.

아하카 지방의 총사령관 겸 후작에 임명되었다가 고국에 돌아갔다. 그는 멕시코로 다시 돌아가고자 했으나 뜻을 이루지 못하고 죽었다. 유언에 따라 유해는 멕시코 땅에 묻혔지만, 수백 년 동안 미궁에 빠져 있던 그의 무덤이 1946년 발견되어 그를 기리는 자들과 반대하는 자들 사이에 온갖 논란을 불러일으켰다. 그야말로 살아서든 죽어서든 편안함보다는 소란함을 즐긴 인물이었음이 분명하다.

코르테스는 그래도 다음 등장인물인 피사로에 비하면 그야말로 정치가였다. 피사로는 우선 코르테스에 비해 천하기 그지없는 가문 출신에 사생아요, 돼지 잡는 일에 종사하고 있었다. 그러니 그가 자신의 삶에 광영을 가져다 줄 곳으로 신대륙을 선택한 것은 어찌 보면 당연할지도 모르겠다. 여하튼 그는 1502년 신대륙 행 선박에 몸을 실었고, 이후 1523년 마흔여덟의 나이로 남아메리카 정복에 나서 잉카 제국을 멸망시키고 그 땅에 페루라는 새로운 이름을 붙여 주었다.

사실 그 과정에서 피사로가 보여준 놀라운 결단력과 용감성은 평가할 만하다. 초기에는 파나마 총독의 명령을 거역하면서까지 남아메리카 남부로 탐사를 거듭했고, 그 과정에서 잉카 제국의 존재를 알게 되었다. 그리고 파나마 총독의 반대를 무릅쓰고 스페인 국왕 카를로스 1세를 직접 만나 그로부터 훈장과 갑옷을 하사받았으며 누에바카스티야 지방의 총독에 임명되기도 했으니.

그는 네 형제와 함께 자신들이 명명한 페루로 가서 잉카 제국을 멸망시키기에 이른다. 잉카의 수도 쿠스코 또한 제대로 전투 한 번 치러 보지 못한 채 그의 손아귀에 넘어가고 말았다. 이후 피사로는 페루를 다스리면서 리마를 건설하고 죽을 때까지 그곳에 머물렀다.

물론 그가 살아 저지른 일들 때문이었는지는 몰라도 썩 행복하게는 죽지 못했다. 함께 정복에 나섰던 알마그로Almagro란 자가 쿠스코를 점령했을 때 피사로는 그에게 칠레를 넘겨주는 대신 쿠스코에서 손을 떼게 만들었다. 그러나 칠레에는 아무것도 없었고 알마그로가 페루로 돌아오자 피사로는 그를 체포하여 죽였다. 이후 리마에 머물던 피사로가 언제 자신들을 해칠지 모른다고 여긴 알마그로의 추종자들은 1541년 피사로가 머물던 궁을 공격했고, 이들의 공격으로 피투성이가 된 피사로는 자신의 피로 십자가를 그린 후 예수를 부르며 죽어갔다.

글쎄, 내 생각에는 그 시간 예수께서는 라스 카사스 신부의 부름을 받고 유럽 땅에 머물고 계셨을 것 같은데 말이다.

105

콜럼버스, 성스러운 침략의
선봉

달걀을 거꾸로 세우는 놀라운 창의력과 누구도 감히 상상하
지 않던 서진西進을 통한 인도 항해를 실천에 옮겨, 도전 정
신의 대명사로 우리에게 알려져 있는 콜럼버스Christopher
Columbus(1451~1506). 그러나 그의 삶을 자세히 살펴보면 그
를 본받고 싶은 마음이 썰물처럼 사라지고 만다.

처음 포르투갈 국왕에게 후원을 요청한 콜럼버스는 대내
외의 여러 문제 해결에 급급하던 포르투갈 궁정으로부터 거
절당하자 스페인으로 눈길을 돌렸다. 그리고 콜럼버스의 종
교적 열정에 감동한 성직자와 궁정 인사 들의 도움을 받아
결국 1492년 4월 스페인 정부와 산타페 협약을 체결하게 되
었다. 이 협약에 따르면 콜럼버스는 탐험에서 발견하게 될
섬이나 대륙의 부왕 겸 총독으로 부임하게 되고, 이 지위는
종신토록 유지할 수 있었다. 또한 그 지역에서 얻게 될 이익

의 10퍼센트를 자신 몫으로 하며, 교역 활동에 대해서도 최고 1/8까지 참여할 수 있었다.

잘 알려져 있다시피 1492년 8월 콜럼버스는 산타마리아호, 핀타호, 니냐호로 명명된 캐러벨caravel(중세 후기에 지중해에서 사용하기 시작한 큰 삼각돛을 단, 범선의 한 종류다) 세 척에 승무원 120명을 태우고 스페인의 파로스 항을 출항했다. 이는 유럽 대륙에서 서쪽으로 항해를 시도한 최초의 선단이었는데, 출발한 지 2개월여가 지나 지금의 바하마 제도 가운데 한 섬에 도착했다. 감격에 겨웠던 콜럼버스는 신에 대한 감사의 뜻으로 이 땅에 산살바도르San Salvador라는 이름을 붙였으니, '성스러운 구세주'란 뜻이다. 인도에 도착했다고 확신한 콜럼버스는 이때부터 원주민들에게 황금과 향료가 출토되는 지역에 대한 정보를 구하고자 했다. 그러던 중 그 해 크리스마스 밤 산타마리아호가 난파당하자 급히 귀환 길에 올라 이듬해 3월 파로스로 돌아왔다.

한편 두 번째 항해에는 배 17척과 1500여 명에 달하는 대규모 선단船團이 함께했는데, 이는 첫 번째 항해의 성공에 힘입어 일확천금을 노린 수많은 이들이 자원했기 때문이다. 그러나 히스파니올라 섬에 상륙한 그들을 기다리고 있던 것은 원주민의 반란과 그로 인한 혼란뿐이었다. 그 후 콜럼버스는 항해를 두 번 더 했으나 얻은 것은 아무것도 없었다.

네 번째 항해를 마치고 돌아온 콜럼버스는 건강을 잃었고,

콜럼버스가 직접 그린 산타마리아호

항해에서 돌아온 지 2년도 채 못 된 1506년 5월 21일 자신이 인도 발견의 주인공이라는 상상을 간직한 채 숨을 거두었다. 그렇지만 콜럼버스의 가장 큰 비극은 자신이 발견한 그 대륙에 자신 대신 다른 자의 이름이 붙여진 사실일지도 모른다.

이탈리아 피렌체 출신의 아메리고 베스푸치Amerigo Vespucci(1454~1512)는 콜럼버스보다 수 년 뒤인 1499년 처음 신대륙 항해에 나선 후 모두 네 차례에 걸쳐 항해를 다녀왔다. 1501년에 출발해 1502년 리스본으로 귀환한 두 번째 항해 이후 베스푸치는 자신이 다녀온 대륙이 인도가 아니라 신대륙일지 모른다는 사실을 깨닫게 되었다.

그리고 독일의 지도 제작자인 발트제뮐러Waldseemueller(1470 무렵~1518/21)는 1507년 신대륙을 아메리카로 표기한 지도를 발간했는데, 그는 아메리고 베스푸치의 여행 기록에 근거해 지도를 제작한 후 그 대륙을 그의 이름을 기려 아메리카라고 명명했다.

106

쿠바의
의료 체계

쿠바는 이상한 나라다. 미국 코앞에서 반세기 가까이 사회주
의 정권을 유지하고 있는 상황도 이상하고, 소련 붕괴 후 대
부분의 사회주의 국가들이 함께 사라지는 데도 꿋꿋이 견디
는 것도 이상하며, 세계 초강대국 미국이 계속 쿠바의 몰락
을 위해 애쓰고 있는데도 여전히 건재하는 것이야말로 가장
이상한 일이다(다행히 2015년 들어 미국과 쿠바 사이에 국교정상화가 이
루어졌으니 이런 이야기도 다 과거의 것으로 치부할 수 있겠지만 과거라고 해
도 기억할 만한 것은 기억해야 한다. 미국은 지금도 섬나라인 쿠바 본토에 관
타나모 기지를 소유하고 있고, 그곳에 116제곱킬로미터에 달하는 공항을 포
함한 해군 기지를 운영하고 있다).

　그런데 더욱 이상한 것은 쿠바의 의료 체계다. 쿠바에서는
모든 질병 치료가 무료다. 대부분의 사회주의 국가처럼. 그
런데 무늬만 무료인 나라들과는 차원이 다르다. 평균 수명은

76세, 1000명당 유아 사망률은 6.4명으로 미국보다 낮다. 인구 1000만이 조금 넘는 이 나라에는 종합병원이 280개가 넘고 종합진료소가 440개가 넘으며, 치과의원과 산부인과가 각각 160개, 200개가 넘고, 장애자 전용 요양원 27개가 있다. 28개에 달하는 의대에서는 해마다 4000명의 의사가 배출되는데, 의사 1인당 주민 수는 168명에 불과하다. 우리나라의 경우 500명당 1명이니까 비교가 안될 정도다.

1993년 세계보건기구는 소아마비 바이러스가 근절된 최초의 나라로 쿠바를 선정했으니 쿠바의 의료 체계는 명실상부하게 세계 최고 수준임이 분명하다. 그뿐만이 아니다. 심장 이식 수술부터 에이즈 치료에 이르는 모든 의료 행위가 무료임은 당연한데다가 전 국민을 대상으로 에이즈 검사를 실시한 나라답게 백신 개발 분야에서도 세계 어느 나라에 비교해도 뒤떨어지지 않는다. 또한 1999년에는 개발도상국 청년들을 위한 '라틴아메리카 의과대학'을 설립했는데, 모든 수업료와 체제비를 쿠바 정부가 부담한다. 다만 이곳에서 의사가 된 후에는 모국으로 돌아가 무의촌無醫村 봉사활동을 해야 한다는 조건이 붙어 있다.

그런데 이러한 쿠바 의료 체계에 위기가 닥쳤다. 물론 사회주의 붕괴와 더불어 말이다. 1992년, 미국 의회는 '쿠바민주화법'이라 불리는 좋은(?) 법을 통과시켰는데, 이 법에 따르면 국내외의 모든 미국계 기업은 쿠바와 거래할 수 없다. 그 무렵 몰락한 사회주의 국가들이 미국에 지원을 요청하자 미국은 이런 조건도 덧붙였다. '쿠바와 모든 거래를 중단하시오.' 그러자 쿠바의 수입품 가운데 80퍼센트가 줄었는데, 그 대부분이 식료품과 의약품이었다. 보다 못한 미국 내 NGO 몇몇이 쿠바에 대한 식료품과 의약품 금수 조치를 해제해 줄 것을 정부에 요청했으나 물론 받아들여지지 않았다. 이제 사회주의 쿠바는 곧 문을 닫을 것이니까.

그리고 미국은 마지막 선물로 더욱 강화된 금수조치禁輸措置에 관한 법을 1996년 통과시켰다. 법 이름은 '쿠바 자유민주연대법'과 '헬무드 버튼 법'이다. 미국은 정말 자유를 숭배하는 나라임이 분명하다. 다른 나라 백성들의 생존에 기본이 되는 물품의 수출 금지를 결정하면서도 자유를 내세우고, 천문학적 돈과 무기를 쏟아 부으며 이라크를 침공하면서도 자유를 위해서라고 하니 자유란 말의 의미를 다시 확인해 볼 참이다. "올해 쿠바인은 피델 카스트로와 이별하게 될 것이오." 헬무드 버튼 상원의원은 자신의 이름을 딴 법률이 통과되자 이렇게 약속했다. 그러나 그 약속은 지켜지지 않았다.

그즈음 쿠바인은 타의에 의해 다이어트를 하게 되었다. 식품 섭취량이 급격히 감소하자 시민들의 체중이 빠른 속도로 줄기 시작한 것이다. 어린아이들 또한 고통받기는 마찬가지였다. 미숙아 출산이 증가했고, 우유 공급은 중단되었다. 생존의 위기를 맞아 쿠바 정부는 또 한 번 놀라운 일을 저질렀다. 건강의료비를 증액하는 반면 1989년 13억 페소에 달하던 국방 예산을 6년 후에는 반 이하로 삭감시켰다. 그래도 전염병은 창궐했고, 사라졌던 장티푸스니 결핵 같은 균들이 맹위를 떨쳤다. 아무리 병원이 좋고 의사가 실력을 갖추었다 해도 의약품이 없으면 묶인 손과 마찬가지였다.

그 순간 또 다른 의학이 쿠바로 다가왔다. 바로 전통 의학이었다. 전통 의학에는 약초를 이용한 치료, 가정 요법의 부활, 허브 약품 증산, 침과 지압 등 대안 의료 체계의 도입, 온열요법 등이 포함되었다. 물론 처음부터 이러한 치료법이 순탄하게 진행된 것은 아니었다. 평생 서양 의술을 익힌 의사가 허브니 침이니 하는 것으로 치료하려니 손이 움직이기 전에 우선 머리가 받아들이지 않았으니까. 그러나 각계의 지속적인 노력 끝에 의사들 또한 전통 의학의 효과를 인정하게 되었고, 이제는 동양의학을 전문적으로 공부하는 의사들도 계속 늘고 있다. 의대의 해부학 시간에는 경락 수업이 진행되고, 요가와 중국의 건강법인 태극권 과정까지 진료소에 개설되어 있다.

107

쿠스코, 3만 킬로미터의
도로망을 갖춘 돌 도시

잉카 제국은 500년 전에 번창한 문명이었으니 썩 오래 전 문
명이 아닌데도 우리에게는 낯설기만 하다. 이는 잉카 제국이
번성한 곳이 우리나라에서 가장 먼 남아메리카라는 지역적
특성도 있겠다. 하지만 사실은 그와 관련된 기록을 남기지 못
한 잉카 제국의 내적 문제점과 아울러 스페인인의 침략을 받
아 쑥밭이 된 남아메리카 문명의 운명 때문이기도 할 것이다.
물론 서양 중심의 세계관, 역사관 또한 남미에 대한 우리의
관심을 멀리 하게 만든 요인 중 하나다.

　스페인의 악명 높은 탐험가이자 남아메리카의 정복자인
피사로Pizarro가 잉카 제국을 점령한 것이 1533년이니까 역
사적으로 보면 최근의 일이라고 할 수 있다. 잉카 문명은 지
금의 페루 안데스 산맥을 중심으로 형성된 문명인데, 특히
제국의 수도 쿠스코는 안데스 산맥의 해발 3400미터 지점에

자리하고 있다. '쿠스코Cuzco'란 원주原住 인디언 언어로 '중앙'이란 의미다. 쿠스코는 잉카 제국의 수도였을 뿐 아니라 그 이전에도 그 지역의 중심부로서 여러 유적이 전해 오고 있다.

15세기 무렵 잉카 제국의 왕인 유판키Yupanqui는 수도 쿠스코를 나라의 정치·종교적 중심지로 재정비하는 작업에 착수했다. 그 무렵 잉카는 고작 쿠스코 계곡 주변만을 다스리고 있었다. 유판키는 우선 도시 전체가 보이는 곳에 요새를 공고히 하고 수로 건설과 주변 지역에 계단식 논을 만들어 주민들의 식량 문제를 해결했다.

쿠스코 건설에 숨겨진 놀라움은 이 도시가 접합제 없이 순수하게 돌만으로 건물을 지었다는 데 있다. 그뿐인가? 급·배수 시스템과 함께 잉카 제국 전역을 통틀어 3만 킬로미터가 넘는 도로망이 건설되어 있었다. 잉카 제국이 산악지대에 자리 잡고 있었을 뿐 아니라 철제 도구 없이 이 모든 것을 건설했다는 것이 우리를 더욱 놀라게 만든다. 한편 이를 통해 제국의 내적 잠재력을 키운 잉카 제국은 이후 대외적인 정복 작업에 나서 수많은 작은 부족을 복속시키며 제국의 위용에 걸맞은 나라로 성장했다.

그러나 1530년대부터 시작된 스페인의 남아메리카 침략에서 잉카 제국도 벗어날 수 없었다. 잉카 제국의 수도 쿠스코의 위용이 남달랐던 만큼 침략의 마수 또한 남달랐다. 태양신을 모시던 신전 본당 내부에는 보석으로 아로새긴 두꺼운 금판이 있었고, 거기에는 사람의 모습을 한 태양신의 상이 세워져 있었다. 이 상은 아침이면 전면에 빛을 받아 주위의 보석에 반사되면서 무지하기 그지없는 유럽 약탈자들을 놀라게 했다. 그 밖에도 달을 모시는 신전이 있었고, 그곳에 은판銀板에 조각된 달의 신상神像이 있었는데 그 또한 마찬가지였다. 금과 은으로 만들어진 제기祭器들이 오늘날 하나도 남아 있지 않은 것이 어쩌면 당연한 일일 것이다.

1570년대에 들어 결국 잉카 제국은 지구상에서 사라지고 말았다. 그러나 이후에도 쿠스코는 잉카 제국의 상징처럼 수많은 유물과 유적을 간직한 채 존재했는데, 이러한 결과 오늘날에도 쿠스코라는 명칭은 마치 신화 속 존재인 듯 잉카 문명의 상징처럼 사용되고 있다. 쿠스코란 이름의 밴드부터 잉카 문명 여행의 중심지인 쿠스코까지, 쿠스코란 단어는 우리에게 다시는 볼 수 없지만 영원히 잊히지 않을, 말없는 문명의 한 자락을 전해 주고 있다.

108

키니코스학파,
개라고 불린 학자들

"나 알렉산드로스는 세계를 다스리는 대왕이오. 내가 그대를
위해 무엇을 해주면 좋겠소?"

"그렇다면 내게 비치는 햇빛을 가리지 말고 비켜 주시오."

우리에게 알렉산더 대왕으로 잘 알려진 마케도니아의 알
렉산드로스Alexandros 대왕과 디오게네스Diogenes(기원전
404?~323)라는 철학자 사이에 주고받은 대화로 유명하다.

오늘날의 터키 지방에서 태어난 그리스의 철학자 디오게
네스는 키니코스학파Cynics(견유학파犬儒學派라고 알려져 있다)의
창시자로 알려져 있는 안티스테네스Antisthenes의 제자였다.
안티스테네스는 디오게네스만큼 독특한 인물이었다. 소크라
테스의 제자이자 부유한 귀족 출신인 그였지만 스승의 죽음
과 함께 그의 안락한 삶에도 종지부가 찍혔다. 그는 안락함

을 버리고 가난한 이들 사이에 들어갔으며, 그때부터 정부와 재산, 결혼 등을 인정하지 않았으니 무정부주의자의 원조라고 할 수 있다. 결혼을 인정하지 않은 키니코스학파 사이에는 자유연애 사상이 퍼져 애인을 공유하는 생활로 이어졌다.

한편 디오게네스는 스승의 금욕주의를 계승해 거지처럼 살았는데, 이러한 행동을 통해 그는 관습과 그에 물든 인간들에게 경종을 울리고자 했다. 그는 세상이 당연하게 수용하던 인습과 믿음이 대부분 잘못된 것임을 밝히려고 애쓰며 자연의 삶으로 돌아갈 것을 권고했다. 이러한 그의 이념은 결국 무정부주의적 사고로 이어졌으니 스승의 사상을 후대에까지 전하는 매개 역할을 톡톡히 한 셈이다.

키니코스란 말은 곧 '개와 같은'이란 의미로, 그 스스로 개처럼 살고자 했기 때문이었다. 그리고 그로부터 우리나라에서도 견유犬儒, 즉 '개와 같은 선비'란 명칭을 붙였다. "나는 내게 무언가를 준 사람을 향해서는 꼬리를 흔들고, 거부하는 이에게는 짖으며, 나쁜 사람은 물기 때문에 개라고 불린다." 디오게네스가 스스로를 개라고 칭하며 한 말이다.

그런데 사실 키니코스학파의 주된 이념은 금욕적이면서 자족自足하는 삶을 강조하며 세속적 향락과 권력, 금력 등을 거부하는 대단히 도덕적이며 민주적인 것이었다. 그런데도 개의 수준까지 떨어졌으니 이러한 표현을 아이러니라고 할 수 있다. 이는 동양에서도 무위자연과 현실적 명리名利를 거

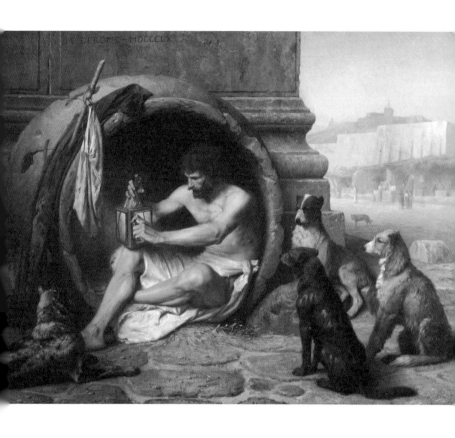

통 속의 철학자

개들에게 둘러싸인 채 자신만의 통 속에 앉아 대낮인데도 등불을 켜고 있는
디오게네스. 장 레옹 제롬 제롬, 1860년, 월터스 예술박물관.

부한 노장사상老莊思想이 기존 사상계의 시각에서 보면 매우 특이한 존재로 보인 것과 일맥상통한다.

디오게네스가 세상의 모든 가치를 부정하며 냉소한 것은 아니다. 그는 참된 가치와 거짓 가치의 차이만이 유일한 구분이고 다른 구분은 쓸데없다고 여겼다. 공公과 사私, 날 것과 익은 것, 발가벗은 것과 의복 등의 구분 같은 것 말이다. 따라서 그는 그리스인과 이방인 사이의 구분도 인정하지 않았는데, 어느 나라 시민이냐 하는 질문을 받으면 "나는 세계시민이다."라고 답변함으로써 코스모폴리탄cosmopolitan, 즉 세계인이란 표현을 탄생시키기도 했다.

디오게네스 같은 인물에게 에피소드가 없다면 그것이 오히려 이상할 것이다. 앞서 살펴본 알렉산드로스 대왕과의 대화도 아마 지어낸 이야기일 터인데, 그 외에도 그의 기행奇行과 관련한 여러 이야기가 전해 온다. 대낮에 등불을 들고 다니며 그 까닭을 묻는 사람들에게 "정직한 사람을 찾기 위해서라오."라고 대답했다거나, 노예로 팔려간 그가 "내 직업은 사람을 다스리는 일입니다."라고 하여 그때부터 주인집 가정교사가 되었다는 이야기들이 전해 온다.

109

타지마할,
사랑의 징표

16세기 초에서 18세기 중반까지 인도를 다스리던 무굴 제국은 이슬람 국가였다. 그러나 제국의 황제들은 이슬람교와 힌두교를 적절히 융합하여 통일 인도 건설에 힘을 기울인 현명한 이들이었다. 그런데도 인도의 역사는 우리에게 썩 가까이 다가오지 않는다. 유럽의 역사는 입이 닳도록 외우지만 인도를 비롯한 아시아 역사에 대해서는 소홀한 것이 우리 교육의 현실이다. 그러나 아무도 모른다. 친디아Chindia(중국+인도)가 새로운 경제 중심으로 떠오르는 시대가 오고 있으니 미래에는 인도 역사가 유럽 역사보다 더 필요할지 누가 알겠는가 말이다.

그건 그렇고 아무리 인도 역사에 문외한인 사람이라도 타지마할Taj Mahal에 대해서는 한번쯤 들어보았을 것이다. 타지마할은 다른 세계적인 유적과는 달리 역사가 썩 오래지는 않

타지마할

타지마할은 보는 각도와 거리, 빛의 세기에 따라 다른 느낌을 준다.
아침, 한낮, 석양이 질 무렵, 한밤에 보는 모습이 다 다르나,
언제 어떻게 보아도 아름답다는 점에는 변함이 없다.
타지마할 내부에는 뭄타즈 마할과 샤 자한의 관이 전시되어 있다.
그러나 그것은 관광객들을 위한 모조품이며, 진짜는 지하에 있어 볼 수 없다.

았다. 1632년 착공되어 전체가 완공되기까지 22년의 세월이 필요했을 뿐이니까.

무굴 제국의 황제 샤 자한Shah Jahan(1592~1666)은 열다섯째 아이를 낳으려다 목숨을 잃고 만 사랑하는 아내 아르주만드 바누 베감Arjumand Banu Begam(1593~1631, 뭄타즈 마할Mumtaz Mahal이라고도 불리며, 타지마할이란 명칭 또한 이로부터 유래했다)을 잊을 수가 없었다. 그녀는 19년 동안 열넷이나 되는 아이를 낳았으니 살아생전 두 사람이 한 일은 대부분 서로 사랑하는 일이었음을 누구나 쉽게 알 수 있을 것이다. 그런데 그런 그녀가 죽다니! 샤 자한은 그녀의 죽음을 애도하여 그녀만을 위한 무덤을 짓기로 결심한다.

이란의 건축가 우스타드 이샤Ustad Isa(최근에는 우스타드 아흐메드 라호리Ustad Ahmad Lahori라고도 하나 확실치는 않다)를 초빙한 그는 이전에 인도에 존재하던 후마윤Humayun 묘와 셰르 샤의 묘를 능가하는 무덤을 세워 줄 것을 요청한다. 우스타드 이샤는 그의 바람대로 세계에 둘도 없는 묘를 설계했고, 샤 자한은 설계도에 따라 건축하기 위해 이탈리아, 프랑스, 터키 등지에서 동원된 장인들을 포함하여 총 2만여 명의 인력을 동원했다고 전한다. 그뿐이랴! 자재 운반에 1000마리가 넘는 코끼리를 동원하고, 세계 각지에서 건축용 석재를 수입했다.

사실 샤 자한이 이러한 묘원廟院의 건축을 통해 아내를 기리기로 한 것은 그 자신이 건축을 매우 좋아했기 때문이다. 특히 그가 머물던 델리의 궁전은 규모와 예술적인 면에서 타의 추종을 불허한다. 황제가 머물던 전각殿閣 천장에는 은박을 입혔고, 기둥과 들보에는 황금과 보석으로 상감했다. 만일 그가 미술을 좋아했다면 묘가 아니라 그림을 통해 그녀를 기렸을지도 모르는 일이다.

타지마할은 한쪽 벽의 길이가 56미터, 중앙에 있는 돔의 높이는 58미터, 건물의 너비는 580미터, 길이는 350미터에 이르는 직사각형 건물로, 중앙에는 한 변이 305미터인 정사각형 정원이 자리 잡고 있다. 한편 무덤 건물의 동쪽과 서쪽에는 대칭을 이루는 두 건물이 붙어 있는데, 서쪽의 것은 모스크요, 동쪽의 것은 미적 균형을 맞추기 위해 세운 것이다.

타지마할은 세계에서 가장 아름다운 무덤이라는 명칭이 붙을 만큼 무덤이라기보다는 성스러운 신전 같은 느낌을 주는 것이 사실이다. 그런 까닭에 세계 7대 불가사의니, 유네스코 문화유산이니 하는 온갖 칭송을 듣게 되었다. 한편 이슬람 왕조의 황제들이 신전을 짓는 데 붉은색 사암砂巖을 사용한 것과는 달리 타지마할은 백색 대리석을 이용했는데, 이는 힌두교의 전통을 수용했기 때문이다.

먼저 세상을 뜬 부인을 기리기 위해 나라 재정이 파탄에 이를 만큼의 비용을 들여 타지마할을 지은 샤 자한은 결국 이로 인한 국가적 위기를 타개하지 못하고, 이 위기를 이용해 반기를 든 셋째 아들 아우랑제브Aurangzeb에게 왕위를 박탈당한다. 아우랑제브는 태자 다라 시코를 비롯한 형제들을 모두 없애고 자신이 왕위에 오르는데, 아버지 샤 자한은 타지마할이 마주보이는 아그라 궁에 유폐幽閉되어 죽을 때까지 부인의 묘소를 바라볼 수 있었다고 한다.

탈레스, 철학자이자 수학자에
예언까지

탈레스Thales of Miletus(기원전 624년 무렵~546년 무렵)는 서양 철학의 아버지로 불린다. 왜? 그가 처음으로 만물의 근원이 물이라고 주장했기 때문일까? 그건 아니다. 사실 탈레스 이전에도 물을 물질의 기본 단위로 여기는 움직임은 있었던 것으로 보인다. 그러니까 단순히 그 주장 때문만은 아니다.

그렇다면 철학이란 무엇인가? 철학이란 간단히 '인간과 세상에 대한 근본 원리를 추구하는 학문'이다. 그러니까 탈레스가 철학의 아버지가 된 까닭은 현상의 단순화를 통해 자연을 분석하고자 했고, 신화나 그 속에 등장하는 신들의 괴력怪力 대신 자연 그 자체로부터 현상의 원인을 탐구했기 때문이다. 그런 까닭에 '그리스 7현인賢人' 가운데 그의 이름은 빠지지 않을 정도로 명성이 높으며 역사적으로도 기억되고 있다.

우리에게는 철학가로 널리 알려져 있지만 그 무렵 그의 명성은 천문학과 수학 분야에서 오히려 더 높이 평가받았던 것으로 보인다. 반면에 《역사》의 저자로 유명한 헤로도토스Herodotos(기원전 480년 무렵~420년 무렵)는 그를 가리켜 현실적인 정치가라고 했으니 탈레스의 본 모습이 무엇이었는지 알 길이 없다. 하기야 옛날에는 한 분야에서 뛰어난 인물에게 모든 업적을 몰아주는 경향이 있었다니 그에게도 누구의 성과물인지 모를 여러 가지가 덧붙여졌을 가능성이 크다. 그러나 아래 사실은 분명히 그의 몫으로 보이는데 후대의 학자들은 이에 의문을 품기도 한다.

탈레스는 리디아와 메디아 사이에 전쟁이 벌어졌을 무렵, 일식으로 인해(그러니까 하늘에서 태양이 사라지는 놀라운 현상으로 인해) 전쟁이 끝날 것이라고 예언했다. 그리고 그의 예언은 적중했다. 양측 군사들이 일식을 신의 노여움이 발동한 현상으로 이해했기 때문이다. 이로 인해 그의 명성은 높아만 갔는데, 그를 더욱 유명하게 만든 것은 피라미드의 높이 측정이었다.

뒤에 나오는 그림은 탈레스가 피라미드의 높이를 측정한 방법이다. 그는 피라미드의 그림자 끝과 자신이 세운 막대기의 그림자 끝을 일치하도록 한 후, 비례식을 만들어 피라미드의 높이를 계산해냈다. 즉 서로 닮은 직각삼각형의 비례를 이용한 간단한 방법을 활용한 것이다. 그렇지만 그의 계산에 이집트 왕은 무릎을 치며 감탄했다고 한다.

그뿐만이 아니다. 탈레스는 다음과 같은 5개의 정리定理를 발견하고 증명하기도 했다. 그가 왜 철학자뿐 아니라 수학자로서 명성을 얻게 되었는지 알 수 있는 성과다.

1. 원은 지름에 의해 2분된다.

2. 이등변삼각형의 밑변의 두 각은 같다.

3. 교차하는 직선의 맞꼭지각은 같다.

4. 반원에 내접하는 각은 직각이다.

5. 두 개의 삼각형에서 두 각과 그 사이의 변의 길이가 같으면 522
/
523
합동이다.

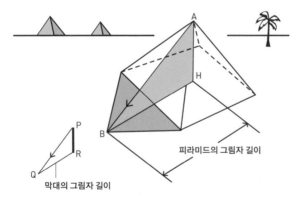

탈레스가 피라미드의 높이를 측정한 방법

토리첼리의 진공,
자연철학의 청소부

서양 학문 체계를 2000여 년 동안(분야에 따라 다르지만) 지배한 아리스토텔레스Aristoteles(기원전 384~322)의 지적 성과는 실로 놀랍다. 그런 한편으로는 중세를 거치는 동안 잘못된 지식을 교조화敎條化하는 오류에 앞장서기도 했다.

아리스토텔레스가 관심을 갖고 연구한 분야는 이루 헤아릴 수 없을 만큼 넓고도 넓다. 철학, 정치학이야 우리 모두가 잘 아는 사실이고, 논리학에서 삼단논법을 체계화했으며, 생물학과 기상학에 관한 저서도 처음 남겼다. 특히 생물의 분류 체계를 표로 남긴 것으로도 유명하다. 또한 형이상학과 윤리학, 예술학에 관한 저서도 남겼으니 도대체 그가 연구하지 않은 분야가 무엇인지 알아보는 편이 빠를 정도다. 그러니 그의 주장이 잘못되었다면 그만큼 그의 철학이 시대를 지배하던 중세는 바르지 않은 방향을 향해 나아갔을 것이다.

그 가운데 과학자들을 곤혹스럽게 한 '자연은 진공眞空을 싫어한다'라는 명제도 그의 "더 이상 쪼개지지 않는 알갱이 따위는 존재하지 않으며, 우주는 연속된 물질로 가득 차 있다. 따라서 자연에는 진공이 존재하지 않는다."라는 주장으로부터 비롯돼 1600년대까지 서양을 지배했다. 그러나 모든 잘못된 신념은 깨지기 마련이다. 이탈리아의 과학자 갈릴레이Galilei(1564~1642)는 강력한 펌프를 이용해 물을 밀어 올렸으나 약 10.8미터 이상으로는 올릴 수 없었다. 그 무렵 갈릴레이는 자신의 저술에서 영감을 얻어 저술된 토리첼리 Torricelli (1608~1647)의 〈운동에 관하여〉라는 논문을 접하게 되었다. 오랜 기간 가택연금 상태(이는 잘 알려진 대로 지동설을 주장한 까닭에 받게 된 형벌이었다)에 놓여 있던 그는 이 논문을 보고 감명을 받았다. 이것이 계기가 되어 서른세 살의 젊은 과학자 토리첼리는 갈릴레이의 집을 방문했고, 그때부터 갈릴레이의 비서 겸 조수로 일했다. 그러나 두 사람이 함께한 시간은 고작 3개월여에 불과했으니, 갈릴레이가 1642년 1월 숨을 거두었기 때문이다.

갈릴레이가 사망한 이듬해 토리첼리는 스승의 실험이 아무런 결론 없이 중단되는 것을 참을 수 없었다. 그는 생전에 갈릴레이한테 들은 조언에 따라 물보다 14배 정도 무거운 수은을 이용하기로 하고, 갈릴레이 밑에서 함께 공부한 비비아니Viviani를 지도하며 실험에 착수했다. 실험 방법은 한 쪽이

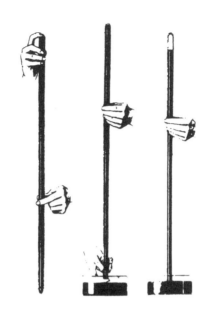

토리첼리의 실험

(좌) 1미터의 유리관을 한쪽 끝만 막은 뒤 수은을 가득 채운다.
(중) 막히지 않은 쪽을 손으로 막고 수은이 가득 들어 있는
둥근 용기 속에 거꾸로 세운 다음 손을 뗀다.
(우) 그러면 꽉 채웠던 수은이 약 760밀리미터 정도
아래로 내려오고 유리관 위쪽은 진공 상태가 된다.

막힌 길이 약 1미터의 유리관에 수은을 가득 넣고, 막히지 않은 쪽을 손으로 막아 관 속에 공기가 들어가지 않도록 한 후, 따로 수은을 넣은 용기 속에 거꾸로 넣어 수직으로 세운다. 그렇게 하면 유리관 속의 수은주가 내려와서 일정한 높이(약 760밀리미터)에서 멎는다. 이것은 관 속의 수은주가 용기 속의

수은면에 작용하는 대기압에 의해 받쳐져 있기 때문이며, 이때 관의 위쪽에는 미량의 수은증기 외에는 아무것도 존재하지 않는 진공이 생긴다.

이를 통해 우리는 대기는 높이 약 760밀리미터의 수은주가 미치는 압력과 같은 압력을 유리관 속의 수은주에 미치고 있음을 알 수 있고, 이때 생기는 진공을 '토리첼리의 진공'이라고 한다. 이 실험을 통해 토리첼리는 자연이 진공을 싫어해서 생기지 않는 것이 아니라 역학적인 원인에 의한 것이라 설명하고, 이 장치 자체가 기압계의 역할을 한다고 했다. 즉 수은주 높이에 따라 대기압의 크기를 나타냈던 것이다. 이로써 아리스토텔레스의 후광을 등에 업고 2000년 가까이 세상을 지배하던 자연철학은 서서히 소멸되기 시작했다.

112

트로이 전쟁,
슐리만이 되살려낸 신화

훗날 사업가가 되고, 다시 고고학자가 되어 세계를 떠들썩하게 할 아이가 1822년 독일에서 태어났다. 그 아이가 어렸을 때 읽은 책에는 트로이 전쟁에 관한 내용이 담겨 있었다.

지금으로부터 3000년도 더 전에 미케네의 왕 아가멤논은 자신의 아우 메넬라오스의 부인인 헬레네를 유괴해 간 트로이의 왕자 파리스에게 복수하기로 마음먹었다. 파리스는 불화의 여신 에리스가 남긴 황금사과를 사이에 두고 헤라와 아프로디테, 아테나가 다툴 때 심판 노릇을 하여 아프로디테에게 황금사과를 넘겨주었다. 이에 아프로디테는 파리스에게 세상에서 가장 아름다운 여인을 아내로 맞게 해 주겠다고 약속했는데, 그녀가 바로 스파르타의 왕비 헬레네였다.

아내를 빼앗긴 메넬라오스는 형 아가멤논과 용맹한 아킬레

우스, 전략가 오디세우스, 역전의 용사 네스토르 등의 그리스 영웅을 이끌고 트로이 공략에 나섰다. 그러나 트로이의 성벽은 견고했고, 10년의 세월이 지났지만 트로이는 여전히 꿈쩍도 하지 않았다. 결국 오디세우스는 역사에 길이 빛날 계책을 세웠는데, 거대한 목마를 남겨 놓고 철수하기로 결정한 것이다. 그 목마는 뛰어난 목수이자 권투 선수이던 에페이오스가 만들었는데, 철수하는 듯하던 그리스인들은 근처 테네도스 섬에 머무르고 있었다.

뒤에 남은 시논은 트로이인에게 난공불락難攻不落의 성을 만들어 준 아테나 여신에게 제물로 바치기 위해 목마를 만들었다는 말로 트로이인을 현혹시켰다. 이에 트로이인은 기쁨의 환호성을 울렸다. 라오콘과 카산드라가 경고했는데도 트로이인은 여신에게 바쳐진 제물인 목마를 성 안으로 끌어들였고, 밤새도록 술에 취해 승리를 즐겼다. 이튿날 새벽 목마木馬 안에서는 오디세우스를 비롯한 그리스 병사들이 빠져 나와 성문을 열었고, 그 틈으로 그리스 병사들이 들어와 트로이 성을 함락시켰다.

한편 메넬라오스는 목마 속에 숨어들어가 헬레네의 새 남편 데이포보스를 살해했는데, 그는 파리스의 아우였다. 이때 헬레네는 메넬라오스를 은밀히 안내하여 협력했다고 한다. 트로이 성이 함락된 후 헬레네와 화해한 그는 이집트 등을 떠돈 끝에 8년 후 고향으로 돌아왔다.

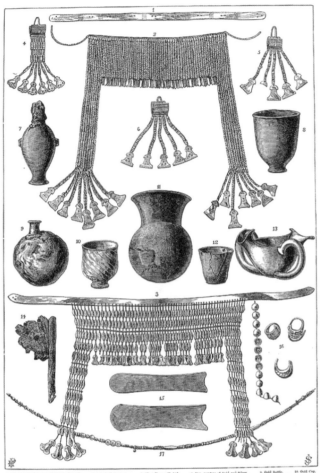

1, 2, 3. Gold Head-dresses, "Fickle' ornaments."   7. Silver Vase, with Lid.   9. Cup, mixture of Gold and Silver.   9. Gold Bottle.   10. Gold Cup.
11. Silver Vase (much channel).   4, 5, 6. Gold Earrings.   12. Gold Drinking-Vessel with Two Handles.   14. Copper Key of Wooden Box containing the Treasure.
15. Pieces of Pure Silver, probably Homeric "Talents."   14. Various Gold Ornaments.   17. Selection from numerous small gold objects found amongst the Treasure.

프리암의 보물

슐리만은 전문가들의 비판적인 견해를 무시하고
히사를리크 언덕을 아래로 계속 파 내려갔다. 그리고 황금으로 된
팔찌, 브로치, 접시 등 눈부신 보물이 가득한 상자를 발견해서 전 세계를 놀라게 했다.
이 보물은 트로이 왕 프리암의 이름을 따서 '프리암의 보물'이라 명명되었다.

누구나 전설로 여기고 있던 이 이야기를 책 좋아하고 호기심 많던 어린 슐리만Schliemann(1822~1890)은 예사롭게 넘기지 않았다. 그리고 언제가 될지는 모르겠지만 반드시 트로이 성의 유적遺蹟을 발굴하겠다는 결심을 굳혔다. 그로부터 50여 년이 지나 발굴에 필요한 충분한 자금과 능력을 갖춘 슐리만은 히사를리크Hisarlik 언덕 남쪽과 북쪽에서부터 발굴을 시작했다. 그리고 그로부터 3년 후 슐리만은 세계를 향해 외쳤다. "트로이가 발굴되었습니다. 트로이는 전설이 아니라 실제였습니다."

사실 슐리만이 발굴한 언덕에서는 여러 층이 발견되었다. 슐리만은 그 가운데 두 번째 층, 즉 제2시市라고 불리는 층을 트로이라고 여겼으나 학계에서는 인정하지 않았다. 그리고 시간이 지난 후 슐리만은 그의 협력자인 되르펠트Doerpfeld가 제6시를 트로이라고 주장하자 그 의견에 동의했다. 그러나 슐리만 사후死後인 1936년부터 발굴에 참여한 미국의 고고학자 블레전Blegen은 제6시가 자연재해로 파괴되었으며 전쟁과 화재의 흔적을 가진 제7시야말로 트로이라고 주장했다. 그의 주장은 학계의 광범위한 승인을 얻어 최근에도 트로이는 제7시로 알려져 있다.

113

파라켈수스,
켈수스를 넘어서다!

의사이자 연금술사, 그러니까 마술과 과학의 경계선을 넘나들던 인물이자 의학과 화학이라는 학문의 기초를 닦은 인물 파라켈수스Paracelsus(1493~1541)는 스위스 출신이었다. 그의 아버지가 의사였으나 집안은 가난했다. 사실 그의 아버지는 의대를 나오기는 했으나 마지막 학위를 받지 못했다. 공인된 의사가 아니었으니 가난할 수밖에.

그렇다면 왜 우리는 파라켈수스를 주목하는가? 이는 그의 독특한 사고와 행동 때문이다. 우선 독특함은 그의 이름에서 드러난다. 사실 그의 본명은 필립푸스 오레올루스 테오프라스투스 봄바스트 폰 호헨하임이다. 좀 긴가? 그래서 그는 이십대 중반에 자신의 이름을 '파라켈수스'라고 바꾸었다. 파라켈수스란 '켈수스Celsus를 넘어선다'라는 의미로, 켈수스는 1세기 무렵에 활동한 로마의 명의名醫였다. 그렇다면 왜 그는 히포크라테스 같은 인물을 제쳐 두고 켈수스를 뛰어넘겠다고 선언했을까?

켈수스는 1500년 전 인물임에도 파라켈수스가 활동하던 무렵 최고의 의학자로 여겨지고 있었다. 이는 그가 남긴 《의학》이란 저작물이 그 무렵 막 보급되던 인쇄술에 의해 널리 읽혀졌고, 그 가운데는 상처의 소독과 방부제를 이용한 치료, 다른 피부를 이용한 성형수술 등의 놀라운 내용이 담겨 있었던 까닭에 '로마의 히포크라테스'라는 명성을 얻고 있었기 때문이다.

그렇다면 그가 이런 오만방자한 선언을 하게 된 것은 또 왜일까? 열네 살 무렵 그는 아버지가 화학을 가르치던 학교에서 광물과 금속 수업을 마치고 유럽 전역의 대학들을 방랑하기 시작했다. 그 무렵 많은 젊은이가 더 나은 스승, 더 나은 배움을 위해 이런 방랑길에 나섰는데, 그는 좀 심했다. 그 또한 연금술에 많은 관심을 기울였지만 독일의 수많은 대학을 전전한 끝에 '대학은 바보를 만들어 내는 곳'이라는 결론에 도달하고, '지식은 경험에서 비롯된다'라는 신념 아래 수많은 사람들을 찾아다니기 시작했다. 그 가운데는 길거리의 부랑자부터 집시, 도둑, 마녀, 주술사呪術師 등 사회에서 버림받은 자들이 많이 포함되어 있었다. 그러나 그 와중에도 그는 비엔나 대학교에서 의학사 학위를 받고, 후에 페라라 대학교에서 의사 자격을 취득했다(고 주장했다).

그가 자신의 이름을 바꾼 것이 바로 이 무렵이었다. 배울 만큼 배웠다는 의미이자 기존의 의학계를 넘어섰다는 선언이기도 했을 것이다. 이때부터 그는 유럽 전역을 돌아다니며 의사로서 활동했다. 그리고 그럴수록 그의 명성은 높아만 갔다. 그 무렵 유럽에서 활용되던 전통적 치료법 외에 저잣거리에서 습득한 수많은 의술을 실천에 옮겼고, 그 결과는 놀라웠다. 서른세 살, 그러니까 의사 자격을 취득했다고 주장한 해로부터 10년 후, 그는 바젤 대학교의 의학 강사이자 시의市醫에 올랐다. 재야의 의사가 제도권마저 장악한 것이다.

이때부터 수많은 학생과 환자들이 그를 좇아 이곳으로 몰려들었다. 그는 상처를 아물게 하기 위해서는 건조시키는 것이 중요하다고 주장하면서 이전의 치료법을 거부했고, 온갖 전통 약제들을 거부했다. 체액설 등 전통의학 대신 외부에서 병의 원인이 몸 안으로 침투한다는 그의 주장은 학생들에게서 선풍적인 인기를 끌었다. 이러한 근거 하에 수은화합물을 이용해 그 무렵 불치병으로 알려져 있던 매독 치료법을 주장하기도 했으며(1900년대 들어 그의 이론대로 매독은 비소화합물인 아르스페나민(상표명 살바르산)에 의한 치료법이 개발되었다), 그를 추종하는 자들은 도시에 페스트가 창궐할 때도 도망치는 의사들과는 달리 파라켈수스가 다양한 광물질을 합성하여 만든 화학적 약품들을 들고 환자들을 찾아다녔다. 그뿐만이 아니었다. 그는 납의 체내 축적이 결과적으로 종양腫瘍을 낳는다는 이

《대외과서》 표지

파라켈수스를 최고의 의학자로 인정받게 해준 책이다.

론을 펼치기도 했다.

하지만 혁명가는 어떤 분야에서건 환영받지 못하는 법. 그는 겨우 1년여의 제도권 생활 끝에 의사와 법관들의 공격을 받아 바젤 시에서 도망쳐야 했고, 이후 자신의 의학적 성과를 집필하는 데 몰두했다. 이렇게 해서 탄생한 책자가 《대외과서大外科書》다. 이 책은 파라켈수스의 옛 명성을 단번에 되찾아주었고, 그는 다시 황제의 부름을 받게 되었다.

그러나 명성이 돌아오자 그의 적들 또한 돌아왔다. 그는 다시 수많은 자들로부터 공격을 받았고, 1541년 대주교와 만나기로 약속한 장소에서 마흔여덟의 한창 나이로 숨을 거두었다. 그리고 그가 그저 죽었다고 믿는 사람은 썩 많지 않은데, 아마도 독살毒殺되었을 것이다.

사실 파라켈수스는 전통적인 연금술이나 점성술, 신비주의 등에서 완전히 벗어나지 못했다. 그러나 그는 질병에 대한 전혀 새로운 개념을 확립했다. 외부의 독성 물질로 인해 질병이 발생한다고 주장하고, 이러한 이론 하에 새로운 치료법 즉 무독성無毒性의 광물을 이용한 화학 요법을 창시하기도 했다. 따라서 그의 활동으로 인해 의학은 화학과 자매결연을 맺게 되었고, 정신과 치료를 비롯한 새로운 의학이 널리 발전하기 시작했으니 그야말로 진정한 의미에서 근대 의학의 개척자라 해야 할 것이다.

114

파로스 섬의 등대,
50킬로미터 밖까지

등대가 어떤 역할을 하는지 모르는 분은 없을 것이다. 그렇다면 등대는 언제부터 있었을까? 등대는 먼 곳까지 항해하는 배가 없다면 쓸모가 없는 건축물이다. 따라서 아주 오래전에는 등대가 없었던 것이 틀림없다. 현재 알려진 바에 따르면 고대 세계의 7대 불가사의不可思議 가운데 하나인 파로스 섬의 등대가 그 기원이다.

　파로스 등대는 기원전 280년 무렵 알렉산드리아 항 앞의 파로스 섬에 세워졌다. 1994년 프랑스 해저 고고학 발굴 팀이 이집트 정부의 지원을 받아 탐험에 나서 그 해 가을 아부키르 해안에서 6킬로미터 정도 떨어진 해저 7미터 내외의 바다 속에서 파로스 등대의 일부로 보이는 유물 여러 점을 인양하는 데 성공했다. 그 가운데는 검은색 화강암으로 만들어진 높이 4.55미터에 12톤이나 나가는 이시스Isis 상이 포함되어 있었다. 아마 등대의 윗부분에 장식되어 있었던 것 같은데 이시스는 고대 이집트의 여신으로 그녀의 남편 오시리스Osiris와 더불어 가장 중요한 신이다.

파로스 등대가 고대 세계의 불가사의 가운데 하나로 선정된 까닭은 무엇일까? 등대가 서 있는 파로스 섬은 알렉산드리아와 1킬로미터 정도의 제방堤防으로 연결되어 있었는데, 대리석으로 된 등대는 그 높이가 135미터에 달하고 등대 안에는 수백 개의 석실石室이 있었던 것으로 알려져 있다. 놀라운 일은 그뿐만이 아니다. 파로스 등대에서 밝히는 빛은 반사경을 타고 50킬로미터 밖까지 전해졌다고 한다.

등대는 3층짜리로, 맨 아래는 사각형, 가운데는 팔각형, 맨 위는 원통형이며, 등대 안쪽에 난 나선형의 길은 등대 맨 위까지 이어졌다. 이 길은 계단이 아니어서 사람뿐 아니라 말도 걸어 다녔다고 한다. 발굴된 이시스 상은 길이 끝나는 옥탑에 설치되어 있었던 것으로 보인다.

이 등대는 과연 어떤 연료를 이용하여 빛을 냈을까? 근대의 등대는 나무나 석탄 등을 이용해 불을 피웠다. 그러나 이러한 연료들은 불빛을 낼 때 엄청난 양의 그을음을 동시에 만들어냈다. 이런 그을음은 바닷바람을 막아 주는 유리창을 검게 만들었고, 등대의 역할에 커다란 장애가 되었다. 그런 까닭에 19세기에 들어서면서 생선이나 식물 등에서 추출한 무연 연료를 이용하기 시작했다. 그러니 2200여 년 전의 등대에서 어떤 연료를 사용해 빛을 냈는지 궁금하지 않을 수 없다.

한편 파로스 등대는 800년대에 들어서면서 신성로마제국 군과 이슬람군 사이의 투쟁 속에서 주요 부분이 파괴되어 등대의 역할에 종지부를 찍었고 대신 신전으로 사용되었다. 그리고 1300년대에 들어 이집트에서 발생한 지진으로 그 외부 모습마저 자취를 감춘 것으로 알려져 있다.

파로스 섬의 등대
등대의 꼭대기에는 바다의 신 포세이돈이 우뚝 서 있었으며,
1층에는 반인반어半人半魚 해신상海神像 30점과 태양의 진로에 따라
손가락이 움직이는 신기한 동상이 있었다고 한다.
정규영, 《문명의 안식처, 이집트로 가는 길》, 르네상스

파리 코뮌, 프랑스에서 되살아난 삼별초

우리가 잘 알고 있는 프랑스 혁명은 1789년에 일어났다. 그 리고 이때부터 프랑스는 전 세계에 커다란 영향을 끼치게 될 민주화와 공화정에 대한 전통을 세우게 된다. 물론 그 이전 에도 멀리는 그리스, 가까이는 영국에서 민주주의가 빛을 발 했지만 프랑스 혁명은 형태나 전개 과정이 말 그대로 혁명적 이었을 뿐 아니라 결과 또한 현대적 의미의 민주체제를 결정 지을 만큼 분명하게 나타났다. 그 후에 반동적인 흐름이 없 었던 것은 아니지만 이미 프랑스 민중에게 황제를 구심점으 로 하는 앙시앵레짐ancien regime(구체제舊體制)은 발붙일 곳이 없었다. 그리고 프랑스 혁명으로부터 약 80년 후 프랑스의 중심 도시 파리에서는 또 하나의 역사적 실험이 있었으니 바 로 파리 코뮌이다.

　프랑스의 영웅으로 추앙받던 나폴레옹 1세의 손자뻘인 나폴레옹 3세는 할아버지의 후광에 힘입어 프랑스 제2공화국의 대통령에 당선된 뒤 할아버지와 같은 길을 걸어 제2제정帝政의 황제에 올랐다. 물론 그 또한 할아버지처럼 프랑스 민중에게 좋은 시절을 제공해 주었다. 그러나 말년에 비스마르크를 앞세워 통일 독일을 추구하던 프로이센과의 사이에 알력이 일어나고 급기야 프로이센을 향해 선전포고를 하게 되었다.

이 또한 나폴레옹 3세의 순간적 판단 착오라기보다는 유럽의 주도권을 사이에 두고 프로이센과 프랑스가 양보할 수 없는 순간이 다가왔다고 보는 것이 타당하다. 결국 이 싸움에서 독일 국가들의 지원을 받은 프로이센이 승리를 거두었고, 이로써 독일이 통일되었기 때문이다. 또한 프랑스–프로이센 전쟁에는 프랑스가 먼저 선전포고를 했다고 하더라도 이미 비스마르크의 머릿속에는 유럽의 주도권을 행사하고 있던 프랑스를 제압하고 통일하려는 야망이 자리 잡고 있었기 때문에 그 전쟁은 불가피한 충돌로 보아야 한다.

그런 까닭에 프랑스–프로이센 전쟁은 시작되자마자 프로이센이 압도적으로 우세를 이어갔다. 프랑스가 내심 기대를 걸었던 남부 독일 국가들은 하나같이 프로이센 편에 섰고, 두 달도 채 견디지 못하고 프랑스군은 항복을 선언할 수밖에 없었다. 1870년 7월 19일 선전포고를 한 나폴레옹은 9월 2일 8만 명이 넘는 프랑스 군대와 함께 항복한 것이다.

그러나 프랑스 민중은 이렇게 물러나지 않았다. 이틀 후 파리에서 황제 폐위와 제3공화국 수립을 선포한 민중은 국민방위군을 결성하고 파리에서 결사항전決死抗戰을 선언했다. 그러나 압도적인 병력과 화력을 갖춘 프로이센군에게 그들이 저항할 수 있었던 시기는 고작 수개월에 불과했고, 이듬해인 1871년 1월 28일 그들은 결국 항복했다. 몽골군에게 항복하고 변발辮髮을 단행한 고려 왕족들과 달리 제주도까지 밀려나면서도 결사항전을 다짐하던 고려의 삼별초를 연상케 한다.

어쨌든 프랑스는 패했고, 이로써 제2제정은 종말을 고했다. 패전국 프랑스는 1871년 2월 프로이센과 평화조약을 체결하기 위해 국민의회를 소집했다. 국민의회를 구성하고 있던 왕당파王黨派 의원들은 프로이센에게 일방적으로 유리한 조약을 체결함과 동시에 자신들의 기득권을 지키기 위해 왕정복고王政復古를 꾀하려는 움직임을 보였다. 이러한 움직임이 가시화된 것은 2월 8일 프랑스 전역에서 실시된 선거로서, 왕당파가 60퍼센트가 넘는 의석을 확보한 반면 공화파는 20퍼센트를 겨우 넘기는 결과를 낳았다. 그러나 파리만은 달랐으니 공화파가 다수를 차지했다.

이미 한 번 민중의 힘으로 국가 권력을 무너뜨린 바 있는 파리 시민들은 이러한 보수파의 움직임을 용납할 수 없었다. 그러자 임시정부의 수반首班인 루이 아돌프 티에르Louis

Adolphe Thiers가 국민방위군의 무장 해제를 명령하고, 3월 18일 수비대가 보유하고 있던 대포를 철거하고자 했다. 이에 노동자가 중심이 된 민중은 저항했고, 3월 26일 그들이 중심이 되어 치른 선거에서 혁명파가 승리를 거두고 정부를 구성했으니 이것이 바로 '파리 코뮌Paris Commune'이다(코뮌이란 중세 유럽에서 국왕이나 영주로부터 자치권을 획득한 도시를 가리키니 '파리 자치시'라 할 만하다).

파리 코뮌을 구성하고 있던 여러 정파, 이를테면 극단적인 평등주의를 주장한 자코뱅파, 사회주의자들인 프루동파, 폭력혁명을 주장한 블랑키파 등 사이에 코뮌의 진로를 놓고 갈등이 있었지만 파리 코뮌은 민중 주도의 여러 정책을 시행에 옮겼다. 그러한 정책 가운데 몇몇 예를 들면, 제빵공의 야간작업 폐지, 노동자에게 온갖 구실을 달아 벌금을 부과하는 고용주에 대한 과태료 부과, 폐쇄된 작업장과 공장을 노동자 협동조합에 양도하는 등의 조치와 함께 공창公娼제의 폐지, 교육의 세속화와 무상 교육, 임차인과 영세 상인을 위한 보호 조치 등 현대 사회에서도 진보적이라고 할 만한 조치들이 취해졌다.

한편 파리 코뮌의 성공에 힘입어 프랑스 곳곳에서 민중들이 베르사유 정부에 저항했으나 모두 실패로 돌아가고 말았다. 결국 파리 코뮌은 고립무원孤立無援의 처지에 놓이게 되었다. 5월 21일 스파이들에 의해 열린 생 클루의 성문을 통

파리 코뮌 시기에 맞선 정부군과 시민군

해 정부군이 파리 시내로 진입하자, 이에 자극받은 시민들은 모두 무기를 들고 바리케이드 앞으로 나아가 대항했으나 역부족이었다. 정부군은 이후 일주일 동안 잔학한 학살극을 연출하면서 파리 코뮌을 파괴했다.

이 싸움에서 코뮌군 약 2만 명이 사망한 반면 정부군은 고작 700여 명이 전사했을 뿐이었다. 그러나 코뮌에 대한 박해는 이후에 더욱 거세게 진행되었으니 약 3만 8000명이 체포되고 7000명 이상이 추방당하기에 이르렀다. 그 무렵 파리의 다리 밑은 강물 대신 시신이 흐를 만큼 백색 테러가 만연했으며 체포된 자 대부분은 사형, 강제 노동, 투옥, 유형 등의 징벌을 받았다. 그리하여 파리 코뮌에 반대하던 문호 빅토르 위고조차 이때의 상황을 보고 "누구를 징벌하는가? 파리에 벌을 내리는가? 파리는 자유를 원했을 뿐이거늘!"이라며 분노했다.

파리 코뮌은 고작 두 달여 동안 지속되고 종료되었지만 노동자 계급이 정치의 중심으로 등장했다는 역사적 의미를 갖고 있다. 이러한 이유 때문에 코뮌이 존재하던 기간 동안 유럽 전역의 지배계급은 극도의 불안감을 표출한 반면 노동자들은 이상적인 희망에 휩싸여 있었다. 그 이상적 희망은 이내 깨지고 말았지만.

116

파스칼의 정리,
나는 수학자다!

"인간은 자연 속에서 가장 약한 한 줄기 갈대일 뿐이다. 그러 546 / 547
나 그는 생각하는 갈대다." 파스칼Pascal(1623~1662)은 그의
수상록隨想錄《팡세》에서 이렇게 말했다. 그래서 우리는 파스
칼을 철학자 또는 저술가로 기억하고 있다.

그러나 파스칼은 사실 수학자였다. 그것도 평범한 수학자
가 아니라 비범한 수학자였다. 열여섯의 나이에 고대 수학
자 아폴로니우스Apollonios의 《원추곡선론》을 읽고 자신만의
《원추곡선론》을 집필했으니까. 그로부터 3년 뒤 그는 금전등
록기의 원조라고 할 만한 계산기를 아버지의 도움을 받아 발
명했다. 더하기, 빼기가 되는 이 계산기는 해답이 윗부분의
창을 통해 표시되는 놀라운 기계였다.

그것만이 아니다. 그는 확률론을 창안하기도 했는데 사실
이는 노름의 판돈을 공정하게 분배해 주기 위한 방법에서 떠

올린 것이었다. 파스칼의 또 다른 성과로는 토리첼리의 진공을 실험을 통해 확인한 것이다. 진공의 존재를 쉽게 받아들일 수 없었던 그는 처남 페리에의 도움을 받아 오베르뉴의 클레르몽에서 토리첼리의 진공 실험을 다시 실시했다. 그는 산 아래에서 토리첼리의 진공을 만들고, 이어서 퓨이드돔 산에 올라 975미터 지점에서 다시 토리첼리의 진공을 만들었다. 그러자 산 위에서는 산 아래보다 약 8.4센티미터 낮은 수은 기둥이 만들어졌다. 이 결과를 바탕으로 그는 대기의 압력이 분명히 작용함을 확인할 수 있었다.

한편 그가 서른 살이 되던 1653년, '밀폐된 용기 속에 정지해 있는 액체 한 점의 압력을 일정 정도 증가시키면 액체 내의 모든 점의 압력이 그 크기만큼 증가한다.'라는 파스칼의 원리를 발견했다. 그런데 이 무렵 그가 발견한 원리는 아무것도 아니었다.

사실 그는 열일곱 살 되던 해인 1640년, 파스칼의 정리를 증명한 적이 있기 때문이다. 그 내용은 원뿔곡선에 내접하는 육각형 ABCDEF의 서로 대하는 변 AB와 DE, BC와 EF, CD와 FA 또는 그 연장의 교점 P, Q, R은 일직선상에 있다는 것이다. 이 정리를 이용해 임의의 5점으로 정의되는 원뿔곡선을 그릴 수 있는데, 이는 사영기하학射影幾何學에서 중요한 역할을 하게 된다.

그 외에 적분법積分法 등을 창안하기도 했는데, 뛰어난 인

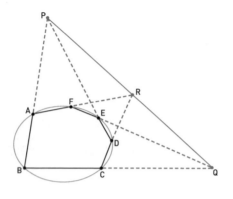

파스칼의 정리

물이 할일을 마치고 나면 남은 삶이란 별 의미가 없기 마련

인가 보다. 그는 고작 40년도 못 살고 세상을 떠났으니 말이

다. 그러나 그는 수학적 성과물 외에 뛰어난 철학적 성과물

까지 남김으로써 후대에 커다란 지적 유산을 전해 주었다.

117

파스파 문자,
한글과 연관이 있는 듯 없는 듯

파스파 문자라는 것이 있다. 예전 중국을 정복한 원元나라, 즉 몽골에는 문자가 없었다. 세계 정벌에 나선 몽골족은 문자의 필요성을 인식하여 처음에는 위구르 문자를 변형한 자신들의 언어를 사용했고, 중국을 정벌한 후에는 한자를 사용했다. 그러나 초원에서 양고기나 구워 먹고 말 타고 싸움질이나 할 때와는 세상도 생각도 변하기 시작했다.

대제국을 건설한 후 자신들만의 고유문자가 필요함을 절실히 깨닫자 원나라 초대 황제이자 몽골 제국의 제5대 대칸이며 칭기즈 칸의 손자인 세조世祖 쿠빌라이 칸(1215~1294)은 티베트 승려이자 몽골 황제의 국사國師인 파스파(八思巴 또는 팍파Phagpa)에게 명하여 새로운 몽골만의 문자를 만들도록 했다. 이 작업은 놀랄 만한 일이다. 역사적으로 문자를 의도적으로 만든 민족은 극히 드물다. 아주 오래전부터 다양한 경로로 형성되어 오는 것이 문자요, 그러한 문자의 영향을 받아 오랜 시간에 걸쳐 자연스럽게 형성되는 것이 또 다른 문자니까.

새로운 몽골 문자를 만들기로 결정한 것은 사실 실제적인 이유보다는 자신들이 정복한 한족에 대한 문화적 우월성과 민족적 정체성을 바로세우기 위한 명분 때문이었다. 아무리 자신들이 정복자라고 해도 피정복자인 한족의 한자를 공식 문자로 사용하는 한 정치와 사회문화적으로는 그들에게 수용된 것 아니겠는가?

파스파가 만든 문자는 그 형태가 네모꼴이어서 방형方形 문자라고도 하고 몽골 문자라고도 한다. 사실 이 문자는 파스파의 고국인 티베트 문자를 기초로 만들어진 것이다. 파스파 문자는 이후 몽골의 공용 문자가 되었으나 일반인은 이 문자를 그다지 선호하지 않았다. 중국인에게는 한자가 있고 몽골인에게는 위구르 문자가 있었으니 말이다. 게다가 문자 없이도 잘 살던 몽골인에게 이런 복잡한 문자를 익혀야 할 까닭이 또 무엇이겠는가? 그래서 파스파 문자는 오래지 않아 세상에서 사라졌다. 그러나 파스파 문자가 지닌 장점 또한 적지 않았으니, 소리글자로서 그 무렵 동아시아 언어의 표현에 뛰어난 능력을 지니고 있었다.

그렇다면 많고 많은 세상의 문자 가운데 이미 사라져 버린 파스파 문자가 우리의 이목을 집중시키는 까닭은 무엇일까? 1269년 반포된 파스파 문자가 1443년 창제되고 1446년 반포된 훈민정음, 즉 우리 한글의 기원起源이라는 설이 분분하기 때문이다. 그런 주장에는 여러 이유가 있다. 우선 두 문자 모두 소리글자고, 고려시대부터 몽골어가 도입되었기 때문에 몽골의 영향을 받았을 것이라는 점, 성삼문이 한글 창제 작업 과정에서 명나라 학자들의 도움을 받았다는 점 등이다.

파스파 문자
티베트 문자를 개정하여
왼편부터 세로로 쓰는 사각형
문자로, 한글과도 모양이
비슷하다.

그러나 한글은 세계 학자들이 인정하듯이 발음기관의 모양을 본떠 만들었으며 닿소리와 홀소리의 생성 과정이 파스파 문자와 다르다. 모든 문화가 그렇듯 어찌 한글만이 주위 문화의 영향을 받지 않고 절대적이고 독창적으로 창제되었겠는가? 게다가 뜻글자인 한자를 이용해 1000년 넘게 영위해 오던 문자 생활이 한순간에 소리글자로 옮겨가는 데 같은 소리글자인 파스파 문자의 영향이 전혀 없었다고 장담할 수는 없을 것이다. 여하튼 모든 문명은 서로 영향을 주고받으며 발전하는 것이니까.

118

파이π, 아르키메데스의 수
또는 루돌프 수

원주율, 즉 원의 둘레와 지름의 비율을 나타내는 수학 기호
인 파이π를 모르면 원의 넓이를 구할 수 없다. 그뿐인가? 타
원, 부채꼴, 입체의 부피 등 다양한 문제를 해결하는 데 필수
다. 따라서 파이의 정확한 비율을 아는 것은 매우 중요하다.
그러나 파이의 정확한 값이 알려진 것은 극히 최근의 일이
다. 파이가 진보해 온 역사를 살펴보자.

파이를 그리스에서는 '아르키메데스의 수'라고 부르기
도 한다. 그 이전에는 3으로 추정되던 값을 계산하기 시작
한 것이 아르키메데스Archimedes(기원전 287~212)였기 때문이
다. 한편 독일에서는 이를 루돌프 수數라고도 하는데, 이는
1596년 네덜란드의 수학자 루돌프 판 쾰런Ludolph van Ceulen
(1540~1610)이 소수점 아래 35자리까지 계산해 냈기 때문이
다. 그는 이를 매우 자랑스럽게 여겨 자신의 묘비에 새겨 넣

도록 했고, 다른 사람들도 그를 기리기 위해 루돌프 수라고 부르게 되었다.

가장 뛰어난 수학적 성과물을 전하고 있는 고대 메소포타미아인은 원주율圓周率을 3으로 추정해서 계산했다. 그들이 이룬 수많은 건축과 도시의 유적을 보면 원주율을 3으로 계산해도 크게 문제되지는 않을 것이라는 생각이 들기도 한다. 한편 고대 이집트 사람은 원주율을 256/81 = 3.16049······으로 추정했다.

기원전 240년 무렵에 이르러 그리스의 수학자 아르키메데스는 처음으로 223/71〈π〈22/7라고 계산에 의거, 파이의 수치를 추정했는데 그 계산 방법은 이렇다. '원주, 즉 원의 둘레길이는 원에 내접하는 정다각형의 둘레의 길이보다는 길다.' 이러한 논리에 따라 아르키메데스는 원에 내접하는 가장 큰 다각형을 작도한 끝에 정96각형을 작도하여 원에 내접시키면서 원주율의 근사치를 구했다. 이로써 원주율은 223/71〈π〈22/7 = 약 3.14라는 계산치를 구한 것이다. 한편 150년 무렵 활동하면서 천동설을 주장하던 프톨레마이오스는 원주율을 3.1416으로 계산했다.

파이의 계산에서는 오히려 동양이 서양에 비해 앞서 있었다. 480년 무렵 중국 남조南朝의 수학자이자 천문학자인 조충지祖沖之(429~500)는 원주율을 3.1415926과 3.1415927 사이라고 계산하고 대략 22/7, 정확하게는 355/113 = 3.141

계측 바퀴

고대 이집트에서는 원통형 계측 바퀴를 굴려
그 회전수로 파이의 값을 측정했다.
예를 들어 반지름이 1미터인 계측 바퀴를
한 바퀴 굴린 길이는 파이 값을 가진다.

592……임을 밝혔다. 이 계산은 유럽에 비해 1000년이나

빠른 것이니, 서양에서는 1573년에야 비로소 독일의 오토가

355/113를 확인했다.

이후에도 동서양의 많은 학자들이 정확한 파이 계산을 위

해 애를 썼는데 530년 무렵 인도의 아리아바타Aryabhata는

62832/20000로 계산했으며, 같은 인도의 바스카라Bhskara 2

세는 1150년 무렵 3927/1250이라고 계산했다. 또한 1699

년 샤프Sharp는 소수점 아래 71자리까지 계산했고, 1706년

머신Machine은 100자리까지 계산하는 데 성공했다.

1737년에는 연구에 몰두한 나머지 스물여덟 살에 한쪽 눈

을, 쉰아홉 살에는 양쪽 눈을 잃고 만 스위스 출신 순수수학

의 창시자 오일러Euler가 기호 π를 채택하여 이때부터 파이

가 일상생활 속으로 들어오게 되었다. 그리고 1767년 독일

의 수학자이자 철학자인 람베르트Lambert가 드디어 파이가

무리수無理數임을 증명함으로써 아무리 계산해도 끝이 없음

을 알게 되었다.

하지만 사람들의 도전은 그치지 않았다. 1844년 독일의 놀라운 암산왕 다제Zacharias Dase란 이는 암산으로 소수점 아래 200자리까지 계산했는데, 그는 79532853×93758479＝7456879327810587이란 계산을 불과 54초 만에 해낼 정도였다고 전해진다. 1853년에는 러더퍼드Rutherford가 다시 소수점 아래 400자리까지 계산했고, 1948년 영국의 퍼거슨Ferguson과 렌치Wrench는 공동으로 808자리까지 계산하며 기뻐했다. 그리고 1961년 렌치와 퍼거슨은 그때 막 가동을 시작한 컴퓨터 IBM7090을 이용하여 소수점 아래 100265자리까지 계산하는 데 성공했다. 컴퓨터를 이용한 계산은 그 후에도 이어져 1981년 일본의 가즈노리 미요시와 가즈히카 나카야마는 FACOM M-200 컴퓨터를 이용하여 2000038자리까지 계산하는 데 성공했다.

그렇다면 과학적 계산에서는 파이를 몇으로 계산할까? 정밀한 계산에서는 원주율을 3.1416 또는 3.14159로 계산하는데, 인공위성 등 첨단의 계산에서는 소수점 아래 30자리까지 계산된 원주율을 사용한다. 그러니까 그 이상을 계산하는 것은 그저 호기심의 산물이라 할 수 있지 않을까?

119

판게아,
하나의 대륙

1912년 독일의 기상학자 알프레드 베게너Alfred Wegener(1880 ~1930)는 일기예보보다는 더 광범위한 일에 관심이 많았던 것 같다. 그는 지구상의 대륙이 수평적으로 이동해 왔다는 대륙표류설continental drift(대륙이동설이라고도 한다)을 주장했다. 지리학적·고생물학적 자료를 이용해 대부분의 지질시대 동안에 대륙은 하나로 연결되어 있었다고 가정한 그는 이 대륙을 '판게아Pangaea'라고 불렀다. 판게아는 '지구 전체'라는 의미를 갖는 그리스어 팡가이아pangaia에서 유래했다.

556 / 557

모든 대륙이 하나로 합쳐진 판게아는 약 3억 년 전에 존재했다. 사실 판게아의 탄생은 지구상의 모든 생명체에 커다란 영향을 끼쳤다. 각기 다른 곳에서 따로따로 진화 과정을 거치던 생명체 종들이 갑자기 모여 생존경쟁을 시작한 것이다. 그뿐이랴? 해변과 해안 지방은 줄어들고 그에 따라 그곳을

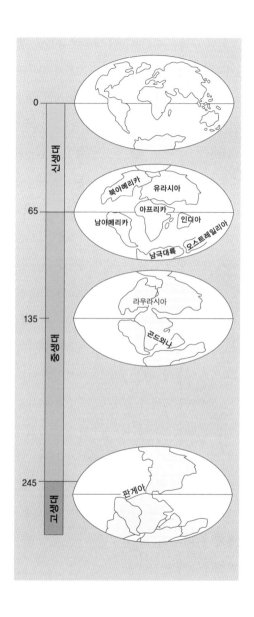

시대에 따른 대륙의 이동

서식처로 삼던 수많은 생명체들이 멸종의 운명을 맞게 되었다. 게다가 해안이 줄어들면서 해양성 기후가 줄어들고 건조한 지역이 넓어졌으니, 결국 판게아는 생명체의 다양성 형성에 커다란 방해가 되었다.

한편 대륙은 그 후에도 계속 이동하여 1억 8000만 년 전, 그러니까 중생대에 들어서면서 판게아는 로라시아Laurasia와 곤드와나Gondwana의 남, 북 두 대륙으로 나뉘기 시작해 1억 3500만 년 무렵 완전히 나뉘어졌다. 약 6500만 년 전에는 현재의 대륙과 같은 형태가 갖추어지기 시작했다.

이러한 대륙 이동의 영향을 분명하게 보여 주는 예가 오세아니아 대륙에만 서식하는 유대류有袋類, 즉 캥거루와 같은 동물이다. 이들은 처음 북미 지역에서 생겨나 대륙이 분리되기 전 남쪽으로 이동해 갔다. 그런 후 대륙이 분리되자 수천만 년 동안 오세아니아에서 독자적으로 진화 과정을 거쳤던 것이다. 이들이 다른 지역에서는 자취를 감춘 반면 오세아니아 지역에서는 지금까지 다양한 형태로 진화할 수 있었던 것은 유태반 포유류, 즉 인간을 포함한 포유류와의 생존경쟁을 피할 수 있었기 때문이다. 유대류는 다른 포유류에 비해 지능도 낮을 뿐 아니라 사회성도 부족해 생존경쟁에서 살아남을 확률이 매우 적었던 것이다.

그 외에 전 세계에 단 6종만이 존재하는 폐어肺魚, 즉 고대의 척추동물인 폐로 호흡하는 물고기는 현재 남아메리카·아프리카·오스트레일리아에 현존하고 있다. 그 가운데서도 오스트레일리아에 서식하는 폐어가 가장 원시적인 형태로 알려져 있는데, 이들의 화석과 존재 또한 판게아 대륙 시절부터 존재하던 폐어들이 이후 대륙 이동으로 인해 널리 분포하게 되었음을 보여 주는 사례다.

한편 지구상의 대륙은 지금 이 시간에도 조금씩 이동하고 있다. 이는 대륙과 해저가 지구의 지각을 이루고 있으며 그 아래에는 끊임없이 순환하는 뜨거운 액체로 된 맨틀이 존재하기 때문이다. 그래서 북아메리카와 유럽은 지금도 1년에 약 2센티미터 정도씩 멀어지고 있는 것으로 관측되고 있다.

120

판초 비야와 에밀리아노 사파타,
2인의 혁명가

우리에게 흔히 판초 빌라라고 알려진 판초 비야Pancho Villa (1878~1923)와 〈아디오스 사파타〉라는 옛날 영화로 올드 팬들의 뇌리에 남은 에밀리아노 사파타Emiliano Zapata(1879~1919), 이 두 사람의 공통점은 무엇일까?

포르피리오 디아스Porfirio Diaz라는 멕시코의 메스티소 출신 군인은 라틴아메리카의 자유라는 깃발을 내걸고 1877년 대통령에 당선되었다. 4년 후 후계자를 임명하고 대통령직에서 물러났으나 영 마음에 들지 않았는지 4년 후인 1884년 다시 대통령에 출마해 당선되었다. 그리고 이후에는 자신보다 뛰어난 인물을 찾을 수 없었기 때문에 1911년까지 대통령직에 머물렀는데 우리는 이런 인물을 독재자라고 부른다.

대통령직에 머물면서 그가 남긴 공적은 대단하다. 우선 중상류층의 지지를 얻기 위해 석유산업, 철도 등에 외국인의 투자를 끌어들였고, 이 틈을 타 기업가와 관료, 농장주 등이 사회의 지배 세력으로 성장할 수 있었다. 또한 아시엔다hacienda, 즉 대농장제도를 추진하자 농촌 사회는 급변했다. 어떻게? 소규모 농민들의 토지가 대규모 농장으로 흡수되었고, 농민들은 농장 노예로 전락했다.

예를 든다면 테라사라는 가문은 네덜란드와 벨기에, 두 나라를 합한 것보다 더 큰 농장을 갖게 되었다. 이렇게 외국인의 토지 소유를 합법화한 결과 미국인은 멕시코 전체 면적의 20퍼센트 이상을 소유하기에 이르렀다. 그 가운데서도 언론 재벌 가운데 한 사람으로 유명한 데다 옐로우 저널리즘이라는 용어를 만드는 데 혁혁한 공을 세운 허스트William Hearst는 800만 에이커의 땅을 멕시코에 소유하고 있었다. 그가 자신의 신문을 통해 스페인이 라틴아메리카에서 떠나야 한다고 주장하고 미국-스페인 전쟁이 발발하는 데 크게 기여한 것을 보면 선견지명先見之明이 있었던 셈이다.

결국 농토를 빼앗긴 농민들은 농노 수준으로 전락하거나 산업화된 도시에서 노동자로 일해야 했는데, 이들을 기다리고 있는 것은 국가 보안군이었다. 그러나 이들만으로도 부족하다고 여긴 디아스는 미국의 순찰대 출동까지 요청하기에 이르렀으니 노동자의 조직화나 봉기는 엄두도 내지 못할 정도였다. 그런데도 1906년 12월 한 방직공장에서 노동자들이 반기를 들자 디아스는 그들에게 총알 세례를 안겨 준 후 수장水葬시켜 버렸다.

그러나 무기로 이룬 안정은 썩 오래 가지 못한다는 것이 역사의 교훈이다. 멕시코 남부의 모렐로스 주 주민들은 에밀리아노 사파타라는 젊은이를 지도자로 선출했고, 그 젊은이는 주민들과 힘을 합쳐 지주들을 물리치고 토지를 나누어 가졌다. 그리고 2년 후인 1911년 5000명에 이르는 사파타 일행은 수도인 멕시코시티로 향했다.

그 무렵 멕시코 북부에서는 도로테오 아랑고Doroteo Arrango라는 인물이 자신보다 다섯 살 위이며, 미국 유학까지 다녀온 후 디아스 정부에 저항해 반란을 일으킨 프란시스코 마데로Francisco Madero란 혁명가 휘하에서 지도자로 성장하고 있었다. 그는 자신의 이름 대신 판초 비야라는 가명假名을 사용했는데 그의 부모는 아시엔다의 노동자였고, 누이는 농장주에 의해 강간당했다. 배운 것은 없지만 탁월한 지도력과 재능을 소유한 그는 농장주를 살해하고 산속으로 피신, 산적 비슷한 생활을 하다가 마데로 휘하로 들어가 반란군의 지도자로 크게 된 것이다.

두 사람은 멕시코 남북 양쪽에서 반란군을 이끌고 수도로 진격했고, 1911년 5월 10일 연방군의 항복을 받았다. 이 사실을 보고받은 디아스는 보름 후 프랑스 파리로 망명했고, 마데로가 후임 대통령으로 선출되었다. 그러나 이것이 끝이 아니었다. 서구적 민주주의를 꿈꾼 마데로와 공동체적 자치

민주주의와 토지에 대한 권리를 꿈꾼 사파타와 비야 사이에는 건널 수 없는 강이 놓여 있었다.

대통령 마데로가 아시엔다 제도에 대한 아무런 개선책도 내놓지 않고 시간을 보내자 양측 사이에는 투쟁이 시작되었고, 이 틈을 타 멕시코가 자신들의 손아귀에서 벗어날 것을 두려워한 미국의 주駐 멕시코 대사 헨리 윌슨은 마데로를 축출하고 장군인 우에르타Adolfo de la Huerta를 대통령으로 추대하기로 결정했다. 무능력하고 잔악한 우에르타는 대통령에 오르자 곧 마데로를 살해하고 집무를 시작했는데, 그도 멕시코 안정의 주역이 될 수 없음이 금세 드러났다. 미국의 지원이 끊기자 우에르타 역시 반란군에 대항할 수 없었고, 1914년 6월 무렵 비야와 사파타의 반란군은 멕시코시티에 입성하게 되었다.

드디어 노동자 농민들이 시대와 국가의 주인이 된 것이다. 그러나 우에르타에 저항하는 반란군을 이끈 혁명군 지도자 가운데 가장 나이가 많았던 카란사는 중앙집권적 근대화를 주장했고, 지방분권적 공동체를 주장한 비야와 사파타 사이에는 또다시 균열이 시작되었다. 결국 그해 말 두 사람은 멕시코시티를 떠나 다시 자신들의 고향인 농촌으로 돌아가 중앙정부에 저항을 시작했다.

멕시코 중부의 모렐로스로 돌아간 사파타는 이듬해 중앙정부의 지원이나 간섭 없이 자치정부를 수립하고 놀라운 사

에밀리아노 사파타
멕시코 민중은 사파타를 잊은 적이 없다.
1994년에 봉기한 유명한 사파티스타 민족해방군의 이름도
사파타를 기려 지은 것이다.

회를 창조했다. 토지 분배와 교육기관 설립, 농업 생산 확대, 자치적인 사법제도 시행 등으로 많은 사람들을 놀라게 했는데, 이는 사파티스모Zapatismo(사파티즘Zapatism)라는 신조어로 역사에 기록되기에 이르렀다. 그러나 이러한 지방자치정부가 중앙집권적 국가를 지향하던 정부에는 암적 요소였다. 결국 사파타는 1919년 4월 10일 정부군의 음모에 빠져 암살당하고 말았다. 과하르도 대령이라는 자가 자신을 정부군 출신이라며 탈영해 사파타 진영에 합류하겠다는 말로 사파타와의 만남을 요구했는데, 사파타는 그와 만나기 직전에 사살당했다. 그 뒤 과하르도는 장군으로 승진하고, 5만여 페소의 포상금까지 받았다.

그렇다면 비야는? 그 또한 정부군에 패한 후 북부 산악지대로 숨어들었는데, 그의 지략은 사파타에 비해 훨씬 뛰어났다. 북부 지역은 오랜 기간 비야의 세력권에 놓여 있었고, 여기에는 농민들의 전폭적인 지원과 함께 지형을 이용한 게릴라전 능력 등이 작용했다. 그는 1920년 카란사가 또 다른 반대 세력에 의해 암살될 때까지 게릴라전을 계속 했다. 그리고 새 대통령에 선출된 또 다른 혁명가인 알바로 오브레곤 Alvaro Obregon에 의해 사면赦免과 함께 목장 하나를 부여받았다. 그리고 3년 후인 1923년 그 또한 누군가에 의해 암살당했다.

121

패러디, 퓌비 드 샤반을
로트레크가 비웃다!

퓌비 드 샤반Puvis de Chavannes(1824~1898)은 프랑스 출신 화

가다. 우리에게 잘 알려진 물랭 루주의 화가 로트레크Lautrec

(1864~1901)보다 40년이나 앞서 태어났고, 화가인 고갱, 쇠라

뿐 아니라 《악의 꽃》으로 유명한 시인 보들레르한테서도 존

경받던 인물이다. 샤반은 그 무렵 화단의 흐름에서는 약간

벗어나 있었지만, 엄청난 규모의 벽화들로 이름을 얻고 있던

화가였다. 지금은 우리에게 기억되는 이름이 아니지만 그 무

렵 프랑스의 주요 기관 건물 벽화는 모두 그의 손을 거쳤다

고 해도 지나친 말이 아닐 정도였다.

　그 반면에 로트레크는 타고난 장애인이었다. 사촌간인 부

모로부터 태어난 그의 장애 원인은 오랜 세월 지속된 근친결

혼 때문이라는 설도 있는데, 천재적 예술혼과 장애를 함께

전해 주는 근친혼이라면 썩 나쁘지는 않은 듯하다. 여하튼

그는 불구의 다리와 함께 아주 작은 키를 평생(서른일곱 살밖에 살지 못했으니 그렇게 긴 세월은 아니지만) 안고 살아야 했다. 하지만 예술적 재능은 매우 뛰어나 어릴 때부터 데생에 소질을 보였고, 스무 살 무렵에는 이미 화가로서 활동을 시작했다.

그런데 천재인데다가 고통스러운 장애를 안고 살아가는 젊은이에게 기존의 세계를 받아들이라고 요구하는 것은 무리다. 뒷쪽의 두 그림은 로트레크가 펼쳐 나갈 예술 세계의 지향점을 보여 주는 사례라 할 수 있다. 바로 패러디화다.

패러디parody란 무엇일까? '다른 노래에 병행하는 노래'란 뜻의 그리스어 파로데이아parodeia에서 유래한 패러디는 단순히 다른 작품을 흉내 내거나 모방하는 것이 아니라 그 작품이 안고 있는 문제점(그것이 기법상의 것이든 철학적인 것이든)을 폭로하는 것이니, 대상이 되는 대상 작품을 정밀하게 분석하는 것이 먼저다. 이렇게 보면 오늘날 그저 다른 사람의 작품을 적당히 모방하거나 왜곡시켜 '패러디했다'라고 주장하는 행위가 얼마나 저열한 것인지 알 수 있다.

어쨌든 그 무렵 프랑스의 주요 화가로 활동 중이던 샤반은 환갑을 맞이한 1884년 살롱전에 〈신성한 숲〉을 출품하여 많은 사람들의 주목을 받았다. 그런데 우리의 절름발이 천재이자 갓 스무 살이 된 로트레크는 이러한 현상이 영 못마땅했다. 그는 즉시 아픈 다리를 이끌고 아틀리에로 들어가 이틀 만에 〈퓌비 드 샤반의 '신성한 숲'에 대한 패러디Parodie du'

샤반의 〈신성한 숲〉(위)과
로트레크의 〈퓌비 드 샤반의 '신성한 숲'에 대한 패러디〉(아래)

Bois sacré de Puvis de Chavannes〉란 직설적 제목의 그림 한 편을 완성하였으니 바로 옆쪽 아래 그림이다.

원래 샤반의 그림이 신성한 숲을 노니는 여신들로 채워져 있는 반면 로트레크의 숲에는 여신들과 더불어 현대의 온갖 사람들이 노닐고 있다. 그 가운데서도 압권은 자그마한 키에 불편해 보이는 다리로 뒤돌아서 있는 인물이 있으니 그게 누구이겠는가? 이렇게 해서 인간적으로나 예술적으로 썩 뒤떨어지지 않은 샤반은 스무 살 애송이의 비웃음거리가 되고 말았다. 그러나 샤반의 이름이 후세까지 전해진다면 그의 덕이라고 볼 수도 있으니 썩 기분 나쁜 일만은 아닐 터.

122

페이비언 협회,
꾸물거리며 천천히

독설가로 이름 높은 극작가이자 비평가인 아일랜드 출신 버 나드 쇼George Bernard Shaw(1856~1959). 그가 반전주의反戰主 義의 선봉에 섰으며 노벨 문학상을 거부했고, 사회주의 국가 건설을 목표로 한 페이비언 협회Fabian Society를 주도적으로 이끈 인물이었음을 아는 사람은 드물 것이다.

페이비언은 '지구전의, 점진적인, (개혁에) 신중한'이란 의 미와 함께 '페이비언 협회의'라는 형용사이기도 하다. 그러 니까 페이비언 협회는 점진적인 개혁을 추구하는 모임인 셈 이다. 그런데 이 단어는 어디서 생겨난 것인데 명사형은 없 고 처음부터 형용사형일까?

페이비언은 로마의 장군 파비우스 막시무스 쿵크타토 르Fabius Maximus Cunctator에서 비롯한 단어다. 그는 지연 전 술을 이용해 여러 차례 성과를 거둔 것으로 유명해, 그의 이름 뒤에는 '꾸물거리는 사람'이란 뜻의 쿵크타토르가 성姓으로 추가되었다.

1800년대는 공상적 사회주의와 과학적 사회주의가 지식인 사회로 파고들던 시기였다. 그런 까닭에 유럽 곳곳에서 이러한 움직임이 가시화되기 시작했는데, 영국에서는 1883년 설립된 '신생활회(The fellowship of New Life)'의 멤버 가운데 몇 명이 신생활회에 불만을 품고 나와 새 단체를 설립했으니 그게 바로 페이비언 협회다. 이 협회는 사회주의 국가 건설과는 거리가 멀어 보이는 사회 지도층과 지식인의 모임이었는데, 그 가운데는 버나드 쇼뿐 아니라 경제학자인 시드니 웨브Sidney James Webb 부부,《타임머신》이란 공상과학소설로 유명한 H.G. 웰스Herbert George Wells 등이 포함되어 있었다. 특히 버나드 쇼는 〈사회주의에 대한 페이비언적 연구Fabian Essays in Socialism〉라는 유명한 소책자를 출간하면서 페이비언 협회의 명성을 드높였다.

그러나 협회의 성격이 대중 조직이라기보다는 지성인이 사회주의에 대한 논리적 대안을 모색한다는 점을 감안해 본다면 규모가 썩 확대될 수 없음을 누구나 알 수 있을 것이다. 그래서 협회는 전성기 때에도 회원 수가 8400명 정도였다. 그러나 페이비언 협회는 지금까지도 계속 영국의 진보정당인 노동당과 밀접한 연관을 맺고 있다.

페이비언 협회는 사회를 개혁하는 데 있어 다음 네 가지

페이비언 협회의 로고와 포스터

버나드 쇼는 영웅적 실패보다는 '지루한' 성공을 택하기로 마음먹고
'페이비언'이라는 이름을 택했다. 그의 뜻대로 페이비언 협회는
100년이 지난 지금도 활동을 계속하며 영국 노동당의 정책에
막대한 영향력을 행사하고 있다.

원칙을 강조한다. 첫째 민주적 원칙, 국민 각자가 사회 개혁에 동참할 수 있도록 노력해야 한다. 둘째 점진적 원칙, 사회의 안정 속에서 가능하도록 개혁의 속도를 유지해야 한다. 셋째 도덕적 원칙, 사회의 부도덕성을 지적하기 위해서 회원들은 그 누구보다 도덕적이어야 한다. 넷째 입헌적·평화적 원칙, 어떤 사회 개혁 활동도 법의 테두리 안에서 평화적으로 해야 한다. 이러한 원칙에 따라 페이비언 협회는 침투와 설득을 전략으로 내세우며 자신들의 이념에 반대하는 상대방이라고 하더라도 적으로 여기지 않고 설득의 대상으로 삼았다.

페이비언 협회는 자신들의 이념을 널리 알리기 위해 다양한 활동을 전개한다. 강연회와 토론회 등을 통해 대중에게 페이비언 이념을 홍보하고 있으며 그 외에도 여러 간행물을 통해 이러한 이념 전달 활동을 추구하고 있다.

오늘날 영국의 복지 제도가 자리 잡게 되기까지 페이비언 협회의 역할은 결코 작다고 할 수 없다. 이러한 협회의 사회 복지와 평화, 반제국주의적 성격은 영국의 진보 세력에게도 지속적인 영향을 끼치고 있기 때문이다. 또한 페이비언 협회 덕분에 영국인은 세계 어느 민족보다 사회주의란 단어에 관용적일 수 있었다.

123

프로타고라스,
현인賢人에서 궤변론자詭辯論者로

고대 그리스 문명의 총아寵兒 아테네는 기원전 431년에 시작
해 25년이 넘게 계속된 스파르타와의 주도권 싸움에서 패하
고 말았다. 이때부터 아테네는 쇠락의 길로 접어드는데, 그
무렵 한 사람의 철학가가 나타나 그렇지 않아도 자존심 상한
아테네인을 열 받게 만들었다. 그의 이름은 유명한 프로타고
라스Protagoras(기원전 485 무렵~410).

574
/
575

　그리스 북부 이오니아 식민지에 속한 아브데라 출신의 교
사 프로타고라스는 워낙 뛰어난 교사술로 높은 명성과 더불
어 많은 부를 모았다. 그런데 그의 가르침이 사람들에게 환
영을 받았던 것은 아마도 소피스트의 원조로 불리는 그의 철
학 때문이었을 것이다.

　소피스트란 말은 '현인賢人' 또는 '지자知者'라는 의미를 갖
는데, 현실 속에서 도움이 되는 변론술辯論術이나 백과사전

적 지식을 사람들에게 전하며 먹고사는, 요즘 말로 하면 프리랜서 교사였다. 소피스트는 그 무렵 누구보다 합리적 이성에 바탕을 두고 기존 가치 체계에 대해 끝없이 의심을 품었고, 그에 대한 비판과 대안을 마련하는 데 주력했다. 이는 결국 어떤 주장과 맞서도 이길 수 있는 토론의 기술을 발전시킬 수 있었고, 한편으로는 기존 교사와는 전혀 다른 교육을 시킬 수 있었다. 따라서 소피스트의 변론술과 대화술은 대단히 매력적이었다. 그렇지만 다른 철학자들은 이들이 철학이나 지성 대신 무엇인 체하는 기술만을 제공하는 얄팍한 자고, 그들이 말하는 것은 궤변詭辯에 불과하다고 비난했다.

그러나 소피스트는 우리가 간단히 알고 있듯이 단순한 궤변론자가 아니었다. 소피스트에 의해 인간은 역사의 주관자로 작동할 수 있었으니 '인간은 만물의 척도'라는 프로타고라스의 한 마디에 이 철학의 핵심이 담겨 있다고 할 것이다. 제우스도 아니고, 헤라도 아니며, 헤라클레스도 아닌 인간이 만물의 척도요, 따라서 개별적 인간의 시각에서 모든 것을 판단해야 한다는 프로타고라스를 비롯한 소피스트의 주장은 역사 속에서 인간이 해방되는 순간이라고 해도 지나친 말이 아닐 것이다.

그렇다면 왜 모든 인간이 소중한 삶의 주재자主宰者라는 프로타고라스의 주장에 아테네 사람은 열을 받았을까? 인간이 만물의 척도이니 썩 길지도 않은 인생에서 있는지 없는지 분명치 않은 신이라는 존재를 탐구하느라 당신의 귀한 시간을 허비하지 말 일이라는 게 그의 지론이었다. 그런데 인간 스스로의 책임을 강조하는 어떤 철학이 인간의 환영을 받은 적이 있는가? 없다. 약해 빠진 인간들은 누군가에게 절대적으로 의지하고자 원하지 삶의 주관자主管者로서 자신이 권한과 책임을 행사하고 싶어 하지 않는다. 20세기의 독일 출신 철학자 에리히 프롬Erich Fromm(1900~1980)은 《자유로부터의 도피》라는 자신의 저서 제목에서, 인간이 얼마나 자신에게 주어진 자유를 두려워하여 무엇인가에(일반적으로 종교일 텐데 21세기 대한민국에서는 돈과 권력도 큰 몫을 차지한다) 매달리려고 하는지 정곡을 찌른 바 있다.

결국 스파르타와의 전쟁에서 패하고, 뒤이은 전염병 등으로 절망에 빠져 있던 아테네 시민에게 오직 믿을 건 너 자신뿐이란 말은 너무나 가혹했다. 시민들이 일제히 일어나 신의 권능을 찾고자 했고, 그는 무신론자라는 죄명으로 고발되었다. 그러나 인간의 힘을 믿은 만큼 인간의 지각과 판단이 사람에 따라 상대적임을 알고 있던 그는 순순히 재판을 받고 싶은 마음이 없었다. 그는 도피 길에 나서 시칠리아로 가는 배에 몸을 실었다. 그러나 배는 가라앉았고, 그는 아마 상어밥이 되었을 것이다.

124

프리다 칼로와 디에고 리베라,
영원한 연인

전차 한 대가 천천히 지나갈 무렵 과속으로 달리던 버스 한 대가 그 앞을 스쳐 지나갔다. 깜짝 놀란 전차 기사는 방향을 바꾸고자 했으나 때가 늦었다. 전차는 버스를 처박아 벽에 몰아넣었고, 버스 안은 아수라장으로 변했다. 휘어진 버스 난간은 무서운 흉기로 변하여 열여덟 살 처녀 아이를 닭에 꼬치를 꿰듯이 꿰뚫어버렸다. 처녀는 콩팥이 크게 상해 소변을 볼 수조차 없었고, 척추가 세 군데나 부러졌다. 대퇴골의 경부도 부러졌으니, 그런 상황에서 갈비뼈가 온전할 수는 없었다. 오른쪽 발은 짓이겨져 어긋났고, 왼쪽 다리는 산산조각이 나 버렸다. 그러나 가장 고통스러운 것은 흉기로 변한 버스 쇠 난간이 그녀의 배로 들어가 옆구리를 통과한 후 질을 뚫고 빠져나온 것이다. 그러나 그녀는 살아남았고, 다만 아이를 가질 수 없게 되었다.

상상조차 할 수 없을 상황에서 살아남은 그녀의 이름은 프리다 칼로Frida Kahlo(1907~1954). 멕시코를 대표하는 초현실주의 화가이자 남편 디에고 리베라Diego Rivera(1886~1957)와 함께 멕시코 전통 문명과 예술을 접목시키는 데 지대한 공헌을 한 여성. 그녀의 그림과 생애를 살펴보는 것은 우리가 20세기를 거쳐 21세기를 살고 있다는 행운의 표시이기도 하다. 프리다 칼로 이전 사람들은 그의 그림을 볼 수 없었을 테니까.

프리다 칼로는 우리말로 표현하면 난봉꾼인 리베라의 부인이었는데, 몇 번째 부인인지는 잘 모르겠다. 그리고 후에 칼로의 여동생을 비롯한 수많은 여성 편력 속에서 칼로와 이혼한 리베라는 멕시코 전통예술에 혁명 정신을 불어넣음으로써 멕시코 혁명 예술, 아니 20세기 혁명 예술을 완성시킨 인물이기도 하다.

리베라와 관련해서는 이런 사실도 기억해 둘 만하다. 세기의 재벌 록펠러가 뉴욕 중심가에 건설 중이던 록펠러 센터의 장식용 그림을 제안한 인물이 앙리 마티스, 파블로 피카소, 디에고 리베라 이 세 사람이었다. 그러나 앞의 두 사람은

〈기로에 선 인간〉
디에고 리베라가 록펠러의 제안을 받아 만든 프레스코화.
자세히 보면 온갖 사람이 등장한다는 사실을 알 수 있는데,
그 가운데 자본가나 재벌이 좋아할 얼굴은 썩 눈에 띄지 않는 듯하다.

이 제안을 거절했고, 리베라가 그 작업을 담당하게 되었다. 1만 제곱미터가 넘는 크기의 벽면 장식이니까 가로 세로 모두 100미터가 넘는 거대한 규모였다.

그러나 리베라는 그 무렵 공산당을 탈퇴한 상태이기는 했으나 자본가의 심부름을 할 인물은 아니었다. 벽화가 완성될 무렵 록펠러 측에서는 벽화를 거부했다. 그 이유는 그림을 보면 알 수 있을 것이다. 자본주의의 심장부에 날카로운 비수를 꽂고 사회주의 깃발을 높이 들고자 한 인물. 그가 바로 리베라였다. 결국 이 프레스코 벽화는 파괴되고 말지만 그 기억을 되살린 리베라가 훗날 멕시코 국립예술원에 그와 같은 벽화를 남긴다.

그러면 칼로는 이 위대한 프레스코 벽화가의 내조자로 만족했던 것일까? 천만의 말씀이다. 칼로는 리베라보다 더 꿋꿋한 사회주의자였고, 더 꿋꿋한 예술가였으며, 더 꿋꿋한 인간이었다. 리베라가 온갖 단점을 지닌 채 인간이라는 모습을 한 혁명이었다면, 칼로는 무섭도록 강직하고 결코 굴복하지 않는 혁명이었다. 물론 가슴으로는 죽을 때까지 리베라를 향한 사랑으로 울부짖었지만.

두 사람은 1939년 이혼에 합의했으나 우리는 두 사람의 관계를 결코 이해할 수 없다. 만약 이해할 수 있다면 우리 또한 그토록 창의적인 예술가의 대열에 끼어들 수 있을지도 모르니까. 1950년 이후 칼로는 상상하기 힘든 병고에 시달리

프리다칼로, 〈마르크시즘이 병을 낫게 하리라〉
멕시코의 프리다칼로미술관, 1954년.

게 되는데 그녀의 삶을 염두에 둔다면 썩 놀랄 만한 일도 아니다. 1907년생이니까 벌써 마흔세 살이 아닌가? 발가락은 절단되고 골수 이식 수술을 포함한 수많은 수술로 생명을 연명해야 했다. 그런데도 남은 삶은 고작 4년. 그리고 휠체어에 의지해 살아야 했던 그녀를 모델로 그림을 그린 사람은 그녀 자신과 리베라였고, 1953년 그녀의 전시회를 열어 준 이도 리베라였다. 전시회에 모인 인사들은 누워서 손님을 맞는 칼로를 보아야 했다. 전시회가 끝난 후 칼로의 오른쪽 다리는 절단되었다. 이후 칼로는 〈마르크시즘이 병을 낫게 하리라〉라는, 자신의 신념으로 기적이 일어날 것이라는 그림을 그렸으나 역시 기적은 일어나지 않았다.

　1954년 7월 13일 프리다 칼로는 "이 외출이 행복하기를, 그리고 다시 돌아오지 않기를."이라는 말을 남기고 마흔일곱(우리 나이로 마흔여덟)에 숨을 거두었다. 그녀의 관에는 낫과 망치가 그려진 붉은 기가 덮였고, 곧 이어 화장되었다. 그리고 3년이 지난 1957년 11월 24일, 디에고 리베라는 자신이 가장 사랑한 여성과 합쳐질 수 있도록 화장해 달라는 유언을 남기고 숨을 거두었다. 그러나 멕시코는 이 위대한 예술가를 태울 수 없었다. 그는 돌로레스 묘지 저명인사 구역에 매장되었다.

프리메이슨단 그리고
모차르트?

프리메이슨단Freemasonry 혹은 프리메이슨Freemason이라고 불리는 이 비밀결사조직은 수많은 의혹과 평판을 받는 조직 가운데 하나다. 지금도 세계에서 가장 큰 박애주의 비밀결사조직으로 알려져 있는데, 이 비밀이란 조직의 원칙 때문에 수많은 의혹과 왜곡과 비난을 받고 있는 것이 사실이다. 그런데 나도 이 조직의 일원이 아니기 때문에 정확한 사실을 모른다. 다만 내가 가장 좋아하는 인물 가운데 하나인 모차르트가 프리메이슨 단원이라는 사실(확인할 수 없지만) 때문에 프리메이슨에 대해 각별한 관심을 가졌고, 그래서 이 조직에 대해 알고 싶었다.

그렇다면 왜 내가 모차르트를 좋아하고 모차르트가 프리메이슨 단원이라는 데 관심을 기울였는지를 우선 설명하겠다. 내가 좋아하는 음악가는 많다. 인간성을 한 단계 고양시켰다고 일컬어지는 베토벤(사실 이보다 더 위대한 공적은 없다. 인간이란 존재를 이전의 수준에서 한 단계 끌어올렸다는 것은 유인원이 인간으로 진화하는 과정을 순식간에 이룩한 것과 무엇이 다른가 말이다), 누가 뭐라 해도 현실적 이해에서 벗어나 순수한 종교적 의미를 음악에 담고 음악의 체계를 완성함과 동시에 음악을 통해 인간을 구원한 바흐, 그리고 그들을 따르는 수많은 위대한 작곡가. 그런데도 굳이 모차르트를 지적하는 것은 그의 음악과 삶에 담겨 있는 철학 때문이다.

우선 그는 그 이전까지 당연하게 생각하던 귀족들의 후원에서 과감히 벗어나 직업 음악가의 길을 개척했다. 이는 음악가의 독립이라는 새로운 세계를 연 것과 동시에 사막 한가운데 버려진 채 스스로의 힘으로 생존해야 하는 가시밭길로 들어섬을 의미했다. 그리고 결국 그는 현실의 벽을 뛰어넘지 못한 채 서른일곱이라는 젊은 나이에 죽어야만 했다. 꼭 종교적 신념을 지키다가 죽어야만 순교자인가? 그 또한 예술가의 권리와 그 자신의 예술 세계를 지키기 위해 싸우다 죽은 순교자다.

그런데 그의 음악에는 자신이 겪어야 했던 고통과 가난이 거의 보이지 않는다. 그는 쉬운 말로 청승 떨지 않았다. 평범한 인간이 얼마나 청승 떠는 자를 좋아하는지 알 만한 사람은 다 알 것이다. 슬픔을 내세우면 사람들의 마음을 흔들게 되고, 그들의 동정을 살 수 있다. 요즘에도 수많은 음악이

내 귀에는 청승을 마케팅의 핵심으로 잡고 있는 듯하다. 좋은 말로 애잔하고 인간의 가슴을 따스하게 해주는 것이지 사실은 청승 떠는 것이다. 그런데 그는 결코 자신의 고통을 음악에 담지 않았다. 아니 담았지만 그렇게 눈에 보이게 담지 않았다. 그래서 브루노 발터Bruno Walter라는 지휘자는 모차르트 음악을 연주할 때 '아름답게, 다만 눈물 나게 아름답게' 연주하라고 주문했다.

그의 음악은 평화롭고 아름답지만 그 안에 눈물을 담고 있다. 그런 것이 예술이다. 겉으로 드러나지 않는 인간에 대한 사랑과 삶이 담겨 있는 것. 그래서 들으면 들을수록 감추어진 자신의 삶 또한 서서히 드러나면서 정화淨化되고 그를 통해 더 나은 삶의 세계로 들어가는 것. 그것이 예술의 역할이다.

한편 모차르트의 음악은 그 누구보다도 화음을 중시한다. 들어보라. 그의 오페라에는 어느 누구의 오페라보다 여러 사람의 소리를 합하여 새로운 소리를 만드는 중창重唱이 많다. 대표적인 것 가운데 하나가 영화 〈쇼생크 탈출〉에 나오는 '편지의 이중창'이다. 또한 그의 중창 중에는 서로 적개심을 품고 있거나 전혀 다른 속셈을 가진 사람들끼리 모여 만들어 내는 곡이 너무나 많다. 놀랍지 않은가? 적들의 소리를 모아 아름다운 화음을 만들어 내려는 그의 생각이. 물론 그의 관현악곡도 수많은 악기를 활용해 황홀한 화음을 만들어 낸다. 그는 음악 속의 화음을 통해 현실 속에서도 사람들이 다투지

1800년대 초반 영국 런던의 프리메이슨홀 전경

않고 화해하며 함께 새로운 세상을 만들기를 갈구했다고 나는 확신한다.

그런데 그가 프리메이슨 단원이라는 말을 듣게 되면서 그리고 그 조직이 박애주의의 실천을 위한 비밀 조직이란 것을 알면서 고개를 끄덕였다. 그랬군. 그는 자신의 물질적 성공보다 인간에 대한 사랑을 믿고 이를 실천하기 위해 자신에게 주어진 천재적 능력을 활용한 것이다. 그리고 굶어 죽었다(이 표현에 이의를 제기하는 사람이 있을 텐데 꼭 단식 끝에 죽어야 굶어죽은 것인가? 병고와 가난이 아니었다면 살 수 있는데도 그걸 이겨낼 능력이 없어서 죽었다면 굶어죽은 거와 뭐가 다른가).

이 항목이 모차르트였던가, 프리메이슨이었던가? 프리메이슨이다. 프리메이슨에 대해서는 너무 많은 이견異見이 있기 때문에 모든 의혹을 푸는 것이 불가능해 보인다. 따라서 여기서는 가장 일반적인 견해만을 소개하겠다.

프리메이슨은 중세의 숙련 석공들의 길드에서 시작된 비밀 결사체로서, 후에 사회적으로 명성을 가진 사람들까지 끌어들이면서 그 세력이 커졌다. 그런데 프리메이슨은 그들이 추구하는 이념이 종교적 요소에서 벗어나지 않는데도 교회로부터 지속적인 탄압을 받아왔다. 이는 아마도 교회 밖에서 인간에 대한 사랑의 실천과 교회에 버금가는 탄탄한 조직을 바탕으로 세력을 확장시켜 나가는 것을 우려한 데서 비롯된 것으로 보인다.

프리메이슨이 처음 조직되고 오늘날까지 가장 활발하게 활동하는 나라는 영국으로 알려져 있다. 영연방 지역에서는 오늘날에도 프리메이슨단의 지부들이 활발하게 움직이고 있다. 초기 프리메이슨에 가입한 인물 가운데는 교회의 보수적인 교조주의에 반대하거나 자유사상을 신봉하는 지식인이 많았다. 회원들은 여러 등급으로 구분되어 있는데, 절대적인 것이 아니라서 나라마다 조직마다 다르게 적용된다. 프리메이슨단은 그 휘하에 또 다른 조직들을 가지고 있다. 이들은 대부분 다양한 종류의 사회사업을 담당하고 있다고 한다.

프리메이슨에는 남성만이 가입할 수 있는 것으로 알려져 있다. 여성은 '동방의 별단Order of the Eastern Star', 소년들은 '드몰레단Order of DeMolay'이나 '건설자단Order of Buil ders' 등, 소녀들은 '욥의 딸들Order of Job's Daughters'이나 '무지개단Order of Rainbow' 등의 부속조직에 각각 가입할 수 있다.

프리메이슨 출신 주요 인물 가운데는 미국 건국의 아버지 조지 워싱턴, 벤저민 프랭클린, 프랑스의 철학자 몽테스키외, 루소 등이 있는 것으로 알려져 있다.

한편 오늘날에도 전 세계에 수백만의 회원을 가지고 있는 것으로 알려진 프리메이슨단에 대해 일부 기독교계에서는 적그리스도Antichrist로 여기는 움직임이 끊이지 않는 것으로 알려지고 있다.

126

프톨레마이오스,
억울한 천재

고대 그리스의 천문학자이자 수학자인 프톨레마이오스Ptole
maeus는 뛰어난 인물이었지만 천동설天動說을 주장한 대표적
인 인물로 낙인찍혀 부정적으로 알려진 것이 사실이다. 게다
가 더욱 억울한 것은 그는 전혀 그럴 의도가 없었는데도, 아
니 오히려 그는 과학적 방법과 의도로 세상의 모든 의문에
접근했는데도, 많은 사람들을 희생시키는 데 종교인들이 그
의 이론을 근거로 내세웠다는 점이다. 아마 이런 사실을 그
가 알았다면 이렇게 외쳤을 것이다. "과학은 이론이 다른 자
에게 내 이론을 논리적으로 검증하는 것이지, 그의 이론을
땅속에 파묻어 버리는 것이 아니라오." 그러나 어쩌랴! 이미
역사는 그를 그렇게 기억하고 있는데.

프톨레마이오스는 83년 무렵에 태어나 알렉산드리아에
서 활동했으며, 168년 무렵 세상을 떠난 것으로 알려져 있

다. 그가 지은 《알마게스트Almagest》라는 책은 르네상스 시대
가 도래到來할 때까지 서양의 우주관, 나아가 종교관과 세계
관을 지배했다. 《알마게스트》란 책 제목을 보면 그의 이론이
그 시대에 어떤 위치에 있었는지를 알 수 있다. 그리스 고전
대부분이 그러하듯 유럽에서는 사라진 반면 아라비아 지방
에서는 면면히 이어져 온 그의 저서를 그 무렵 아라비아 학
자들이 최고의 성과물이란 뜻의 《메지스테Megiste》라고 불렀
다. 그리고 이후 제목 앞에 정관사 알Al을 붙여 '알마게스트'
가 되었고, 이 제목이 훗날 유럽으로 전해지면서 그대로 쓰
였다. 오늘날까지 알칼리, 알코올, 알고리즘 같은 과학 용어
가 아랍어인 것과 마찬가지다.

　천동설은 그가 독자적으로 발견한 이론이 아니었다. 그리
스의 천문학, 특히 히파르코스Hipparchos(기원전 190~120)의
이론을 종합하고 그로부터 더 나아가 프톨레마이오스 체계
를 완성한 것이다. 그는 지구가 우주의 중심에 있고 태양계
의 천체들은 달·수성·금성·태양·화성·목성·토성의 순서
로 자리하고 있다고 여겼다. 특히 그는 이전의 천문학적 지
식을 통합해 자신의 체계를 완성한 후 천동설을 옹호하는 여
러 내용을 남겼는데, 요즘 아이들이 품는 정도의 순진한 현
상들이 담겨 있다. 예를 들면 지구가 자전한다면 높은 곳에
서 수직으로 떨어뜨린 물건은 지구가 자전한 만큼 이동한 곳
에 낙하해야 하는데 그렇지 않으니까 자전하지 않는다거나,

프톨레마이오스의 세계지도 목판본

요하네 슈니처, 1482년.

하늘에서 떨어지는 물건은 모두 지구를 향해 떨어지므로 지구가 우주의 중심이라는 등….

그는 기하학 분야뿐만 아니라 지리학, 광학, 역법 등에서도 많은 업적을 남겼다. 특히 그가 저술한 《지리학 안내》라는 책은 내용에 숱한 오류가 있는데도 후대에까지 큰 영향을 미쳤다. 예를 들면 적도가 지구의 북쪽으로 치우쳐 있고, 지구의 크기 역시 그 시대에 알려진 것보다도 더 작다고 보았다. 게다가 아시아가 현재의 위치보다 동쪽으로 훨씬 치우쳐 있는 것으로 묘사되어 있었다. 그러니 이 책을 지침으로 인도 탐사에 나선 콜럼버스가 제대로 인도에 닿기란 애초부터 불가능했을 것이다. 그런데도 콜럼버스는 그의 책에 따라 서쪽으로 계속 가면 인도에 닿을 수 있다는 믿음을 가지고 역사적인 항해에 나서 엉뚱하게도 아메리카 대륙의 원주민에게 식민의 역사를 안겨 주었다.

그 외에도 그는 광학, 화성악和聲樂 등 온갖 분야에 관련된 이론을 발표한 것으로 알려져 있는데, 천동설의 족쇄가 그를 뛰어난 그리스의 학자라는 명성 대신 오류의 화신이란 오명을 안겨 주었으니 안타깝기만 하다.

127

플림프톤 322, 세상에서 가장 놀라운 점토판

바빌로니아인이 세운 문명의 뛰어남은 여러 방면에서 전해 져 오고 있고, 또한 그 성과물들이 지금까지 전해지고 있기 때문에 의심할 여지가 없다. 그 가운데서도 특히 수학적 성 과물은 놀라운데, 기하학과 대수학 양 분야에서 매우 앞서 있었다.

그렇다면 플림프톤Plimpton 322란 무엇인가? 이는 미국 컬럼비아 대학 플림프톤 소장품 322목록이란 뜻으로, 바빌 로니아어로 쓰인 수학 점토판을 가리키는 표시다. 약 4000 년 전에 기록된 문서인 셈이다. 이 내용을 현대어로 해석해 보면 물론 완벽한 형태가 아니긴 하지만 바빌로니아인의 수 학적 인식이 어느 정도인지 깜짝 놀라게 된다.

여러분은 피타고라스의 정리를 아는가? "직각3각형의 빗 변이 아닌 다른 2변에 의해 작도된 정4각형 넓이의 합은 빗

변으로 작도된 정4각형의 넓이와 같다." 아, 말로 하니까 정말 어려운데, 공식으로 보면 다음과 같다.

$$a^2 + b^2 = c^2$$

이렇게 피타고라스의 정리를 이루는 세 정수를 피타고라스 3쌍이라고 한다. 특히 그 가운데 세 숫자가 1 외의 다른 인수를 갖지 않는 경우, 이를 원시 피타고라스 3쌍이라고 한다. 그러니까 3, 4, 5는 피타고라스 3쌍이자 원시 피타고라스 3쌍인 셈이다. 반면에 이들의 곱의 집합인 6, 8, 10은 단순히 피타고라스 3쌍인 셈이다.

플림프톤 322
크기는 13×9×2센티미터.
이라크 남쪽 센케레 유적지에서 발견되었다.

그렇다면 이와 플림프톤 점토판 사이에 어떤 관련성이 있을까? 플림프톤 점토판에 있는 숫자 가운데 맨 오른쪽 서열 번호를 제외한 앞의 두 숫자를 가지고 많은 수학자가 연구했다. 도대체 이 숫자가 무엇을 뜻하는 것일까? 그 결과 아주 놀라운 점을 발견하게 되었는데, 바로 원시 피타고라스 3쌍과 관련된 내용이다.

1	119	169	120
2	3367	4825	3456
3	4601	6649	4800
4	12709	18541	13500
5	65	97	72
6	319	481	360
7	2291	3541	2700
8	799	1249	960
9	481	769	600
10	4961	8161	6480
11	45	75	60
12	1679	2929	2400

아랫부분은 생략하기로 한다. 위의 내용 가운데 11번을 제외한 모든 경우가 원시 피타고라스 3쌍인데 플림프톤 점토판에는 바로 앞의 두 숫자가 기록되어 있다. 그러니까 바빌로니아인은 이미 그 무렵 피타고라스 정리의 본질뿐만 아니라 그 이론의 심층적인 분석까지 완료하고 있었던 것은 아닐

까. 사실 이 점토판을 분석하기 전에는 점토판에 새겨져 있는 숫자들을 단순히 이런저런 거래의 기록으로 보았다. 그런 까닭에 플림프톤 점토판을 분석한 이후에는 바빌로니아인의 수학적 성과에 대해 더 심도 있는 분석이 필요해지고 있다.

이와 관련된 내용은 플림프톤 322의 오른쪽 부분을 해석한 것에 불과하다. 그렇다면 왼쪽 부분은? 이 부분을 숫자로 분석하기 시작하면 책을 그만 덮어 버릴 독자가 속출할 듯하니 그 내용만 기록하기로 한다.

앞의 표가 플림프톤 322의 오른쪽 세 줄을 해석한 것이라면 왼쪽 부분을 해석한 내용은 피타고라스 삼각형의 밑변과 빗변의 비의 제곱을 나타내는 값을 나타내는데 이는 곧 코사인cos 값을 뜻한다. 그러니까 바빌로니아인은 그 무렵 삼각비의 값을 표로 만들어 사용했다는 말이다.

128

함무라비 법전,
비석에 새겨진 판례법

함무라비Hammurabi(재위 기원전 1792~1750)는 바빌로니아의 왕으로 현존하는 법체계 가운데 가장 완성된 형태의 법전을 편찬한 것으로 유명하다(이 법체계는 수메르 문명의 법체계를 계승한 것으로 알려져 있는데, 현재까지 알려진 가장 오래된 법은 수메르 문명에 속한 우르 제국의 왕 우르 남무의 법전이다). 특히 '이에는 이, 눈에는 눈'이라는 말로 널리 알려진 그의 법전은 2.25미터 높이의 원기둥 형태의 섬록암으로 발견되었다. 그 돌 비석에는 282개의 판례법判例法이 새겨져 있다. 이 판례들은 함무라비 왕의 말기에 수집되어 새겨진 것으로, 법전은 바빌로니아의 국신國神인 마르둑Marduk의 신전에 세워져 있었다. 그리고 지금은 루브르 박물관에 소장되어 있다.

그렇다면 어떤 내용이 이 법전에 담겨 있을까? 여기에는 관세, 무역, 통상 등 경제와 관련된 내용은 물론 혼인, 이혼

등과 관련된 내용, 폭행, 절도 등 형법과 관련된 내용, 노예와 채권, 채무 등과 관련된 내용(요즘으로 말하면 민법)이 두루 포함되어 있다. 형벌은 가해자의 신분과 범죄 정황에 따라 달랐는데, 한 예를 보자. 외과의사가 수술에 실패하여 자유인을 사망케 하거나 실명케 한 경우에는 외과의사의 손을 잘랐다. 반면에 노예에게 피해를 준 경우에는 다른 노예를 배상해야 했다.

특히 함무라비 법전은 동해보복법同害報復法 즉 같은 피해에는 같은 방법으로 보복을 한다는 원시적 잔재가 남아 있

함무라비 법전 윗부분의 부조

는 것으로도 유명하다. 그러나 전체적으로 함무라비 법전에는 이러한 원시적 잔재가 거의 사라진 것으로 보인다. 오히려 사적인 복수, 약탈혼, 혈족 간의 집단적 복수 등은 인정하지 않았을 뿐 아니라 귀족의 권력 남용을 제한한 내용이 담겨 있는 문명화된 법전이었다.

함무라비 법전은 서문과 본문, 발문의 세 부분으로 되어 있다. 전문만도 약 8000자로 되어 있어, 그 무렵의 법전으로서는 방대한 양이었다. 그 가운데 중요한 몇 가지만 살펴보자.

1. 만일 누군가가 타인을 고소하고 소송을 제기했으나 사실을 입증하지 못하면, 고소인은 처형당한다.

2. 만일 한 사람이 재판에 증인으로 나왔는데 그의 증언을 입증하지 못했고 그 재판이 목숨에 관한 재판이라면, 그는 처형당한다.

3. 신전이나 왕궁의 재산을 훔친 자는 처형당한다. 장물을 인도받은 자도 처형당한다.

4. 만일 누군가가 황소나 양, 나귀나 돼지 혹은 소를 훔쳤는데 그것이 신전 또는 왕궁의 것이라면 30배로 갚아야 할 것이며, 타인의 것이면 10배로 갚아야 한다. 만일 갚을 것이 없는 자라면 처형당한다.

5. 만일 한 사람이 아내를 맞이하면서 계약서를 만들지 않았다면, 그 여자는 아내가 아니다.

6. 만일 한 사람의 아내가 다른 사내와 동침하다가 잡혔다면, 두 사람을 묶어 물에 빠뜨릴 것이다.

7. 만일 한 사람이 자식을 낳지 못한 본처와 이혼한다면, 신부 값으로 충분한 금액을 주며 그녀의 아버지에게서 받은 지참금도 되돌려 주어야 한다.

8. 만일 자식이 자기 아버지를 때렸다면, 그의 손을 잘라 버린다.

9. 만일 한 사람이 다른 사람 자식의 눈을 상하게 했다면, 그의 눈을 상하게 한다.

10. 만일 누군가가 타인의 뼈를 부러뜨렸다면, 그 사람의 뼈를 부러뜨린다.

11. 만일 누군가가 다른 사람의 종의 눈을 상하게 했거나 뼈를 부러뜨렸다면, 그 가치의 절반을 지불한다.

12. 만일 한 사람이 그와 동등한 지위인 사람의 이빨을 부러뜨렸다면, 그의 이빨을 부러뜨린다.

129

현무문의 정변,
당나라 판 왕자의 난

조선시대 초기의 가장 큰 사건은 두 차례에 걸친 왕자의 난일 것이다. 부친 이성계를 도와 조선 개국에 공을 세운 이방원이 왕실 중심의 전제국가專制國家 대신 유신儒臣 중심의 국가를 이루려는 정도전 세력을 제거하기 위한 거사가 제1차 왕자의 난(1398)이다. 그리고 정도전이 제거된 후 태조 이성계의 아들들 사이에 벌어진 후계 싸움이 제2차 왕자의 난(1400)이다. 이방원은 두 차례 싸움에서 모두 승리하여 결국 조선의 제3대 왕위에 오를 수 있었으니 그가 태종으로, 세종의 아버지다.

그런데 왕위를 놓고 벌어지는 형제간의 싸움은 우리만의 일이 결코 아니다. 왕자의 난과 너무나 흡사해 이방원이 역사 공부를 통해 이를 벤치마킹한 것은 아닌지 의문이 드는 사건이 626년, 그러니까 이방원이 거사하기 780여 년 전에 중국에서 일어났다.

수나라를 물리치고 당나라를 세운 것은 당唐 고조高祖 이연李淵(566~635, 재위 618~626)이었다. 이연은 수나라 말기 타이위안의 유수였는데 혼란에 빠진 수나라를 제압하고 618년 당을 건국했다. 이후 각지에서 할거하는 지방 세력의 진압에 나선 이연은 그로부터 10년 후인 628년 전국을 통일했다.

이 과정에서 가장 큰 역할을 한 것은 이연의 둘째아들이었다. 그런데도 고조 이연은 황제의 자리에 오르자마자 태자로 맏아들 이건성을 책봉했고, 셋째아들 이원길은 제왕齊王에 임명했다. 그 대신 둘째아들 이세민李世民은 진왕秦王 겸 상서성의 장관인 상서령과 특별히 천책상장天策上將이라는 전무후무한 직책을 만들어 임명했으니 고조 또한 그의 공을 인정하지 않을 수 없었던 것이다. 그러나 이러한 대우는 결과적으로 태자와 셋째아들의 경계심을 불러일으키기에 충분했다. 두 사람이 이세민의 일거수일투족에 촉각을 곤두세운 것이다.

이세민은 무력으로 전국을 통일하는 과정에서 탁월한 능력을 발휘했을 뿐 아니라 당대 최고의 선비 18명을 불러 학사에 임명하고 그들과 날마다 학문을 논했다. 결국 태자와 그를 따르는 일족은 더 머뭇거리다가는 이세민의 반격을 받을 것이라고 판단하고 갖은 방법을 동원해 이세민을 참소讒訴하기에 이르렀다.

그러나 고조는 어찌 해야 할지 판단을 하지 못하고 머뭇거릴 뿐이었다. 그때 마침 돌궐족이 당나라 영토를 침범하는 사건이 발생했다. 이에 태자는 제왕을 지휘관으로 하여 돌궐족 정벌에 나서도록 고조에게 추천했고, 제왕은 이세민의 휘하 장수들을 자신의 부대에 배속시켜 줄 것을 고조에게 청했다. 그러자 더 밀리다가는 태자 일파에게 당할 것이라 판단한 이세민은 "태자 건성과 제왕 원길이 후궁을 넘보는 불효를 저지르고 있습니다." 하는 참소를 고조에게 올렸다. 이 말을 들은 고조는 화가 머리끝까지 올라 이튿날 심문하겠다고 소리쳤다.

다음날 고조의 명을 받고 궁으로 향하던 태자 일행은 심상치 않은 낌새를 채고는 즉시 말머리를 돌리려고 했다. 그러나 이미 때는 늦었으니 이세민이 이끄는 매복 병사들이 이들을 공격한 것이다. 결국 태자는 아우 이세민의 활에 맞아 죽고, 제왕은 둘째 형의 심복인 위지경덕尉遲敬德에 의해 살해당하고 말았다. 이를 현무문玄武門의 정변이라 부른다. 궁성의 북문인 현무문에 이세민이 복병을 대기시켰다가 정변을 일으켰기 때문이다.

형제간의 싸움은 죽은 사람만 억울하게 막을 내리는 법이다. 조선과 마찬가지로 당나라 조정에서도 엎질러진 물이란 생각으로 이세민을 태자로 책봉하고 동시에 정사 또한 그에게 일임한다고 선포했다. 이로써 당 태종太宗 이세민의 시대가 열렸다. 고구려를 공격하여 우리에게는 악명이 높은 당 태종이지만 중국 입장에서는 보기 드문 태평성대를 이끈 현군으로 이름이 높다. 그래서 태종이 개원한 연호를 들어 그가 다스린 시대를 '정관貞觀의 치治'라고 기린다.

130

호모homo,
온갖 인류의 모습

역사 교과서는 대부분 오스트랄로피테쿠스Australopithecus 라는 낯익은 명칭에서 시작한다. 물론 이는 학명인데, 그 뜻 은 '남쪽의 민꼬리원숭이'다. 그런데 모든 학명이 그렇듯 오 스트랄로피테쿠스란 속屬을 가리키고 종種을 가리키는 명 칭은 그 뒤에 붙는다. 오스트랄로피테쿠스 아프리카누스A. africanus, 오스트랄로피테쿠스 로부스투스A. robustus, 오스 트랄로피테쿠스 보이세이A. boisei, 오스트랄로피테쿠스 아 파렌시스A. afarensis, 오스트랄로피테쿠스 아이티오피쿠스A. aethiopicus처럼 말이다.

오스트랄로피테쿠스가 역사 교과서의 첫 장을 장식하는 이유는 간단하다. 이들을 현생인류現生人類의 조상으로 여기 기 때문이다. 물론 이들은 현생인류에 속하지 않는다. 왜냐 하면 현생인류에게는 호모homo라는 속명屬名이 붙기 때문이다. 그러니까 호모가 붙지 않는 오스트랄로피테쿠스는 현생인류의 조상일 뿐 현생인류는 아니다. 오스트랄로피테쿠스는 약 500만 년에서 800만 년 전에 존재한 것으로 알려져 있는데 학자에 따라 각각의 화석을 판단하는 기준이 다르다. 여하튼 500만 년이 넘는 화석인 것은 분명하다.

현생인류는 언제 탄생했을까? 현생인류의 화석에는 호모, 즉 사람 속을 뜻하는 학명學名이 들어간다. 그 가운데 가장 오래된 것은 호모 하빌리스Homo habilis다. 이는 '손을 쓰는 사람'이라는 의미로 약 150만~200만 년 전에 사하라 사막 이남 아프리카에 살았던 것으로 추정된다.

호모 하빌리스의 특징 가운데 가장 큰 것은 역시 뇌의 용적容積이다. 어떤 화석이 원숭이냐 인간이냐를 판단하는 기준이 바로 뇌의 용적인 셈이다. 이는 간접적으로 그들의 삶을 추적할 기준이 되기 때문이다. 호모 하빌리스의 뇌 용적은 800세제곱센티미터 정도 된다. 아니 반대로 그 정도의 뇌 용적을 가진 화석을 호모 하빌리스라고 부르고, 그 이하는 오스트랄로피테쿠스라고 분류한다. 그만큼 뇌 용적이 중요한데, 거기에는 그만한 이유가 있다. 유인원類人猿의 태아는 뇌 용적이 200세제곱센티미터 정도이며 성장하면 두 배 정도 되는 반면, 인간 태아의 뇌 용적은 성인의 1/3에 머무른다. 그런데 인간 태아의 뇌 용적은 385세제곱센티미터를 넘지 못한다. 따라서 이 두 배인 770세제곱센티미터 이하인 경우에는 인간 속에 포함시킬 수 없는 반면 이상인 경우에 호모란 명칭을 붙일 수 있다. 호모 하빌리스는 이런 기준에서 경계선에 있는 것으로 알려져 있어 학자 가운데는 호모 하빌리스를 오스트랄로피테쿠스에 포함시키기도 한다.

호모 하빌리스는 능숙하게 걸어 다닌 것은 물론 손을 이용해 도구를 만들었던 것으로 밝혀졌다. 이들이 만든 최초의 도구는 250만 년 전의 것으로 추정되는 올두바이Olduvai 유물이다. 찍개, 긁개, 망치 등의 유물로, 용암으로 형성된 자갈을 서로 부딪쳐 만들어졌다. 특히 돌을 쪼갤 때 나오는 얇은 조각들은 고기를 자르거나 풀을 벨 때 유용하게 사용한 것으로 보인다. 한편 오스트랄로피테쿠스가 채식동물인 반면 호모 하빌리스는 육식을 하기 시작한 것으로 알려져 있다. 이는 뇌의 크기가 커지고 뇌를 많이 사용할수록 에너지 소비량이 커지면서 채식만으로는 이를 감당하기 어렵기 때문이다.

호모 하빌리스의 뒤를 이어 등장한 호모 에렉투스Homo erectus는 '똑바로 선 사람'이란 의미인데, 160만 년 전인 홍적세洪績世 초부터 번성했으며 약 25만 년 전에 멸종된 것으로 알려져 있다. 호모 에렉투스는 호모 하빌리스가 인간과 유인원의 경계에 선 것과는 달리 분명한 최초의 인간으로 여겨진다. 그러니까 호모 사피엔스, 즉 '생각하는 인간'인 우리는 호모 에렉투스의 직계후손인 셈이다. 호모 에렉투스는 베

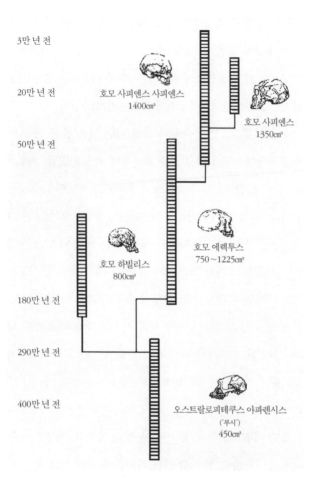

3만 년 전

20만 년 전   호모 사피엔스 사피엔스
                    1400㎤

                                                호모 사피엔스
                                                1350㎤

50만 년 전

                              호모 에렉투스
                              750~1225㎤

              호모 하빌리스
              800㎤

180만 년 전

290만 년 전

400만 년 전   오스트랄로피테쿠스 아파렌시스
                    ('루시')
                    450㎤

인간의 진화와 뇌의 용적

이징 부근과 유럽 각국, 아프리카, 자바 섬 등 지구 곳곳에서 발견되었다. 호모 에렉투스의 뇌 용적은 750~1225세제곱 센티미터 정도로서 호모 사피엔스의 평균 뇌 용적 1350세제곱센티미터에 비해 적다. 동굴에서 거주한 최초의 인류인 호모 에렉투스는 불을 사용했다는 점에서 이전의 존재들과는 판이한 생활 방식을 갖게 되었다.

이제 우리가 속하는 '지혜로운 사람', 즉 호모 사피엔스Homo sapiens에 대해 알아볼 차례다. 그런데 호모 사피엔스가 모두 우리 같은 인간을 말하는 것은 아니다. 현생인류 즉 우리는 호모 사피엔스 사피엔스에 속하는 반면 네안데르탈인(호모 사피엔스 네안데르탈렌시스Homo sapiens neanderthalensis)이니 크로마뇽인Cro-Magnon이니 하는 존재들은 호모 사피엔스에 속하지만 호모 사피엔스 사피엔스에는 속하지 않는다는 점이다.

가장 오래된 호모 사피엔스는 약 40만 년 전에 출현한 것으로 알려져 있다. 대부분은 약 20만 년 전에 출현한다. 호모 사피엔스는 직립보행直立步行과 커다란 뇌 용적, 높은 이마, 작은 이빨과 턱 같은 신체적 특징과 아울러 도구의 제작과 사용, 문자와 언어의 사용이 가능했다는 점에서 과거의 존재들과는 전혀 달랐다.

131

환관, 내시와
다른 까닭

환관宦官과 내시內侍의 차이를 아는가? 어차피 사내 노릇 못

610
/
611

하는 것은 같으니 분명한 차이를 모른다고 해서 큰 문제가

되지는 않을 것 같기는 하지만. 환관은 당연히 거세去勢된 남

자로, 궁에서 일하는 직책이다. 그들은 신체 특성상 여성들

의 숙소에서 경호원이나 하인 등으로 일했다.

　그렇다면 내시는? 조선시대의 관리 가운데 하나로, 대궐

안 음식물의 감독, 왕명의 전달, 궐문의 수위, 청소 등의 임

무를 맡던 내시부內侍府의 관원을 가리키는데, 거세된 남자

만이 담당할 수 있다. 그렇다고 해서 내시가 조선시대에 국

한된 관원은 아니었다. 내시란 말뜻 그대로 내부에서 활동하

는 시종侍從, 즉 왕의 시종을 가리키는 말이다. 따라서 아주

오래전부터 세계 각국에서 활동해 왔다.

　그러니까 환관 가운데 왕의 측근에서 보좌하던 직책을 내

시라고 부르는 셈이다. 이렇게 환관이 왕의 측근에서 일하게 된 까닭에 역사적으로 보면 환관으로서 왕에 버금가는, 아니 오히려 왕을 능가하는 권력을 행사한 경우도 심심찮게 눈에 띈다. 그 대표적인 예가 진시황을 보좌하던 환관 조고趙高다. 그는 제위帝位를 맏아들 부소에게 넘기라는 진시황의 유언을 무시하고 둘째아들 호해에게 넘긴 후 부소를 죽이고 권력을 농단壟斷하기에 이른다. 권력이 일개 환관에 의해 좌우되는 상황을 맞은 중국 최초의 통일제국 진秦은 결국 통일된 지 15년 만에 멸망하고 말았다.

환관이 되는 길은 선천적인 불구의 경우, 고용을 조건으로 거세당하는 경우, 형벌을 받고 거세되는 경우 등이 있었다. 역사상 가장 유명한 환관은 누가 뭐래도 불후의 역사서《사기史記》의 저자 사마천司馬遷(기원전 145?~86?)일 것이다. 멀쩡한 사관史官이던 사마천은 유명한 '이릉李陵의 화禍(흉노족에게 항복한 이릉 장수를 변호하다가 왕의 노여움을 사 형벌을 받은 것)'를 당하여 죽음을 택하느냐, 거세를 택하느냐, 아니면 벌금을 내고 자유인이 되느냐 하는 갈림길에서 거세형을 택한다.

선비로서 벌금을 내고 자유인이 되는 것이 마땅하나 그만한 돈이 없었고, 굴욕을 당하지 않고 죽기에는 자신에게 남겨진 부친의 유지遺志, 즉 훌륭한 역사서를 완성하라는 뜻을 포기할 수 없어 눈물을 머금고 거세형을 받아들인 것이다. 이후 황제의 사면을 받은 사마천은 다시 궁으로 돌아와 중서령으로 일했고, 마침내 《사기》를 완성시킬 수 있었다.

그렇다면 서양에도 환관이 있었을까? 당연하다. 페르시아와 로마 시대에 환관이 궁정에서 활약했다는 기록이 전해 오고 있다. 특히 성악의 나라 이탈리아에서는 환관은 아니지만 카스트라토castrato라고 불리는 여성 음역音域을 노래하는 남성 가수를 만들기 위해 사내아이를 사춘기를 맞기 전에 거세하는 관습이 있었다. 이는 여성들이 교회에서 노래하는 것이 금지되었던 시대의 산물인데, 후에는 오페라에서도 이들이 맹활약했다. 그 외에도 성적인 욕망을 제거하기 위해 스스로 거세하는 성직자도 있었고, 3세기 무렵에는 거세한 자로만 이루어진 종파가 존재하기도 했다.

한편 중국에서는 초기에 궁형宮刑(거세형)을 받은 자들을 주로 환관으로 채용했는데, 수나라 때에 궁형이 폐지되면서 민간 지원자를 채용하기 시작했다. 그러자 가난한 집안에서는 자식을 환관으로 만들기 위해 온갖 노력을 기울였다. 1621년 명나라에서는 환관 3000명을 모집한다는 공고가 나가자마자 2만 명이 넘게 응모하는 사태가 벌어졌다. 너무 치열한 경쟁에 분노한 응모자들은 시위를 벌였고, 이에 정부에서는 급히 채용 인원을 50퍼센트 늘려 4500명을 선발했다. 그러나 이후에도 채용되지 못한 자들이 수도 인근에서 노숙하며 정부를 압박했다고 한다.

132

후아나 데 아스바헤,
남자가 되고 싶었던 천재

크루스Cruz라는 이름으로 잘 알려져 있는 후아나 데 아스바헤Juana de Asbaje(1651~1695)라는 여성은 1600년대, 그러니까 라틴아메리카가 문명을 갖춘 국가로 대접받기는커녕 유럽의 식민지이자 열등한 대접을 받아 당연하다고 여겨지던 무렵 모든 사회적 난관을 이겨내고 가까스로 역사에 이름을 남긴 드문 멕시코의 시인이자 학자요, 수녀였다. 그런데 그 삶의 수준이 시쳇말로 장난이 아니었다. 시를 쓰는 능력뿐만 아니라 자신의 운명을 극복해 나가는 능력까지 타의 추종을 불허했다.

여덟 살이 되던 해 극시劇詩를 발표한 그녀는 남장男裝을 원했다. 왜? 교육받기 위해서. 여성에게 교육이 불가능한 사회에서 그녀가 대학교육을 받을 수 있는 방법은 오직 그것뿐이었다. 그러나 그녀의 청은 거절되었고, 할아버지가 소유하고 있던 책을 통해 가까스로 공부할 수 있었다. 그리고 10대에 이미 멕시코 전역에 이름을 날리고, 이로 인해 총독 관저에 초청 받기에 이르렀다. 그곳에서 그녀는 라틴어에서 수학에 이르는 전 학문 분야에서 탁월한 능력을 보여 주었고, 그곳에 모인 수십 명의 교수들은 입을 다물지 못했다. 게다가 그녀는 그림에서 확인할 수 있듯이 보이는 면에서도 뛰어났다.

그러나 사회의 안정에 장애가 되는 모든 것은 도전받기 마련. 여성이 남성보다 뛰어난 능력을 발휘한다는 것 자체가 용납될 수 없는 사실이었고, 이는 부정되어야만 했다. 또한 사회의 안정을 그 어떤 조직보다 바라고 있던 교회 또한 그녀의 능력이 사회에 영향을 끼치는 것에 부정적이었다. 이제 그녀가 선택할 수 있는 길은 두 가지뿐이었다. 사회에 온몸으로 저항하거나 순종하거나. 시시각각 다가오는 자신에 대한 위협 속에서 그녀는 온몸에서 분출하는 문학과 학문에 대한 호기심을 위해 목숨을 잇기로 결심했다.

1669년 2월 24일, 그러니까 그녀의 나이 열여덟 살 되던 해 그녀는 산헤로니모 수도원 독방으로 피신했다. 물론 교회는 그녀를 감금했다고 판단했겠지만. 그곳에서 그녀는 4000권이 넘는 장서를 모았고, 과학 분야의 실험에 몰두했으며, 수많은 시와 희곡을 창작했다. 독방에서 말이다. 그런데 파괴를 원하는 자들은 파괴를 위해서라면 세상 끝까지 간다. 예수회 수사의 강론講論을 비판했다는 이유를 들어 그녀에게 종

〈후아나 데 아스바헤〉

미겔 카브레라, 18세기, 멕시코시티 차풀테펙 성 국립역사박물관.

교 연구 외에는 하지 말라는 권고가 내려왔다. 물론 이는 그녀의 학문 활동을 아니꼽게 여기던 교계의 핑계에 불과했다.

이에 대해 그녀는 마흔 살이 되던 1691년 3월 1일 자전적 장문의 서신 〈필로테아 수녀께 보내는 답신Respuesta a Sor Filotea〉을 통해 지식에 대한 자신의 열망을 호소했지만 아무 소용이 없었다. 그녀는 모든 장서와 악기, 펜과 잉크를 몰수당했다. 결국 침묵 속에 갇혀 버린 그녀는 2년 뒤 자신의 피로 고백서를 쓴 후 종교적 의무에만 헌신했다. 1695년 마흔네 살의 그녀는 동료 수녀들을 간호하던 중 전염병에 걸려 죽었다.

133

흑사병,
사람 폭탄으로 확산된 공포

흑사병黑死病(plague)이 페스트임을 모르는 독자는 안 계실 것이다. 이 병은 쥐벼룩이 옮기는 병이니 주위에 쥐를 없애면 걸릴 염려가 없다. 물론 21세기에 들어서 흑사병이 창궐한다는 이야기는 듣지 못했으니 요즘 늘어가는 야생동물의 주요 식량인 쥐를 너무 못살게 굴 일도 아니다. 그런데 최근 들어 흑사병이 사람과 사람을 통해 감염되는 바이러스성 역병疫病이라는 주장이 제기되기도 했다. 그러니까 흑사병의 창궐에 쥐벼룩은 아무런 책임도 없다는 것이다. 동물학자 크리스토퍼 던컨과 사학자 수잔 스콧이 공동 저작한《흑사병의 귀환》이란 책에 나오는 이야기인데, 책을 읽지 않았지만 서평만으로도 몸이 오싹해진다. 그러나 우리는 즐거운 마음으로 책을 읽고 싶으니까 여기서는 중세 유럽을 공포의 도가니로 몰아넣었던 흑사병에 대해서만 알아본다.

흑사병은 14세기 중반, 그러니까 1347년 무렵 킵차크Kipchak 군대가 제노바 시를 향해 페스트 환자의 시신屍身을 쏘아 보냄으로써 유럽에 전파되었다는 것이 일반적인 설이다. 그러나 이전부터 동방 원정에 나섰던 십자군 병사들이 보석과 동방 문화를 약탈해 오면서 부수입으로 한센씨병(나병)과 흑사병을 얻어 왔다는 것이 정설이다. 그때부터 순식간에 퍼져 나간 흑사병은 불과 수년 동안 시칠리아, 이탈리아, 스페인, 영국과 프랑스, 유럽 중부의 오스트리아, 스위스, 독일을 거쳐 벨기에, 네덜란드로, 그리고 처음 선보인 지 고작 3년여 만에 스칸디나비아 국가에까지 이르렀다.

앞서 살펴본 대로 흑사병은 쥐벼룩 외에 인간을 통해서도 전염되었기 때문에 도시에서 더욱 위력을 발휘했고, 그 가운데서도 많은 사람이 서로를 믿으면서 공동체 생활을 하는 수도원에서 가장 큰 희생자를 냈다. 이렇게 되자 겁에 질린 사람들은 사람을 찾기 힘든 시골 한적한 곳을 찾아 도망치듯 떠났다.

한편 흑사병이 유럽 전역을 공포에 떨게 하자 모든 외국 선박에 대해서는 항구에 내리기 전에 40일 동안 검역정선檢疫停船을 명령하기도 했다. 그러니까 40일 동안 환자가 발생하지 않은 배에 한해서 상륙을 허가한 것이다. 이는 꽤 합리적인 방안이었는데 페스트의 잠복기가 길어야 10일 정도였기 때문이다. 그러니까 40일 동안 아무 일도 없다면 그 배의 선원들은 안전하다고 보아도 무방할 것이다.

그러나 이런 조치가 페스트의 확산을 크게 막은 것은 아니었다. 그 무렵 기록에 따르면, 전 유럽 인구의 1/3 내지 1/4이 사망했다. 숫자로는 2500만에서 6000만 명에 이르는 유럽인이 이 병으로 사망한 것으로 알려져 있는데 두 숫자 사이의 간격은 페스트가 지속된 기간과 지역별 사망자 수의 집계 등의 차이에 기인한다. 여하튼 서유럽의 인구는 16세기가 되어서야 페스트 창궐 이전 수준을 회복한 것으로 보인다. 이후에도 페스트의 위력은 심심찮게 계속되었으니 1664~65년에는 런던 인구의 20퍼센트 정도가 이 병으로 목숨을 잃었고, 19세기 말에는 중국에서도 엄청난 인명을 앗아가 버렸다.

한편 흑사병의 공포는 유럽에 엄청난 영향을 끼쳤는데, 우선 예술의 후퇴를 가져왔다. 예술이 기계가 아니라 사람의 창의력에서 비롯되는 것인 만큼 예술가가 사라지고 난 후 그 자리를 메우는 데 오랜 시간이 필요할 수밖에 없다. 게다가 창의력을 높이기 위해 예술가가 선호하던 여행은 이제 금기가 되었다. 따라서 운이 좋아 살아남은 예술가들이 그릴 만한 것은 너무나 생생한 기록, 즉 페스트가 남긴 공포의 기록뿐이었다. 이 시대에 수많은 흑사병 관련 작품이 전해 오는 것도 어찌 보면 당연한 일이다.

그 다음에 나타난 현상은 사회 계층의 급격한 변동이었다.

수많은 노동자의 희생은 지주의 파산으로 이어졌고, 노동력이 부족해지자 임금은 급격히 상승했다. 게다가 금은보화는 아무리 쥐벼룩이 공격해도 결코 사라지지 않았다. 따라서 살아남은 사람들에게는 이전에 비해 훨씬 많은 재산이 할당되었다. 이 시대만큼 졸부猝富가 급격히 출현한 시대도 드물 것이다. 그리고 졸부들은 오늘날에도 그렇듯이 머리를 채우기보다는 겉모습에 신경 쓰는 법. 그들로 인해 패션 산업이 급격히 성장했다.

또한 앞서 언급했듯이 가장 큰 피해를 입은 수도원 때문에 성직자의 숫자가 급격히 줄어들었고, 이로 인해 성직자의 공급이 선결 과제로 떠올랐다. 결국 이전까지 성직자 희망자에게 요구하던 자격 조건은 완화될 수밖에 없었고, 미신과 이단에 쉽게 흔들릴 만한 인물들도 이 시기에는 성직자로 양성되기에 이르렀다. 그리고 그 결과 일반 백성의 공포에 휩싸인 심리 상태를 이용한 온갖 미신과 이단이 출현하는 계기가 마련되었다.

한편 흑사병이 가져온 유럽인의 공포와 사고의 변환을 잘 보여 주는 문학 작품이 있으니 바로 보카치오Boccaccio(1313~1375)의 《데카메론》이다. '열흘간의 이야기'란 뜻의 이 작품에는 흑사병을 피해 시골의 한적한 별장에 몸을 숨긴 청년 셋과 처녀 일곱 명이 열흘간에 걸쳐 차례로 이야기한 기록, 즉 100편의 이야기가 담겨 있다.

사라지지 않은 흑사병

1799년 3월, 이스라엘의 항구 도시 자파에서
나폴레옹의 군사 1만 2000명 사이에 흑사병이 퍼졌다. 중세 유럽의 막을 내리게 한
흑사병의 기세는 18세기에도 완전히 사라지지 않았던 것이다.
그로, 〈자파의 페스트하우스를 방문하는 나폴레옹〉, 1804년, 파리 루브르박물관.

134

흑해, 홍해,
황해, 백해

바다는 파랗다. 아니 파랗게 보이는 것이 당연하다. 그건 바
닷물이 파랗기 때문이 아니라 빛의 산란 현상 때문이다. 하
늘이 파랗게 보이는 것도 그런 이유 때문이고. 그런데 이런
자연 현상과 우리의 기존 사고에서 벗어나는 바다가 지구상
에는 여럿 있으니 흑해黑海(검은 바다), 홍해紅海(붉은 바다), 황해
黃海(노란 바다), 백해白海(하얀 바다)가 그것이다.

　우선 우리와 가장 친근한 황해를 살펴보자. 황해는 동중국
과 한반도 사이의 바다를 가리키는 명칭인데 우리나라에서
는 서해西海라고도 한다. 우리 입장에서 보면 서쪽 바다니까.
그런데 이 바다는 다른 바다에 비해 노랗다. 그래서 우리나
라 사람들은 동해보다 서해가 더 깨끗하지 않고 생각한다.

　그렇다면 왜 황해는 다른 바다에 비해 노랄까? 이는 중국
의 황하黃河에서 흘러 들어오는 황톳물 때문에 바닷물 색이

노랗게 변하기 때문이다. 물론 늘 그런 것은 아니지만 우기
雨期를 맞아 황하의 수량이 증가하게 되면 엄청난 양의 토사
가 황해로 흘러 들어온다. 오죽하면 황하黃河, 즉 노란 강이
란 명칭을 갖게 되었겠는가? 그런데 관광객들은 이런 명칭
에 현혹될 필요가 없다. 황하에서 흘러 들어오는 토사가 우
리 서해안까지 흘러올 리도 없고 따라서 우리 서해안은 늘
파란 바닷물을 유지하고 있으니까. 게다가 완만한 대륙붕 덕
분에 훨씬 멀리까지 나아가 수영을 즐길 수 있다. 수온도 동
해에 비해 더 따뜻하고. 그러니 북적대는 동해안만 고집할
일은 아니지 않은가? 요즘에 황해란 말보다 서해란 말을 훨
씬 많이 사용하는 것도 이 때문임을 기억할 일이다.

백해는 북극해의 일부로, 백해-발트해 운하를 통해 발트
해와 연결된다. 백해란 명칭은 누구나 상상할 수 있듯이 북
극의 하얀 빙하 때문이다. 백해는 해역을 가르는 해저 융기
부분이 주위의 바렌츠 해 사이에 놓여 있어 독자적인 자연
환경이 유지되는 데 한몫하고 있다. 그런 까닭에 꽤 많은 어
류와 해양 포유류, 무척추동물 등이 서식하고 있다. 일 년 가
운데 대부분의 기간 동안 얼음으로 덮여 있으나 쇄빙선碎氷船
의 도움을 받아 사시사철 배의 운항은 가능하다.

붉은 바다 홍해는 아프리카 북동부와 아라비아 반도 사이
에 있는 좁고 긴 해역으로, 수에즈 운하를 통과한 선박들이
그곳을 거쳐 인도양으로 이어지는 바다다. 그런데 이 바다는

무슨 까닭에 붉은 바다란 명칭을 갖게 된 것일까? 홍해는 지역 특성상 그곳으로 흘러 들어오는 강이 없다. 사방이 사막이니 그럴 만도 하지. 그래서 홍해에는 파이코에리드린이란 색소를 가진 남조류藍藻類가 많이 증식하는 반면 물의 흐름이 빠르지 않기 때문에 붉은 빛을 띠기 쉽다. 한편 홍해에는 석유 광상鑛床과 바닷물이 증발할 때 침전된 퇴적암과 중금속 광상이 묻혀 있는 것으로 알려져 있으니 그 색상만큼이나 귀한 바다라고 할 것이다.

흑해는 유럽 남동쪽에 자리한 바다로 보스포루스 해협을 통해 외해外海와 연결되지 않았다면 거대한 호수가 될 뻔할 만큼 우크라이나, 러시아, 그루지야, 터키, 불가리아, 루마니아 등 여러 나라로 둘러싸여 있는 지역이다. 그러다 보니 말만 바다지 흑해는 호수의 성격을 더 많이 띠고 있다. 우선 흑해는 다른 바다에 비해 염도 즉 머금고 있는 소금의 양이 절반 정도밖에 되지 않는다. 게다가 외해와의 교류가 적기 때문에 산소 양이 절대적으로 부족하다. 물론 이곳에 서식하는 생물체 또한 극히 제한될 수밖에 없다. 산소가 부족한 땅에 무엇이 살겠는가? 그래서 물속 깊은 곳에는 죽은 박테리아들이 쌓여 황화수소를 발생시키는데, 이 황화수소란 물질이 검은색을 띤다. 그러다 보니 바닷물이 검게 보이고 그로부터 흑해란 명칭을 갖게 되었다.

135

히파티아,
진리와 결혼하다

한반도에서도 역사적으로 이름을 남긴 여성은 그가 단지 여성이라는 이유만으로도 기억될 만하다. 여성이 인간 대접도 받지 못하던 시대에 역사에 이름을 새길 정도라면 그의 위치와 능력이 어느 정도일지는 짐작이 가능하기 때문이다.

그런데 이러한 흐름은 비단 우리나라만의 일은 아니어서 서양의 역사에서도 여성의 이름은 세기를 통틀어 고작 한두 명 정도밖에는 언급되지 않는다. 그 가운데서도 남성의 곁에서 활동한 인물이 아니라 독자적인 활동으로 이름을 남기고 있는 여성은 찾아보기 힘들다.

그 드문 여성 가운데 하나가 히파티아Hypatia(355 또는 370 무렵~415)다. 400년 무렵, 그러니까 로마에서 기독교가 공인된 후에 활동한 히파티아는 최초의 여성 수학자라고 할 만하다. 그의 부친인 테온은 수학자이자 철학자로서, 프톨레마이

오스의 《알마게스트》에 주석서를 붙일 정도였다. 히파티아
는 개화된 부친 덕분에 철학자이자 수학자로 성장하게 된다.

그녀의 삶을 이해하기 위해서는 시대 상황을 알아야 한다.
그 무렵 로마제국에서는 철학과 기독교 사이에 갈등이 지속
되고 있었다. 철학이 단순히 형이상학에 머무르는 것이 아니
라 영혼의 구원이라는, 신앙이 담당해야 할 분야에까지 관심
을 보였기 때문이다. 게다가 과학적이고 이교적異敎的인 신
플라톤주의에 기울어 있는 히파티아 같은 철학자들은 기독
교인과 갈등할 수밖에 없는 상황이었다.

한편 수학과 철학에 뛰어난 능력을 발휘한 히파티아는 그
무렵 무세이온이 설립되어 학문의 중심지로서 톡톡히 역할
을 하고 있던 알렉산드리아에서도 손꼽히는 학자였다. 그가
무세이온Mouseion에서 수학 강의를 하는 날이면 온 귀족들의
마차가 무세이온을 향했고, 길에서 히파티아를 만나는 사람
들은 한결 같이 그 젊고 아리따운 여성에게 고개를 숙여 존
경을 표했다고 한다. 물론 그녀의 미모가 워낙 뛰어나 여러
사람의 구혼을 받았고 그때마다 "저는 이미 진리와 결혼했습
니다."라는 말로 비껴갔지만. 그녀가 사람들의 관심을 끈 것
은 비단 외모 덕분만이 아니었다. 그녀는 현존하지는 않지만
디오판토스Diophantos의 《산학算學Arithmetica》, 아폴로니우스
Apollonios의 《원추곡선론Conics》, 프톨레마이오스의 천문학
설에 대한 부친의 해설서를 편집한 것으로 알려져 있다. 또

한 《디오판토스의 천문 규칙에 관하여》라는 저서의 일부분은 지금까지 전해 온다.

그런데 학문의 도시 알렉산드리아에 412년 키릴로스라는 인물이 주교로 임명되면서 좋은 시절은 막을 내렸다. 새 주교 키릴로스는 이단에 강경한 태도를 취한 매파 성직자로서, 모든 철학은 기독교의 정통성에 장애가 되는 것이라는 입장을 견지했다. 이러한 그의 행동은 그리스도의 신성神性보다 인성人性을 강조한 네스토리우스파를 이단으로 공격했고, 지식인이 주류를 이루던 네스토리우스파는 박해를 피해 다른 지역으로 뿔뿔이 흩어지고 말았다. 이러한 사건은 단순히 네스토리우스파의 해체에 머문 것이 아니라 헬레니즘 문화의 학문적 전통이 무너지고 우리가 암흑기라 부르는 중세 기독교 중심 세계의 도래로 이어지고 있었다.

이러한 암흑세계가 닥치게 되는 시기를 결정적으로 앞당긴 것이 히파티아 사건이었다. 알렉산드리아의 중심인물인 히파티아의 존재가 주교 키릴로스에게는 용납될 수 없었다. 게다가 그녀는 사상의 자유를 설파하고 과학과 학습을 형상화하는 등 이교도로서의 전형적인 모습을 보여 주고 있었다. 물론 키릴로스가 부임하기 전 기독교 성직자들은 그녀와 좋은 관계를 유지했지만 그는 그럴 의사가 추호도 없었다.

결국 참지 못한 그는 자신의 추종자들에게 명령을 내렸다. 415년 베드로라는 수도자가 이끄는 키릴로스의 무리는 강의

히파티아의 죽음

히파티아의 죽음은 자유로웠던 고대 학문의 꽃이 지고,
중세 암흑 시대의 도래를 예고하는 사건이었다.
찰스 윌리엄 미첼, 《히파티아》, 1885년, 영국 뉴캐슬의 라잉 아트 갤러리.

를 마치고 집으로 돌아가는 히파티아를 납치하여 마구 때린 후 머리카락을 마차에 묶어 케라레움이란 교회로 끌고 갔다. 그곳에서 옷이 벗겨진 히파티아의 피부는 굴 껍데기로 찢겨 나갔고, 피투성이가 된 그녀의 몸은 불속으로 던져졌다. 그리고 이를 계기로 수많은 학자들이 자유라는 학문의 연료가 사라진 알렉산드리아를 떠나기 시작했다. 이로써 알렉산드리아는 예로부터 전해 오던 학문의 중심이라는 명칭을 다시는 찾지 못했다.

그러나 히파티아는 편협한 종교의 공격을 받아 채 피우지 못한 사상과 여성의 자유를 훗날 자신의 죽음을 발판으로 되살리게 된다. 근대 계몽사상가들에 의해 재조명되기 시작한 그녀의 삶은 '가장 아름답고 순결하며, 탁월한 지성을 갖춘 여성'으로 인정받았으며, 페미니스트 철학계에서도 그녀의 이름이 다양한 방식으로 부활하고 있다.

찾아보기

참고자료

김용운, 《재미있는 수학이야기》, 서해문집, 2005
박용기, 《우주의 나이는 몇 살일까?》, 고래실, 2004
배영수, 《서양사강의》, 한울, 2000
송필경, 《제국주의 야만에 저항한 베트남 전쟁》, 도서출판 건치, 2002
신성곤·윤혜영, 《한국인을 위한 중국사》, 서해문집, 2004
이은기·김미정, 《서양미술사》, 미진사, 2006
이재희·이미혜, 《예술의 역사》, 경성대학교 출판부, 2002
이태원, 《재미있는 과학 이야기》, 바른사, 2006
전국역사교사모임, 《세계사 교과서 1-2》, 휴머니스트, 2005
정규영, 《문명의 안식처, 이집트로 가는 길》, 르네상스, 2004
조경철, 《청소년이 꼭 알아야 할 대우주이야기》, 서해문집, 2000
편집부, 《대세계사》, 태극출판사, 1984
_____, 《브리태니커 세계 대백과사전 1-27》, 한국브리태니커, 2002
_____, 《세계사 1-20》, 도서출판 마당, 1985
_____, 《세계의 대사상 1-24》, 휘문출판사, 1975

곰브리치, 에른스트 H., 백승길 옮김, 《서양 미술사》, 예경, 1994
그레이, 피터, 정동현 옮김, 《아일랜드 대기근》, 시공사, 1998
다윈, 찰스, 기획집단 MOIM 구성, 《비글호에서 탄생한 종의 기원》, 서해문집, 2006
다이아그램 그룹, 이면우 외 옮김, 《지식과 원리의 100과사전》, 서해문집, 1997
단테 알리기에리, 박상진 엮어옮김, 《신곡》, 서해문집, 2005
데피로, 피터, 김이경 옮김, 《즐거운 숫자 문명사전》, 서해문집, 2003
_____, 이혜정 옮김, 《천재의 방식 스프레차투라》, 서해문집, 2003
델캉브르, 안 마리, 은위영 옮김, 《마호메트》, 시공사, 1997
도미야 이타루, 임병덕 옮김, 《목간과 죽간으로 본 중국 고대 문화사》,
　　사계절출판사, 2005
뒤셴, 에르베, 김정희 옮김, 《트로이》, 시공사, 1997
드레주, 장 피에르, 이은국 옮김, 《실크로드》, 시공사, 1995
드부르구앵, 자클린, 정숙현 옮김, 《달력》, 시공사, 2003
레베크, 피에르, 최경란 옮김, 《그리스 문명의 탄생》, 시공사, 1995
레스턴, 제임스, 이현주 옮김, 《이슬람의 영웅 살라딘과 신의 전사들》, 민음사, 2003
로넌, 콜린, 김동광 외 옮김, 《세계과학문명사1-2》, 한길사, 1997
롤랑, 로망, 이휘영 옮김, 《베토벤의 생애》, 문예출판사, 1998

르 클레지오, J.M.G., 신성림 옮김,《프리다 칼로, 디에고 리베라》, 다빈치, 2001

매기, 브라이언, 박은미 옮김,《사진과 그림으로 보는 철학의 역사》, 시공사, 2002

매클렐란 3세, 제임스 E., 전대호 옮김,《과학과 기술로 본 세계사 강의》,
        모티브북, 2006

맥스웰-스튜어트, P.G., 박기영 옮김,《교황의 역사》, 갑인공방, 2005

메이에, 장, 지현 옮김,《흑인노예와 노예상인》, 시공사, 1998

모리, 장 피에르, 변지현 옮김,《갈릴레오》, 시공사, 1999

모아티, 클로드, 김윤 옮김,《고대 로마를 찾아서》, 시공사, 1996

모어, 토머스, 나종일 옮김,《유토피아》, 서해문집, 2005

반 룬, 헨드릭 빌렘, 이혜정 옮김,《관용》, 서해문집, 2005

──────────, 조재선 옮김,《시몬 볼리바르》, 서해문집, 2006

반, 폴, 김우영 옮김,《고고학 탐정들》, 효형출판, 2003

베갱, 질 외, 김주경 옮김,《자금성》, 시공사, 1999

베르낭, 카르망, 장동현 옮김,《잉카》, 시공사, 1996

부셰, 폴 뒤, 권재우 옮김,《바흐》, 시공사, 1996

브링클리, 앨런, 황혜성 외 옮김,《있는 그대로의 미국사1-3》, 휴머니스트, 2005

블라셀, 브뤼노, 권명희 옮김,《책의 역사》, 시공사, 1999

셔머, 마이클, 김희봉 옮김,《과학의 변경지대》, 사이언스북스, 2005

셰이드, 존 외, 손정훈 옮김,《로마인의 삶》, 시공사, 1997

슈말레, 볼프강, 박용희 옮김,《유럽의 재발견》, 을유문화사, 2006

스템프, 리처드, 정지인 옮김,《르네상스의 비밀》, 생각의나무, 2007

쓰지하라 야스오, 이기화 옮김,《지명으로 알아보는 교실 밖 세계사》, 혜문서관, 2005

아로마티코, 안드레아, 성기완 옮김,《연금술》, 시공사, 1998

아이펠, 루드비히 링, 김수은 옮김,《세계의 절대권력 바티칸제국》, 열대림, 2005

에브리, 다니엘, 성기완 옮김,《호치민》, 시공사, 1998

영국 DORLING KINDERSLEY, 편집부 옮김,《21세기 문화예술백과》,
        신구미디어, 1993

요시다 타로, 안철환 옮김,《생태도시 아바나의 탄생》, 들녘, 2004

요시무라 사쿠지, 김이경 옮김,《고고학자와 함께하는 이집트 역사기행》,
        서해문집, 2002

위터스톤, 리처드, 이재숙 옮김,《인도》, 창해, 2005

윌리스, 로버트 A., 이광웅 옮김,《생물학》, 을유문화사, 2002

윌리엄스, C.A.S, 이용찬 외 옮김,《환상적인 중국문화》, 평단문화사, 1985

이브스, 하워드, 이우영 외 옮김,《수학사》, 경문사, 1995

장 보테로, 최경란 옮김, 《메소포타미아》, 시공사, 1998

저우예후이, 최경숙 옮김, 《일생의 독서 계획》, 바다출판사, 2007

제타, 베르트랑, 김택 옮김, 《건축의 르네상스》, 시공사, 1997

카플란, 미셸, 노대명 옮김, 《비잔틴 제국》, 시공사, 1998

캠벨 외, 김명원 외 옮김, 《생명과학》, 라이프 사이언스, 2005

콜럼버스, 크리스토퍼, 이종훈 옮김, 《콜럼버스 항해록》, 서해문집, 2004

클락, 로베르, 한지희 옮김, 《인간의 진화 : 인간이 도태된다》, 성림, 1991

푸엔테스, 카를로스, 서성철 옮김, 《라틴 아메리카의 역사》, 까치글방, 1997

필립스, 톰, 황혜숙 옮김, 《음악이 흐르는 명화 이야기》, 예담, 2003

현장, 권덕녀 옮김, 《대당서역기》, 서해문집, 2006

휴, 리처드, 김성준 옮김, 《전함 포템킨》, 서해문집, 2005

히라타 유타카, 이면우 옮김, 《청소년이 꼭 알아야 할 과학문명의 역사1-2》,
    서해문집, 1997

벤 존슨, 데이비드, 친리엔 옮김, 《그림으로 보는 베토벤》, 廣西師範大學出版社, 2003

시바 노부히로, 《발칸반도의 역사》, 河出書房, 2006

편집부, 《세계사 종합 도록》, 山川出版社, 1994

Editorial Department, 《60 years of the Vietnamese Government》,
    VNA Publishing house, 2005

Fischer, Hans Conrad, 《Johann Sebastian Bach : His Life In Pictures And
Documents》, Hanssler, 2000

Frontisi, Claude, 《Histoire visuelle de l'art》, Larousse, 2001

이 책을 쓰는 데 도움이 된 참고도서입니다. 이 책은 앞의 책들이 없었다면 세상에 선보일 수 없었을 것입니다. 이 책을 읽은 뒤 미진한 부분이 있다면 앞의 책들을 통해 더욱 깊고 넓은 즐거움의 세계로 들어가 보기를 권합니다. 이 외에도 제가 어려서부터 읽었던 수많은 책, 그리고 서지정보를 기억하지 못하는 다양한 도서를 참고했으며, 위키피디아Wikipedia를 비롯한 수많은 인터넷 사이트가 이 책을 쓰는 데 커다란 도움이 되었습니다.